KB260125

韓流·漢風 연구

- 중국 서부지역을 중심으로 -

韓流·漢風 연구

— 중국 서부지역을 중심으로 —

2009년 8월 31일 초판 인쇄
2009년 8월 31일 초판 발행
저자 • 임향란 · 우상렬 외 공저
펴낸이 • 이찬규
펴낸곳 • 북코리아
등록번호 • 제03-01240호
주소 • 121-801 서울시 마포구 공덕동 115-13번지 2층
전화 • (02) 704-7840
팩스 • (02) 704-7848
이메일 • sunhaksa@korea.com
홈페이지 • www.sunhaksa.com

ISBN 978-89-6324-019-0 (93300)

값 20,000원

韓流·漢風 연구

- 중국 서부지역을 중심으로 -

임향란·우상렬 외 공저

북코리아

머리말

한류(韓流)는 우리에게 무엇이었던가? 그것은 지난 세기 1990년대 중·후반기부터 거대한 중국 대륙에 불기 시작한 한국의 대중문화에 다름 아니다. 그것은 가장 쉽게 몸에 와 닿는 노래나 춤, 드라마, 영화로부터 한국의 모든 것으로 확산되어 갔다. 적어도 중국에서는 이렇게 느끼고 있었다.

한류는 분명 한국 경제의 도약과 더불어 나타난 문화현상의 하나다. 근대 이전 중국 문화는 한국 문화에 절대적인 영향을 주었다. 한류는 어쩌면 이 영향의 한 역전으로 볼 수 있다. 그래서 한국 사람들은 흥분하기도 했다. 그런데 사실 한·중 수교와 거의 동시에 한국에는 '한풍(漢風)' 혹은 '화류(華流)'라고 하는 '중국 바람' 혹은 '흐름'이 나타나기 시작했다. 한마디로 한류와 한풍 혹은 화류는 서로 영향을 주고받으며 서로 역동적인 관계를 이루고 있다. 이런 역동적인 관계는 하나의 좋은 연구테마를 제공하고 있다. 이에 중국 북경대학교 조선문화연구소의 김경일 교수가 바로 이 테마로 한국 정부의 학술기관으로부터 프로젝트 비준을 얻어냈다.

이 프로젝트는 지금까지 중국에서의 한류 관련 연구가 해안도시나 동부지역을 주 대상으로 한 상황을 고려하여 이번에는 서부대개발 정책으로 황금 알처럼 떠오른 서부지역을 중요한 한 연구대상으로 선정했다. 그래서 사천외국어대학교 한국학연구중심 및 한국어과 교수들이 서부지역에서의 한류 연구에 주력으로 나섰다. 이로부터 서부지역에서의 한류와 여러 분야가 매치된 [서부편]이 이루어졌다. 그리고 이 [서부편]의 전제나 배경으로 될 수 있는 중국에서의 한류에 관한 일반 논의로 [일반편]이 이루어졌다. 물론 여기에 실린 논문의 집필자들이 모두 북경대학교 조선문화연구소의 한류 관련 프로젝트 건에 참여했던 것은 아니다.

　　본 '한류 연구'는 한류가 중국에서 2005년 대하드라마 <대장금>의 상영과 더불어 고조를 이루고 2006~2007년에 저조기를 맞는 듯하고 2008년에는 중국 올림픽의 열띤 분위기 속에 미미해지는 듯한 시점에 진행된 만큼 더 없이 값진 줄로 안다. 사실 한류는 저조기고 미미해지고를 떠나 이제 중국에서 평온을 찾은 듯하다. 정상으로 돌아온 듯한 느낌이다. 그러니 이젠 한류에 대한 연구도 평상심을 가지고 차분히 진행할 때라고 생각된다.

　　본 '한류 연구'는 사천외국어대학교 한국학연구중심의 한국학 관련 연구 시리즈의 하나로 기획된 것이다. 사천외국어대학교 한국학연구중심은 이제 한국학 연구의 걸음마를 뗀 만큼 연구의 심도 같은 것은 운운할 여지도 못 된다. 본 '한류·한풍 연구'도 이러저러한 문제점들을 많이 안고 있으리라 생각된다. 여러 한국학 관련 석학들의 질정을 바란다.

2009년 벽두에
사천외국어대학교
조선-한국학연구중심 주임 임향란

목 차

I. 서부편

중국 서부지역에서의 한류의 현황과 전망

우상렬*

1. 연구시각

한국과 중국이 수교한 지도 어언 15년, 그간 중국과 한국은 사소한 마찰이 없는 것은 아니지만 전반적으로 놓고 볼 때 서로 이해하고 교류하며 돈독한 관계를 이루어 왔음은 말할 것도 없다. 금년은 '한·중 우호년'으로 그 관계를 한 번 더 확인하고 발전시키는 계기가 되었다. 그간 이른바 중국에서의 한류라는 것도 줄기차게 불어왔다. 지난 세기 90년대 말부터 잡아도 적어도 10년 가까이 되었다. 옛날에는 10년이면 강산도 변한다고 했는데, 현대는 너댓 번도 변할 만한 시간이다. 그런 만큼 그간 한류도 그 강세와 진폭에 있어서 다양한 모양새를 보이며 변화해 왔을 것이다. 한류는 한국의 대중문화로서 현재 진행형이면서 우리를 감싸고돈다. 그래서 우리가 비껴갈 수 없다. 인문학자들에게 있어서 더욱이 그렇다. 그런 만큼 한류는 학계의 조명을 많이 받은 줄로 안다. 한류를 둘러싸고 국내외 학술회도 심심찮게 열렸다. 그래서 적어도 중국에서의 한류의 시원이며 그 윤곽 및 특성들이 대체적으로 드러난 것으로 파악된다. 그러나 그것의 중국 각 지역에서의 흐름이나 특성 같은 것은 그리 파악되지 않은 줄로 안다. 특히 중국 서부지역에서의 한류에 대해서는 대개 '거기까지 한류가…' 하며 감성적인 경이나 감탄에 머물고 만 정도지 아직 학문적인 연구로까지 나가지 못한 상황이다. 중국의 서부지역은 워낙 중국의 주변부였다가 21세기에 들어서 중앙정부의 서부대개발

---

* 연변대학교 조선-한국학학원 교수

정책이 본격적으로 가동되면서 이제야 물위로 떠오른 황금에 비유할 수 있다.

중국의 서부지역이란 중경, 사천성, 섬서성, 내몽고자치구, 청해성, 감숙성, 영하회족자치구, 신강위구르족자치구, 광서장족자치구, 운남성, 귀주성으로 모두 12개 시, 성, 자치구를 포함한 광대한 지역이다. 면적은 전 중국의 70%를 차지하고 인구는 전 중국의 30%를 차지한다. 그리고 14개 국가와 국경선을 마주하고 있다. 주지하다시피 현재 서부지역은 중국 정부의 서부대개발 정책의 혜택을 받고 있다. 어떻게 보면 더 없이 좋은 기회의 땅이다. 무궁한 발전 잠재력을 가지고 있다. 그것이 현실적으로 가슴에 와 닿는다. 경제성장률은 10.3%로서 전국 평균 수준보다 높다. 사실 서부지역에서도 한류는 일찍 불고 있었고 어쩌면 더 크게 불 전망이다. 본고는 바로 이 서부지역에서의 한류의 현황 및 전망에 대해 조명해 보도록 한다. 이로부터 현재 한류 연구에 있어서 대체적인 논의의 허점을 미봉하고 보다 구체적인 논의로 내실을 기할 줄로 안다.

연구방법에 있어서는 일단 『中國西部网』 사이트를 참고하도록 한다. 그것은 『中國西部网』 사이트는 말 그대로 본고에서 지칭하는 서부지역을 거의 망라하고 있기 때문이다. 이른바 '서부' 지역의 뉴스나 기삿거리를 직접 다루거나 각 신문들의 관련 뉴스나 기삿거리를 하루 이틀 간격으로 전재한다. 일종 서부지역 인터넷 신문으로 볼 수 있겠다. 이로부터 『中國西部网』을 통해서 실로 중국 서부지역 돌아가는 상황을 실시간으로 파악할 수 있다 하겠다. 본고는 구체적인 작업을 진행함에 있어서 일단, 중국의 '百度(baidu)' 검색사이트에서 『中國西部网韓流』라는 검색어를 쳐 넣고 '韓流' 관련 뉴스나 기사들을 찾아낸다. 그리고 이런 뉴스나 기사들을 일일이 체크하여 '韓流' 내지는 그 연장선상에서 한국 관련 내용을 자주요 이슈로 다룬 항목들만 남긴다. 이로부터 여기서 '韓流'라는 글는 들어갔으되 거저 양념거리로 사용했거나 우연히 사용된 뉴스나 기삿거리는 걸러낸다. 그리고 '韓流'를 주요 뉴스나 기삿거리로 다룬 내용들 가운데 중복되어 나오는 것은 하나만 남기고 나머지는 제외하도록 한다. 『中國西部网』을 통한 이런 연구는 중국 서부지역에서의 한류에 관한 계량적인 종합고찰이 되겠다. 다음, 『重庆时报网络版』, 『四川新闻网』을 통하여 개별적인 지역사이트에서 '韓流' 관련 자료에 대한 개별적인 계량적 고찰로 종합고찰의 내실을 기하도록 한다. 본고에서 개별적인 지역사이트로 굳이 重庆市나 四川省을 선정한 것은 重庆市나 四川省이 워낙 중국 서부지역에서 중추적 역할을 하고 현재 서부대개발 정책실시의 견인차 역할을 하기 때문이다. 현재 重庆市와 四川省은 중국 서부지역 GDP의 상당히 높은 수준인 34%를 차지하고 있으며 경제잠재력도 대단하다. 한국의 三星, LG, 希杰 등 일반 대기업과 아시아나항공, 금호고속, 대우고속 등 교통운송 방면의 기업들이 진출하여 있다. 重庆市의 경우는 국가통계국에서 발표한 ‘9月份西部地区10项主要经济指标比较’에 비추어 조사해보니 금년 전반기 9개월간 물가상승지수는 서부지역에서 끝에서 두 번째 순서이나 도시주민 평균 수입은 서부지역에서 가장 높은 10,147원에 도달했다고 한다.1) 이렇게 놓고 볼 때 서부지역에서 重慶市와 四川省은 한국의 대중문화로서의 한류를 받아들일 수 있는 소지가 가장 높다. 그리고 『重庆时报网络版』과 『四川新闻网』을 선정한 것은 이 두 사이트가 지역적으로 말 그대로 각기 ‘重慶’지역과 ‘四川’지역을 망라하고 있기 때문이다. 이른바 각기 ‘重慶’지역과 ‘四川’지역의 뉴스나 기삿거리를 직접 취급하거나 각 신문들의 관련 뉴스나 기삿거리를 하루 이틀 간격으로 전재한다. ‘重庆’지역과 ‘四川’지역 인터넷 신문으로 볼 수 있겠다. 이로부터 『重慶时报网络版』과 『四川新聞网』을 통해서 ‘重慶’지역과 ‘四川’지역 돌아가는 상황을 실시간으로 파악할 수 있다 하겠다. 구체적인 작업은 『中國西部网』과 같은 방법으로 진행한다. 이상 주로 컴퓨터 계량학적 방법을 통한 종합고찰과 개별고찰은 중국 서부지역에서의 한류에 대한 현상적 고찰이 되겠다. 본고는 이런 현상적 고찰을 진행한 전제하에서 정제된 ‘韓流’ 관련 뉴스나 기삿거리 내용에 대한 분석을 통하여 중국 서부지역에서의 한류에 대해 내용적 분석을 진행하도록 한다. 그러되 현재 필자가 주로 重慶의 사천외국어대학과 四川省 소재지인 成都에 있는 사천대학교에서 활동하고 있는 만큼 이 지역에서 진행한 설문조사 및 인터뷰2) 자료도 충분히 활용할 것이다. 그리고 『中國西部网』이든 『重慶时报网络版』, 『四川新聞网』을 막론하고 ‘请您发表评论’, ‘发表评论’, ‘評論’ 같은 난에 쓴 일반인들의 ‘댓글’도 중요한 연구 자료로 활용하도록 한다.

---

1) 『重慶時報』, 2007. 11. 9.

2) 본고의 인터뷰 자료는 대개 필자가 인터뷰를 한다는 안명고시 없이 자연스럽게 이야기를 나누면서 진행한 것인 만큼 적어도 진실성 면에서 가장 확실한 줄로 안다.

2. 한류의 현황

1) 현상 고찰

① 『中國西部网』을 통해 본 한류

『中國西部网』의 首页는 '新闻中心, 西部新闻, 热点专题, 西部头条, 西部旅游, 西部粉子, 西部教育, 西部开发, 西部商机, 西部人物, 西部论坛, 东西合作, 西部风情, 西部历史, 西部艺术, 奇闻趣事, 图片聚焦, 红榜黑榜, 西部社区'로 이루어져 있다. 그리고 바로 아래에 '四川 云南 贵州 西藏 青海 重庆 陕西 宁夏 甘肃 新疆 内蒙 广西' 순으로 각 지역별 링크가 되어 있다.

'百度(baidu)' 검색사이트에서 『中國西部网韓流』라는 검색어를 쳐 넣고 찾아낸 '韓流' 관련 뉴스나 기사는 총 2,130항이 되었다. 이것은 『中國西部网』의 총 139만 항에서 0.15%를 차지한다. 넓은 지역에 비해 그리 많은 비례를 차지하는 것은 아니다. 그리고 총 2,130항의 '韓流' 관련 뉴스나 기사들 가운데 '韓流'라는 글자는 들어갔으되 거저 양념거리로 사용했거나 우연히 사용된 뉴스나 기삿거리를 걸러 내고, '韓流'를 주요 뉴스나 기삿거리로 다룬 항들만 남긴다. 그 다음 이런 항들 가운데서 중복되어 나오는 항은 하나만 남기고 최종적으로 체크된 '韓流' 관련 뉴스나 기사를 주요 이슈로 다룬 항은 281항이 남는다. 이것은 총 2,130항의 13.19%로 10할을 웃돈다. 이것을 다시 『中國西部网』의 총 139만 항에 비해볼 때 0.0173%를 차지한다. 보다시피 최종 정제된 '韓流' 관련 뉴스나 기삿거리는 그리 많은 비중을 차지하는 편이 아니다. 281항에 해당하는 한류 관련 항들을 검토해보니 지역적으로는 重慶과 四川이 가장 많이 취급되고 그 다음이 陝西다. 그리고 甘肃의 성소재지 兰州가 ""韓流"又降临 高原古城兰州初兴 '韩语热'(2006. 4. 11)"[3] 이라는 제목으로 한 번 취급된 외에 다른 지역은 한 번도 체크되지 않는다. 이것은

---

3) 『中國西部网』, 『重慶时报网络版』, 『四川新聞网』에 실린 뉴스나 기삿거리는 제목 아래에 '2006.4.11 10:09:43'란 형식으로 게재한 시간이 밝혀져 있다. 본고에서는 '시, 분, 초'를 삭제하고 '연, 월, 일'만 밝히도록 한다.

각 지역별 링크를 통한 한류 관련 뉴스나 기삿거리를 체크하여 보다 구체적인 연구를 요망하는 과제가 남겨진 것으로 보는 것이 타당하겠다.

② 『重慶時報网絡版』, 『四川新聞网』을 통해 본 한류

『重慶时报网络版』의 网页는 '华商传媒 : 华商报, 新文化报, 华商晨报, 重庆时报, 大众生活报, 房周刊, 钱经, 大众文摘, 名仕, 淑媛, 96128购物网, 辽一网, 新文化网, 华商图片网'으로 이루어져 있다. 여기서 '百度(baidu)' 검색사이트를 이용한 '韓流' 관련 뉴스나 기삿거리가 총 1,650항이 검색되었다. 여기서의 首页는 '新闻中心, 陕西, 独家, 社会, 中国, 国际, 华商, 报, 相亲, 华商论坛, 博客, 相册, 圈子, 访谈, 地图, 网址站, 娱乐圈, 体育, 音乐, 女性, 搞笑, 星座, 游戏, BBC英语, 生活圈, 教育, 房产, 健康, 理财, 分类, 天气, 实用信息'로 이루어져 있다. 이것은 『重慶时报网络版』의 총 35만 9,000항에서 0.46%를 차지한다. 보다시피 '韓流' 관계 언급은 상당히 적은 비중을 차지한다. 그리고 총 1,650항의 '韓流' 관련 뉴스나 기사들 가운데 '韓流'라는 글자는 들어갔으되 거저 양념거리로 사용했거나 우연히 사용된 뉴스나 기삿거리를 걸러내고, '韓流'를 주요 뉴스나 기삿거리로 다룬 항들만 남긴다. 그 다음 이런 항들 가운데서 중복되어 나오는 항은 하나만 남기고 최종적으로 체크된 '韓流' 관련 뉴스나 기사를 주요 이슈로 다룬 항은 147항이 남는다. 이것은 총 1,650항의 8.91%로 10할 미만이다. 이것을 다시 『重慶时报网络版』의 총 35만 9,000항과 비교해 볼 때 0.041%를 차지한다. 보다시피 정제된 '韓流' 관련항이 그리 많은 비중을 차지하는 편은 아니다. 그리고 『重慶时报网络版』은 타이틀에서 보다시피 그것이 '重慶时报'인 만큼 정제된 '韓流' 관련 항은 주로 重慶지역에 국한됨은 더 말할 것도 없다.

『四川新聞网』에서 '韓流' 관련 자료를 고찰함에 있어서는 '百度(baidu)' 검색사이트에서 『四川新聞网韓流』라는 검색어를 치고 '韓流' 관련 뉴스나 기사를 검색했는데 총 5만 3,700항이 검색되었다. 『四川新聞网』의 총 1,320만 항에서 0.41%를 차지한다. 보다시피 상당히 적은 비중을 차지한다. 그리고 총 5만 3,700항의 '韓流' 관련 뉴스나 기사들 가운데 '韓流'라는 글자는 들어갔으되 비중 있게 다루어지지 않은 뉴스나 기삿거리를 걸러내고, '韓流'를 주요 뉴스나 기삿거리로 다룬 항들만 남긴다. 그 다음 이런 항들 가운데서 중복되어 나오는 항은 하나만 남기고 최종적으로 체크된 '韓流' 관련 뉴스나 기사를 주요 이슈로 다룬 항은 250항이 남는다. 이것은 총 5만 3,700항의 0.47%를 차지한다. 이것을 다시 『四川新聞网』의 총 1,320만 항에 비교해 볼 때 0.0019%를 차지한다. 보다시피 정제된 '韓流' 관련 항은 미미한 정도다. 그리고 『四川新聞网韓流』에서 정제된 '韓流' 관련 항은 成都가 四川省 省소재지인 만큼 成都 지역에 국한된 것이 많다.

이상 『中國西部网』이나 『重慶时报网络版』, 『四川新聞网』 사이트는 거의 실시간에 가까운 현재진행형이므로, 본고에서 이용한 컴퓨터통계숫자는 가변성이 큰 것으로 필자가 체크한 수치는 본고를 작성하는 기간에 국한된 것이다. 그리고 『相關報道』, 『相關日志』, 『相关链接』 같은 난의 한류 관련항은 최종 정제된 한류 관련 뉴스나 기삿거리를 통계할 때 취급하지 않았다. 그것은 이런 항들이 이미 열린 항과 동류의 것이고 많이 중복되어 나오기 때문이다.

전반적으로 볼 때 『中國西部网』이나 『重慶时报网络版』, 『四川新聞网』을 막론하고 일반적인 '韓流' 관련 항은 그리 많은 편이 아니다. 정제된 '韓流' 관련 항은 더 적은 편이다. 그리고 그것이 일부 지역에 많이 편중해 있음을 알 수 있다. 이것은 중국 서부지역에서의 '韓流'는 아직 지역적으로, 계층적으로 보편화된 담론이 아님을 알 수 있다. 그리고 여기에 실린 韓流 관련 뉴스나 기사들이 대개 2003년부터 현재까지의 것임을 감안할 때 그것이 시간적으로 제한되어 있다. 그리고 구체적인 한류 관련 뉴스나 기사를 열면 『文娛頻道』나 『娛樂頻道』, 『體育頻道』, 『車市頻道』, 또는 『韓劇社區』 등으로 나누어 전문 한류 관련 뉴스나 기사를 내보내고 있다. 예컨대 『文娛頻道』나 『娛樂頻道』에서는 전문 한류 스타들의 행방에 대해 보도하고 있다. 보다시피 『中國西部网』이나 『重慶时报网络版』, 『四川新聞网』에서의 한류 관련 자료는 여러모로 제한적임을 알 수 있다. 그러나 그것이 제한적임에도 불구하고 중국 서부지역에서의 한류의 현황분석에 유효함은 더 말할 것도 없다.

2) 내용 분석

여기서는 『中國西部网』이나 『重慶时报网络版』, 『四川新聞网』 사이트에서 최종적으로 정제시킨 '韓流' 관련 항의 내용을 전반적으로 분석해보도록 한다. 논의의 명료성을 기하기 위하여 자료 인용이나 분석에 있어서 다른 곳에서 전재한 자료보다는 직접 '中國西部'지역이나 '重慶'지역, '四川'지역에서의 한류에 관해 취급한 자료를 중점적으로 다루면서 실증적인 분석에 치중하도록 한다.

한류라는 개념을 인지함에 있어서 중국 서부지역에서의 한류는 그 어떤 명확한 개념보다는 한국과 얽히고설킨 하나의 두루뭉술한 개념으로 사람들에게 다가온 듯하다. 이른바 한류와 한국이라는 말을 헷갈리게 뒤섞어 쓰고 있다. 필자가 일반서민들을 대상으로 한 인터뷰 조사에서 한류라는 화제를 꺼냈건만 상대방은 한국이라는 말을 사용하는 경향이 훨씬 많다. 한류라는 말을 입에 올리기가 아직 그리 습관이 되지 않은 듯하다. 이것은 성도보다 중경이 더 했고 연령층이 올라 갈수록, 문화층차가 낮을수록 더 했다. 한류고 자시고 그저 막연히 한국의 것쯤으로 받아들이고 있는 듯하다. 여기서 한류가 일반사람들에게 분명 한국의 심볼로 받아들여지고 있음을 알 수 있다. 한류가 국위선양을 한다는 말이 여기서 실제로 와 닿는다. 그런데 『中國西部网』이나 『重慶时报网络版』, 『四川新闻网』과 같은 언론매체의 경우는 오히려 이와 상반된 경향을 나타낸다. 이를테면 한국에 관한 모든 것을 한류에 갖다 붙이는 경향을 보인다. 현재 중국 중산층들이 '마이카' 시대의 초입에 와 있는 상황과도 관련되는지 중국 합작기업에서 출시한 한국 승용차들의 중국 시장에서의 추세를 보도하는 항이 많았다. 예컨대 "北京现代伊兰特 : 能否再度掀起车市'韩流'(2004. 6. 7)", "上海车展刮起'韩流'起亚千里马风头正劲(2004. 6. 10)", '千里马承载着东风悦达起亚的光荣与梦想(2004. 6. 10)', '千里马叱咤车市的背后——东风悦达起亚现状解析(2004. 6. 10)', "'时尚代表'千里马 : 东风悦达起亚的光荣与梦想(2004. 06 .10)" 등에서 보다시피 여러 신문매체들에서 동시다발적으로 보도한다. 아예 『車市频道』라는 전문 코너에서 소개하기도 한다. 그런데 이런 보도들에서는 한국 차의 중국 시장에서의 인기상승 및 호황 전망을 한류에 갖다 붙인다. 한류 때문에 사람들이 한국 차를 주목한다거나 한국 차가 자동차 시장에서 한류를 불러일으킨다는 식이다. 이외에 한국 선수가 참여하는 스포츠나 바둑 등에 관한 보도도 모두 한류에 갖다 붙여 이러쿵저러쿵 한다. 보다시피 중국 서부지역에서의 신문보도들은 한류를 들먹이기 좋아하며 중국에서의 한국에 관한 모든 것을 한류와 매치시킨다. 이것은 신문을 비롯한 매스컴들이 그만큼 시대의 흐름에 민감하고 초미의 화제 거리를 들먹이기 좋아하는 생리 그 자체를 말하는 것이기도 하다. 이상 중국 서부지역에서의 '韓流' 개념의 인지상황을 보면 일반서민들이 대개 한국이라는 개념 속에 한류를 포함시켰다면 신문을 비롯한 매스컴에서는 대개 한류라는 개념 속에 한국의 이모저모를 포함시키는 양상을 드러냈다.

보도된 내용 특성 차원에서 놓고 볼 때 첫째, 내용유형 면에서 한류 스타 행방에 관련된 항이 두드러지게 많은 비중을 차지한다. 중국에서 잘 나가는 김희선, 이영애, 장나라, 장동건, Rain, 원빈 등 한류 스타들뿐만 아니라 일본에서 주로 활동하는 배용준, 류시원, 이병헌 등, 그리고 한류와는 별로 관계가 없는 듯한 한국 국내의 스타들에까지 실로 한국 스타가 총망라되는 듯한 느낌이다. 그리고 지역적으로 중국 서부지역이나 重慶市, 四川省은 더 말할 것도 없고 중국의 다른 지역, 그리고 한국 국내를 비롯하여 일본, 대만 및 동남아 등 국·내외를 막론한 각 곳에서의 행방에 대해 속속들이 보도하고 있다. 마치 한국 연예계를 추적 보도하는 듯 했다. 이를테면 권상우가 싱가포르에서 최고 대접인 '권상우 난초' 명명식에 참가했다던가, 장동건이 10년 전에 대만에 갔을 때 쓸쓸했는데 10년 후에 대만에 가니 인기절정이라는 등 다양한 내용이 다 포함된다. 구체적인 뉴스나 기사를 보면 『四川新聞网』에 실린 『华西都市报』에서 전재한 "<大長今>将再掀'韓流'(2005. 09. 13)"란 기사에서는 湖南 텔레비전 방송국에서 <대장금> 방영권을 머리 손을 써서 '垄断'한데 대해 成都지역의 많은 텔레비전방송국에서 후회막급을 느끼고 있다는 것이다. 그래서 四川지역의 유수의 텔레비전 방송국에서 <대장금>의 '第二轮播映权'을 사서 四川 관객의 '大長今热'에 만족을 주고자 한다는 것이다. 그래서 "四川欲掀'第二轮' 热潮"하게 될 것이라는 것이다. 그리고 현재 <대장금>이 아직 정식으로 방영되지 않았는데 成都의 큰 CD나 DVD 대여점에서는 <대장금> CD나 DVD가 불티나게 팔려나가고 있다는 것을 보도하고 있다. 『中國西部网』이나 『重慶时报网络版』, 『四川新聞网』에 반복적으로 보도된 '韓流明星收入曝光 裴勇俊100亿韩元排第一(2006.

7. 3)'이라는 기사는 배용준을 비롯한 한류 스타들의 수입에 대해 이야기하고 있다. 『中國西部网』에 실린 『重庆时报』에서 전재한 '张娜拉乖乖女形象被毁(图)(2005. 5. 30)'이라는 기사에서는 장나라가 중경과 한국 우호주에 형상대사로 중경에 왔을 때 기자회견장면을 재미나게 보도하고 있다. 'T.A.K.E组合进军中国市场誓做H.O.T接班人－T.A.K.E, H.O.T (2006. 5. 10)'란 기사에서는 새로운 인기연예 조합인 T.A.K.E가 H.O.T를 이어 중국에 진출할 의지를 이야기하고 있다. "深度报道：青春小说进入'批量化大生产'时代(2006. 3. 24)"에서는 한류 드라마와 관련된 한국 소설이 인기를 얻는 데 대해 보도하고 있다. 그리고 "朴智星掀起'韩流'(图)(2005. 4. 28)"에서는 한국 축구 스타 박지성을 들어 축구계에서의 한류에 대해 이야기하고, "韩流凶猛(2005. 6. 5)"에서는 '富士通杯中方全军覆灭'라는 소제목에서 알 수 있다시피 국제적인 바둑시합에서 중국 선수들이 한국 선수들에게 참패를 당한 상황을 한류를 끌어들여 이야기하고 있다. 보다시피 보도된 한류 스타는 연예계를 비롯하여 스포츠, 기예 등 다방면에 걸쳐 있다. 『中國西部网』이나 『重慶时报网络版』, 『四川新闻网』의 경우 어느 한 한류 스타에 관한 뉴스나 기사를 띄우고는 아래에 대개 『相關報道』, 『相關日志』, 『相关链接』欄에 '张娜拉最新新闻动态', '宝儿最新新闻动态', '玄彬最新新闻动态', '崔智友最新新闻动态' 등 형식으로 더 많은 관련 뉴스나 기삿거리를 내보내고 있다.

한류 스타에 관한 뉴스나 기삿거리가 많은 비중을 차지하는 것은 뉴스와 보도거리를 많이 다루는 신문 특성상의 원인도 있겠지만 한류라는 대중문화에서 스타가 아주 중요한 키포인트임을 말해준다.

둘째, 한류 내지는 한국이라는 간판을 내걸고 사업하기. 이런 타이틀이 그만큼 먹혀들어간다는 말이 되겠다. 『中國西部网』의 '[春夏街拍]韓国街头时尚装扮'항을 열면 '韓国服装搭配, 韓国流行发型, 韓国气质美女, 韓国流行饰品, 全盘网, 韓国时尚搭配, 韓国情侣搭配, 韩流服装商城, 服装行业商城系统, 韓国秋冬服饰, 服装批发, 秋冬街拍, 韓国流行服饰, 韓国冬季服饰, 韓国服饰搭配, 韩款'이 뜨면서 한국의 헤어스타일, 복장, 액세서리 등에 관한 백화점을 방불케 하는 상품 소개 내지는 인터넷쇼핑이 나온다. 이런 인터넷사이트가 꽤 된다. 이외에 하나의 구체적인 항을 보면 "韓流不断 '長今'饰品走红[中国西部服装网论坛]"에서는 전문 [中国西部服

裝网论坛]에서 '장금'에 관련된 액세서리를 사진으로 제시하며 불티나게 팔린다고 소개하고 있다. '组图 : 韓剧女主角饰品(2007. 6. 16)', '韓流潮物人体首饰盒绝妙设计视觉新享受(2007. 5. 18)' 등도 마찬가지다. 그리고 '韓流街头风情:漂亮女生时尚春装秀(图) (2007. 2. 20)', '今年韓国人气装扮 可爱少女装(图)(2007. 11. 14)', '韓流来袭流行色彩时尚趋势走俏2007靓妹装(2007. 5. 18)', '哈韓MM的新衣服(组图)', '韓流毛衫MM最爱(2007. 5. 27), '韓版服装正流行(2006. 11. 5)', '体验韓版大衣的魅力(2006. 11. 19), '带你去搜店]韓流穿名堂', '[韓流]浪漫温情可爱床头灯(2007. 9. 30)' 등에서는 한류에 매치시켜 옷이면 옷, 액세서리면 액세서리 등에 대해 소개하고 있다. 사실 전 품목을 한류와 매치시켜 팔고 있다 해도 과언이 아니다. 그럼 『中国西部网』에 실린 『成都商报』에서 전재한 "城市韓装'凶猛'(2006. 8. 18)"의 기사를 좀 더 구체적으로 보도록 하자. "爱上韓剧的成都人更是为韩装大掏腰包. 正在选韓装的刘小姐告诉记者, 看了 <大長今>以后她就 …… 对韓剧痴迷'最近我买的全是韓装, 不管是 <人鱼小姐>中的韓国时尚服装, 还是 <大長今>中的韓国传统服饰, 我都很喜欢.'在成都经营韓装的百家好时装公司营业科长金光仓說, 韓剧的作用不可小视, 为韓装做了大量免费的广告. 成都市服装行业协会秘书长郑万勋认为, 韓装畅销除受到韓剧流行的助推以外, ……" 여기서는 한국 드라마의 영향하에 成都 사람들이 한국복장에 대해 어떻게 선호하는가에 대해 기자의 구체적인 인터뷰를 통하여 알려주고 있다.

셋째, 순수한 의미에서의 한류 내지는 그 연장선상에서의 한국 알리기. 『中國西部網』의 '韩流中国' 항을 열면 '韓流文化网站首页'가 나온다. 여기서는 '韓流 · 韓流首页':'影视速讯, 韓系时尚, 风俗文化, 观光旅游, 留学韓国, 韓流图库, 娛樂首页, 韓星粉丝'라는 타이틀로 한류 내지는 한국의 이모저모에 대해 흥미진진하게 이야기하고 있다. '观光旅游' 항의 한국기행문을 보면 한국에서의 재미나고 신기한 체험에 대해 우호적으로 적고 있다. '韓流' 항에서는 객관적인 차원에서 한류의 기원 및 특색 그리고 파급효과 및 우려의 목소리를 담고 있다. 한류를 알리는 좋은 글이 되겠다.

한류 및 그 연장선상에서의 한국을 알게 된 계기나 그 영향을 알아보았더니 重慶이나 成都를 막론하고 이른바 한 · 중 '友好周'나 '友好節'이 일반인들에게 대단한 영향을 주었음을 알 수 있다.4) 2001년 9월 29일부터 11월 12일까지 중국 문화부와 한국 문화관광부는 공동으로 중국 북경, 상해, 중경과 성도 4대 도시에서 '한국 문화축제' 활동을 진행하였다. 이 기간에 한·중 논단을 꾸리고 한국국립무용단이 '한국천년의 춤'을 순회공연하고 한국영화회고전과 전통공예특별전을 가졌으며 한국음악극 '지하철 1호선'을 공연하고 '한국유행가수연창회'와 한·중 우호청년문화축제 등을 거행했다. 2001년 10월에는 중국 라디오 텔레비전 총부 영화국, 한국 문화관광부에서 중국 영화자료관, 한국영화회고전을 북경, 상해, 성도 3개 도시에서 개최하였다. 여기서 10여 년래 한국영화계의 부동한 재제로 이루어진 대표성적인 작품 7부가 선보였다. 이 가운데 대표적인 영화는 1988년 장선녕 감독의 『성공시대』와 1990년 김유진 감독의 '당신은 여자이기 때문에'로 꼽힌다. 인터뷰에 응한 성도의 많은 관중들은 한국 영화는 이번이 처음이라고 하며 매우 인상에 남는다고 한다. 중국 관중들은 이런 영화를 통하여 한국의 어제, 오늘을 이해하고 있다. 그리고 2005년 5월 29일에 중경시 인민정부와 한국의 중국 주재 대사관에서 주최한 2005년 '중국 중경·한국 우호주'가 중경에서 성대히 개막되었다. 중경 시장 王鴻擧가 개막식에서 축사를 했다. 한국대표단은 정부인사, 기업계와 연예계인사들 170명이 참가했다. 일주일에 걸쳐 한국 영화주, 한국 도편문화 전람, 한국 연예계 스타 방문공연 등 활동을 벌였다. 이 기간에 60여 개 업체에서 투자간담회, 참관고찰 등 경제무역활동을 진행했다. 중국은 구경 사회주의다. 사람들은 개인적인 행위보다는 집단적인 행위, 민간적인 행위보다는 관변적인 행위를 더 선호하고 믿음이 간다. 그래서 관변 측에서 조직하는 '友好周'나 '友好節'는 정말 한국에 대해 알고 友好적인 감정을 가지기에 가장 확실한 통로가 되었다.

한국 드라마의 한국 음식을 통한 한류 내지는 한국 알기. 중국에서 한국 드라마 <대장금> 방영은 湖南省 TV방송국에서 선점을 한다. 주지하다시피 <대장금>은 일대 '대장금 신드롬'을 불러일으킬 정도로 중국인들을 매료시켰다. 湖南省을

---

4) 필자가 알기로 이런 한·중 '友好周'나 '友好節' 같은 것은 한국과 발 빠르게 일찍 교류를 진행한 중국 遼寧省 정부에서 한국과의 우호증진, 교류확대 차원에서 심양 서탑에 최초로 한국거리를 조성하고 정기적으로 중·한 '友好周'나 '友好節'을 가지면서 실효를 거두게 되자 다른 지역으로 확산되어 나간 줄로 안다.

옆에 끼고 있는 중경시와 사천성 사람들도 여기서 예외가 아니다. <대장금>을 보았는가하는 중경 사람들과의 인터뷰 질문에서 '보았다'가 6~7할을 차지한다. <대장금>에서 가장 인상적이었던 점은?이라는 인터뷰 질문에서 한국 음식이야기가 가장 많은 비중을 차지했다.5) 이 대답은 젊은 사람들보다는 나이 든 중장년층 여자나 남자들에게서 더 많이 듣게 된다. 한국 음식하면 떠오르는 것?이라는 인터뷰 질문에 김치와 불고기라는 대답이 나왔다.6) 한국 음식이 어떤가?하는 인터뷰 질문에 기름기가 없고 담백하다는 대답이 나왔다. 어떤 사람들은 2003년 사스를 들먹이며 한국 음식이 건강 음식이라는 것이다. 한국 음식 관련 웰빙 화제를 던져 보았더니 잘 모르겠다는 표정이다. 주지하다시피 사천은 천부지국, 먹을거리가 많고 사천 사람들 또한 미식가들이다. 사천 음식은 중국 8대 요리 중의 하나7)로 사천 사람들 스스로 대단한 자부심을 가지고 있을 뿐만 아니라 실제로 대단한 인기를 얻고 있다. 중경 음식도 여기서 예외가 아니다. 중경하면 火鍋가 일품이다. 그런데 중국 음식에 보편적으로 기름이 많이 들어가겠지만 중경이나 사천음식에 특히 많이 들어가는 것 같다. 중경 火鍋만 놓고 보아도 먹을거리를 온통 부글부글 끓인 소기름인 紅油에 익혀 참기름에 찍어 먹는다. 그리고 사천음식이나 중경음식은 '짜고 매운 口重' 것이 특징이다. 중경사람들은 바로 자기네 음식 맛과 전혀 다른 별미로 한국음식을 받아들인다. 중경의 가장 번화한 곳 중 하나인 沙坪坝의 三峽廣場에 있는 한국 요리점 '덕수궁'의 경우를 보도록 하자. 이곳에는 불고기가 주 메뉴다. 기름기가 깔끔하게 걸러지고 구워진 고기가 처음에는 중경사람들에게 잘 먹혀들어가지 않았다는 것이다. 그러다가 차츰 한국의 깔끔한 음식 맛에 맛들고, 특히 <대장금>이 히트하면서 한국음식의 위상이 쭉 올라갔다는 것이다.8)

---

5) 한 여인의 치열한 인생역정을 보여준 <대장금>임에도 불구하고 시시껄렁한 먹을거리에 포인트가 맞추어져 받아들여짐은 좀 어이없기도 하나 수용미학의 '기대시야'에 맞는 답임은 두말할 것도 없다.

6) 이 점은 중경에 진출해 있는 한국 식당에서 취급하는 메뉴와 많이 관계된다고 생각한다.

7) 현재 成都에는 川菜박물관까지 있다.

8) 사실 음식만의 이야기가 아니고 <대장금>은 여러 방면에서 중국에 영향을 주었다. 『中国西部网』에 실린 '一部韩剧是怎样成为生意的?(2005. 11. 28)'를 보면 중국 사람들이 <대장금>을 보고 '韩式料理, 药膳, 韩服'으로부터 '韩式传统建筑'에 대해 묘한 매력을 느끼게 되었는데 이것이 새로운 '商业机会'가 된다는 말이 일리가 있다.

그래서 지금은 아주 잘되고 있다. '덕수궁' 문 입구에 바로 이영애 대장금 캐릭터가 붙어있다. <대장금> 방영 이후 중국 내 한식점 매출이 20% 정도 늘어났다는 뉴스도 실감이 간다. 사실 '덕수궁'만의 이야기가 아니고 성도를 비롯한 많은 한국 음식점은 <대장금> 관련 캐릭터를 내걸고 있다. 『中国西部网』에 실린 『成都商报』에서 전재한 "城市韩装'凶猛'(2006. 8. 18)"라는 항에는 '正在选韩装的刘小姐告诉记者,看了 <大長今>以后她就迷上了韩国的美食。'라는 기자의 인터뷰기사로 '看了 <大長今>以后' '韓国的美食'에 빠진 한 케이스를 보여주고 있다. 필자가 중국의 명주 五糧液로 많이 알려진 宜賓에 가보니 그기에 있는 한식점에도 '대장금' 캐릭터가 버젓이 나붙고 '오나라' 노래가 울려 퍼지고 있다. 일본의 <겨울 연가> 열풍과 마찬가지로 중국에는 <대장금>열풍이 몰아쳤는데 중국의 서부지역에도 그것은 파노라마적 효과를 가져왔음을 알 수 있다. 이렇게 놓고 볼 때 『中國西部网』의 '韓流风 : 跟着美女大長今 品尝硫磺鴨'이라는 기사는 그럴 듯하다. 실로 중국 서부지역에서의 <대장금>을 통한 한국음식 및 한류, 한국 알기의 한 보기가 되겠다.

　한국 드라마의 靓女帅歌를 통한 한류 및 한국 알기. 한국이 어떤 나라냐? 靓女帅歌가 많다는 것이다. 우리말로 미남미녀, 선남선녀가 많다는 말이 되겠다. 처음 사천에 왔을 때 한국의 靑春偶像劇9)을 많이 보는 少男少女들의 들뜬 얘기거니 하고 피식 웃어넘겨버렸다. 그런데 오랫동안 지켜보니 이것은 단지 少男少女들에 국한된 이야기가 아니고 일반 사회인들도 보편적으로 긍정하는 분위기라는 것을 알게 되었다. 자리에 앉아서도 한국 얘기만 나오면 미남미녀, 특히 미녀 얘기가 대단한 인기를 모은다. 그럴 만했다. 적어도 나를 포함한 우리 연길 사람들은 사천여자하면 토종감자처럼 오동통한 四川辣妹를 떠올리며 못난 여자의 대명사처럼 여겼다. 그런데 이것은 편견이었다. 사실 四川 여자의 대명사처럼 쓰이는 四川辣妹10)는 상당히 부드럽고 곱다. 적어도 성도와 중경의 처녀들은 그렇다. 여기 남자들은 四川辣妹에게 반해 버린다. 내가 일부러 四川辣妹 곱지 않은데…. 하고 심드렁한 표정을 지으면 여기 남자들은 靓麗, 즉 피부 희고 부드럽고 깔끔하다고

---

9) 중국에서는 젊은 남녀 간의 순수한 사랑을 다룬 드라마를 보통 이렇게 지칭한다.
10) 물론 우리가 이해하는 四川辣妹와는 농촌과 도시의 차이가 있으리라.

입을 모아 반박한다. 그러면서 2006년 世界環球美女選拔賽의 중국 賽區에서 중경 처녀가 나란히 1, 2등을 했다고 한다. 중경의 미녀가 얼마나 이름났든지 중경의 모 대학에서는 중경발전의 전략으로 '美女經濟' 또는 '美麗經濟'를 내놓기도 했다.11) 그리고 중국민항대학에서 2008년에 중경에서 한 번에 40명의 스튜디어를 대학입시성적에 따라 모집한다고 보도했는데 그 이유는 '重慶小伙, 重慶妹子는 멋지고 예쁜데다 소질도 높아 외국항공사들에서 앞 다투어 데려가'는데 있다고 첫 머리에 밝히고 있다.12) 중경시의 北碚 쪽에는 조선족 대학생들이 상당히 많은데 졸업해서는 중경에 눌러 붙어 사는 친구들도 제법 된다고 한다. 그 주요 이유는 예쁜 중경여자한테 빠졌기 때문이라고 한다. 여기 여자들은 멋도 대단히 부린다. 멋쟁이들이다. 미인은 내, 우리 四川辣妹라는 자부심도 대단하다. 한국 드라마는 왜 보는가?라는 인터뷰 질문에 도대체 한국 미녀들이 얼마나 잘 생겼나 보기 위해서라는 도전적인 대답이 많이 나왔다.13) 보니 어떠한가? 하는 인터뷰 질문에 정말 예쁘다는 것이다. 그런데 전부 성형미인이라고 하며 피식 웃기도 한다. 자기보다 못하다는 그런 표정도 지어면서. 그렇지만 그 세련되고 여성스러움은 정말 인상적이라는 것이다. 그래서 알게 모르게 한국 드라마 미인들을 많이 모방하고 따라 가게 된다고 한다. 성도나 중경의 거리 미용광고에는 한국 미인의 포스트에 韓式미용이라고 하며 손님을 끌고 있다. 화장품 가게에서는 한국 화장품이 고가이지만 잘 팔린다고 한다. 미남미녀의 나라 – 한국 화장품이니 그들의 무의식적인 한국 미남미녀 닮아가기 집착에서 유감주술적인 만족을 준다고 보아야 하겠다. 『重慶時報网络版』에 실린 『重慶時报』에서 전재한 '2年美丽就在一转身(图)(2006. 8. 25)'란 기사에서는 "一部 <大長今>让'韓'流换一种姿态入侵我们的生活—除了韩式美食外还倡导了一种自然健康的文化理念。"했다고 하면서 결국 "'韓'流引来血型减肥'로 '打望重庆美容行业新概念'을 형성했다고 한 것은 직접 이것을 설명해주고 있다. 『四川新聞网』에 실린 『成都商报』에서 전재한 "营销成都

---

11) 『重慶新聞』, 2007. 12. 1.

12) 『重慶時報』, 2007. 12. 12.

13) 중국의 한 인터넷 포털사이트에서 한류 관련 설문조사를 했는데 한국 드라마의 어떤 점이 좋은가?에 대해선 '미남미녀들이 볼 만하다'가 57%로 집계되었다고 한다, 구체적인 조사 집계는 아직 되지 않았지만 성도나 중경의 경우는 이보다 웃돌 것으로 사료된다.

健康大使‘美丽好礼’送上来(2006. 9. 26)”라는 기사에서는 “引导‘韓流’”라는 소제목으로 华博整形美容医院韩方院长 弘润基 先生이 성도의 미를 사랑하는 많은 사람들을 위하여 일정 기간 동안 직접 미용 집도를 하게 되니 많이 참석하라고 홍보하고 있다. ‘爱心援助“青蛙姑娘”(2006. 12. 14)’란 기사에서도 ‘韓国整形屆泰斗弘润基博士谈艺术鼻’라는 소제목으로 한국식 미용이 중국에서 인기를 얻고 있다고 하면서 ‘韓国整形界的精英 : 弘润基博士’ 인터뷰 기사를 싣고 있다. 마지막에는 弘润基박사는 현재 韓·中합작미용업체인 ‘华博美容整形’의 한국 측 원장으로서 12월 30일~1월 1일 신정 기간에 성도에 와서 3일간의 ‘华博·中韓06年艺术鼻学术交流会’에 참가하게 되는데 그때 직접 미용 집도를 하게 된다고 홍보하고 있다. 그리고 『四川新聞网』에 보면 ‘每天最佳美容护肤的时段(2007. 4. 18)’을 바로 ‘韓流之窗’에서 가르치고 있다. 이외에 ‘韓国明星中的皮肤美女 教你如何保养皮肤秘诀’이나 ‘晶莹剔透美肤有招 6位当红韓星水润密语’이란 기사도 한류 스타들을 내세워 피부보양의 비결에 대해 이야기하고 있다. “‘韓流’劲兮‘汉风’扬─‘韓国周’开幕式侧记(2005. 5. 25)”라는 기사에는 ‘就连去趟理发店, 师傅也会问你:要不要韓式烫发?’라고 묻는다고 한다. 한국은 이래저래 미의 나라, 미남미녀의 나라, 한류는 바로 이런 미나 미남미녀의 흐름으로 중국 서부지역 사람들에게 각인된 듯하다.

얼마 전까지만 해도 서부지역 중국에서 편벽한 오지로 취급되었다. 동부지역에 비해 교통은 말할 것도 없고 정보통신 면에서도 상당히 뒤처진 것으로 알려졌다. 이것은 편견이라기보다는 실제 상황이었다는 편이 더 나을 것 같다. 이것은 필자가 중경에서 실시한 설문조사나 성도에서 진행한 인터뷰에서 여실히 나타난다. 30대, 40대, 50대, 60대 각 30명을 대상으로 1997년 중앙 텔레비전 제1방송의 <사랑이 뭐길래>라는 한국 드라마를 보았는가 하는 설문조사 질문에 총 26%만 보았다는 대답이 나온 것으로 보아 모르긴 몰라도 다른 지역과 비교해볼 때 상당히 낮은 비중을 차지함을 알 수 있다. 최초로 ‘한류’라는 말이 중국인들의 뇌리에 각인된 시점이 언제인가 라는 설문조사 질문에 남녀노소 및 연령에 관계없이 거의 100% 가깝게 근래, 즉 몇 년 전이라는 대답이 나왔다. 이 질문의 연장선상에서 그럼 언제 한국이나 한국 사람에 대해 알았나 하는 질문에서 한국의 ‘86아시안게임’, ‘88서울올림픽’이라는 화젯거리를 던졌음에도 불구하고 절반 이상이 1998년 중경의 力帆축구팀을 맡아 좋은 성과를 거둔 한국인 축구감독 이장수(李章洙)를 이야기 했다. 이장수 감독은 전국 축구시즌리그전에서 1999년과 2000년 두 차례 당시 별 볼일 없던 重庆力帆팀을 두 번 연속 4등을 하여 연속 3등을 한 四川全兴팀14)과 함께 西部 축구 역사에서 가장 좋은 성과를 거둬 남북 패권전에 뛰어들어 당시 중국 축구계에 3국 정립의 국면을 만들어냈다는 것이다. 사실 중국 축구는 연변 敖东팀을 이끈 최은택이 1998년부터 두각을 드러내기 시작하여 선후로 金正南, 朴钟焕, 车范根 등 한국인 축구감독이 중국 축구팀을 이끎으로써 축구계에 강한 '한류'를 불러일으켰다. 李章洙는 1998년 브라질에서 축구 공부를 하고 돌아오는 대로 중국에 건너 와 前卫寰岛팀을 이끌었던 것이다. 李章洙에 대해서는 중경사람은 더 말할 것도 없고 성도를 비롯한 많은 사천사람들도 아직까지 생생하게 기억하고 있다.15) 그래서 李章洙가 2001년에 重庆力帆팀을 떠나 青岛颐中팀으로 떠날 때 그들은 울었고 李章洙가 이끄는 青岛颐中팀이 이기기를 응원했다는 것이다. 『中國西部网』에는 '韓国铁帅可能再来中国李章洙逼近北京国安帅位(2006. 11. 21)', '细数中国韓籍教头李章洙入主国安盼再现98韩流(2006. 11. 25)'라는 李章洙의 최근 행방에 대한 두 기사를 싣고 있다. 그리고 『重慶體育報』에서는 이장수가 북경 國安隊를 맡아 최근 장춘에서 쾌거를 올린데 대해 대서특필하고 있다. 실로 굳이 '핑퐁외교'까지는 아니더라도 현재 대중적인 인기를 한 몸에 받고 있는 축구가 그 무엇보다도 사람들의 머리에 각인됨을 다시 한 번 실감하게 하는 순간들이다. 사실 축구만의 이야기가 아니고, 인터뷰에서 한국하면 떠오르는 것이 무엇인가라고 질문하자 뜻밖에도 '태권도'라는 말이 심심찮게 튀어나왔다. 인터뷰에 응한 어떤 사람은 자기가 직접 배우기도 했다는 것이다. 태권도가 올림픽종목이 되면서 많은 중국 사람들에게 알려지고 실제 한국인 태권도 사범들의 시범을 보면서 태권도에 대해 경탄해마지 않은 듯하다. 필자가 현재 포스트닥을 하고 있는 사천대학교만 해도 태권도는 인기 절정에 있는 학생들의 과외취미이자 스포츠운동의 하나이다. 필자가 별 볼일 없는 일반 도시인 사천성의 雅安市나 眉山市에 놀러

---

14) 이 시점에 있어서 중경은 행정적으로 중앙직할시로 독립되기는 했으나 된 지 얼마 되지 않은 만큼(1997년) 원래 속해있던 사천성과의 감정적 연대의식은 상당히 강했다고 보아야 할 것이다.

15) 사실 이장수는 그때 심천의 『南方體育報』의 무근한 뇌물수수 운운 보도에 정정당당히 맞대응으로 법에 기소하여 끝내 승소함으로써 전국적으로 유명세를 탔다.

갔다가 태권도의 열기에 놀란 적도 있다. 태권도를 배우는 사람들은 한국인 태권도 사범이 우리의 짱이라고 야단들이다. 『四川新聞网』에 실린 '雅安市区的某跆拳道馆(2006. 9. 6)'이라는 기사에서는 한국의 태권도에 대해 武德이 있고 그 씩씩한 모습에 대해 긍정적으로 보도하고 있다. 보다시피 중국 서부지역에서의 '한류' 내지는 그 연장선상에서의 한국을 알리는 데는 축구를 비롯한 스포츠종목 및 그 한국인 리더들이 크게 한 몫 했음을 알 수 있다.

이상 관방 행사를 제외한 음식, 미용, 스포츠를 통한 한류 내지는 그 연장선상에서 한국 알기를 보면 수용미학에서 말하는 수용자의 스키마에 기초한 '기대시야'에 많은 영향을 받았음을 알 수 있다. 즉 음식, 미용, 스포츠에 대한 도도한 관심이나 흥취가 한류 내지는 그 연장선상의 한국에서 상응한 매치점과 서로 교통하는 그런 식이라고 할 수 있다.

한류 관련 항들을 경향 면에서 살펴보면 주로 세 가지 경향으로 나누어볼 수 있겠다.

첫째, 친한적인 경향. 『中國西部网』의 '韩流'항에 보면 한류에 관한 소개 글에 이어 '关于本词条的评论(共2条) : 真是太好了, 谢了!!! 琅萌 2. 22'라고 단 댓글은 그 전형적인 보기다. 그리고 『四川新聞网』에는 『宜宾晚报』에서 전재한 '忽远忽近的韓流(上)(2007. 01. 30)', 『成都商报』에서 전재한 '韓国有情恋恋日本(2007. 2. 7)' 등 제목의 한국 기행문이 있다. 이런 기행문에서는 한국을 매우 우호적이고 낭만적으로 보여주고 있다. '韓国有情恋恋日本'을 잠깐 보면 한국기행과 일본 기행을 동시에 적고 있는데 서두에서 成都거리에 '韓流'가 급습함에 따라 스크린이나 드라마에 나오는 멋진 한국 남녀들이나 그들이 사는 곳이 동경의 장소로 변하여 화이트데이에 시대감과 낭만이 넘치는 한국에 가서 보내는 것도 가장 좋은 선택이라고 하며 구체적인 한국 기행을 이야기한다. '浪漫极点'에서는 제주도의 이모저모를 소개하고 있다. '吃得舒服'에서는 '신선로', '비빔밥', '쌈밥' 등 다양한 전통적인 먹을거리에 대해 이야기하고 있다. 이외에 '帖士', '入境签证', '海关', '税金', '服务费', '电压', '电话', '换钱', '住宿', '专业轻亮粉底液', '着装重点' 등 조목조목 나누어 입국에서부터 숙박시설 및 쇼핑에 이르기까지 친절하게 안내하고 있다. 이외에 많은 한국과의 '友好周' 및 서로 교류에 관련된 기사 뉴스나 기사들이 여기에 속한다.

둘째, 반한적인 경향.16) 『四川新聞网』의 '消解'文化赤字'不容怠(2007. 05. 10)'라
는 기사는 『四川政协报』에서 전재한 것으로 '한류'를 염두에 둔 중국의 '文化赤字'
를 돌려세울 데 대해 촉구하고 있다. 이는 전형적인 중국 관변 측 입장으로 볼
수 있다. 『中国西部网』에 실린 『第一财经日报』에서 전재한 "爱恨交织 中国家电抢
滩印度战'韩流'(2006. 10. 26)"라는 기사에서는 한국을 국제시장에서의 가상의 혹
은 실제적인 라이벌 관계로 인식한다. 중국 TCL이나 海尔 같은 큰 업체들이 인도
에서 제품 판매시장을 뚫는데 한국의 삼성이나 LG를 라이벌로 여기며 여차여차하
면 앞으로 꼭 한국 브랜드들을 제치고 선점할 수 있다는 것이다. 그리고 『四川新聞
网』의 "亚洲影人'攻克柏林'中韩电影人竞逐拼人气(2007. 2. 12)"란 기사에서는 중
국과 한국 연예인들이 국제무대에서 라이벌 관계가 되었음을 시사하면서 한류에
대한 경계의 목소리를 내비치고 있다. 『中国西部网』의 '成龙批金喜善价高技劣 不
想再与韩国明星合作(2005. 5. 25)', '陈小春公然称Rain舞技一般与郭富城相比甚
远(2005. 10. 12)'을 보면 홍콩 명배우 成龙이 김희선을 폄하하고 가수 陈小春이
Rain을 폄하하고 있다. 이외에 刘德华가 중국의 영화계에서 손잡고 한국 배우를
쓰지 말아야 한다고 했다던가, 중국 국내 명배우이며 감독인 张国立, 명배우 唐國
强 등이 한국 드라마를 별 볼일 없는 수준으로 평가한 『四川新聞网』에 실린 '张国立
劲踩＜大長今＞霍建华避谈关之琳(图)(2005. 9. 30)', "电视剧'韩流''汉风'相映成
'趣(2006. 9. 1)"라는 기사가 있는데, 张国立의 경우 "＜大長今＞迅速在中国蹿红
时, 包括一些电影工作者在内的专家、学者表示出不同程度的担忧。著名演员、导
演张国立的评价至今让人记忆犹新, 他认为 ＜大長今＞不但冗长、拖沓, 剧中还出
现了一些常识性错误, 并称'自己看了一集就实在看不下去了'。一些人更是担心,
'韩流'来袭会威胁到本国文化。"라는 논의는 그 전형적인 예가 되겠다. 이런 기사들
의 기저에는 한류를 은근히 문화제국주의나 문화상품주의로 보는 관점이 깔려 있
으며 자국문화 보호주의를 명분으로 내걸고 있다. 물론 여기에는 이들 당사자 간
의 직접적인 이해관계도 없지 않다. 『重庆时报网絡版』에 실린 『重庆时报』에서 전

---

16) 필자가 본고에서 친한적이요, 반한적이요 하는 것은 그 어떤 정치적 경향보다는 가장 일반적
   의미에서 한국 편향적이나 그렇지 못한 경우를 두고 말한다.

재한 '重庆整形美容业飞速发展 韩国医生并不比中国医生水平高(2005. 4. 6)', '韓国三流整形医生来华练手惊讶中国人整容热情(2005. 11. 25)', "在华韓国整形医生多数是'游医'(2005. 11. 28)", "整形美容忌盲目追随'韓流'" 등 기사는 부정적인 차원에서 이른바 중국에서의 한국 미용업 실태에 대해 보도하고 있다. 『四川新闻网』의 "中国医学美容不惧'韓流'(2006. 6. 27)"에서는 '成都国际美容周'가 개최되는 마당에 四川西婵整形美容医院院长 등 권위 있는 인사들의 입을 빌어 현재 중국의 의학미용계에도 한류가 성행하고 있는데 사실은 중국의 의학미용 수준이 한국보다 높다는 것이다. 이외에 『中国西部网』에 실린 '弘扬民族精神 <剑侠情缘>英雄会圆满结束(2003. 9. 22)'에서는 공개적으로 '抵制网络游戏韩流、弘扬民族游戏及软件产业'하기 위하여 2003년 9월 20일에 '剑侠情缘网络版西安英雄会'의 대형 홍보활동이 西安市에서 열렸다는 것이다. 『中国西部网』에 실린 『西部游戏网』에서 전재한 "七月精彩:韓国人气榜 中国造航海逆'韓流'而上(2005. 8. 22)라는 기사에서도 컴퓨터 유희프로그램 개발에서 한류를 제어할 것을 언급하고 있다. 그리고 일부 극히 제한적이기는 하지만 대개 '个人空间'이라는 栏을 통해 『中國西部网』이나 『重慶时报网络版』, 『四川新聞网』에 '韓国人眼里的中国－哈韓大裤衩们看好了(2006. 11. 13)', '中国人民对韓国36问你不无耻谁无耻？(2007. 8. 9)' '재한국적진실류学生活! 看了有点心寒(转)(2007. 9. 19)', '韓国人讽刺中国，一个网友的超强回答(2007. 2. 18)', '[转帖]韓国街头店铺拍摄－彻底的怒了', '抄旧日志以支持今天上午发布的 ≪浑天仪……≫一文' 등 제목의 글들을 실었는데, 여기서는 한국통인 듯한 자세로 이른바 한국에서의 경험들을 곁들이거나 혹은 한·중 사이에 민감한 문제를 끌어들이며 지극히 과장적이고 편파적인 시각으로 한국 및 한국 사람에 대해 폭로, 비판하면서 중국인들이 정신을 차리고 한류에 빠지지 말기를 촉구하고 있다. 『中国西部网』이나 『重慶时报网络版』, 『四川新聞网』은 매개 뉴tm나 기삿거리 끝에 대개 '请您发表评论', '发表评论', '評論' 같은 '댓글' 올리는 欄이 있다. 그럼에도 불구하고 댓글을 올리는 경우는 매우 적다. 중국 사람들의 근엄한 민족성을 보여주는 듯하다. 그런데 위의 선정적인 기사에 대해서는 많은 댓글을 달아 공감을 표시하고 있다. 물론 그 반대의 경우도 있어 중국의 다양한 목소리를 보여주고 있는 듯하여 좋았다. 『中国西部网』에 실린 '[转帖]中国导演，你有能力抵制韩

劇吗?(2007. 10. 16)'에서는 위의 张国立의 한국 드라마에 대한 감정적이고 편파적인 언술과 태도에 대해 맞받아치며 수용미학의 차원에서 한국 드라마를 좋아할 수밖에 없는 이유를 들면서 공정성을 기할 것을 촉구하고 있다. 한국 드라마에 대한 중국 측의 반응을 보면 대개 이해관계가 있는 연예계의 인사들이 부정적인 반응을 보인 반면 관객들은 맞받아치는 긍정적인 반응을 보이고 있다. 그러나 관객의 목소리는 상대적으로 약했다. 이런 반한적인 뉴스나 기사는 대개 한류가 뜨겁게 달아오르기 시작한 2000년대에 들어서 시작되었다. 그리고 처음에는 여유롭고 유연한 모습을 보이다가 2005년 <대장금>이 전국을 휩쓸게 되면서 격한 발언들도 나오기 시작한다. 이 점은 2004년 6월 15일자 『中国西部网』에 실린 『四川新闻网-成都商报』에서 전재한 "圈内人士看'韩流'冯小刚喜欢'黑道老婆'"에 실린 중국에서 정평이 나 있는 유명한 영화감독 冯小刚, 제6대 영화감독으로 꼽히는 王小帅나 홍콩 영화인 施南生 및 중국의 유명한 배우 秦怡 등이 참가한 좌담회 발표요지를 보면 중국 국내 영화의 문제점을 찾고 한국 영화에 대해 긍정적인 반응을 보인다. 冯小刚의 발언을 잠깐 보면 '韩国电影拍摄得非常朴实，特别有生活气息，他们有很多东西值得我们学习，我看了<我的老婆是大佬>，真是非常好。……作为电影人，我们应该警觉起来，韩国电影来了。我们需要奋起直追！'라고 하며 한국 영화의 가치를 인정하고 경각심을 가질 것을 호소한다. 그러다가 1년이 좀 지난 2005년 10월의 발언에 한국 영화나 드라마에 대해 강한 반발과 부정을 보인 것은 좋은 보기이다.

셋째는 위의 극단적인 두 경향 사이의 객관적인 경향. 『中国西部网』에 실린 '中国电视剧制造业向韩流妥协了?(2006. 11. 7)'는 전형적인 한 예가 되겠다. 이 기사에서는 중국 국내의 일부 그릇된 인식을 일축하고 객관적으로 한국 드라마의 강세를 이야기하고 중국의 일부 드라마 감독들이 한국 드라마를 모방하는 것은 현 단계에 있어서 어쩔 수 없는 지극히 정상적인 현상이라고 지적하면서 중국 정부 차원에서 자국의 드라마를 보호하기 위하여 방영시간대를 조정하거나 수입을 제한하는 등의 조치는 현명하지 않다는 것이다. 시장경제라는 상황 하에서는 서로 경쟁 속에서 발전해나가야 한다는 미래지향적인 대안을 제시하고 있다. 실로 한류에 대한 객관적이고 공정한 태도가 엿보인다. 여기에는 한류를 단지 관심거리나 취미거리로 본 것이 많다.

이 세 가지 경향을 종합적으로 볼 때 첫 번째 경향과 두 번째 경향은 그리 많은 편이 아니고 세 번째 경향이 가장 많은 비중을 차지한다. 이것은 『中国西部网』이나 『重慶时报网络版』, 『四川新闻网』의 기사보도가 가지는 한계를 보여준다고 하겠다. 사실 첫 번째 경향과 두 번째 경향은 한류에 대한 중국 사람들의 愛憎의 감정을 잘 나타내고 있다. 『重慶时报网络版』에 실린 "7个大腕说'韩流'批得狠抬得高(2005. 10. 17)"이란 기사는 이 점을 잘 말해주고 있다.

3. 한류의 전망

이상 '한류의 현황' 부분에서는 주로 인터넷 사이트의 자료를 활용한 계량적 방법 및 설문조사, 그리고 인터뷰를 통하여 중국 서부지역에서의 한류 개념의 엇갈린 인지 및 관련 뉴스나 기사 보도의 내용 특성 즉 한류 스타들의 행방, 한류 간판을 걸고 사업하기, 순수한 의미에서의 한류 알리기에 대해 알아보았다. 그리고 한류 및 그 연장선상에서의 한국 알기를 관방 차원의 행사, 음식, 미용, 스포츠 등을 통해 살펴보았고, 한류 관련 뉴스나 기사 보도의 내용적 경향에 대해 친한 경향과 반한 경향 및 그 중간의 객관적 경향에 대해 알아보았다. 이런 것을 통해 중국 서부지역에서의 한류의 현황에 대해 살펴보았다. 서부지역의 보다 많은 곳을 넘나들며 균형 있는 설문조사 및 인터뷰 자료, 그리고 종적인 차원에서 지난 세기 90년대 말의 한류 관련의 구체적 자료도 확보하여 보다 내실을 기해야 했음에도 불구하고 그러지 못한 아쉬움이 남는다.

그럼 이상 중국 서부지역에서의 한류의 현황에 대한 고찰과 분석에 기초하여 아래에 중국 서부지역에서의 한류의 전망을 조명해 보도록 하자. 여기서는 전망 자체보다는 그 전망이 이루어질 수 있는 여건을 주로 살펴보도록 하자. 전망은 이 여건에서 자연적으로 이루어지기 때문이다. 사실 이런 차원에서 전망을 논할 때 그 전망도 내실을 기하게 될 줄로 안다.

한국 차원에서 놓고 볼 때 한류 현상이 수천년래 전례 없던 한국 문화의 대대

적인 전파이고 국위 선양이며 국가 이미지를 대폭 제고시킨다는 점에서 그 가치
가 수십, 수백 명의 외교관 못지않게 중요하다. 한류가 한국 상품 인지도를 높이
고 결국 구매 열기로 이어져 경제효과도 가져옴을 감안할 때17) 한류가 중국 서부
지역, 더 나아가 중국 전역에서 계속 용솟음치는 것은 더 없이 바람직한 일이다.
그러나 그것이 인간의 주관적 욕망만으로 되는 것은 아니다. 적어도 다음과 같은
기본 여건이 서부지역에서 이루어질 때 현실적 가능성을 갖게 된다.

중국 서부지역에서 한류의 행방은 무엇보다도 우선적으로 중국의 정치적 입김
과 밀접한 관계가 있다. 중국의 현재 급선무는 경제를 발전시키는 것이다. 그래
서 중국은 WTO에도 가입했다. 중국은 실리를 챙기면서도 국제적 룰을 따르는 것
을 기본원칙으로 한다. 그러나 중국은 국가의 존엄과 자주도 그에 못지않게 중시
한다. 그런데 한국 정부 차원에서 중국 영화나 드라마의 수입이나 방영을 제한하
거나 브레이크를 걸 때18) 중국 정부가 계속 한류에게 안방을 내어 줄지는 미지수
다. 중국이 한국과의 정치, 외교적인 관계 상황에 따라 한류에 대한 태도가 얼마
든지 변할 수 있다는 말이 되겠다. 일반 중국인들이 한국의 드라마를 보고 싶다고
계속 요구해도 정부 차원에서 수입쿼터를 정해 버리는 등 특단의 조치를 취해버
리면 대책이 없다. 중국은 아직 중앙집권적인 사회주의국가다. 답은 여기에 있
다. 중국과 한국 사이에 중국의 농산물에 보내는 한국의 곱지 않은 소리에 중국은
'기생충 김치'로 맞서고, 결국 크리스마스까지 재방영되는 <보고 또 보고>를 마지
막으로 일방적인 드라마 한류를 허용하지 않을 자세를 보인 경우는 좋은 보기다.
그런 만큼 한국은 중국과 평등호혜의 원칙에 따라 진정한 동반자 관계를 형성해
나가야 한다. 이를테면 중국과 문화상품을 공동 생산하는 분업적 발전 체계를 갖

---

17) 일례로 한국의 한 제과업체가 한류 열풍의 한 진원지라 할 수 있는 인기그룹 H.O.T를 광고
　　모델로 삼았더니 스낵 제품의 수출 증가율을 대폭 끌어올렸다는 보고가 나왔다.

18) 『中國西部网』등에 실린 반한적인 경향을 나타낸 글들에서 이런 것들에 대해 언급하고 있다.
　　"韓流'被泼冷水(图)(2005. 10. 18)" 같은 기사를 보면 '中国电视剧要求进军韓国', '韓国拒绝中
　　国剧引争议'라는 소제목으로 중국 드라마에 대해 한국 텔레비전 3사에서 방영을 거절하는 것
　　에 대한 반발을 나타내고 있다. 유명한 중국 영화감독 尤小剛이 중국에서 인기를 모았던 TV
　　드라마 『还珠格格』가 한국에서 황금시간대에 방영되면서 인기절정에 오르자 한국 텔레비전방
　　송국에서 중국 TV 드라마를 거부하기 시작했다는 것이다. 대등한 문화무역방식으로 중국 드
　　라마가 한국 텔레비전에 진출한다면 국면이 크게 뒤집어질 것이라고 말한 것은 그 한 예이
　　다.

춰 상호 간에 이익을 나누어 갖는 전략도 펴 볼만 하다. '한류의 현황'에서 잠깐 언급되었지만 한류가 문화제국주의적인 냄새를 풍긴다든가[19], 중국을 단순히 한류로 대변되는 한국 문화상품의 수출용 시장으로 치부하는 문화상업주의도 경계해야 할 대목이다. 그렇지 않을 때 문화적 자존심이 강한 중국인들의 강한 반발심을 불러오거나 라이벌의식을 과도하게 자극하여 피차 쓸데없는 신경전을 벌이게 되기 때문이다. 우리는 여기서 북경텔레비전 예능부 총감독 왕빙이 한국스타들의 매력은 무엇인가라는 기자의 질문에 한국 대중문화가 일본보다 인기가 있는 것은 외교적 친근감도 포함하여 고려해야 한다고 대답한 것을 잘 음미해볼 필요가 있다.[20] 한마디로 중국 서부지역도 중국의 일반적인 정치형세에서 자유로울 수 없다는 점에 유의해야 할 것이다.

위의 정치, 외교적인 논의가 한류의 전망에 대한 일반적인 논의에 불과하다면 아래에서는 서부지역의 구체적 상황과 결부하여 논의를 좀 전개해보도록 하자.

주지하다시피 중국 서부지역은 현재 서부대개발의 현장이다. 중국 중앙정부로부터 50년간 서부대개발 정책의 특혜를 받는다. 서부지역은 개혁·개방의 막차를 탄 듯한 기분이지만 또한 이제야 경제적으로 가난한 콤플렉스를 떨쳐버릴 수 있는 호재를 만난 듯한 들뜬 기분이다. 현재 서부지역은 뭐니 뭐니 해도 경제다. 경제를 발전시키기 위한 외자유치가 초미의 관심사로 대두되고 있다. 사실 당국자들은 더 말할 것도 없고 일반서민들도 한국의 투자를 갈망하고 있다. 그래서 한국 측에 적극적으로 프러포즈를 하기도 한다. 현재까지 여덟 차례나 진행된 '西博会', 즉 '서부지역박람회'는 이 점을 잘 말해준다. 이 박람회에 한국 정부 차원에서 관심을 가질 뿐만 아니라 기업인이 대거 참가하는 데 대해 서부지역 정부기관에서는 대환영이며 한국과의 경제 관계를 맺는 절호의 기회로 여긴다. 이번 2007년 5월 제8차 서부지역 국제박람회에서 资阳市 정부의 적극적인 프러포즈는 이 점을 잘 말해준다. 资阳市 정부에서는 한양대학교 金秉模 교수가 普州太后 许

---

19) 2001년에 한국 문화관광부 주관으로 행해진 중국 청소년들의 '한국 유행 음악여행'이 관광 상품으로써의 가능성을 열었다고 기뻐하는데, 이는 자칫 중국 정부로부터 이 프로그램에 한국 정부가 보조금을 지급했기에 문화 침략의 일환으로 간주될 소지가 충분히 있는 것으로 지적되고 있다.

20) 『헤럴드경제』, 2005. 4. 18.

黃玉이 资阳의 安岳人이라는 것을 고증해 낸 학술적 성과를 이번 '西博会'의 在川 韓投资贸易洽谈会에 충분히 도입하여 资阳市와 한국 기업가 간의 감정적 유대를 돈독히 하며 많은 경제적 합작을 이끌어내었던 것이다. 그래서 韓国工业园을 준비 중이다. 이외에 宜宾市에서도 한국과 6개 투자항목에 걸쳐 총금액 74.83억 위안 규모의 계약을 체결하고 宜宾韓国投资贸易洽谈会에서는 한국 측으로부터 당장에 수천만 불의 五粮液 술주문과 3백만 불의 丝丽雅织品 주문을 받은데 대해 대서특필하고 있다. 『中国西部网』에 실린 『重庆日报』에서 전재한 "韓国省长来渝为重庆公务员揭密'新村运动'(2006. 6. 9)"이라는 기사를 보면 중경시정부에서는 한국의 경상북도 도지사를 초청하여 중국의 새 농촌건설시책에 즈음하여 한국의 '새마을운동'에 관해 공무원들을 대상으로 특강을 조직한다. 허심탄회하게 한 수 배운다. 그리고 『中国西部网』에 실린 『重庆晨报』에서 전재한 '韓国大公司蜂拥重庆投资(2007. 10. 26)'라는 기사를 보면 "重庆经济에 '韓流'가 사품치기 시작한다."로 시작하여 中国商务部의 대폭적인 지지 하에 2007년 10월 25일에 중경에서 '重庆投资环境说明会'가 열렸는데 한국산업자원부, 재정경제부, 한국의 중국 주재대표 등 한국 관변 측에서 조직한 韓国官民联合考察团 일행 33명이 중경투자고찰을 왔다고 한다. 여기에는 人英工社, 三井C&&C, 电力公社, 大宇物流 등 10여 개의 한국대기업이 포함되었다고 한다. 2007년 10월 24일에는 한국 산업자원부에서 조직한 중국 서부대개발 민관 합동 조사단이 중국 서부대개발 프로젝트와 관련하여 거대한 시장 잠재력을 갖고 있는 서부지역에 대한 투자환경 및 개발 수요조사를 위해 중경을 방문했는데 이는 상당히 고무적이었다. 중경시 경제무역위원회의 소개에 따르면 2007년 9월말까지 중경에 투자한 한국기업은 82개 업체로 총 투자액은 1억 2,458만 불이라고 한다. 중경의 외래투자자본의 10위권에 속한다. 그리고 근년 중경과 한국 사이의 수출입 총액은 15% 좌우의 증가세를 보이고 있다. 2007년 1~9월 사이 한국에 대한 수출은 지난 해 같은 시기에 비해 57.4% 증가하였는데, 9,497만 불에 달한다고 한다. 한국은 중경의 일곱 번째 무역파트너가 되었다. 중경 사람들은 한국 측 투자 및 한국과의 경제거래에 대해 기대에 찬 반응을 보이고 있다. 그래서 한류나 한국에 대해 대단히 우호적인 태도를 보인다. 현재 大渡口區建桥구역에다 2억 불을 들여 '重庆韓国工业园'을 건설하고 있는데, 삼성, SK, 한화그룹, 두산그룹, BS그룹, 한국 플라스틱협회 등 많은 대기업들이 이곳을 시찰했다고 한다. 그리고 중경뿐만 아니라 서부지역의 다른 정부기관 및 기업가들도 주동적으로 한국으로 진출하여 투자설명회를 가지거나 간담회를 가지며 투자를 유치하고 있는데 이것도 한국과 경제 관계를 갖는 효과적인 방법이었다. 2006년 연말 한국기업과의 합작을 강화하고 建橋韓国工业园을 발전시키기 위해서 중경시 大渡口區는 한국으로 건너가 투자유치 전문설명회를 가지고 '한·중기업가연합회', '한국중화총상회'와 우호적인 관계를 건립하였으며 공동으로 선진적인 제조업, 전자통신산업을 중심으로 建橋韓国工业园을 대폭 발전시키는 것에 대해 협의를 보았다. 陝西省의 경우를 보더라도 한국을 투자유치의 중점국가의 하나로 보고 있다. 현재 陝西省은 한국과의 경제 합작에 있어서 이제 시작에 불과한데 2007년 9월 20일, 한국 주서안총영사관이 설립됨에 따라 새로운 도약을 꿈꾸며 8부류에 걸쳐 314개 중점투자유치항목을 제시하여 한국 측의 투자를 기대하고 있다. 실로 중국의 서부 지역은 전문 한국을 맞이할 준비를 다그치고 있다. 각 지역의 일련의 투자항목제시 및 '韓国工业园' 건설은 이 점을 잘 증거해주고 있다.

한마디로 말하여 중국 서부지역과 한국의 경제적인 유대, 특히 강세에 있는 한국경제가 서부지역에 지속적으로 영향을 발생하는가 못하는가 하는 것은 '한류'가 중국 서부지역에 있어서의 지속여부의 중요한 한 변수가 되겠다. 『四川新聞网』의 "'韓流''汉风'背后是经济流 韩政要集体到中国修学" 기사에서는 중국의 경제가 신속하게 발전함에 따라 한국의 고급공무원 및 정계인사, 그리고 대기업 관리인원들로 구성된 '韓国第一期最高经营者课程班'이 청화대학교에 개설된 상황을 들어 '韓流'든 '汉风'이든 모두 경제의 흐름에 따라 이루어짐을 지적한 것은 지당한 견해임에 틀림없다. 경제가 '한류'를 이끌어내고 지속시키며 견인차 역할을 하는 전제조건으로 되기 때문이다. 그런데 전반적으로 놓고 볼 때 현재 한국의 서부에 대한 투자는 초급단계에 놓여 있다. 중국 총 투자액의 1.8%(1.8억불), 투자차수의 1.2%(134건), 교역액은 2.4%(21억 4,000불)에 불과하다. 투자기업으로는 삼성, LG, 포스코, 대한항공, 아시아나항공, 한진해운, 금호고속 등 일부 기업에 한한다. 2004년의 경우만 놓고 보아도 중국 주재 한국대사관 金夏中 대사의 소개에 의하면 중국과 한국의 무역액은 900억 불을 넘어섰는데 중국은 이미 한국 자본투자나 상품수출의 제1국이 되었다. 그러나 한국과 四川의 무역액을 놓고 볼 때 근근이 3.64억 불에 불과한 것으로 쌍방의 합작 여지는 대단히 많다. '한국 경제의 발전경험, 자본 및 기술과 사천성의 풍부한 자연자원과 우수한 인력자원은 상호 보완적 관계에 놓여 있다'는 것이다. 현재 한국은 서부지역에 공동 물류창고, 물류센터를 설립하고 중국의 서부대개발에 크게 참여할 태세다. 그리고 2005년 2월 말 성도에 한국무역관이 세워졌다. 한국무역관은 한국 산업자원부에서 파견한 기구인데 현재 전 세계에 105개 세워져 있는데 중국에 10개가 있다. 성도의 한국무역관은 한국 정부 차원에서 중국 서부지역과의 경제 관계를 본격적으로 추진하고 있다. 2007년 12월 4일에는 중소기업진흥공단 성도 대표처가 개소되어 서부지역진출을 원하는 한국중소기업들을 위해 컨설팅 및 인큐베이팅 등 다양한 업무를 보고 있다. 그리고 동년 하반기에 신규, 개설한 '성도 수출 인큐베이터'는 중국 서부지역과 한국의 무역을 효과적으로 추진하고 있다. 이에 호응하여 성도시정부에서는 한국 투자자들이 중국 서부지역 물류집산 원가를 가장 꺼리는 점을 감안하여 2005년 4월말 成都市政府代表團이 한국에 가서 中国西部物流 및 成都投资说明会를 가졌다. 그리고 "'韓流'劲兮'汉风'扬－'韓国周'开幕式侧记(2005. 5. 25)"라는 기사를 보면 2005년 하반기에 成都春熙路 혹은 中华园 부근에 四川에서 최초로 되는 韓国商品城을 오픈할 예정이다. 이것은 『四川新闻网』에 실린 『华西都市报』에서 전재한 '促进中韩友谊 5年内成都建成风情韓国城(2005. 7. 16)'이라는 기사를 보면 더 확실하게 윤곽이 잡힌다. 이를테면 成都市青羊区에서 2005년 9월부터 3~5년 시간을 들여 韓国驻蓉总领事馆을 중심으로 한 成都市中央商务区核心구역에 서남지역 최초로 韓国商务社区를 건설하기로 했다는 것이다. 이로부터 중국 서부지역에서 가장 큰 한국상품매장인 '魅力韓国城'을 건설하고 '宏达大厦'에는 한국의 애니메이션, 그리고 영화와 TV드라마학교를 세우며 '蓝乔港湾'에서는 한국 미용, 정형센터를 세우도록 한다. 그리고 이외에 '韓国电影城', '韓国商务酒店' 등을 건설할 계획이다. 그리고 전반 '韓国商务社区'의 공공구역에는 한글표지, 한식간판, 한식문화광장, 한식문화예술회랑, 한국스타일 카페거리 등을 건설하여 진실로 '韓风', '韓流'를 느끼게 한다는 것이다. '北京望京

社区', '沈阳西塔街'를 능가할 예정이다. 벌써 한국무역대표단의 일부 비즈니스맨들이 이 社区에 와서 상담을 진행했다는 것이다. 2005년 5월 24일부터는 '第6届中国西部国际博览会'를 계기로 하여 '中国四川－韓国友好合作周'가 成都에서 개최된다. 2005년 '合作周'를 보면 200여 명으로 구성된 한국경제무역대표단이 사천의 관련 부서 및 업체들과 무역투자건에 대해 상담했다. 현재 사천에는 LG, 삼성을 비롯한 35개 한국 업체가 대표처를 내오거나 합작기업을 운영하고 있다. 그리고 최근 2008년 4월 2일~8일 사이 중국 내부 시장을 개척하고 서부 대개발의 중심도시인 사천성 성도 및 서안을 방문하여 투자환경을 돌아보며 무역상담을 벌이는 한국의 중국 무역상담투자 조사단의 방문 및 4월 20일~26일까지 중국 서부지역 성도, 중경을 방문하여 구매상담회를 개최하는 한국 무역협회가 주관하고 한국 기업과 중국 진출 한국기업 등 40여개 업체가 참가한 한국의 중국 구매사절단의 방문은 현지인들에게 있어서 한류의 가장 확실한 실체들임에 다름 아니다. 『中国西部网』의 '韓流当先锋韩商欲大举进四川(2005. 5. 13)'항의 「相关报道」난을 보면 현재 '川企4000万美元投资项目联姻韓国'하고 '四川企业开拓韓国市场'을 하기 위해 노력하고 있는데 '日韓在川投资去年涨了五倍'였다고 한다. 重庆도 成都 및 四川에 뒤질세라 한국 측 업체와 적극적인 경제합작을 모색하며 서부지역에서의 경제중심을 형성하고 있다. 2005년 5월 한국의 CJ회사가 한국회사로서는 重庆에 처음으로 부동산개발업에 뛰어들었는데 '韓企西部大本营'을 건설하여 한국 업체의 중국 서부지역 진출의 교두보, 메카로 삼으려는 야심찬 프로젝트를 추진하고 있다.21) 중경 측에서는 여기에 적극 호응하고 있다. 『中國西部网』에 실린 '陝西代表团抵达釜山开展经贸洽谈、旅游促销(2007. 9. 6)'이라는 기사를 보면 '中国陝西省－韓国合作周'에 참가한 陝西省代表团도 선후로 한국의 두 번째로 큰 도시인 부산에 가서 이틀에 걸쳐 경제무역과 관광에 관한 업무를 상담했다는 것이다. 서부지역에서의 중국과 한국의 이런 일련의 경제적 동향은 한류의 가장 확실한 받침목이 된다. 특히 한국 측의 대 중국 서부지역의 진출은 서부지역의 경제발전이라는 단수가 맞아떨어져 상승적 효과를 가져 오며 한류를 대동하게 됨은

---

21) 『重庆商报』, 2005. 5. 29.

더 말할 것도 없다. 개혁개방 후 경제가 중국 사회에서 모든 것에 우선하는 중심이 됨으로써 정신문화에 속하는 '한류'도 여기서 자유로울 수 없다. 사실 '한류' 전에 불어 닥친 홍콩, 대만풍, 그리고 이어서 불어 닥친 일본, 미국풍도 결국 따지고 보면 이들 지역과 나라의 우세한 경제력이 중국에 영향을 미치면서 그 풍이 따라 분 것이다. 몸에 와 닿는 어떤 경제적인 확실함이 있을 때 한국에 대해 흥취를 갖게 되고 알려고 하게 되면서 '한류'는 절로 따라 불기 마련이다. 『四川新聞网』에 실린 '就业看好成都人留学也哈韩(2006. 4. 19)'이라는 보도를 보면 중국에 있어서 한국 경제의 성장세와 더불어 취업도 잘 될 듯하여 많은 成都 사람들이 한국유학을 선호한다고 한 것은 그간의 사정을 잘 설명해준다. 중국 서부지역과 한국의 지속적인 문화교류가 필요하다. 사실 문화야말로 서로 가장 확실하게 이해하는 도경이다. 중국과 한국의 관계는 2003년 양국 정상이 '全面合作伙伴关系'를 선언하게 됨에 따라 새로운 발전단계에 들어서게 되었다. 이로부터 2003년부터 한국의 중국 주재 대사관에서는 매년 중국의 2~4개 省을 선정하여 해당 省정부와 공동으로 '友好周'活动을 가지도록 했다. 『中國西部网』이나 『重慶時報网絡版』, 『四川新闻网』에 실린 기사를 통해서 알 수 있다시피 중국 서부지역에서는 이미 중경직할시정부, 사천성 정부, 섬서성 정부와 각기 활동을 가졌다. 2005년 5월 '中国重庆 · 韓国友好周'가 重庆에서 성황리에 열렸다. 이어서 2005년 5월 24일에는 '中国四川－韓国友好合作周'가 成都에서 개막되었다. '合作周' 기간에 "韓国电影周、韓国文化旅游摄影展、'韓国之夜'大型文藝晚會"를 가졌다. 이런 행사는 한국을 알리는 좋은 계기가 되었다. 2006년 11월에는 '中国陝西省－韓国友好周'가 西安市에서 성공적으로 열렸는데 그 일환으로 '韓国文化观光图片展及电影周'가 첫 절목으로 개막식을 올렸다. 11월 20일 저녁 8시에 열린 '文艺晚会'에서는 한국스타들의 공연과 한국전통적인 가무 및 태권도표현으로 인기를 모았다. 이런 문화교류는 일방적이 되어서는 안 된다. 서로 이해하고 우애를 증진하는 차원에서 쌍방적이어야 한다. 『中國西部网』에 실린 "'陝西－韓国合作周'开拓友谊合作发展的新领域(2007. 9. 4)"라는 기사를 보면 2007년 9월 3일 오후 '中国陝西省－韓国合作周' 개막식이 한국 서울에서 성황리에 열렸다. 본 '合作周'는 中韩建交15周年 즉 '中韩交流年'을 계기로 하여 '우의 · 합작 · 발전'을 주제로 하여 한국 서울특별시 및 부산광역시에서 일련의 투자무역촉진, 관광소개 및 문화교류활동을 가졌다. 그리고 쌍방의 우호 도시 간의 좌담회도 가졌다. 이번 '合作周'의 주요 취지의 하나는 바로 한국 문화계와 陜西 문화계의 왕래를 진일보로 촉진하여 쌍방이 보다 다채로운 문화교류를 진행하는 데 있다. 이로부터 한국과 陜西의 민간 차원의 교류를 확대라고 양 지역 간의 우의를 증진한다는 것이다. 사실 관방 측의 교류뿐만 아니라 이런 민간 측의 교류, 합작도 한류를 지속시키는 데 효과적임은 더 말할 것도 없다. 『四川新聞网』에 실린 『眉山日報』에서 전재한 "'中韓泛亞星秀 計劃' 實現你的明星夢(2006. 7. 29)"이라는 기사는 바로 사천성의 미산에 한·중 합작의 스타양성소를 세워 체계적으로 스타를 키워낸다는 것이다. 이외에 여러 가지 형식의 한·중 합작 이벤트들은 서로간 문화교류의 장이 될 것이다. 2003년에 찍은 한·중 합작드라마 <북경, 나의 사랑>은 좋은 시발점이 된다. 이외에 2005년에 역시 중국과 한국의 합작드라마로 찍은, 조선족이 극본을 쓰고 한국 인기배우 이순재가 주인공으로 등장한 <어머니와 국밥집>도 연예계에서의 한·중 교류 및 합작의 좋은 모델을 보여주고 있다. 그리고 『中国西部网』에 실린 "电视剧 '韩流' '汉风' 相映成 '趣'(2006. 9. 1)"라는 기사에서 보듯 '韓流'와 '汉风'은 우호적인 경쟁을 벌여야 할 것이다. 이 기사를 보면 작년에 한국 드라마 <대장금>이 중국에서 한류를 기껏 고양한데 이어서 올년에는 중국의 영화와 텔레비전 드라마 <乔家大院>이 한국에서 방영되었는데, 주인공 乔致庸에게서 체현된 '诚信为本', '以义制利'의 商道가 한국 사회에서 큰 반향을 불러일으켰다는 것이다. 한국의 주요 일간지인 『조선일보』, 『한국일보』 등에서도 이에 대해 긍정적인 반응을 보였다는 것이다. 이로부터 <乔家大院>은 방영된 후 얼마 전에 진행된 제1차 서울 TV 드라마 수상식에서 최우수 장편 드라마상을 받았다는 것이다. 실로 中国 역사극 <乔家大院>이 한국 텔레비전계에 분명 '汉风'으로 대표되는 '中國熱'을 느끼게 했을 뿐만 아니라 일반 한국 사람들로 하여금 진실로 '汉风'의 강세를 느끼게 하였다는 것이다. 그리고 『中国西部网』에 실린 "中韓文化交流 : '韓流'出处有 '汉潮(2004. 4. 5)"라는 기사를 보면 중국 문화부에서 중국 문화 홍보 차원에서 한국 서울어린이대공원에서 중국 문화전을 거행한 것을 보도하고 있다. 한·중수교 10주년 때 '中韓國民交流年'에 이어 금년 한·중수교 15주년을 계기로 '中韓交流

年'으로 정한 것은 중국과 한국의 전면적인 동반자 관계를 한 번 더 확인시켜 준다. 한·중수교 10주년 때 중국의 문화부부장 孫家正이 '문화교류와 합작을 강화하여 한·중 두 나라 인민의 상호간의 이해와 우의를 촉진시켜야 한다. 이로부터 두 나라 사이에 이미 건립된 21세기를 향한 합작파트너 관계를 새로운 단계로 추진하여야 한다.'고 한 것은 바로 문화교류의 중요성에 대해 잘 이야기하고 있다. 바로 이런 문화의 우호적인 교류 및 공감대의 형성은 순수한 본연의 의미에서의 한류발전을 추진하게 될 것이며 '한류'와 '漢風'이 어우러진 미래지향적인 새로운 문화창출의 장이 될 것이다.

끝으로 한 마디 더 짚고 넘어가면 상호 감정적인 유대관계를 키워나가야 한다. 중국 서부지역에서의 '한류', 절대적인 우세로 일방적으로 부는 듯한 '한류'는 '한류의 현황'에서도 잠깐 보았지만 중국 사람들에게 '문화제국주의'적인 혹은 경제적 침탈을 당하는 듯한 콤플렉스에 쌓이게도 한다. 김희선이 중국 TCL핸드폰회사의 광고에 나가 중국 일반사람의 노임 몇 십 년분의 몇 백 배, 몇 천 배를 벌었소, 중국에서의 <대장금> 영상권이 얼마요, Rain의 1회 출연료가 얼마요 하는 것은 현재 한창 돈 맛을 들이고 돈 벌기에 열심인 중국 사람들에게 상대적인 허탈감을 준다. 필자가 현재 강의하고 있는 사천외국어대학교 한국학과 2학년들에게 '한류에 관한 느낌'이라는 글을 써오라 했더니 이른바 '한류'의 부정적인 면을 이야기한 경우 짧은 소견이기는 하지만 이런 점들에 대해 이야기하고 있었다. 이를 놓고 볼 때 중국을 한국의 일방적인 문화시장으로 보거나 순전히 상업적인 목적에서 중국 문화시장으로의 한류 진출을 꾀하는 것은 적어도 전략적인 차원에서라도 방향 선회를 해야 한다. 이른바 더불어 잘 사는 베푸는 문화를 창출해야 한다. 『中國西部网』에 실린 陝西电视台의『都市快报』에서 전재한 '韓国专家来西安七名儿童免费接受心脏手术[视频](2006. 11. 15)'라는 뉴스를 보면 '爱心无国界'로 시작하여 한국서울대학교 두 소아과 심장전문의가 西安西京医院에서 무료로 7명의 아동들을 심장수술을 해준 데 대해 중국 사람들은 '活雷鋒'[22]이라고 입을 모아

---

22) 雷鋒은 사회주의 중국에 있어서 헌신적으로 다른 사람을 위해 봉사한 모범적 인간인데 그가 죽자 당시 중국의 최고 지도자인 마오쩌둥이 '雷鋒 동지를 따라 배우자!'는 제사를 썼으며 전국적으로 그를 따라 배우는 운동이 일어났다.

칭찬했다는 것이다. 필자가 한국 스타들 가운데 누구를 좋아하지? 왜?라는 질문을 현재 한국어를 가르치고 있는 학생들에게 던져보았더니 나름대로 자기 기호에 따라 누구누구 하는 경향이 강했지만 그래도 '장나라!'라고 대답하는 학생이 있었다. 이유는 장나라가 중국에서 돈을 벌어 좋은 일을 많이 한다는 것이다. 그렇지 않아도 『中國西部网』에는 '张娜拉将来济举力慈善演唱献爱心', "张娜拉爱心基金' 账号公布"와 같은 기사가 실려 있다. 그리고 '이영애'를 꼽는 이유도 중국의 산골 학교를 비롯해 가난한 곳에 수익금을 많이 기부했다는 것이다.23) 사실 인기 연예인들의 자그마한 선행도 사람들에게 대단히 큰 인상을 남기며 매스컴을 타게 된다. 그리고 그것은 구구 전승되며 그의 예술적 생명에 플러스적 요소로 작용하게 된다. 이런 차원에서 다른 데서는 좀 식상할지 몰라도 현재 중국 서부지역에서 아직도 한창 인기를 얻고 있는 한류가 계속 건재하려면 한류스타들도 서부대개발의 훈풍을 타고 서부지역에 베풀고 나누는 장을 꾸준히 마련해야 될 줄로 안다. 사실 이런 인기 한류스타들 뿐만 아니라 일반 한국인들의 작은 선행 하나하나가 중국 사람들에게는 흐뭇한 감동을 주며 한류 내지는 한국에 대해 공감대를 형성하게 된다. 지난해 운남성에 사는 한국인 부부가 중국의 빈민아동을 대상으로 무료도서관을 운영하고 있는 사례가 중국 내에 소개되면서 중국 사람들에게 잔잔한 감동을 안겨준 적이 있다. 『중경저널』24)(제8호, 2006. 12. 10)에 실린 '중국사랑 작은 실천 모임회'라는 뉴스를 보면 서부지역 성도 총영사관에서는 부끄러운 한국인 추방운동의 일환으로 아름다운 한국인상 캠페인을 전개했는데 참 바람직한 캠페인이라고 생각된다. 사실 이 캠페인은 주중 대한민국 공관이 '좋은 한국인 인상 심어주기' 캠페인에 서부지역 한국인들이 호응하여 나선 것이다. 그것은 중국에 거주하는 한국인으로서 한국인의 긍지와 자부심을 가지고 중국 지역사회의 생

---

23) 이 변에서 한국 인기 연예인 이순재 씨와 홍콩 인기 배우 성룡이 시사하는 바가 크다. <사랑이 뭐길래>와 <목욕탕 집 남자들>에서 카리스마스적인 가장으로 등장하여 중국 관객들에게 깊은 인상을 남긴 이순재 씨가 2005년 12월 초 드라마 촬영차 연변에 와서 한국 연예인으로서는 처음으로 불우한 조선족 어린이 17명에게 장학금을 전달하는 등 선행을 베풀었다. 이순재 씨가 오기 한 달 전 홍콩배우 성룡도 연길에 와서 소년소녀 가장을 돕기 위한 공연을 펼쳤다. 이런 선행이 당시 연변을 비롯한 중국 사람들에게 회자되면서 그들의 인기가 더 높아졌음은 말할 것도 없다.

24) 중경한인회에서 발행하는 신문이다. 편집인은 윤세영이다.

활개선, 사회복지, 불우이웃돕기 등에 적극적으로 참여하는 모임이다. 이 모임의 취지는 순수한 봉사정신으로 중국 지역사회를 위하여 공헌함으로써 한국인의 이미지를 향상시키고 나아가 민간외교의 일익을 담당하는데 있다. 이런 캠페인이나 모임은 우선 감정적인 유대 차원에서 한류를 지속시키는데 좋은 열매를 거둘 수 있을 것으로 예상된다. 물론 감정적인 유대나 교류 관계는 쌍방적이어야 한다. 현재 중국 서부지역은 이제 막 진정한 개혁개방이 진행되는 듯한 느낌이다. 외자투자유치에 한창 열을 올리고 있다. 그들은 이 투자유치를 위해서도 외국대표단에 대해 최선의 예우를 다한다. 『中國西部网』에 실린 "陝西欢迎韩国客人"에 보면 '有朋自远方来, 不亦乐乎…….'라 '中国陕西省－韩国友好周' 활동에 참가하러 오는 한국의 중국 주재 대사관 대사 김하중이 인솔한 한국 대표단을 西安南门에서 가장 융숭한 옛 입성의식을 모방하여 환영한다. 이것은 지난 90년대 미국대통령 클린턴이 西安에 왔을 때 행했던 환영의식이기도 하다. 그리고 『重慶時報网絡版』에 실린 『重庆时报』에서 전재한 "韩国人爱'汉风'胜'韩流'(2005. 5. 30)"라는 기사에서 보듯이 한국 사람들이 '汉风'에 우호적일 때 한류도 보장된다. 중국 서부지역에서의 한류는 무엇보다도 중국과 한국의 이런 감정적인 공감대 속에서 그 흐름을 유지하게 될 것이다.

한마디로 말하여 중국 서부지역과 한국 사이의 경제, 문화, 감정적인 끈끈한 유대 및 교류는 서부지역에서의 한류 발전의 역동적인 추진력으로 될 것이다. 이 면에서 1992년 한·중 국교 수립 이후 민간차원에서의 양국 지도급 인사들 간 연례 상설 대화체 결성의 필요성에 인식을 같이 하여 개최되는 '한·중 미래포럼'은 매우 효과적이며 인상적이다. 1994년 제1차 한·중 미래포럼을 개최한 이래 매년 양국을 오가며 개최되고 있는 한·중 미래포럼은 양국 주요인사들 간의 진솔한 대화를 통해 동북아 및 한반도 정세와 양국 경제발전 및 협력방안 등에 대한 격의 없는 토론을 통해 상호인식과 이해의 폭을 넓힘으로써 한·중 우호협력의 기틀을 마련하고 있으며, 또한 양국 참가 인사들 간의 유대강화를 통한 인적 네트워크 형성에도 기여하고 있다. 2000년 6월 10일부터 6월 11일까지 중경에서 개최된 제7차 '한·중 미래포럼'에서는 '한·중 경제 관계와 중국의 서부대개발', '동아시아 지역정세', '한중문화·학술 교류현황/증진방안'에 걸쳐 진행된 활발한 논의는

중국 서부지역에서의 한류를 포함한 한·중 교류와 협력에 많은 실천적 방안을
제시했으며 시사점을 던져주고 있다.

　주지하다시피 중국에서 한류는 이제 10년이 된다. 아직 과거로 말하기에는 이
른 현재진행형이다. 서부지역에서는 이제 막 타오르는 현재진행형이다. 그것의
전망은 이 진행형에 대한 하나의 추측에 불과하다. 그러나 그것이 이미 중국의
다른 지역에서 불어친 한류의 경험교훈에 기초한 것일진대 실효성이 없는 것은
아니다. 어쩌면 그 전망의 장밋빛 빛깔은 쟁취하기에 나름이다. 인간은 항상 장
밋빛 빛깔을 좇아 나가는 줄로 안다.

참고문헌

김우영, 「한국적 가치관의 한류화·세계화 연구」, 대한정치학보 12집 1호, 2004.

김정수, 「한류현상의 문화산업적 함의」, 한국정치학회보 11권 4호, 2002.

김희연, 「북경에 몰아친 '韓流' 열풍」, 뉴스메이커, 2000. 10.

박광해, 「중국에서의 한류」, 『한중문화교류에 대한 회고와 전망』, 북경: 국제문화출판회사,
　　　2002.

서일호, 「한국영화 수출 껑충」, 『주간조선』, 2003. 7.

이은숙, 「중국에서의 한류 열풍 고찰」, 한국중국 문화학회 제14집, 2004.

이종민, 「개혁개방 이후 한국을 바라보는 중국의 눈 읽기」, 한국중국 문화학회정기학술대회
　　　2002. 5.

임계순, 『중국인이 바라본 한국』, 삼성경제연구소, 2002.

조창완, 「동남아 대중문화계의 한류바람, 그 '허와 실'」, 레이디경향, 2001. 10.

허　진, 「한국 방송프로그램에 대한 중국 시청자 반응」, 『글로벌시대, 방송프로그램의 유통과
　　　국가이미지, 정체성』, 한국방송학회 세미나 발표논문, 2001.

沈仪林, 「朝鮮人性格试析」, 『한국학논문집』 제1집, 북경대학한국학연구중심, 1992.

李春泰, 「在世界化进程中的韩国文化遗产年」, 당대한국 제25권, 2000.

杨　义:, 『中韩文化交流的 "韩流"』, 星湖出版社, 2001.

陆娅楠, 『谁在 "韩流"中成长』, 岳麓书店, 2001.

李银淑, 「中国对韩剧和电影之接受」, 视觉文化, 2004. 3. 11.

王 磊, 「韩国明星靠甚麽耀眼」, 环球时报第二版, 2005. 1. 26.

许 建, 「从传播学的视角探讨韩剧成功进入中国市场的原因」, 中华传媒网, 2005. 4. 1.

한국방송학회·복단대학교한국연구센터, 『"韩流"與"汉潮"』 학술토론논문집, 2002. 7. 8~9.

중국 서부지역에서의 韓流와 汉风 및 관광

우상렬*

1. 들어가는 말

세계여행관광협회(The World Travel & Tourism Council: WTTC)에 따르면 관광산업이 전 세계 국가의 GDP에서 차지하는 비율이 이미 11%를 넘어섰고 2008년까지는 그 두 배인 20%에 육박할 것으로 전망되고 있다.[1] 2002년에 534만 7,328명의 외국인이 한국을 방문함으로써 사상 처음으로 500만 명을 돌파했던 2000년에 이어 '방한외국인 500만 명 시대'가 공고해지고 있다. 2003년 한국의 음식, 오락, 미용, 문화행사 등을 보기 위해 입국한 한류관광객수는 전체 입국자 535만 명의 20%에 달하는 117만 명으로 집계된다. 2004년에는 한류열풍의 영향으로 일본 관광객 245만 명이 방한하였고, 중국 관광객 63만 명이 방한했다고 한다.[2] 이러한 현상은 중국을 중심으로 시작된 한류 열풍이 홍콩, 싱가포르 등 중화권 전역으로 점차 확산되면서 이루어진 것이라고 할 수 있다.

세계관광기구는 2020년까지 중국이 세계 최대관광목적지 및 세계 4대 관광객 송출국으로 부상할 것으로 전망하고 있다.[3] 중국 서부지역은 중국 총면적의 70%를 차지하며 총인구의 30%가 거주하는 곳으로 대단한 관광자원을 확보하고 있으며 관광객 송출의 시장전망도 밝다.

---

* 연변대학교 조선-한국학학원 교수

1) 한국관광연구원, 2003.

2) 한국관광공사, 2004.

3) 中國國家旅遊局, 2002.

사실 1993년 김영삼 정부의 열띤 세계화구호와 더불어 여행자유화정책이 가동되면서 한국 사람들이 본격적으로 중국 관광을 하기 시작했다. 그때까지는 아직 '韓流'라는 말이 나오지 않았지만 중국 사람들은 한국관광객을 하나의 한국적 흐름으로 받아들였다. 그러다가 1990년대 말쯤 '韓流'라는 말이 유행하기 시작하면서 이것을 관광에서의 '韓流'로 느끼기 시작했던 것이다. 중국의 일반인들은 '한국의 대중문화'요, '한국의 유행문화'요 하는 것을 떠나 막연히 이렇게 '韓流'를 받아들이고 느낀다. 바로 이 '韓流'가 한국을 동경의 나라로 만든다. 관광심리학에서 보면 관광객들이 여행목적지를 선정할 때 적어도 '귀동냥', '눈동냥'으로 알고 있는 것들에 대해 실제적으로 확인하고 체험하고 싶은 마음이 크게 작용한다고 한다. 그런데 현대에 있어서 이런 '귀동냥', '눈동냥'은 각종 매체에 의지하는 경향이 크다. 현대는 영상시대인만큼 영상이미지의 특성이 여행 욕구를 더욱 자극하기도 한다. 일단 이런 영상이미지가 사회에서 긍정적인 관심을 불러일으키고, 유행담론을 형성할 때 대중관광이 이루어지는 것이다. 주지하다시피 '韓流'의 중심은 한국 드라마나 영화로 파악된다. 한국 드라마나 영화를 통해 보여지는 화려한 세계가 중국 서부지역 사람들의 한국관광의 동기유발을 하고 있다. 삼성경제연구소의 조사에 의하면 한국 드라마의 영향을 받아 한국을 방문하는 관광객의 수가 2004년 2월부터 12월 사이에 40% 정도나 증가했다고 한 것은 그간의 이런 사정을 말해준다.4) 필자가 실제로 중국 서부지역의 중추격인 성도나 중경에서 '한국을 여행하게 된 계기'를 알아보았더니, 한국 드라마가 제일 큰 영향을 미친 것으로 파악되었다. 역사물을 제외한 한국 드라마는 대부분 현대 도시생활을 배경으로 전개된다. 중국 도시 관중들의 생활환경과 비슷한 점이 많다. 이런 현대 도시성이 중국 서부지역 관객들에게 매력적으로 다가갔던 것이다. 『四川新聞网』의 『成都商報』에 실린 '韓国有情恋恋日本(2007. 2. 7)'이라는 한국기행문 서두에서 成都거리에 '韓流'가 급습함에 따라 스크린이나 드라마에 나오는 멋진 한국 남녀들이나 그들이 사는 곳이 동경의 장소로 변하여 화이트데이에 세련되고 낭만이 넘치는 한국에 가서 보내는 것도 좋은 선택이라고 한 것은 이것에 대한 좋은 예가

---

4) 『경향신문』, 2005.

된다.

사실 1990년대에 들어서 중국 정부가 시장경제시스템을 본격적으로 가동함에 따라 중국 경제는 비약적인 발전을 가져오기 시작했다. 그래서 분명 '華流'라고 할 수 있는 '漢風—중국 바람'이 불기 시작했다. 중국은 13억 인구의 거대한 시장, 장래 세계제패 등 실제보다 부풀려진 중국 이미지는 그런 '漢風—중국 바람'에 다름 아니다. 그래서 중국 알기가 급선무였다. 도올 김용옥의 '논어', '노자' 등 중국 고전 강의 열풍은 어떤 의미에서 이렇게 일어났다. 그런데 사실 알고 보면 중국은 유교문화의 종주국으로써 한국과 중국은 많이 닮아 있다. 그래서 중국은 한국에게 감사하고 친밀한 나라로 부상한다. 그래서 중국에 투자하고 유학가기, 여기에 중국과 소통하기 위한 漢語마스터가 필수 조건5). 이런 문화적인 근접성 및 감정적인 유대가 곧 바로 중국 관광의 동기유발로 이어진다.

바로 이런 한류와 한풍의 역동적인 흐름 속에 중국 서부지역과 한국의 역동적인 관광이 이루어지고 있다.

본고에서 말하는 관광은 遊山玩水나 명승고적 탐방의 좁은 의미뿐만 아니라 문화관광, 성지순례, 오지관광, 비즈니스관광, 쇼핑관광, 레저관광 등 특수목적을 띤 넓은 의미로도 사용하도록 한다.

본고는 중국 서부지역에서의 韓流, 漢風과 관광의 역동적인 관계를 규명하는 데 주안점을 둔다. 이런 역동적인 관계를 규명함에는 일차적으로 한류의 파급효과로 중국 서부지역 사람들의 한국 관광을 들 수 있다. 그리고 한풍의 파급효과로 한국 사람들의 중국 서부지역 관광을 들 수 있겠다. 이런 관광은 중국 사람과 한국 사람들 간에 인적 유동의 가장 자연스러운 역동적인 교류로 양국의 관계를 상승시키는데 대단히 효과적임은 더 말할 것도 없다.

그래서 일단 현재 중국 서부지역 사람들의 한국 관광과 한국 사람들의 중국 서

---

5) 2005년 상해사범대학교에서 주최한 '上海—汉城都市文化比较国际学术讨论会'에서의 한국외국어대학교 박재우 교수의 소개에 의하면 한국에는 중문전공 단과 56개, 본과 123개, 여기에 방송통신대학교의 1개 전공을 합하면 모두 180개가 된다고 한다. 이것은 지난 세기 1950년대 3개, 1970년대 20개이던 것에 비하면 천양지차다. 초등학교나 중·고등학교도 마찬가지인데 260여 개의 고등학교에서 중국어를 개설하고 많은 초등학교에서 '중국어특별반'을 꾸렸다. 그리고 중국 정부에서 실시하는 '汉语水平考试(HSK)'에 2004년 한국의 응시자는 2만 2,000여 명에 달했는데 외국수험생의 69%를 차지했다.

부지역 관광을 나름대로 살펴보고 그 다음 발전 전망을 짚어보도록 한다.

2. 역동적인 中·韓관광

1) 중국 서부지역 사람들의 한국 관광

1998년 5월 5일 중국 정부에서는 정식으로 한국을 중국 공민 자비출국 여행목적지 국가로 지정했다. 1998년 8월 중국 첫 관광팀이 한국을 방문하게 된다. 2000년 6월에는 한국을 자비출국 여행목적지 국가로서 기존의 9개 성이나 도시(북경, 상해, 천진, 산동, 강소, 광동, 안휘 등)에만 허용하던 것을 중국 전역으로 개방했다. 이로부터 중국은 일본, 미국에 이어 한국의 제3대 관광인원 내원국으로 부상했다. 좀 구체적으로 보면 1999년까지 중국 공민의 한국방문인수는 총 출국인원의 3%대에 머물던 것이 2000년에 44만 2,794명에 달했고 총출국인원수의 4.2%로 증가했다. 그래서 2001년 이후 중국은 한국의 제2대 관광인원 내원국이 되었다. 2003년 중국의 출국 총인원은 연인차로 2,020만 명에 달했는데 이것은 일본을 제치고 아시아에서 출국인원이 가장 많은 나라가 되었다. 이 가운데 한국으로 관광을 간 연인차 인원수는 51.3만 명이 되는데 한국은 말 그대로 중국 관광의 주요 대상국의 하나가 되었다.

중국 서부지역은 한국 관광에 있어서 최초 9개 허용성이나 도시 안에 섬서성과 중경시가 포함되었다. 그러나 2000년 이전까지는 개인적인 관광이 거의 전무한 상태고 일부 관방 차원의 한국 고찰팀이 있었을 뿐이다. 예컨대 섬서성의 공로국이나 공상국에서 조직한 고급공무원들의 한국고찰 및 새마을중앙연수원에서의 수강은 그 한 보기가 되겠다. 이것은 서부지역에 있어서 한국은 공간적 거리만큼이나 아득히 먼 미지의 땅이기 때문이다. 그리고 사실 그때까지 한국 관광은 주로 중국 남부나 동부의 초기 개혁개방의 혜택을 톡톡히 본 지역들에서 경제적으로 갈 여유가 있지 개혁개방의 '미운 오리 새끼'로 남은 서부지역의 평균 경제수준으

로 놓고 볼 때 실제적으로 관광할 수 있는 사람은 상대적으로 적다. 그러나 2000
년 이후로 비즈니스관광 및 일반관광도 나타나기 시작했다. 성도 주재 서남지역
한국 총영사관 지정 전문 한국 입국비자신청 대행회사인 '투유 To you'에서 취급
한 비자신청자들의 경우를 보면 2006년 업무를 시작한 이래로 연간 평균 6~7천
명을 접수하고 있는데 쇼핑관광을 포함한 비즈니스관광이 거의 절반에 육박하고
있다고 한다.

  중국인의 한국 관광이 허용된 지난 8년 사이 중국은 한국의 제2의 관광객 유치
대상국(1위 일본)으로 부상했다. 2006년의 경우, 한국관광공사는 한국 방문 중국
인 관광객 수가 90~95만 명을 돌파할 것으로 전망했다. 2006년 1~3월간 한국
방문 중국인 관광객은 23.3만 명으로 전년 동기대비 29% 증가했다. 2007년 한국
을 찾은 중국인 관광객은 총 106만8925명인데 일본 관광객에 이어 전체 2위,
2006년에 비해 19% 늘어난 수치이다. 보다시피 현재 중국의 한국 관광객 숫자는
가파른 상승곡선을 긋고 있는 중이다. 제주도관광의 경우만 보아도 지난 1994년
제주도를 찾은 중국인 관광객은 1,000명에 불과했다. 그 숫자가 현재는 연간 10만
명을 훨씬 넘어서고 있다. 2007년 제주를 찾은 중국인 관광객은 17만 6,878명이
다. 2008년 2월 현재까지 제주를 찾은 중국인 관광객은 1만 9,239명으로 2007년
같은 기간 보다 11.1%가 증가했다. 제주와 중국을 잇는 직항노선은 상하이 주 36
회, 베이징 주 9회 등 6개 도시에 모두 주 56회 운항하고 있다. 물론 이런 증가세
는 한·중 양국의 관광정책 차원의 배려가 전제가 되겠지만 '한류' 등 중국에서
불고 있는 전반 사회적 기류에 많은 영향을 받고 있음은 더 말할 것도 없다. 그리
고 가장 실제적인 문제인 경제적 여건상 한국 관광을 감당할 수 있다. 현재 成都
청년여행사의 경우 한국 관광 4박5일에 인민폐 4,000위안 정도가 필요한데, 이
정도 수준이면 웬만한 중국 사람은 다할 수 있다.

  '한국과 일본 두 나라 가운데 어느 나라를 가보고 싶은가!'라는 물음에 100%에
가까운 피설문 조사자들이 한국을 꼽았다. 연령층이 올라길수록 이런 성향을 더
나타내는 것 같다. 그 원인으로 한국이 가깝고 친절하게 느껴진다. 한류나 한국
에 관한 말을 많이 들어서 가보고 싶은 곳 등으로 이야기한다. 여기에는 물론 배
일(排日) 감정이 크게 작용한 것으로 사료된다. 많은 중국 사람들에게 있어서 배

일감정은 일본 사람들이 제2차 세계대전 때 중국에서 저지른 만행 및 현재까지도 반성을 모르는 파렴치한 태도에 대해 아주 자연스럽게 형성된 감정이다.6) 상대적으로 보수적인 서부지역에서 이런 경향이 더 한 것 같다. 몇 년 전 동아시아 4강축구경기전에서 중경 축구팬들이 일장기를 태워버린 사건, 그리고 얼마 전 중경에서 열린 같은 경기에서 한국과 일본이 붙자 중경 관람객들이 일제히 한국을 응원한 것은 그것을 잘 입증해준다.

'한국을 여행하게 되는 동기'를 설문조사로 알아보았더니 한국 문화의 간접적인 접촉 및 한국의 국가위상이 상승함에 따라 한국에 대한 동경이 생겨 막연히 가보고 싶은 생각을 가지게 되었다고 한다. 말하자면 간접적인 접촉이 직접 체험하고 싶다는 동기부여가 된 것이다. 한국 드라마나 영화, 한국 노래 등을 통해 간접적으로 한국을 접했던 것이 다른 사람보다 먼저 실제로 한국을 접해봄으로써 느끼게 되는 우월감이 동기부여가 되었다고 볼 수 있다. 이로부터 자연히 일종 체험관광을 많이 추구하고 있음을 알 수 있다. 이외에 구체적인 목적성을 나타낸 관광동기를 보면 쇼핑관광이 가장 많은 분량을 차지함을 알 수 있다. 한국 상품의 인기도를 말해준다. 이런 쇼핑관광을 보면 쇼핑의 즐거움도 즐거움이겠지만 직접 한국에 가서 쇼핑한다는 貨眞價實의 확실함을 더 따지는 것 같다. '중국에도 한국 물건이 많지 않은가?'라는 질문에 '水貨(부실한 짝퉁)'에 바가지 가격이라는 믿을 수 없는 표정들을 짓는다. 일종 오리지널을 따지는 본원적인 만족감을 추구하는 듯하다. 한국의 오리지널 가격도 그리 비싼 편이 아니고 받아들일 만하다고 한다. 사실 필자가 돌아본 성도나 중경의 비교적 규모가 큰 백화점의 한국 상품가격은 한국 뺨칠 정도로 비싼 편이었다. 중국의 일반 서민들이 감당하기에는 상당히 벅차다. 그리고 이들 중국 쇼핑관광객들이 가장 많이 찾는 곳은 한국의 백화점이 아니라 남대문과 동대문 같은 도·소매시장이다. 특히 貨眞價實의 한국 도매가격의 오리지널상품을 중국에 가져 들어올 때 수지가 맞다는 것이다. 중국 사람들의 한국 쇼핑관광은 어느새 한국 도매시장을 중국 소매시장의 상품공급지로 만들고

---

6) 중국 사람들에게는 미국에 대해서도 이런 감정이 있는 듯하다. 이것은 아직도 생생하게 남아 있는 미제국주의에 맞서고 조선을 지원한 '抗美援朝'의 역사적 체험 및 현재 미국의 패권주의 로부터 형성된 것이다. 작년 四川成都에서 열린 세계 여자축구 챔피언 대회에서 북한과 미국 이 시합을 벌이자 중국 관람객들이 일제히 북한팀을 응원한 것은 그 한 예가 되겠다.

있다. 구체적인 구입물품을 알아보니 한국의 특산품 가운데서 인삼을 최고로 꼽는다. 중국 사람들은 이구동성으로 '고려인삼'을 외친다. 사실 '고려인삼'은 예로부터 중국인들에게 한국의 특산품으로 각인되어 있다. 공예품으로 자수정을 꼽는데 이것은 전적으로 광고와 가이드들의 소개에 의한 것이다. 그리고 현대 한국의 인기상품으로 전자제품과 의류 및 액세서리를 많아 산다고 하는데, 여기서 전자제품은 질도 질이거니와 가격 면에서 일본 제품에 비해 훨씬 싸기 때문인 것으로 밝혀졌다. 한국 의류 및 액세서리에 대한 선호는 가격도 가격이겠지만 패션 감각이 뛰어난 특색이 먹혀들어간 것으로 파악된다. 물론 이것은 한국 드라마나 영화에 출현한 한류 스타들의 모습이 크게 작용한 것으로 보인다.

미용관광도 중국 사람들의 한국 관광의 특징적인 한 분야가 되고 있다. 여기는 두말할 것도 없이 여자들이 절대 다수를 차지한다. 중국에서의 한국 드라마나 영화의 미남미녀들, 그리고 한국의 멋진 탤런트들의 활약은 어느새 한국을 帥哥靓女들의 세계로 각인시켰다. 필자의 인터뷰에 응한 여자들은 대개 여기에 공감을 표시한다. 그런데 재미난 것은 한국의 이런 帥哥靓女들이 대개 성형으로 다시 태어났다는 것이다. 이른바 성형미인들이라는 것이다. 여기에 한국의 성형의술이 호가되면서 신비화된다. 이로부터 자연스럽게 한국에 가서 나도 성형을 하면 미인이 될 수 있다는 믿음이 생긴다. 그래서 너도나도 앞을 다투어 한국으로 미용관광을 떠나는 것이다. 특히 남자들보다 미에 관심이 많은 여자들에게서 이런 경향이 두드러진다. 중국 서부지역의 큰 도시들에도 성형병원이 없는 것은 아니다. 성도 같은 데는 한국과 중국이 합작해서 지은 비교적 큰 규모의 미용정형원이 있고 중경에도 한국 미인스타일을 내세운 미용정형원이 있건만 오리지널 콤플렉스에 사로잡힌 사람들에게는 먹혀들어갈 리가 없다. 그러나 이런 미용관광7)은 많은 편이 아니고 20팀 가운데 1팀 꼴이라는 것이다.

한국에서 한류를 활용한 한류스타와 함께하기 및 한류 테마공원, 그리고 한국 드라마나 영화촬영지 등 한류 관련 관광이 상당히 인기 있는 줄로 안다. 한국에서 한류 '스타체험상품' 아이템으로 2001년 8월 3일~8월 7일과 2002년 8월 22일~8월

---

7) 여행사 측 사람들은 '의료관광'이라고 말한다. 용어에서 알 수 있듯이 여기에는 미용뿐만 아니라 다른 의료목적의 관광객들도 포함되었다.

25일 두 차례에 걸쳐 진행된 8개국 250명 '안재욱 팬클럽' 단체관광에 중국에서도 대거 참가하여 안재욱과 여름캠프 활동을 가졌다. 그리고 2001년 8월 17일~8월 19일에는 150명으로 구성된 '한국 중국 음악 동호인,' '한류 음악여행' 단체로 NRG, 베이비복스 등의 공연을 관람했다. 2002년 8월 3일~8월 9일에는 청소년들의 한류 열기를 보여주는 '아시아청소년댄스경연대회지원'에 중국 청소년 108개 팀이 신청하여 결선을 통과한 2개 팀이 본선진출로 한국행을 하기도 한다. 그런데 이런 한류 관련 관광은 현재 경제적으로 넉넉하고 노비자로 한국을 드나들 수 있는 일본의 팬이나 '아줌마부대'가 많이 하는 줄로 안다. 인구에 비해 볼 때 중국은 아직 소수에 불과하다. 그리고 이 소수 가운데서 중국 서부지역은 더 소수에 불과한 줄로 안다. 중국청년여행사 成都주재의 한 지사(사천대학교 남문 밖에 위치)에 알아보니 서부지역에서 팔리는 한국 관광 상품은 거의 고정적인 것으로 제주도 4박5일이라는 것이다. 다른 지역에서 한류스타 활용이벤트 한류 관광 상품, 예컨대 북경의 전 H.O.T 한류상품(신주여행사), 신화콘서트, 대장금 상품(북진여행사), 상해의 '전 H.O.T 멤버' 콘서트(6·18), '비' 생일파티 팬미팅(6·25), 'NRG' 팬미팅 참가(8월경), '장우혁' 솔로콘서트(8월경), '토니' 솔로콘서트(9월경) 등이 중국 팬이나 일반 관광객에게 잘 먹혀들어가고 있는데8) 서부지역에서는 그렇지 못한 것 같다. 필자가 인터뷰한 한류에 아주 호감을 가지고 있는 사람들조차도 이런 것에는 그리 흥미를 가지고 있지 않을 뿐만 아니라 또한 잘 모르고 있다. 그러니 여행사들에서도 취급하지 않는 것은 당연하다 하겠다.

　중국은 후진타오(胡錦導) 시대가 개막되면서 도시와 농촌의 균형적인 발전을 위한 '새농촌건설'이 정부의 기본 방침으로 추진되고 있다. 여기에 한국의 성공적인 '새마을운동' 경험은 매력적이다. 그래서 근래에 중국의 '새농촌건설' 관련 간부들로 구성된 한국의 '새마을운동' 경험 학습과 체험을 목적으로 한 특수관광9) 이 조직되고 있다. 주지하다시피 중국의 서부지역은 농촌지역이 절대 다수다. 중경광역시의 경우를 놓고 볼 때 사실 원 중경시인 主城區만 시내이고 3,200만 인

---

8) 김이향, 「방한 중국인의 한류 태도, 관광목적지 이미지, 만족의 관계 연구」, 『컨벤션연구』 제7권 제1호(통권 제15호), 한국 컨벤션학회, 2007. 4.

9) 실제 이런 관광에 참여하는 간부들은 '取經관광'이라고 우스개 소리를 하기도 한다.

구에 약 1/3인 1,000만 정도만 도시에 거주한다. 그래서 중경광역시는 그 어느 곳보다도 '새농촌건설'이 시급한 때다. 작년에 경상북도 도지사를 초청해 시정부 공무원들이 한국의 '새마을운동' 경험을 특강을 듣기도 했다. 그리고 현재 이 '새마을운동' 관련 특수관광을 조직하기도 한다.

전반적으로 볼 때 중국 서부지역 사람들의 한국 관광은 그래도 새로운 세상에서 재미를 찾고 낭만을 누리겠다는 관광본연의 즐거움을 만끽하고 있다. 『中國西部网』의 '韩流中国'항을 열면 '韩流文化网站首页'가 나온다. 여기에 있는 '观光旅游' 창의 한국 기행문을 보면 한국에서의 재미나고 신기한 체험들을 이야기하고 있다. 『四川新聞网』에는 『宜宾晚报』에서 전재한 '忽远忽近的韩流(上)(2007. 1. 30)', 『成都商报』에서 전재한 '韩国有情恋恋日本(2007. 2. 7)' 등 제목의 한국 기행문이 있다. 이런 기행문들에서는 한국을 매우 우호적이고 낭만적으로 보여주고 있다. '韩国有情恋恋日本'을 잠깐 보면 한국 기행과 일본 기행을 동시에 이야기하면서 '浪漫极点'에서는 제주도의 이모저모에 대해 소개하고 있다. '吃得舒服'에서는 '신선로', '비빔밥', '쌈밥' 등 다양한 먹을거리에 대해 이야기하고 있다. 이외에 '帖士', '入境签证', '海关', '税金', '服务费', '电压', '电话', '换钱', '住宿', '专业轻亮粉底液', '着装重点' 등 조목으로 나누어 입국으로부터 숙박시설 및 쇼핑에 이르기까지 한국 관광에 필요한 여러 가지 사항을 친절하게 소개하고 있다. 이외에 많은 한국과의 '우호주' 및 서로간의 교류에 관련된 뉴스나 기사들이 여기에 속한다.

2) 한국 사람의 중국 관광

한국 사람들의 중국 관광, 한류의 가장 확실한 한 실체로 중국 사람들에게 터치되어 온다. '한류가 무엇인가?'라는 원초적인 질문에 중국 서부지역 사람들은 바로 중국에로의 한국 사람들의 관광을 들고 있기도 한다. 특히 구채구나 서안과 같은 전형적인 관광구나 관광도시 사람들이 그렇다. 한류에는 분명 한국의 관광 문화가 포함됨은 더 말할 것도 없다. 중국 사람들 눈에 관광을 온 한국 사람들이 그렇게 부유해보이고 멋있어 보일 수가 없다. 필자가 한국 사람들의 중국으로의 관광문제에 대해 물으니 서부지역 중국 사람들은 이렇게 말한다. 그리고 한 마디 더 한다는 얘기가 쇼핑할 때 일본 사람들은 물건 값을 잘 안 깎는데 한국 사람들은 잘 깎는다고 한다. 그러면서도 일본 사람들은 잘 안사는 반면에 한국 사람들은 물건을 잘 산다고 한다. 보다시피 관광은 비교문화학적인 시야를 던져주며 한 민족의 성향을 각인시켜 주기도 한다. 중국 서부지역 사람들이 한국이나 韓민족을 이해하는 기본 창구의 하나가 한국 사람들의 중국으로의 관광이다. 바로 관광객 한명, 한명이 민간외교관이라는 말이 되겠다.

주지하다시피 중국은 스페인, 이탈리아에 이어 세계유산을 3번째로 많이 보유한 국가다. WTO는 오는 2020년 중국이 세계 최대의 여행대상국이자 4대 해외 여행국으로 부상할 것으로 예측하고 있다. 중국에서도 서부지역은 독특한 관광매력을 갖고 있다. 서부지역에 있어서 관광은 주력 산업의 하나가 되고 있다. 雲南省의 경우만 놓고 보아도 2006년 관광수입이 400억 원을 돌파하고 있다. 중국과 한국을 막론하고 많은 사람들에게 중국의 서부지역은 중국의 동부지역에 비해 개발되지 않고 오염되지 않은 오지로 인식되고 있는 듯하다. 그래서 原汁原味의 산수나 풍토인정을 맛볼 수 있는 곳으로 다가간다. 사실 중국의 서부지역은 빼어난 산수들이 많고 중국 문명의 발원지가 있으며, 고대 명승고적들이 곳곳에 널려 있고, 중국에서 소수민족의 문화가 가장 잘 보존된 곳이다.10) 四川省만 놓고 보아도 중국이 보유한 총 32개 세계유산 가운데 5개의 세계유산을 보유함으로써 중국에서 가장 많은 세계유산을 보유한 성이다. 이를테면 九寨溝－黃龍, 峨眉山, 樂山大佛, 淸城山－都江堰, 판다서식지가 그것이다. 九寨溝－黃龍이 있는 四川省의 제2대 藏族거주구역이고 中國 羌族의 주요 거주지인 阿坝藏族羌族自治州는 세계생태여행의 최적지로 꼽히고 있다. 구채구는 1992년 12월 『세계자연유산명록』에 기입되고 1997년 12월 ‘세계생물권보호구’에 정식으로 가입했으며 2002년 7월 ‘녹색지역21’의 인정을 받아 현재 국제적인 계관을 세 개나 가지고 있다. 현재 四川省 정부에서는 大九寨国际旅游区를 대대적으로 조성함으로써 阿坝藏族羌族自治州는 이미 四川의 国际旅游지역으로 부상했다. 四川省은 이런 볼거리에 중국

---

10) ‘제2회 유럽 관광 세미나’에서 중국 서부지역에 속하는 귀주의 황과수 관광명소, 티베트의 포탈라궁전, 섬서의 진병마용, 운남의 리장 등이 ‘유럽 관광객이 가장 좋아하는 중국 10대 관광명소’ 부문 금상을 받았다.

8대 요리의 하나인 '사천요리'라는 먹을거리로 不招自來로 많은 국·내외 관광객들이 모여들고 있다. 成都에는 四川요리박물관도 버젓이 오픈되어 있다.11) 그래서 四川省은 향후 5년 동안 4대 우위공업 가운데 관광 상품 개발을 내세우고 있다. 이로부터 아시아나항공의 경우 서부지역의 重鎮들인 계림, 서안, 성도, 중경은 상용노선보다는 관광노선으로 분류하여 운행하고 있다. 중경의 경우를 좀 더 보면 아시아나항공 중경주재 한국 책임자가 『重庆晨报』 기자에게 한국의 관광객들이 자주 찾는 곳으로 꼽은 중경의 大足石刻, 黑山谷, 金刀峽 및 시내의 七星崗에 있는 대한민국임시정부옛터, 그리고 장강삼협 등 명소가 있다. 大足石刻는 1999년 11월 2일에 『世界文化名錄』에 기록되었다. 그리고 얼마 전에 완공한 세계 최대 규모의 산샤댐은 중요한 관광자원이 되고 있다. 중경시의 朝天門에서 유람선 빅토리아호를 타고 장비묘, 백제성, 적벽대전 등 '삼국지'의 역사가 흐르는 장강유역을 거쳐 장강삼협의 제1협, 제2협, 제3협을 유람하다 보면 드디어 산샤댐의 웅장한 모습을 만나게 된다.

한국 사람들의 중국 서부지역 주요 관광형태를 보면 단순한 遊山玩水의 단체관광이 주를 이룬다. 이것은 여행사나 관광구의 한국 관광객대상 통계숫자나 여행코스만 보아도 알 수 있다. 사천성의 경우, 2007년에 한국인이 약 2만 5,000명이 다녀갔는데 85~90%가 이런 관광에 속한다. 자연산수 관광을 보면 광서성의 계림산수, 운남성의 석림, 사천성의 구채구는 한국 사람들이 가장 많이 찾는 곳이다. 그런데 그 관광의 중심지는 묘하게도 계림산수→운남의 석림→사천의 구채구 순으로 흘러왔다. 여기에 중간 코스로 사천의 아미산이 들어가기도 한다. 지난 90년대까지는 한국 사람도 '계림의 산수가 천하제일(桂林山水甲天下)'라는 것을 알고는 계림으로 많이 달려갔다. 그러다가 '운남의 석림'이 조금 인기를 끄는가 싶더니 새 천년에 들어서는 구채구가 단연 돋보이는 존재로 부상했다. 이것은 아마도 구채구가 관광개발의 후발주자로서 사람들에게 신비감을 주고 한국에서의 대대적인 홍보와 많이 관계되는 줄로 안다. 여기에 구채구의 곳곳에 세워진 한글 표시판이나 간판들은 한국 사람들에게 賓至如歸의 친근감을 주기도 한다. 그리고

---

11) 중경에는 사천요리과정 최고의 명문—중경관광학교도 있다.

현재 사천외국어대학교 한국어과에서 전문 관광한국어 훈련을 받고 있는 구채구 자연풍경 관리구 인원들이 구채구로 돌아가게 되면, 이들은 한국어로 한국 손님들을 맞는 네이티브 친절사절이 될 것이다. 이래저래 구채구는 현재 중국의 자연산수하면 '구채구의 물, 장가계의 산' 할 정도로 한국 사람들에게도 확실하게 각인되어 있다. 구채구 코스는 한국 관광객이 국내선의 최고 85%에 달하기도 했다고 한다.

무역 및 시장조사와 투자환경조사를 비롯한 비즈니스관광이 많다. 이것은 중국을 광활한 비즈니스 천지, 여기에 한국 사업가들의 왕성한 진출욕이 맞아떨어져 이루어진 것으로 볼 수 있다. 물론 지난 한·중경 우호주 간에 공식적으로 김하중 대사가 160명이나 되는 한국 경제대표단을 인솔하여 온 경우도 있겠지만 대개 소규모의 왕래가 되겠다. 사천성의 경우, 2007년 한국인의 비즈니스관광은 10%에 못 미치는 것으로 집계되었다. 현재 중국 서부지역과 한국의 경제적 관계는 다른 곳에 비해 상대적으로 미약하다. 현재 중경과 한국의 교역량을 놓고 보더라고 약 1.17억불로 미미한 수준에 불과하다. 주지하다시피 중국의 서부지역은 현재 중국 중앙정부가 적극적으로 추진 중인 서부대개발의 경제시스템이 가동되고 있다. 외자유치가 그 어느 때보다도 절실한 시기다. 중경시의 경우만 놓고 보더라도 중경시는 현재 서부대개발사업의 허브 도시인만큼 많은 한국 기업의 투자가 이어지기를 그 어느 때보다도 기대한다. 그래서 사업차 왔다 하고 중경 대외경제무역위원회나 경제개발구에 연락하기만 하면 그들은 아주 열정적으로 맞이한다. 이것은 필자가 통역을 맡아보면서 실제로 많이 체험했던 일들이다.

문화관광으로는 유적지탐방이 단연 돋보인다. 유적지탐방은 한국 사람들이 가장 많이 하는 집단관광의 하나다. 이런 문화관광에는 수학여행도 포함된다. 중국 서부지역에서의 유적지하면 단연 12왕조의 도읍지를 두었던 서북부의 서안이 돋보인다. 진시황의 병마용, 여산의 화청지 등은 모두 한국 사람들이 잘 알고 있는 一睹爲快의 중국 고대역사의 현장들이다. 그리고 감숙의 경우에는 실크로드를 비롯한 문화관광이 95%를 점한다고 한다.

성지순례와 오지탐방은 한국 사람들의 보편적인 관광형태는 아니지만 독특한 한 형식이 되고 있음은 더 말할 것도 없다. 성지순례에는 동양의 독특한 전통문화를 자랑하는 유교, 불교, 도교 관련 유적지가 많다. 중국 서부지역에서의 한국인들의 성지순례를 보면 독실한 불교신자들이 많다. 중원의 산서 오대산과 태원의 대동석굴, 낙양의 운강석굴로부터 저 멀리 서북의 돈황막고굴, 그리고 서남 중경의 대족석각에 이르기까지 한국 불교도들이 자주 찾는 불교성지 코스다. 여기서 서부지역에 속하는 돈황막고굴과 대족석각은 '북돈황, 남대족'이라는 미명을 떨치고 있는 동방예술의 명주, 석각예술의 최고봉으로 꼽히고 있다. 사천성의 아미산은 주요 도교 성지 코스의 하나라고 한다. 이런 성지순례는 사천성 관광국의 통계에 의하면 사천성의 경우 2007년 약 2만 5,000명 가운데 5~6%로 집계된다. 이런 성지순례는 중국과 한국의 문화동일성을 확인하는 가장 좋은 보기의 하나가 되기도 한다. 오지탐방, 중국은 워낙 넓은 땅이라 현대화된 도시와 미개의 오지가 공존하는 세상이다. 그런 만큼 인간의 호기심, 모험심이나 노스텔지어적인 향수에 만족을 줄 수 있는 오지가 관광매력을 발산한다. 괴짜들이 선호하는 관광코스이기도 하다. 티베트는 중국의 전형적인 오지관광의 하나로 부상한다. 지난 2006년 7월 1일 완공된 청장철도는 라싸를 비롯한 티베트지역 관광에 종전의 비행기 편보다 더 매력을 던져주고 있다. 이 청장철도는 맑은 하늘 아래 청장고원의 기이한 산수자연을 만끽할 수 있게 해서 그 자체가 하나의 좋은 자연관광코스가 되기도 한다. 티베트관광은 현재 적어도 한국 유학생들의 여름철 주요 관광코스의 하나가 되고 있다. 이런 오지탐방은 한국 사람들의 미지의 세계에 대한 호기심이나 탐구욕에 충분한 만족을 주고 있다.

그리고 최근 들어 레저관광이 한국 사람들의 각광을 받고 있다. 현재 중국 서부지역에 있어서 레저관광이 많이 개발되고 있다. 서부지역의 레저관광은 겨울에 한국에서 할 수 없는 단점을 보완하고 중국의 발달된 동부나 남부보다 가격이 싼 장점이 있다. 서남지역 중경의 경우 골프레저관광 상품이 한국 골프 마니아들에게 상당히 인기를 끌고 있다. 중경은 2006년 이후 국제수준의 골프장 上方, 紅鼎 등 3개를 보유하고 있다. 이로부터 2006년 12월에서 2007년 2월 초까지 이미 1,500여 명을 넘어서는 한국 골프 마니아가 중경골프를 경험하였는데 소아암, 백혈병 어린이 돕기 자선골프행사도 중경에서 개최되기도 하였다. 운남성의 경우에는 패키지와 인센티브 경우를 포함하여 약 65%가 골프관광이라고 한다.

이외에 특수관광이 있는데 다도관광, 꽃관광, 촬영관광 등이 여기에 속한다. 이런 관광객은 그리 많은 편은 아닌데 운남성의 경우 2007년 한국 관광객 가운데 약 5%, 사천성의 경우 약 3%를 차지했다. 다도관광은 운남성의 보이차가 한국에서 각광을 받으면서 한동안 인기를 끌었다고 한다. 그리고 꽃관광은 사시사철 봄인 곤명지역을 중심으로 많이 이루어졌다고 한다. 그리고 촬영관광에 있어서는 운남 대리지역의 특유한 카스트 지형에 의해 생긴 기이한 석림이 최적지로 각광을 받았다 한다.

그리고 최근 중국의 경제가 신속하게 발전함에 따라 한국의 고급공무원 및 정계인사, 그리고 대기업 관리인원들로 구성된 고찰단이나 연수팀이 중국으로 오고 있는 새로운 현상이 나타나고 있다. 『四川新聞网』의 "'韓流'·'汉风'背后是经济流─韩政要集体到中国修学"라는 기사에서 청화대학교에 '韩国第一期最高经营者课程班'이 개설된 상황을 보도한 것은 그것의 한 사례가 되겠다. 이것은 위의 중국 간부들이 한국의 '새마을운동' 학습차 한국행을 한 것과 같은 성격의 관광으로 볼 수 있다.

3. 전 망

전반적으로 중국 서부지역과 한국 사이의 역동적인 관광특성을 보건대 중국 사람들의 한국 관광은 한국 드라마 내지는 한류를 통하여 보고 듣던 한국을 '거저 한 번 가보고 싶다는'은 막연한 동경이 주요한 동기를 이루고 있음을 알 수 있다. 상대적으로 한국 사람들의 중국 관광은 산수자연관광과 명승유적관광이라는 분명한 목적성을 띠고 있는 경우가 많다. 그러면서도 중국 서부지역 사람들의 경우에는 쇼핑관광, 미용관광, 한류체험, 새마을운동체험과 같은 특정목적을 띤 관광양상을 드러내기도 한다. 이에 비해 한국 측의 특정목적은 성지, 오지, 레저, 다도, 꽃, 촬영 등 관광양상으로 나타나고 있다. 그리고 관광형태나 포인터에 있어서 중국 서부지역 사람들이 한국의 현대나 현재상에 포인터를 둔 좁은 범위에 국한된 양상을 드러내고 있다면 한국 사람들은 고대나 현대를 아우른 보다 넓은 범위의 취미를 나타내고 있다. 이를테면 중국 서부지역 사람들의 한국 관광을 볼 때, 한국의 명승고적이나 전통문화에 대해서는 그다지 관심을 보이지 않는다. 필자가 한국의 제주도, 설악산의 산수를 이야기하자 그들은 그런 것은 중국에 다 있을 뿐만 아니라 중국보다 못한 별 볼일 없는 것으로 말한다. 경복궁, 석굴암을 들자 그것은 중국 문화의 아류쯤으로 별로 볼 가치 없는 것으로 말한다. 한국 관광에서 한국의 산수경계의 아기자기함이나 문화유적지의 은근함 같은 독특한 그 무엇을 발견하고 느끼려 하기 보다는 전통적인 중화주의시각에서 일축해버리는 경우가 많다. 그래서 성지순례나 오지탐험 관광은 논할 거리가 못 된다. 레저관광도 그리 인기가 없다. 현재 중국 서부지역에도 '濟州高爾夫遊', '韓國老年溫泉健康遊' 등 관광상품이 나와 있다. 그런데 그것은 어디까지나 중국의 고소득층을 겨냥한 것으로 가격 면에서 서부지역 일반 중국 사람들에게 부담스럽다. 그러니 실제 관광이 잘 이루어지지 않는다. 필자가 설문조사나 인터뷰에서 이런 관광사례는 접하지 못했다. 사실 중국 서부지역 사람들이 한국 관광에 가장 매력을 느끼는 부분은 한국의 드라마나 영화에서 보았던 한국의 비약적인 경제발전상 및 화려한 현대적인 도시모습이다. 이런 것들의 가장 확실한 실체로 안겨온 롯데월드, 에버랜드, 워커힐, 청와대나 '88올림픽경기장이나 2002년 월드컵경기장은 중국에서 느낄 수 없는 독특한 분위기를 느낄 수 있어 인상적이라는 것이다. 여기에 한국 독특한 분단의 비극을 안고 있는 통일전망대나 3·8선, 판문점, 땅굴도 인상적이라 한다. 2002년도 외국인 관광객 실태조사에서도 중국인의 45.2%가 롯데월드를 방문한 것으로 나타났다. 따라서 최신식 오락시설, 테마파크를 비롯한 63빌딩이나 코엑스, 화려한 동대문과 남대문 상가 등 한국의 독특한 현대적 이미지를 대대적으로 홍보할 필요가 있다.

중국 서부지역과 한국의 역동적인 관광에 있어서 피차간 비즈니스관광이 상당한 비중을 차지하며 점점 더 주목을 끌고 있다. 이것은 중국 서부지역과 한국의 경제적 상호 보완성에 기초한 경제적 흡인력을 말해준다. 중국의 서부 대개발 정책 및 서부지역의 무진장한 자원과 인력 등 상대적 우세를 차지하는 투자환경에 한국의 기술 이전, 투자수요가 들어맞은 결과이다. 한마디로 말하여 그것은 중국 서부지역은 시급히 경제를 발전시킬 촉박함과 한국은 자본의 논리에 의해 움직이는 속성에 의해 결정된다. 앞으로 중국 서부지역과 한국의 경제방면의 합작이 성공적으로 이루어질수록 이런 비즈니스관광은 크게 증가할 것이다.

그럼 아래에 중국 서부지역에서의 한류, 한풍과 관광의 원활한 상승관계를 가져오기 위한 보다 구체적인 전망을 해보도록 하자. 이런 전망은 현재의 문제점을 해결하고 서로에게 도움이 되는 방향으로 논의가 전개되어야 할 줄로 안다.

1) 문제점 해결

현재 중국이나 한국을 막론하고 관광문화보다는 경제논리, 속되게 말하면 돈벌이에 놀아나는 경우가 많다. 이를테면 바가지 옵션 투어와 제멋대로의 일정개변 현상 및 마구잡이로 쇼핑 마진이나 수수료 챙기기도 적지 않다. 이런 문제점의 출현은 저질 싸구려 여행상품의 범람에 그 원인이 있다. 이것은 한국의 경우, 한국 영세 랜드사들이 출혈경쟁을 벌이는 탓이란 지적이 많다. 한국관광공사 중국팀 박석주 과장은 '4박5일 상품이라면 가격이 최소 4,500위안, 한국 랜드비(현지 관광비용)가 하루 35달러 이상은 돼야 하지만 그 이하 상품이 수두룩하다'고 말한다. 그리고 여기에 무자격 업체도 출혈경쟁을 부추기고 있다. 한국에서는 중국인 관광객을 받을 수 있는 국내 여행사로 97개 업체가 지정되어 있다. 하지만 다른 여행사 명의를 빌려 '싸구려 대리 관광'을 하는 무자격 업체가 늘고 있다. 업계에선 이런 업체가 200여 곳에 이르는 것으로 보고 있다. 이런 출혈경쟁 속에서 한국 업체가 원가 이하로 중국 업체와 덤핑 계약을 하다 보니 비정상적인 편법으로 수익을 맞출 수밖에 없게 되는 것이다. 한국관광공사는 2007년 12월 중국 북경, 광주, 상해, 청도 4개 지사를 통해 한국 관광 상품을 처음으로 암행 조사했다. 이번 조사는 이런 문제점을 잘 말해주고 있다. '서울 숙소가 의정부 유흥가에 있었다', '욕실에 세면용품과 목욕타월도 없고 화장실에는 물이 안 나왔다', '3일 내내 점심 메뉴가 똑같았다'12), '한국인 단체요금이 6,600원인 제3땅굴 투어료로 4만 2,000원을 받았다' 등 그야말로 저가 상품의 숙소와 음식, 코스 등 각종 서비스가

---

12) 2003년 중국인 한국 관광 불만사항 가운데도 먹는 것이 가장 큰 비중을 차지했다. 중국인은 그만큼 먹는 것에 신경을 많이 쓴다는 말이 되겠다.

수준에 턱없이 못 미쳐 중국 관광객들의 원성을 사고 있는 것으로 드러났다. 한마디로 중국 관광객을 대상으로 한 한국 관광은 낯 뜨거운 저질의 '싸구려' 실태다. 필자가 성도나 중경 지역에서 여행사를 통해 한국 여행을 다녀온 사람들을 대상으로 '한국 여행소감'에 대한 인터뷰를 진행해 보았더니 이런 '저가', '저질'의 한국 여행실태가 드러나기도 했다. 위의 많은 문제점과 더불어 특히 '강박쇼핑'이라는 문제점을 많은 사람들이 이구동성으로 지적했다.

2) 제도와 조치

중국 서부지역과 한국 간에 관광편리를 도모하는 차원에서 끊임없이 제도를 개선한다거나 새로운 조치를 취해야 한다. 중국은 외국인 관광유치를 위하여 제도 면에서 많은 개혁을 하고 있다. 2007년 7월 28일자 『重慶商報』에 의하면 중경의 경우 重慶출입국관리국에서는 비자편의조치를 취하여 외국인 관광비자 신청의 소요기간이 5일에서 1일로 단축되며 관광팀 비자분리신청은 당일로 발급되도록 한다. 이러한 조치는 重慶의 관광활성화에 제도적인 밑받침이 됨은 더 말할 것도 없다. 최근 한국 정부에서 취한 적극적인 관광정책은 중국 공민들의 한국 관광을 촉진함은 더 말할 것도 없다. 제주도의 경우를 좀 보자. 1998년 4월 15일에 특단의 조치로 제주도를 중국인 단체 관광객의 무비자 입국지역으로 지정한 이래 2006년 7월 1일 제주특별자치도 출범과 함께 기존 169개국에 한해 제주도 관광과 통과 목적의 무비자 입국을 허용하던 것을 중국인을 비롯한 11개국에 대해 추가 허용한다. 그리고 2007년 10월부터는 또한 제주도를 찾는 중국인 관광객에게는 무비자 입국을 허용할 뿐만 아니라 체류기간을 현행 15일에서 30일로 연장하였다. 한국 정부의 이런 일련의 조치에 상응하여 중국 정부에서도 1998년 5월 5일부터 한국을 여행자유대상국가로 지정했고, 최근 한국의 제주무비자입국 관광을 전면 허용하였다. 이로부터 제주를 방문하는 중국인들은 여권과 왕복 비행기 탑승권만 가지면 제주도를 자유롭게 방문할 수 있고, 최고 30일간 체류할 수 있게 되었다. 중국인 관광객들이 제주를 방문하는 데 호기가 될 전망이다. 최근 2008년 3월 8일 한국 법무부는 '베이징올림픽 기간을 전후한 7~9월 두 나라 간

무비자 입국을 시범 추진한 뒤 대상을 점차 확대하기로 했다'고 밝혔다. 이와 함께 한국 법무부는 중국인 관광객을 유치하기 위하여 중국인의 한국 입국을 쉽게 하는 방안을 추진하기로 했다고 한다. 그리고 한국 정부 관계자가 한 · 중 '양국 모두 비자제도를 개선하자는 취지에 동의하는 만큼 앞으로 많은 제도개선이 이루어질 것으로 본다'고 이야기한 것은 앞으로 한 · 중 간 단기비자 면제를 비롯한 출입국 절차 면에서 많은 편리한 제도개선이 있을 것으로 전망된다. 이런 근본적인 출입국제도 개선은 중국 서부지역과 한국 간에 한류와 한풍을 탄 역동적인 관광추진에 더 없는 호재가 됨은 말할 것도 없다. 이외에 현재 한국의 국가관광기관인 한국관광공사에서 북경사무소를 내고 상해에 지사를 냈으며 전라북도에서 북경에 전북관광 해외안내소를 운영하고 있는데, 이것은 중국 화북이나 동부지역의 한국 관광에 실제적인 도움을 줄 것으로 사료된다. 이제 이런 관공소를 중국 서부지역에 설립하고 한국 관광을 정책적으로 뒷받침하고 실제적으로 홍보한다면 상당히 효과적임은 두 말할 것도 없다. 그리고 한국의 각 지방자치단체에서 중국의 각 주요 성이나 도시와 자매관계를 맺어 쌍방의 경제문화교류를 강화하고 있는데, 이것도 피차간의 관광을 추진함에 매우 효과적임은 두말할 것도 없다. 현재 중국의 서부지역도 한국의 여러 지자체나 시와 자매관계를 맺고 활발한 우호적인 왕래를 하고 있다. 중경광역시와 인천광역시의 자매결연은 그 한 보기가 되겠다. 이런 감정적인 유대관계는 관광지 선정의 무의식적 동기를 유발한다.

3) 홍 보

관광학에서 관광상품의 지명도가 관광상품 선정에 결정적인 영향을 미친다고 본다. 그런데 그 지명도란 것이 매체에 의해 반복적으로 거론되면 자연히 지명도가 높아지고 잠재적 관광객에게 그 이미지가 선명하게 남는다. '관광객들은 광고대상의 지명도에 대해 관심을 갖는다. 관광지, 관광 상품의 지명도는 관광대상의 의의를 결정한다.'13) 보다시피 지명도는 잠재적 관광객의 관광욕망을 불러일으

---

13) 橋本和也, 『관광인류학의 전략—문화의 매매』, 세계사상사, 1999. 2.

키는 가장 중요한 사회 메커니즘의 하나다.

중국은 그 인구 하나만 놓고 보아도 무궁무진한 관광시장 잠재력을 가지고 있다. 이제 해외여행 자유화가 허용되는 날에는 그것의 가시화가 눈앞에 다가올 것이다. 일부에서는 2008년 베이징올림픽 이후 해외여행 자유화가 곧 실행될 것으로 전망하기도 한다. 한국에서는 중국의 이 노다지판을 개발하기 위해 많은 신경을 써온 줄로 안다. 중국인을 향한 제주도의 노비자입국 조치는 그것의 전형적인 한 보기가 되겠다. 그런데 중국인들은 이 사실을 잘 모른다는 것이다. 최근 팸투어로 제주에 온 베이징, 상하이 등 중국의 주요도시 여행업계와 언론계 인사들은 아직도 중국에서는 제주여행을 위해 필요한 비자를 받는 데 일주일 이상 걸리는 것으로 안다고 했다. 필자가 成都나 重慶에서 제주도 무비자여행에 대해 묻자 모두들 금시초문이라는 것이다. 소식이 상대적으로 폐쇄적인 서부지역에서 어쩌면 이것은 너무도 당연한 것인지도 모른다. 보다시피 제주도는 제도적으로는 무비자 지역이지만 현실은 ‘요(要) 비자’ 지역으로 남아 있는 것이다. 이유는 홍보가 부족해서다. 현재 제주도는 중국의 무비자 출국 확대를 제주 관광객 유치증진의 기회로 삼기 위해 중국 현지에서의 대대적인 홍보와 더불어 현지여행사에 다양한 제주여행상품을 개발하도록 유도하고, 그 성과에 따른 인센티브를 지원하는 한편 중국의 직항노선 확충에도 더욱 힘쓰고 있는데 이것은 대단히 바람직하다.

사실 중국의 서부지역에는 아직도 한국에 알려지지 않았거나 잘 알려지지 않은 훌륭한 관광상품들이 대단히 많다. 그런 만큼 홍보가 시급히 필요하다. 그래서 현재 정부 차원에서 발 벗고 나서고 있다. 『中國西部网』에 실린 ‘陕西代表团抵达釜山开展经贸洽谈、旅游促销(2007. 9. 6)’이라는 기사를 보면 ‘中国陕西省－韓国合作周’에 참가한 陕西省代表团도 선후로 한국의 두 번째로 큰 도시인 부산에 가서 이틀에 걸쳐 섬서성의 경제무역 업무에 대해 상담하고 관광에 관해 홍보를 하고 있다. 구채구가 한국 관광객들에게 인기를 끌게 된 것은 바로 한국에서의 직접적인 홍보에 힘입었다는 것을 상기할 때 이런 정부 차원의 홍보가 공신력이나 기타 여러 면에서 대단히 효과적임을 알 수 있다. 중경의 경우, 온천은 상당히 유명하다. 중경은 山城으로서 천연적인 온천개발의 입지를 가지고 있다. 현재 중경시 정부에서는 중경의 브랜드 관광 상품으로 열 곳의 각종 천연 레저온천을 개

발하고 있다. 그 스케일이나 다양성 면에서 중국 타 지역의 추종을 불허한다. 예
컨대 '統景泉'에는 말 그대로 중국 고유식, 일본식, 유럽식, 로마식, 핀란드식….
꽃잎 온천, 魚療 온천, 우유 온천…. 여러 스타일의 온천에 각종 편의시설이 다
갖추어져 있다. 가격 면에서도 대단히 합리적이다. 그런데 중경의 온천도 아는
사람이 적다. 역시 홍보가 뒤따라가지 못한 아쉬움이 남는다. 중경의 온천이 홍
보만 잘 되면 일본 온천을 바라고 일본으로 갈 한국 사람들이 중경으로 찾아올
것으로 사료된다. 중경사람들도 이 점에 대해서 잘 알고 있는 듯하다. 그래서 어
떻게 해서든 중경이 많이 알려지기를 바란다. '华龙网讯2003. 4. 1 11:27(『重庆晨
报』에서 전재)'에 '한국 관광업계 인사들이 중경의 관광자원 탐문'이라는 보도기
사를 보면 한국 골프여행사 회장 정전선이 기자에게 토로한 내용을 인용하며 한
국의 30여 개 여행사 책임자들의 이번 중경걸음은 주로 중경의 관광환경을 알아
보고, 그 다음 성도 등지를 고찰하고 돌아가 한국 관광객들에게 소개하고 여행을
조직하려고 하는 데 그 목적이 있다고 하며 흥분을 감추지 못하며 보도하고 있다.
그리고 주지하다시피 현대는 인터넷 시대라 인터넷을 이용해 충분히 홍보활동을
할 수 있다. 현재 한국관광공사에서 중국인의 한국 관광을 위한 중국어 관광 사이
트에서 다채로운 한국 관광 정보를 제공하고 있는데 인터뷰에서 중국의 한국행
관광객들은 이 사이트를 많이 이용한 것으로 확인된다. 중국 서부지역에서도 통
합적인 이런 관영사이트가 필요하다. 그리고 한국관광공사에서 중국 측 여행사에
서 한국 관광 관련 홍보를 할 경우에 일정한 비용을 지원하고 있는 것으로 알고
있는데 이것도 매우 효과적이라고 사료된다. 중국 서부지역에서도 이런 방법으로
한국에서 홍보를 할 수 있다. 물론 이런 홍보에는 유명인들을 충분히 이용할 수
있다. 1998년 '한국 방문의 해' 김대중 전 대통령이 직접 광고에 나서서 홍보대사
노릇을 했는데 중국 사람들은 이것을 매우 인상적으로 받아들인다. 현재 한국에
는 기라성 같은 한류스타들이 많다. 이런 한류스타들이 홍보대사로 나설 때 실로
'민간대통령'과 같은 파급효과를 가져옴은 더 말할 것도 없다. 한풍은 이런 스타
들이 배출되지 않아 아쉬움이 남는다.

4) 개발개선

새로운 관광 상품 및 여건이나 시설을 끊임없이 개발하고 개선해야 한다. 이 점에서 아시아나항공 중경지점에서 중경 현지 골프장과 한국골프상품 판매 전문업체와의 업무제휴를 성사시켜 골프상품개발을 성공시킨 것은 좋은 사례가 되겠다. 현재 직접적인 한류 관련 한국 관광에서 일본 사람들에 비해 중국 사람들이 많이 비껴있는 줄로 안다. 여기에는 경제력이 많이 작용하는 줄로 안다. 실제로 관광은 배부르고 등 따뜻해야 하는 일종 '사치'품에 다름 아니다라는 말이 통하는 줄로 안다. 중국에도 일본의 '아줌마부대' 같은 한류 마니아들이 없는 것은 아니지만 경제력 및 비자 받기 어려움 등 여러 가지 원인으로 한국행이 이루어지지 못하고 있다. 그러나 이들은 잠재적인 한류관광객들로서 중국의 경제력이 계속 신장하고 한국으로의 관광이 전면 무비자로 자유롭다면 언제든지 한국행을 할 것이다. 현재 중국, 특히 중국 서부지역은 관광산업을 하나의 브랜드 및 기둥산업으로 육성하고 있다. 四川省만 놓고 보아도 현재 300여 억 위안(RMB)를 투자한 야심찬 관광개발계획을 출범하고 있다. 이 계획에 의하면 樊西, 蜀南, 竹海, 嘉陵江 및 '두 호수 한 산'과 샹그릴라를 비롯한 '새 5대 관광구'를 조성하게 된다. '새 5대 관광구' 조성을 통해 사천관광 상품이 현재의 단순한 관광형으로부터 관광과 레저 접목의 심층적인 데로 발전하고 외국관광객들이 더 많이 찾는 데로 발전해 사천의 국제관광브랜드 형성에 토대를 마련하게 된다. 그리고 이 계획의 시행을 통해 향후 亚丁, 龙泉湖를 비롯한 관광명소를 새로 개발하고 宜宾, 康定을 비롯한 관광도시를 새로 건설하게 된다. 그래서 2010년에 가서 '새 5대 관광구'의 관광소득은 500억 위안을 넘어 사천관광소득에서 30%를 차지할 것으로 전망된다. 현재 한국에서도 중국 관광객을 겨냥한 '韓国济州蜜月游', '非常男女游韩国', '少年韓国足球交流游' 등 좋은 관광 상품들이 개발되지 않은 것은 아니지만 말 타고 꽃구경하기 식의 단순한 유람식 관광 상품이 주인 중국과 차별화된 체험형이나 참여형 관광을 많이 개발할 필요가 있다고 생각한다. 그리고 관광경영 차원에서도 국가브랜드 수립에 신경을 써야 한다. 예컨대 유럽에서 독일하면 튼튼한 제품에 맥주, 프랑스하면 향수에 와인, 아시아에서 일본하면 산뜻하고 깨끗함 등 이런 차별화된 이미지를 심어주어야 한다. 필자가 중국 서부지역에서의 한국 국가브랜드를 알아보는 설문조사나 인터뷰를 해 보았더니 김치 제1순위, 그 다음 미녀, 세 번째가 전자제품으로 파악되었다. 여기서 김치나 미녀는 한국 드라마를 비롯한 한류의 직접적인 영향으로 보인다. 그리고 전자제품은 삼성전자를 비롯한 한국 전자제품의 중국 시장으로의 성공적인 진출의 결과물에 다름 아니다. 이것은 이미 가시적인 효과로 중국인들이 한국쇼핑관광에서 전자제품을 주요 구매 품목으로 선택하는 데서 나타나기도 한다. 그러니 김치체험관광 같은 것은 개발해 봄 직하고14) 미녀와 연결 선상에서 현재 이미 진행되고 있는 미용관광은 좀 더 내실을 기하는 방향에서 가닥을 잡아야 될 줄로 안다.

중국 서부지역은 현재 중국 정부의 서부대개발 정책으로 비약적인 발전을 하고 있다. 중경시의 경우만 놓고 보더라도 '重庆市政府公众信息网<www.cq.gov.cn> 2007. 12. 21(『重庆商报』에서 전재)'에 의하면 2007년 중경시의 GDP는 4,000억 위안으로 15.4%, 주민 연평균 수입은 1.3만으로 18%의 상승세를 보였다. 『重庆晨报』 (2003. 12. 13)에 의하면 仲量联行에서 전 세계 500여 개 도시를 대상으로 도시경제, 환경, 과학기술 등 25개 지표를 체크하여 24개 '가장 발전 잠재력이 있는 도시'를 선정하였는데 중국의 8개 도시가 선정되었다. 그 가운데 서부지역의 중경과 서안이 포함되었다. 중경은 '발전이 가장 빠르고', '중국 10대 경쟁력이 있는 도시의 하나'로 뽑혔다. 이외에 세계은행에서 에너지, 교통, 기초시설, 기업연구개발투자, 융자도경 등에 대한 평가를 통해 중국의 23개 도시 투자환경을 평가했는데 중경은 '발전이 가장 빠른 도시'로 랭킹 5위로 선정되었다. 그리고 상해사회과학원에서 '中国十大最具竞争力城市'를 선정했는데 중경이 上海, 深圳, 北京, 广州에 이어 랭킹 5위가 되었다. 중국의 전반 서부지역과 중경의 속도로 발전하고 위상으로 부상될 때 그것은 무진장한 관광시장을 창출할 것이다.

사실 관광은 관광수입창출이요, 관광수지요 하는 시장이나 경제적 논리를 떠나 인적 교류 및 실제로 부딪치는 차원에서 서로를 알 수 있는 가장 확실한 지름길의 하나다. 이러한 지름길을 통하여 중국 서부지역에서의 한류, 한풍과 관광의

---

14) 일본 관광객, 특히 아줌마관광객을 대상으로 이미 상당히 인기가 있은 줄로 안다.

원활한 상승작용을 기대해봄 직하다.

참고문헌

江 东, 「"韩流"带动赴韩留学潮」, 『21世纪』 2001, 10期.

江林·李祉辉, 「中国公民赴韩国旅游市场分析 -以我国六大旅游热点城市为例」, 『旅游学刊』 2005, 02期.

侯 越, 「从韩流看 "影视表象"与 "旅游地形象"的构筑」, 『旅游学刊』 2006. 21 卷 2期.

강제규, 「관광협 총회연설 "한국 문화, 관광경쟁력도 콘텐츠"」, 『국민일보』 2004. 4. 19.

장양례·박정옥, 「한류가 한국 관광 이미지에 미치는 영향에 관한 연구. 중국인들을 대상으로 한 인지적 정서적 평가」, 관광경영학회, 2004.

서용구·서용건, 「한류가 한국의 관광지 이미지와 관광객 의사결정에 미치는 영향」, 한국관광학회, 2005.

박창규, 「한류의 한국 관광지 이미지 영향 분석」, 한국관광연구학회, 2006.

이희승, 「한류관광 선호유형 결정에 미치는 영향요인 분석」, 한국관광학회, 2006.

김미주·김선하·김상섭, 「한국영상매체가 한류관광객에게 미치는 영향」, 한국관광연구학회, 2006.

이응규·엄연자, 「방한 중국관광객 유치증대를 위한 한류 지속방안 연구」, 한국 문화관광학회, 2006

설문조사 자료로 본
중국 서부지역에서의 한류

임향란*

1. 방법론

중국 서부지역에서의 한류에 대한 조명은 여러 차원에서 진행할 수 있다. 범박한 이론적인 천명보다는 서부지역에서의 설문조사자료에 대한 직접적인 종합분석 및 타 지역에서의 설문조사자료와의 비교분석을 통한 실증적인 연구가 더 효과적인 줄로 안다. 일단 현상적 스케치 차원에서 서부지역에서 유행하는 한류에 대한 담론자료를 확보하고 거시적인 시각에서 서부지역에서의 한류 관련 설문조사자료와 타 지역에서의 한류 관련 설문조사자료, 미시적인 시각에서 서부지역 자체 내 여러 지역들에 있어서의 한류 관련 설문조사자료에 대해 비교의 가능성 차원에서 검토하여 비교분석의 자료를 확보하도록 한다. 그 다음 이런 확보된 자료에 대한 종합분석을 통하여 서부지역에서의 한류에 대한 구체적인 상황을 파악하도록 한다.

설문조사자료는 北京大学 朝鮮文化研究所韩流汉风研究室에서 서부지역을 포함한 중국 전역을 대상으로 진행한 『韩流研究通讯』 第2期[1]의 설문조사자료를 기본으로 하고 여기에 필자가 현재 거주하고 있는 중경광역시에서 진행한 설문조사를 보충하여 연구 자료로 사용하도록 한다. 그것은 『韩流研究通讯』 第2期의 경우, '前言'에서 밝히다시피 '전국의 부동한 지역에서 대표성적인 도시를 선택하고

---

* 사천외국어대학교 한국어학과 교수

1) 2007. 3.

연령별, 계층별로 나누어 한류 관련 화제를 둘러싸고 방문조사를 진행한' 만큼 많은 귀중한 제1선의 자료를 확보하고 있기 때문이다. 구체적으로 보면 인터뷰 조사지역 선정에서, 본고에서 주요 연구 자료로 삼을 「西北地區」와 「西南地區」로 대변되는 서부지역에서의 설문조사자료와 「東北地區」, 「華北地區」, 「華東地區」, 「華南地區」, 「華中地區」, 「罔絡」로 대변되는 타 지역의 설문조사자료를 충분히 확보하고 있기 때문이다. 그리고 인터뷰 대상으로는 공무원, 교수, 교사, 석·박사, 대학생, 중고생, 회사원(노동자 포함), 농민, 무직업자, 정년퇴직인원, 가정주부 등 다양한 사회계층을 망라하고 있기 때문이다.

그리고 본고의 구체적인 연구절차로는 먼저 「西北地區」와 「西南地區」로 대변되는 서부지역의 설문조사자료에서 당지에 유행되는 한류 관련 담론을 추출하여 현상적 스케치를 진행하고, 서부지역의 설문조사자료와 「東北地區」, 「華北地區」, 「華東地區」, 「華南地 區」, 「華中地區」, 「罔絡」[2]의 설문조사자료에서 업종, 직업별로 비교의 가능성 차원에서 현상적 스케치를 진행하도록 한다. 이런 현상적 스케치를 진행함에 있어서는, 서부지역에서 유행되는 한류 관련 담론 스케치는 주로 설문조사자료 내용파악에 의거하겠지만 비교의 가능성 차원에서 비슷한 신원의 사람들의 '동일한 물음'에 대한 대답, 즉 적어도 비슷한 화제를 둘러싸고 진행된 논의에 대한 스케치는 설문조사 진행의 자연적인 상황 제시 즉, 아래 표에서 '被采訪人'의 거주지, 성별, 연령이나 '職業/教育程度'[3]에 의거하도록 한다.

时间 :		地点 :		采访人 :
被采访人资料				
姓名 :			性别 :	
年龄 :			职业/教育程度 :	

다음, 본고의 마지막 부분에서는 이런 현상적 스케치에 대해 유형학적 분석을

---

2) 「罔絡」의 경우, '被采訪人資料'의 거주지 및 '職業/教育程度'가 밝혀진 테이트만 유효자료로 선정했다. 왜냐하면 이런 자료는 지역 및 직업별 비교의 가능성을 확보하고 있기 때문이다.

3) '職業/教育程度'에서 '職業'을 우선적인 사항으로 고려했다. 그것은 '教育程度'는 대개 '職業'과 맞물려 있기 때문이다.

진행하도록 한다. 서부지역에서 유행되는 한류 담론 스케치에 대해서는 질문별 유형학적인 분석을 진행할 것이며 업종, 직업별 비교의 가능성 차원에서 진행된 스케치에 대해서는 지역이나 지역에 따라 유형학적인 비교분석을 진행하도록 한다.

결과적으로 중국 서부지역에서의 한류에 대한 유형학적 분석을 통하여 그것의 현주소를 파악하도록 한다.

2. 현상적 스케치

1) 서부지역에서의 한류유행 관련 담론 스케치

『韓流研究通讯』第2期의 「西北地區」와 「西南地區」를 통하여 서부지역에서의 한류 유행 관련 담론을 추출하되, 일단 「西北地區」에서 집중적으로 조사한 甘肅省 소재지 兰州市에서 확인해보도록 한다. 「西南地區」에서 집중적으로 조사한 重慶에서의 한류 담론은 서부지역 내부 비교연구에서 언급하게 되는 만큼 중복을 피하기 위해 여기서는 생략하도록 한다. 이렇게 놓고 볼 때 도합 10명의 한류 관련 설문조사자료가 추출대상으로 부상된다.

이 가운데 우선 20대 직장인 顾亚明과 朱传龙의 경우를 보도록 하자. 그들의 '被采訪 人資料'는 다음과 같다.

姓名 : 顾亚明	性別 : 男
年龄 : 24岁	职业/教育程度 : 通讯工程师/大学本科
姓名 : 朱传龙	性別 : 男
年龄 : 24岁	职业/教育程度 : 技工/高中毕业

朱传龙은 주위 사람들의 한류에 대한 태도를 물었을 때 '대단한 몰입'으로 대답하고 있다. 그리고 주로 어떤 사람들이 한류에 몰입하는가 하고 묻자 주로 중년층이라고 대답한다. 20세 이하 청년들은 어떤가 하고 묻자 역시 비교적 좋아하는

편이다'고 한다. 顾亚明은 이와 비슷한 물음 즉 중서부지역, 특히 兰州지역에서 주로 어떤 사람들이 한류에 열성적인가하는 물음에 청소년층이 가장 많은 비중을 차지하는데 중·노년 층도 배제할 수 없는 것으로 각 연령층 나름대로 좋아하고 있다고 대답하고 있다. 그리고 텔레비전 외에 다른 어떤 도경을 통해 한류를 접하는가하는 물음에 朱传龙은 '인터넷'으로 대답하고 있다. 이 문제와 관련하여 顾亚明은 청소년층과 중·노년층이 한류를 즐기는 부동한 방식을 이야기하면서 청소년층은 한국의 공연회를 관람하거나 한국 복장, 액세서리들을 선호한다면 중·노년층은 주로 한국 드라마에 열중한다고 토로하고 있다. 그리고 주위에 한국 드라마를 싫어하는 사람이 있는가 하는 물음에 朱传龙은 잘 모르겠다고 대답한다. 그러나 현재 兰州지역에서의 전반 한류의 열기는 어떤가 묻자 뜨겁게 달아오른 편도 아니고 냉각된 편도 아닌 그저 그런 것으로 이전에 비해 열기가 좀 식은 것으로 파악하고 있다. 그리고 그 원인에 대해서는 한국 드라마의 천편일률적이고 자질구레하며 중복되는 애정극에 새로운 것을 창출해내지 못하는 문제점과 미국 드라마에게 자리를 빼앗긴 점에서 찾고 있다. 그리고 통신업에 종사하고 있는 顾亚明에게 본 업종에 대한 한류의 영향을 묻자 그리 영향을 받지 않는 것으로 대답하고 있다.

다음, 고등학교 교사로 있는 40대의 韩湘孝와 高攀峰의 경우를 보도록 하자. 그들의 '被采訪人資料'는 다음과 같다.

姓名 : 高攀峰	性別 : 男
年齡 : 44岁	职业/教育程度 : 高中语文教师/大学本科
姓名 : 韩湘孝	性別 : 男
年齡 : 44岁	职业/教育程度 : 高中政治教师/大学本科

'무엇을 통하여 한류를 알게 되었는가?'리는 물음에 高攀峰은 최초에 학생들의 작문을 통하여 알게 되고 그 외에 아내들이 한국 드라미를 좋아하는 지라 주로 텔레비전을 통하여 알게 되었다고 한다.' 최근 한류에 대한 열기가 좀 식지 않았는가?'하는 물음에 韩湘孝는 '우리 가정과 학생들의 상황을 놓고 볼 때 기본상 그

대로'라는 것이다. 한국 드라마만 하면 여자들은 텔레비전 앞을 떠나지 않는다는 것이다. 현재 兰州에도 한국 식당이랑 복장이 있는데, '평소에 이런 것을 이용하고 소비하는가' 하는 물음에 韩湘孝는 '한국 요리는 아직 먹어보지 않았고 복장도 그리 사지 않았다'고 한다. 그러나 한국의 LG나 삼성을 비롯한 전자제품 및 자동차공업에 대해서는 얼마간 알고 있는 데 한국의 핸드폰, 디지털카메라에 대해 흥취를 가지고 있다고 한다. 여기에 민족감정문제가 가미되어 일본 제품은 배척하되 한국 제품은 거부감 없이 구매한다는 것이다. 그리고 학생들의 한류에 대한 태도나 심리상태를 묻자 韩湘孝는 고등학교 단계의 학생들은 공부 부담 때문에 한국 드라마는 간간히 건너뛰며 볼 뿐 처음부터 끝까지 완전하게 보는 것은 아니라고 대답했다. 그리고 한국 드라마 자체의 신선도가 떨어진데도 그 원인이 있는 것으로 파악하고 있다. 高攀峰도 학생들의 작문이나 의식을 통해 볼 때 한류는 그들에게 있어서 한물 간 것으로 파악하고 있다. 그리고 '중서부 지역에서의 한류의 유행상황에 대한 지역적인 특색'에 대해 묻자 韩湘孝는 '서부지역은 내륙 오지인 편이라 상대적으로 전통적인 특색을 많이 띠고 있다. 그러므로 한국 드라마에서 나타낸 가족 구성 간의 혈육의 정 및 부모에게 효도하고 남자가 바깥일을 하고 여자가 집안일을 하는 문화가 더 잘 먹혀들어간다'는 것이다. 이로부터 한류도 더 유행된다는 말이 되겠다.

그 다음, 40대 공무원으로 있는 杨霞의 경우를 보도록 하자. 그녀의 '被采訪人資料'는 다음과 같다.

姓名 : 杨霞	性別 : 女
年齡 : 45岁	职业/教育程度 : 公务员/大专

'최초로 한국 드라마를 보게 된 계기'를 묻자 다른 사람의 소개로 보게 되었다고 한다. '주위에 한국 드라마를 좋아하는 사람이 많은가?'고 묻자 우리 직장에서는 남자들을 포함하여 모두 한국 드라마를 본다고 했다. 한국 드라마 시청 연령층을 묻자 일반적으로 30대라고 했다. '최근 한류의 열기가 좀 식지 않았는가?'라는 물음에 '그런 것 같지 않다. 한국 드라마를 좋아하는 사람들은 여전히 보고 있고,

아는 스타들도 더 많아지고 더 익숙해지고 있다. 시청자들의 감상기호가 변한 것은 아니다. 좋아하는 사람들은 계속 즐겨보고 있다. 현재 생활압력이 세고 사업이 긴장하다보니 긴 한국 드라마를 시간이 부족해 다 볼 수 없는 경우가 많다. 이것은 안 본다거나 보기 싫다는 것은 아니다. 내 자신은 시간이 없어서 못 보는 경우다.'고 대답하고 있다. '한류가 나타난 후 兰州에 어떤 변화를 가져왔는가?'라는 물음에 '작게는 복장, 액세서리, 크게는 음식, 전자제품 같은 것들이 점점 더 많아졌다. 兰州에는 현재 한국의 토속음식 및 일반요리 뿐만 아니라 토산품, 미용미발 등이 있는데 이것은 모두 한류의 유행과 관계되어 나타난 것이다'고 대답했다. '중서부지역에서 한류를 받아들이는 과정에 어떤 것에 치중했는가?'라는 물음에 '복장, 미용제품, 식품 등 생활 각 방면에 걸친 의식주'라는 것이다.

넷째, 비wm니스맨으로 杨慧英과 王瑾의 경우를 보도록 하자. 그녀들의 '被采訪人資料'는 다음과 같다.

姓名 : 杨慧英	性別 : 女
年齡 : 40岁	职业/教育程度 : 国际贸易/大学本科
姓名 : 王瑾	性別 : 女
年齡 : 50岁	职业/教育程度 : 国际贸易/大学本科

"한류'라는 말을 들은 적 있나'라는 물음에 杨慧英은 '아주 자주 듣는다'고 대답한다. 자기 아들이 한류를 늘 입에 달고 다니고 사람들이 자주 자기를 보고 한국 드라마의 배우 같다고 말했다고 한다. '주위의 친구들이 한류에 대해 어떤 태도를 취하는가?'라는 물음에 '대부분의 친구들은 한국 드라마를 즐겨 본다. 한국 드라마는 사랑 이야기가 많은 것 같은데 일반적으로 줄거리가 잘 짜여졌다. 그러나 많은 사람들이 한국 드라마는 대개 진행이 너무 느리고 조그마한 슈제트(주제) 하나도 너무 상세하게 찍다보니 너무 자질구레한 감을 준다고 한다. 그래도 대부분의 사람들은 한국 드라마를 보기 좋아한다. 나도 보기 좋아하는 편으로 한 번에 다 보기도 했다.'고 대답했다. '주위에 어떤 부류의 사람들이 한류를 좋아하는가?'라는 물음에 王瑾은 '구체적으로 한정하기 힘들다. 10대부터 60~70세까지 다 있

는 것으로 나름대로의 선택범위가 있다. 젊은 사람들은 한국의 유행음악 같은 톡톡 튀는 것을 좋아하겠지만 우리 같은 사람은 한국 드라마를 좋아하는 편이다. 생활화되고 시시껄렁한 것은 안노인들이 좋아하기도 한다.'라고 대답했다. '현재 한류의 열기가 좀 식은 것은 아닌가?'라는 물음에 '나는 사실 작년부터 한국 드라마를 보기 시작했는데 이전에는 한류에 대해 잘 몰랐다. 그런데 내 어린 딸은 스타족으로 한류에 많은 관심을 돌리고 있지. 나는 그 애로부터 한류를 알았다. 그 애와 같이 한국 가수들을 보기 시작하며 한류에 접하기 시작했다. 모든 사물은 고조가 있고 저조가 있는 것으로 한류의 열기가 좀 식은 것도 정상이다.'라고 대답했다. '한류가 출현한 후 당신의 생활에 어떤 영향을 주었는가? 우리 주변의 생활에는 어떤 영향을 주었는가?'라는 물음에 '내 개인한테는 그리 영향을 준 것 같지 않다. 그런데 여자들이 화장이나 복장 같은 것에 신경을 쓰기 때문에 이런 것에 영향을 받는 것 같다'고 대답했다.

다섯째, 고급 화이트칼라로 杨元德과 赵玉军의 경우를 보도록 하자. 杨元德과 赵玉军의 '被采訪人資料'는 다음과 같다.

姓名：杨元德	性別：男
年龄：41岁	职业/教育程度：经济师/大学本科
姓名：赵玉军	性別：女
年龄：42岁	职业/教育程度：高级工程师/大学本科

'주위의 친구나 동료 등이 한류에 대해 어떠한 태도를 가지고 있나?'라는 물음에 杨元德은 '우리 40대의 중년들은 한국 드라마에 대해 그저 볼 뿐이지 20대처럼 그렇게 열중하지는 않는다.'고 대답했다. '최근 한류의 열기나 보급 정도가 좀 식지 않았는가?'라는 물음에 '한 2년 전에는 열기가 아주 뜨거웠는데 이 2년간에는 분명히 그때보다 뜨겁지 않다. 텔레비전에서도 이전보다 많이 들리지 않는다. 내 주위의 동료들도 한류를 그리 언급하지 않고 이야기도 하지 않는다.'라고 대답했다. '경제 방면에 있어서 한류의 탄생으로 한국 제품의 판매가 촉진되지 않았는가?'라는 물음에 한류의 영향보다는 일본 제국주의에 대한 증오로 일본 제품을

배척하고 상대적으로 한국 제품을 사게 된 것이라고 대답하고 있다.

2) 한류 관련 담론에 대한 비교 가능성 차원에서의 스케치

① 거시적인 비교 가능성 차원에서의 스케치

중국 서부지역도 좋고 타 지역도 좋고 그것은 너무나 막연한 넓은 공간개념이다. 그럴진대 비교의 가능성 차원에서 서부지역의 한류와 중국 타 지역에서의 한류에 접근하는 것이 가장 바람직한 길임을 알 수 있다. 이로부터 일단 '被采訪人'을 거주지 및 '職業/敎育程度'에 근거하여 공무원, 교수, 교사, 석·박사, 대학생, 중고생, 회사원(노동자), 농민, 무직업자, 정년퇴직자, 가정주부로 나누고 다시 성별 및 연령층, 그리고 동일한 물음에 대한 담론이라는 기본 전제에 따라 최종적으로 서부지역과 중국 타 지역에서의 비교 가능성을 확보한 한류 관련 담론 스케치를 확보하도록 한다. 그런데 「西北地區」와 「西南地區」의 설문조사자료를 검토해 보면 「西北地區」는 '被采訪人'의 거주지가 新疆烏魯木齊 4명을 제외하면 모두 兰州市로 되어 있고, 「西南地區」는 '被采訪人'의 거주지가 모두 重庆市로 되어 있다. 이로부터 서부지역에서의 한류유행에 관한 담론지역은 兰州市와 重庆市가 집중적으로 부상된다. 그럼 아래에 兰州市와 重庆市를 주요 포인트로 하고 비교 가능성 차원에서 타 지역의 한류 담론을 곁들인 스케치를 그리되 좀 더 섬세한 비교를 위하여 1:1의 스케치 자료를 제시하도록 한다.

가. 공무원

'被采访人'을 검토한 결과 남자 공무원과 여자 공무원으로 나누어 비교 가능성을 띤 자료를 제시하면 다음과 같다.

남자 공무원의 경우 陈至强과 王刚은 전적으로 동일한 물음에 나름대로 대답을 한 만큼 비교의 가장 좋은 자료를 제공하고 있다.

时间：2007. 2. 26 21:10	地点：重庆市沙坪坝区		采访人：龚国曦
被采访人资料			
姓名：陈至强		性别：男	
年龄：38岁		职业/教育程度：公务员	
时间：2007. 3. 2 15:00	地点：北京		采访人：龚国曦
被采访人资料			
姓名：王刚		性别：男	
年龄：32岁		职业/教育程度：公务员	

被采访人 물음	陈至强 대답	王刚 대답
① 你知道韩流是什么吗？	就是韩国的那些中国人喜欢的东西。	知道，韩国来的那些歌曲和电视剧什么的。
② 你接触过与韩国有关的事物吗？	足球啊，电视剧啊。	我的手机就是韩国三星的。电视剧和电影都看过。
③ 你觉得韩国文化在中国流行吗？	感觉不到啊。	挺流行的。
④ 你对韩剧、韩国流行文化的接受程度如何？	不喜欢，电视剧的节奏太慢了。我主要是看看足球比赛什么的。这方面韩国还是可以的。	一般，不是特别感兴趣。
⑤ 你觉得韩剧及韩国文化在中国流行的原因是什么？	有几部特别有意思的把这股潮流带动的吧，不然也不会特别流行。像我的野蛮女友啊，大长今啊，就是它们带的头。	不觉得流行啊。
⑥ 你最喜欢韩剧或韩国文化的什么特质	演员的演技比较好吧。	挺有意思的，里面的东西很感人。
⑦ 你通过什么接触到与韩国有关的文化产品	电视	上网、电视
⑧ 你觉得韩流还会继续流行下去吗？	说不好，但比日本还是有市场的，毕竟有亲近感。	不太好说，感觉最流行的还是前几年，以后可能也不会了。

물음 ①에 陈至强은 '중국 사람들이 좋아하는 한국의 것들'로 보다 포괄적이고, 王刚은 '한국에서 건너온 노래나 드라마 같은 것'으로 보다 구체적이기는 하나 모두 막연한 대답을 하고 있다. 물음 ②에 陈至强은 '축구나 드라마 같은 것들', 王刚은 '삼성 핸드폰, 그리고 드라마나 영화'를 들고 있다. 물음 ③에 陈至强이 '느끼지 못 하겠다'와 王刚이 '아주 유행한다'로 상반되는 대답을 하고 있다. 물음 ④에 陈至强은 '좋아하지 않는다'와 王刚은 '그저 그렇다'로 대답했다. 물음 ⑤에 陈至强이 특히 몇 부의 인기 있는 드라마, 예컨대 <엽기적인 그녀>, <대장금> 같은 드라마가 그 유행을 이끈 것으로 파악하고 있는데 비해 王刚은 '유행하는 것 같지 않다'고 위에서 대답한 '아주 유행한다'와 모순적인 대답을 하고 있다. 물음 ⑥에 陈至强은 '배우들의 연기'라는 형식적인 면을 들고 있는데 王刚은 '아주 재미있다 /아주 감동적이다'고 하면서 내용적인 면을 들고 있다. 물음 ⑦에 陈至强과 王刚은 공히 '텔레비전'을 들고 있으며 王刚은 '인터넷'까지 들고 있다. 물음 ⑧에 陈至强이 '친근감이 있어 일본보다 시장성이 있는 것'으로 파악한 반면 王刚은 '몇 년 전에 크게 유행했을 뿐 앞으로는 아마 그렇지 못할 것'으로 파악하고 있다.

여자 공무원의 경우를 보면,

时间 : 2007. 2. 22		地点 : 兰州市永昌路	采访人 : 宗黎娟
被采访人资料			
姓名 : 杨霞		性别 : 女	
年龄 : 45		职业/教育程度 : 公务员/大专	
时间 : 2007. 2. 22	地点 : 南京		采访人 : 宣瑄
被采访人资料			
姓名 : 张薇		性别 : 女	
年龄 : 35		职业/教育程度 : 文员/本科	

被采访人 물음	杨霞 대답	张薇 대답
① 您是通过什么了解韩国的？通过韩剧了解韩国的比率有多少？你认为通过韩剧能了解真实的韩国么，如果是，理由是？	一知半解吧。很难真正了解，没有走进他们的真实生活，只能是一知半解。但是也不能说韩剧里都是虚拟的，有真实的生活才能够演出真实的效果嘛！	主要是韩剧，能从一定程度上折射真实的韩国
② 韩流的兴起对中韩两国的经济贸易有什么影响呢？	肯定有影响。现在韩国服装、饰品知名度很高，这也是贸易发展的结果，互相之间交流增多，人们生活条件和文化层次的提高都促进了经济的发展，贸易往来增多反过来又促进文化认识上的加深	应该有促进作用。
③ 韩剧里的节奏都比较慢，但是实际上韩国的生活节奏很快，生活压力比较大，与现实的不符会不会引起收视率的下降呢？/韩国社会是一个节奏非常快、充满活力的社会。但是大部分的韩剧节奏缓慢，情节有千篇一律的嫌疑，您认为这是不是韩剧魅力逐渐消退的原因？	看《人鱼小姐》，觉得他们工作家庭的压力也都很大，人们的生活不可能都想韩剧里演得那样，现实生活不可能是电视剧里那么缓慢的。	不一定，看多了自然就不那么新鲜了
④ 您觉得近两年来韩流的热度有没有什么变化呢？会不会有所消退了？/有人说韩流正在中国消退，您觉得呢？如果是，原因何在？	好像没有消退，喜欢韩剧的人也依然在看，不过认识的明星越来越多了，越来越熟悉了。观众的文化欣赏水平没有变，喜欢的人还是会喜欢的。现在生活压力很大，工作很紧张，韩剧过长的篇幅可能会让有些人没时间看完，但是不代表大家不看或者不爱看，像我就是没时间看的类型。	可能吧，没有东西会长久

물음 ①에 杨霞와 张薇는 얼마간 알 수 있는 것으로 대답하고 있다. 물음 ②에 杨霞와 张薇는 모두 긍정적으로 대답하고 있다. 杨霞는 한국 옷이나 액세서리의

인기도를 들면서 설명하고 있다. 물음 ③에 杨霞가 얼마간 동감을 표시한데 반해 张薇는 꼭 그런 것이 아니고 많이 보면 신선감이 떨어지는 정상적인 것으로 대답하고 있다. 물음 ④에 杨霞는 일반 사람들의 한국 드라마에 대한 여전한 인지도를 통해 부정적으로, 张薇는 오래 유행하여 식상해질 때가 되었으리라는 논리로 긍정적으로 대답하고 있다.

나. 교 수

교수의 경우, 苏某와 匿名, 무명씨가 가장 근사한 비교 가능성을 확보하고 있다. 교수는 사회 최고 엘리트들로서 지적인 수준면에서 비슷한 양상을 보이고 있는 만큼 남녀 구별을 따지고 않았고 제한된 자료 때문에 1 : 2의 비교자료를 제시하도록 한다.

时间：2007. 2. 13	地点：重庆 某家	采访人：王倩
被采访人资料		
姓名：苏某	性别： 女	
年龄：27	职业/教育程度： 高校 老师/大学本科	
时间：2007. 2. 24	地点：武汉市茶港小区	采访人：乐恒
被采访人资料		
姓名：匿名	性别：女	
年龄：27岁	职业/教育程度：理科类本科, 科研单位	
时间：2007. 02. 13; 16:20-17:20	地点：高密	采访人：刘虹
被采访人资料		
姓名：	性别：男	
年龄：27	职业/教育程度：成教教员/专科毕业	

| 被采访人 | 苏某 | 匿名 | 무명씨 |
물음	대답	대답	대답
① 韩流对中韩经济贸易产生什么样的影响？/韩流盛行对于中韩之间的贸易是否有促进？	很大的促进作用。现代社会文化可以催生经济价值。正是通过韩流，中国人更多地了解了韩国，进而对其产生了兴趣，才会考虑去买韩国的产品。由文化的交流带动的更频繁的政府间交往，也使得成千上万的韩企进驻中国，从而延续了韩国的"汉江奇迹"为中国经济的腾飞注入了更多地血液。	有的，至少人们会希望购买韩国的产品，会希望去韩国旅游，会试着吃韩餐等等。	
② 韩流产生的历史文化背景和消费韩流的历史文化背景有何关系？/韩流在中国受欢迎的深层原因是什么？它与现阶段中国文化有何关联？如现阶段中国文化发展尚不能满足大众的文化需求等。	有很多共通性。韩流由韩国人制造，而韩国也有独尊儒术的传统，因此韩流也更多地受到了儒家文化的熏陶。而构成韩流消费主体的东亚地区，本就属于汉字文化圈，深受儒家思想的影响，看韩流自然有亲切感。从某种意义上说，是东亚人成就了韩流。		我国目前正处于转型时期，人们的价值观念、思维方式有待重建，韩流在中国受欢迎反映了一部分国人的精神缺失，价值迷惘；韩剧从大众生活入手，反映家庭寻常事，让观众觉得亲切。韩国文化注重家庭伦理，乡土情结，这与中国的宗族血缘观念是一脉相承的。

　　물음 ①에 苏某는 '매우 큰 촉진작용을 하'는 것으로 양국에 모두 긍정적인 것으로 대답했다. 그리고 한국 상품 구매욕 유발 차원에서 긍정을 하고 있을 뿐만 아니라 한국 업체의 중국 투자 차원에서도 긍정하고 있다. 匿名도 적어도 한국 상품에 대한 구매욕을 불러일으킨다는 차원에서 긍정적인 것으로 대답하고 있다. 물음 ②에 苏某는 한류 자체가 유가문화의 영향을 받고 한류를 소비하는 사람이나 장소가 유가문화권에 속한다는 즉 전통문화라는 동일성의 논리로 풀이했다면 무명씨는 현재 중국의 전변기적 사회특성, 그리고 한국 드라마 및 문화와 중국

문화의 합일점의 논리로 풀이하고 있다.

다. 교 사

여기에는 중학교, 고등학교 교사를 포함하는데 설문조사자료에 근거하여 20대
와 40대 두 부류로 나누어 비교 가능성을 띤 자료를 제시하면 다음과 같다.

* 20대 교사의 경우를 보면,

时间：2007. 2. 8		地点：重庆某餐厅	采访人：王倩
被采访人资料			
姓名：朱某某		性别：女	
年龄：24		职业/教育程度：教师/大学本科	
时间：2007. 2. 10		地点：山东郯城	采访人：王庆云
被采访人资料			
姓名：周凤侠、孙建红		性别：女	
年龄：周（28）、孙（27）		职业/教育程度：教师/本科	

被采访人 물음	朱某某 대 답	周凤侠、孙建红 대 답
① 你觉得吸引你的主要是情节还是演员明星？/韩剧吸引你吗？与国产片相比，韩剧那些地方更吸引你们？	还是情节占大多数，然后再去了解明星。	周：还行吧。我看过不少韩剧。像《冬季恋歌》、《看了又看》、《澡堂家的男人》、《爱有天意》等等，我还看了最早的一部－－《爱情是什么》，现在还记得那个李大发。孙：我挺喜欢看。我看了好多爱情剧，像《八月照相馆》、《情书》等等。
② 在韩剧之外，你还对韩国文化的什么方面感兴趣/除了韩剧，你们对韩国音乐、饮食什么的有什么印象？	娱乐节目，如《情书》等.	孙：我听过李贞贤的歌。也很喜欢街舞。周：我听过安在旭的歌。还有就是听说韩国整容挺厉害。

물음 ①에 朱某某는 줄거리 우선이고 그 다음 스타라고 대답하고 북경의 周凤侠, 孙建红은 인물 및 줄거리 쪽으로 논의를 전개하고 있다. 물음 ②에 朱某某는 '오락프로그램'이라고 대답했고 周凤侠, 孙建红은 어느 특정적인 춤이나 가수의 노래, 그리고 정형미용에 관심을 가진다고 대답했다.

时间：2007. 2. 19	地点：山东淄博	采访人：孙允海
被采访人资料		
姓名：赵景义	性别：男	
年龄：46	职业/教育程度：高中教师 / 大学	
时间：2007. 2. 24	地点：兰州市第二中学	采访人：宗黎娟
被采访人资料		
姓名：韩湘孝	性别：男	
年龄：44	职业/教育程度：高中政治教师/大学本科	

* 40대 교사의 경우를 보면,

被采访人 물음	韩湘孝 대답	赵景义 대답
① 主要是通过什么途径了解韩流的呢？/您是通过何种方式了解韩国的？	电视和网络。	近年来，我们学校与韩国的一所高中建立了友好合作关系，加上学校里也有一个专门的韩国班，培养的学生以后去韩国留学。
② 您觉得韩流为什么在中国如此受欢迎呢？有什么内在的深层次的原因吗？文化上的同根同源以及政治上的共同立场促进了两国间的文化交流，是这样吗？/您认为韩流在中国受欢迎的原因是什么？	只能这样说，都属于儒家文化圈，受儒家文化的影响特别深，无论在吃穿住行还是在人际交往方面都有很多的相同之处，所以理解起来比较轻松容易。再加上中日之间、韩日之间历史问题造成我们两国的共同立场，使我们两国有更多的共同语言。即使是百姓也应该家事国事都关心，自然就会有亲近的感觉。对，是这个意思。	有很多原因，首先，韩剧多以感情为切入面，让人觉得非常亲切。再就是，韩剧比较符合中老年人的观念，有很多传统的东西，是我们缺失的。还有一个就是年轻的演员，姑娘漂亮，小伙儿帅。

| ③ 现在看的韩剧多了，会不会对韩国及韩国产品的认知度有所提高？/您认为通过韩剧了解韩国的比率是多少？能了解到真实的韩国吗？ | 是这样。另外中韩两国历史上就有很紧密的关系，这与中韩两国之间的交流也有关系。 | 其实，对于韩国，由于早发展了的缘故，人们关注它，同时可能有种理想的想象，觉得他们现在的生活，可能就是我们以后的生活面貌。韩剧比较迎合年轻人的口味，当然艺术嘛，为了剧情的发展，他需要制造许多矛盾冲突，可能与实际生活并不完全一致。 |

물음 ①에 韩湘孝는 '텔레비전과 인터넷'이라고 대답했고 赵景义는 한국 관련 업무를 들고 있다. 물음 ②에 韩湘孝는 유가문화나 역사적인 공동성으로부터 풀이했고 赵景义는 한국 드라마를 예로 들어 감정적인 포인트, 전통적인 요소, 멋진 배우들로부터 풀이하고 있다. 물음 ③에 중국과 한국의 역사적인 관계나 교류로부터 긍정적으로 대답하고 赵景义는 한국 드라마가 보다 많이 젊은 사람들의 구미에 영합하고 그것이 구경은 예술인만큼 실제생활과 빗나갈 수 있다는 것이다.

라. 중고생

중고생은 중학생과 고등학교 학생이 포함되겠으나 '被采访人资料'에 대한 검토를 통해 비교 가능성 차원에서 중학생의 자료만 제시하면 다음과 같다.

时间 : 2007. 2. 11		地点 : 重庆2048餐厅	采访人 : 王倩
被采访人资料			
姓名 : 佟某某		性别 : 女	
年龄 : 16		职业/教育程度 : 初三学生	
时间 : 2007. 2. 23		地点 : 上海	采访人 : 王宇诺
被采访人资料			
姓名 :		性别 : 女	
年龄 : 15		职业/教育程度 : 初中	

물음 \ 被采访人	佟某某	무명씨
	대 답	대 답
① 你是通过什么了解韩国的？通过韩剧了解韩国的比率有多少？②你认为通过韩剧能了解真实的韩国么？如是，理由是什么？	我主要通过历史书了解韩国。我觉得通过韩剧不能了解真实的韩国，因为那些都是人想像出来的，不能代表一个国家的真实情况。比如中国的电视剧就能代表中国么？	"东方神起"、X-man、《情书》等综艺节目。电视剧只占10%。不能，因为虚构的成分太多了。
② 近来美国的电视连续剧又卷土重来再次受到中国观众的青睐，大有代替韩剧的架势，你认为原因在哪里？	我没怎么看过，所以也没想过。	没有感觉，也不认为会被美剧取代。
③ 你看了多少部韩剧？你是否认为韩剧的情节大同小异，逐渐失去兴趣？你希望看什么样的韩剧？	我看了很多部，而且现在也很感兴趣，因为我觉得很好看。我希望看多点喜剧。	2部，兴趣么还好，只要完美结局的，不是悲剧的韩剧。
④ 除了电视以外，你是通过什么途径接触韩国电影或电视剧？	上网，还有广播、杂志。	互联网、贴吧和BBS。

　　물음 ①에 佟某某는 '주로 역사책'을 통해서고 무명씨는 "東方神起", X-man, 『情书』 등 종합프로그램, 그리고 일부 드라마(약 10% 차지)'를 통해서라고 대답했다. 물음 ②에 佟某某와 무명씨는 상상적이고 허구적인 성분이 많은 만큼 부정적이다라고 대답했다. 물음 ③에 佟某某는 '많이 보지 못해 그런 것에 대해 생각해보지 못했다'고 대답했으며 무명씨는 '그런 것을 느끼지 못 했고 그럴 리가 없다'고 대답했다. 물음 ④에 佟某某는 '아주 많은 드라마를 보았는데 아직도 농후한 흥취를 가지고 있다. 아주 재미있기 때문이다. 나는 희극을 좀 많이 봤으면 한다'고 대답하고 무명씨는' 2부를 보았다. 아직도 흥미를 가지고 있다. 비극이 아닌 결말이 좋은 한국 드라마를 보고 싶다.'고 대답했다. 물음 ⑤에 佟某某는 '인터넷, 그리고 라디오, 잡지'라고 대답하고 무명씨는 '인터넷, 贴吧와 BBS방송'이라고 대답하고 있다.

마. 대학생

'被采访人资料'에 대해 검토한 결과 대학생의 경우 가장 많은 비교급부를 나타 낸다. 1~2학년(19~21세)과 3~4학년(22~24세) 두 부류로 나누어 비교 가능성을 띤 자료를 제시하면 다음과 같다.

* 1~2학년(19~21세)의 경우를 보면,

时间：2007. 2. 11	地点：重庆水木青华小区内	采访人：王倩
被采访人资料		
姓名：朱某某	性别：女	
年龄：20	职业/教育程度：大一学生	
时间：2007. 2. 17	地点：网络	采访人：宋筱茜
被采访人资料		
姓名：熊静	性别：女	
年龄：19岁湖北人	职业/教育程度：就读于北京某大学本科在校学生 法学专业	

물음　　　被采访人	朱某某 대답	熊 静 대답
① 有人说，韩流在中国正在消退，您觉得对么？请说说看您的理由。	我不这样认为。因为现在到处也都能看到韩国的东西。	韩流文化本身的包容性不够吧，接触时间长了，就觉得它的价值观比较狭隘和单一。
② 近来美国电视剧受到中国观众青睐的原因是什么/近来美国的电视连续剧又卷土重来再次受到中国观众的青睐，大有代替韩剧的架势，你认为原因在哪里?	好看啊，我就爱看。至于原因，可能是学习英语的热潮，还有就是语言很幽默。	因为不同的文化都有自己独特的魅力，韩剧在中国时间长了，吸引力打折扣是很自然的事情。

③ 你认为中国有关部门对韩剧进口的限制对韩流的影响有多大？/中国有关部门开始缩减韩国电视剧播出次数。国家光电总局也将韩国电视剧的播出量最高减少50%，并扩大海外电视剧的进口面，你认为这对韩流的影响有多大？	可能对大人有点影响，但对年轻人没什么影响。因为我们接触韩流的渠道很多，网络啊、杂志啊什么的。这不能阻止韩流的涌入。	影响不会太大，韩流的表现形式不止韩剧一种，还有其他的方面。

물음 ①에 朱某某는 도처에서 눈에 띄는 한국적인 것으로 부정적인 대답을 한 반면에 熊静은 한류에서 체현된 가치관의 협애함과 단일함의 문제로 긍정적으로 대답하고 있다. 물음 ②에 朱某某는 '재미남'과 '영어붐' 및 '언어표현의 유머'로 대답했고 熊静은 '한국 드라마가 중국에서 성행한지 오래 되었으므로 식상할 때가 되어 나타난 자연적인 현상'으로 대답하고 있다. 물음 ③에 朱某某는 '어른들한테는 영향이 있을지 몰라도 젊은 사람들한테는 그리 영향이 없다. 젊은 사람들은 인터넷이랑 잡지랑 한류를 접하는 도경이 대단히 많기 때문이다. 그러므로 한류를 막을 수 없다.'고 대답하고 熊静도 '그리 영향이 크지 않을 것으로 본다. 한류의 표현형식은 단지 한국 드라마뿐이 아니기 때문인 것으로' 대답하고 있다.

  * 3~4학년(22~24세)의 경우를 보면,

时间：2007.2.24	地点：新疆乌鲁木齐		采访人：王宇诺
被采访人资料			
姓名：张志刚		性别：男	
年龄：24		职业/教育程度：大学本科	
时间：2007.2.23	地点：北京		采访人：王宇诺
被采访人资料			
姓名：董4)		性别：男	
年龄：22		职业/教育程度：本科	

4) 『韩流研究通讯』 第2期에 '東北地區'에 속해 있는데 '地点:北京'을 감안할 때 북경지역 사람으로 고려해도 무방할 줄로 안다.

被采访人 물음	张志刚 대답	董 대답
① 您觉得什么是韩流？	顾名思义，韩国某些文化的流行趋势、韩国某些时尚的流行趋势，不过对于我现在周围现在可以感觉到的 "韩流"，主要是时尚的流行趋势，虽然我对哪些种风格属于韩流哪些种风格属于日系，但是我感觉周围看到的80后后和90后的 "雷劈"发型、"三天没睡"型眼影和超宽加长的 "睡衣型"运动服饰，应该都属于 "外在"哈韩一族的 "标配"吧。当然还有一些人是 "内在"的哈韩族：吃着十来块一小盒的紫菜包米饭(美其名曰金枪鱼紫菜包饭等等)，几十块一小碗的米饭拌菜(美其名曰石锅拌饭)，十来块一小盘的泡菜(美其名曰正宗韩国泡菜)，几小样加起来成本不超过5块钱的东西，他们付着几十大元上百圆来吃却津津有味；看着韩剧，明知道变态的导演故意让一件平常事演得九曲十八弯却还是甘愿被骗，每天哭得死去活来，泣不成声，而且常常是唯韩剧不看。当然韩流也有很多积极面，独特的风尚促进了我们的服装、影视、饮食、医疗美容等各方面的发展，也让我们一些程度和方面上更了解了韩国。	韩国文化特别是影视流行文化对中国年轻一代的影响。

② 您是通过什么了解韩国的？通过韩剧了解韩国的比率占多少？您认为通过韩剧能了解真实的韩国么？理由是什么？	(1)其实我并不是特别了解韩国，但是耳濡目染的渠道可能是以下这几种：影视剧(主要渠道，75%)、杂志(次要渠道，10%)、相关书籍知识介绍(次要，10%，看过一本专门介绍中韩文化历史，中日韩人的文化根性的书，韩国人写的)和道听途说(较少，5%)。(2)通过韩剧只能一些方面，一些程度上比较片面的了解韩国，因为毕竟是影视作品嘛，有片面性，艺术性的局限。而且毛主席说过："没有调查就没有发言权"！	主要是韩剧啦，韩剧不可能真实地反映韩国，毕竟在电视剧中，能搬上荧幕的东西是很有限的，可是至少也反映了其中一些很重要的方面，特别是现代韩国社会和家庭一些伦理、情感和道德方面。
③ 有人说，韩流在中国正在消退，您觉得对么？请说说看您的理由。	反正这两年没前两年那么火了，我也不了解是不是正在消退！	韩流的兴起在于韩剧一时的火爆，但是再流行的东西也是会被淹没的，当大家对韩剧和那些韩星不再感冒，韩流在一定程度上消退，是可以预见的。韩剧文化起源于东方儒家文化，但终究不如中国正统的东方文化博大精深，韩流侵袭到中国，肯定会被中国本土地文化所稀释，尤其是像章中国这样一个时尚潮流和社会在不断演进变化的时代。

④	您看了多少部韩剧？您是否认为韩剧的情节大同小异，并因此失去对它的兴趣？你希望看什么样的韩剧？	(1)韩剧包括什么？是电视剧还是也包括电影？电视剧估计有5-10部，电影30-50部，记不清了。(2)没有啊，感觉各有不同啊，当然也有些许悲情情节太玩人了，挺烦！(3)希望看喜剧或唯美的爱情剧，比如喜欢全智贤和车太贤的电影。	看了七八部吧。其实韩剧情节大同小异，看完第一集就差不多知道结尾，但是韩剧吸引人的地方不在于这个故事梗概，而是它的细节。韩剧的画面非常美观，明星也打造得很完美，但最重要的是他们演员的演技相当优秀，给人的感觉是投入了真情实感地演这部戏，再加上音乐和适当的表达技巧，使电视剧很妥帖地表达出了他所需要表达的意思和感情，作为影视剧而言，这已经很优秀了。同时这也是韩国人现代社会精神－注重细节的集中体现，更值得我们去学习。
⑤	您在韩剧中喜欢的是什么？传统文化？传统文化与外来文化冲突引发的故事？还是不同文化价值观相互融合的大团圆结局？	我比较唯美，喜欢前段是传统文化，中段是文化冲突引起的激情故事，最后来个唯美的牵手结局。	文化不是我考虑的主要方面。不同的文化价值观的冲突对我看韩剧也没有什么影响，作为一名对广播电视事情有一定了解的人，我更多关注的是表达技巧的运用和对环境及气氛的渲染，对于真实情感表达的功用。我想，大家喜欢韩剧，一方面欣赏它的完美，包括明星和屏幕；另一方面跟国人喜欢大团结局的倾向有关，尤其是年轻人。有情人终成眷属，这是年轻人都喜欢看到的场面。
⑥	韩剧处处表现着韩国人特有的共同体精神，如血缘、地缘、学缘形成的圈子文化。与中国的共同体文化比较起来，如何评价韩国的共同体精神？	和上一题差不多，感觉韩国人的精神与文化一样，有着中国人的儒、柔的一面；也有这日本人刻板、刚的一面。当然并不是单纯的两面性，是两中文化渗透杂柔在一起的感觉。	岛国民族先天狭隘的民族主义心理使他们极为团结，也更具有强烈的民族感情和共同体情结，这对于促进本民族的强大有积极的一面。不过也不利于他们与其他国家和民族的效与交流，每个人在画个大圈圈把自己保护起来的同时也放弃了一个融入另一个大圈的机会。

⑦ 近来美国的电视连续剧又卷土重来再次受到中国观众的青睐，大有代替韩剧的架势，你认为原因在哪里？	受欢迎因为新鲜、好看，大众都是什么好看看什么，什么新鲜看什么	韩流经过一个发展高潮，开始进入一个平稳过渡期；美剧一直受到人们欢迎，只不过现在这种连载式的影视形式更扣人心弦，因而又开始再次受到追捧。
⑧ 韩国社会是一个节奏非常快，充满活力的社会，而大部分韩剧节奏缓慢，情节千篇一律。你认为这是不是韩剧的魅力逐渐消退的原因？	对，是的	不是。韩剧是一种青春偶像剧，多部分描述了一种公主与王子般浪漫的爱情故事，这种故事情节的剧情节奏必须是缓慢的，以便于感情的表达的气氛的烘托，这也正是韩剧的魅力所在。
⑨ 除了电视以外，你还通过什么途径接触韩国电影或电视剧？	天天上网，常常租碟	网络、朋友。
⑩ 中国的传统文化文化大革命中失去很多，中国也正处于文化的重构时期，你认为韩剧体现的韩国文化对中国文化的重构有无借鉴之处？如有，具体是哪些方面？	取其精华，弃其糟粕	有。韩剧之所以受到热烈追捧，是因为他走了精品路线，即以现代社会生活为背景，以瑞都市男女情感为主题，反映王子与公主浪漫的爱情故事，一方面抓住了年轻的人的情感心理世界，另一方面紧扣社会中上层生活，给人以无限的想象。每一个国家和民族都有自己独特的文化和气质，在现代社会，文化与文化之间的交流与碰撞已经是一种常态，但如何让更多的人接受自己的文化，关键在于表达方式和形式。韩剧用华丽的画面、演员、主题、技巧从侧面表达出了他们的文化特质，正如之前的港剧用"古惑仔"式的黑社会形态反映了那个物欲横流、金钱至上、追求潇洒的时代一样，选择一种恰当的表达方式，展现我们的文化，才是我们当代影视艺人应该思考的。

⑪	目前如本已经有了反对韩流的所谓"嫌韩流"，国内也有反韩流或批评韩流的倾向，你怎么看？你认为反韩流的原因是什么？	我本人就不太倾向于韩流，因为喜欢就是不喜欢，但是不讨厌，相比之下更讨厌日本人的感觉！我认为可以崇拜伟人，可以崇拜父母，但是从不喜欢跟随某些潮流！日本人反韩流有历史、文化等很多因素。中国人，大多和我一样吧，主要是觉得不太适合我们周围的这个大的文化和社会环境，而且也没有必要可以追求、模仿和走形式的文化。	有民族情绪在内。虽然中韩关系一直不错，但也存在一些分歧，特别是领土纠缠、对等贸易等问题上，一部分中国愤青认为韩国人的一些做法伤害了中国人民的感情和利益，出现反韩流也属正常。再者，对于不同文化的看法，仁者见仁，智者见智，流行的东西不一定人人都能接受，有部分人闹点情绪和意见，也在情理之中。
⑫	如同中国有韩流，韩国也有中国流，韩国人称之为"汉风"。汉风主要体现在越来越多的人学习中文、主动了解中国文化等方面。你认为汉风对韩流有影响吗？韩流对汉风呢？它们能在互动中形成文化的对流么？	(1)当然有影响了(2)汉风是由于中国N百年上千年的底韵和文化魅力，韩流是一种时尚的前沿的或者是对N百年前刮到"高丽国"的汉风的另辟溪境的发展吧！个人认为，交流、对流永远都是趋势所向。	最近正在看一本≪韩流汉风≫的书，介绍不了少韩国方面的情况，中韩两个民族在现代社会中有很多可以互相利用和学习的东西，排队政策干扰因素，二者形成文化对流应该是可行的。但如何在文化对流中形成受益的对等却是个大问题。因为中韩两个民族都是个极具民族情感和民族自尊心的国家，而且制度的不同，加上中美韩之间国际政治的角力，这种文化对流肯定困难重重。

⑬ 有人说，韩流的核心是韩剧，"汉风"的核心是汉语热，你同意吗？你觉得它们应该怎样互动？中国应该怎样向韩国输出更多元的文化？	不完全同意，实际上都是文化民俗的交流互动，韩剧表现的是民生民情，风土人俗。汉语体现的是中国文化。中国该更多得输出拥有底蕴的文化，如文学作品之类的。	不太认同。韩剧和汉语热只是一种形式，这也是双方交流的工具和手段，但韩流汉风的真意应该在两个民族相同的"东方文化特质"和两个国家共同的利益需求。这才是二者的契和点。 就目前而言，中国向韩国输出更多元文化，还存在很多困难。我们需要打造一些民族文化精品，如宫廷文化、饮食文化、历史文明，这是我们民族文化中最靓丽的部分，可惜目前还没有做精做细。就目前而言，中国需要做的，更多的精炼、提炼自己的文化特质，将自己大国、文明古国的东西提炬出来，再不能像连个端午节也被弄成别国的遗产。
⑭ 韩剧体现的不光是传统的部分，即便是像"大长今"这样的历史题材连续剧也以东西方文化融合的影子体现着文化的多元性。你同意这种观点么？你认为中国文化应该如何实现这种以自己文化为主干的多元文化？	我同意！我觉得中国文化现在就是外来文化干扰的太多了，其实可以更多的挖掘自己的有着非常深厚底蕴的文化，那才是无尽的~。	任何一个时代的产物总会打上那个时代的烙印，大长今即使描绘宫廷生活，也避免不了现代社会的痕迹，体现多元文化是肯定的。中国文化不是没有文化，而且对自己的文化不够重视！
⑮ 韩流在中国受欢迎的深层次原因是什么？它与现阶段中国文化有何关联？比如，现阶段的中国文化发展尚不能满足大众的文化需求等。	中国的基础教育决定了很多问题的的产生，其中之一就是，没有创新，没有新意。而韩流恰恰是特例独行，比较标新立异，所以能流行起来！	时尚，那些爱情故事是每个年轻人心中的梦。韩剧为每位少男少年编造了一个现实的梦。

⑯ 中国有关部门已经开始缩减韩国电视剧的播放次数。国家广电总局也将韩国电视剧的播出量最高减少了50%，并扩大海外电视剧的进口面。你认为这对韩流的影响有多大？	不了解，不知道。	影响很大。电视和网络是文化传播最主要的方式尤其是覆盖面最广的电视。这种政策性的限制成为中韩文化交流的一种严重障碍。在这一禁令下，大家接触韩国文化的机会必然大大减少。中国这一政策也与韩国拒绝或者减少中国电视剧的引进有关，正如我前文所言，如何在这种文化交流中打造对等的利益链是双方交流最主要的任务，一旦形成不对等利益交流有形之手就容易干预市场。
⑰ 你认为韩剧要在中国再创辉煌，或在中国持续掀起热潮，应该怎样发展？	推陈出新，可以换不同口味的"泡菜"了。	韩国娱乐业、饮料业在韩国本土非常发达，但在中国发展有限。韩剧为韩国这些产业的发展开出了一封很好的介绍信，韩流要在中国再起高潮，需要跟上的是韩国的投资方。
⑱ 韩流对中韩经济贸易产生什么样的影响？	大大推进了中韩贸易！	韩流扩大了双方的交流，增进了了解，能带动相关产业的发展和贸易的增长，但就目前来看，这个增长还是很有限。

　　물음 ①에 张志刚은 주로 한국의 유행으로 파악했는데 부정적인 면에서 '外在' 哈韩族과 '内在' 哈韩族의 형태를 전형적으로 들었으며 적극적인 면에서 중국의 服装, 影视, 饮食, 医疗美容 등 면에서의 영향이나 한국을 이해하는 면에서의 도움 차원에서 긍정적으로 대답하고 董은 주로 한국의 영상문화가 중국의 젊은 세대에 대한 영향으로 대답했다. 张志刚이 넓은 범주의 범개념으로 이해한데 반해 董은 좁은 범주의 특정개념으로 이해하고 있다 물음 ②에 张志刚은 주로 영상물, 그 다음 일부 잡지와 관련 책, 그리고 제한된 소문들을 통해서며 한국 드라마를 통한 한국 이해는 편면적인 것으로 대답했고, 董은 주로 한국 드라마를 통해서인데 그것이 진실한 한국은 반영할 수 없지만 현대 한국 사회와 가정의 윤리, 정감과 도덕 같은 일부 중요한 면은 반영하고 있다고 대답했다. 보다시피 张志刚의

한국 이해 방도는 董보다 넓으며 이들은 한국 드라마를 통한 한국 이해를 부정적으로 보고 있다. 물음 ③에 张志刚은 요 근간에 이전보다 좀 못한 감이 들기는 드나 실제로 쇠퇴하는지는 모르겠다고 대답하나 董은 한류의 쇠퇴를 예견된 것으로 파악하고 있다. 그것은 한류의 대변격인 한국 드라마의 문화실체가 중국의 유교문화에 기원하는 것으로 결국 그것에 희석되기 때문이라는 것이다. 물음 ④에 张志刚는 한국 드라마 약 5~10부, 영화 30~50부를 보고 나름대로 재미난 것으로 느끼며 희극이나 순수미를 추구한 애정극을 보기 좋아한다고 하면서 구체적으로 특정 영화를 들고 있다. 董은 한 7~8부 본 것으로 전하고 그 물음에 동감을 표시하면서도 세부표현을 비롯한 한국 드라마의 우수성을 역설하고 있다. 물음 ⑤에 张志刚은 유미주의적 희극 쪽으로 기울어지고 있고 董은 한국 드라마 자체의 완미함과 해피엔딩을 좋아하는 수용미학의 차원에서 풀이하고 있다. 물음 ⑥에 张志刚은 역시 중국의 '儒、柔'한 면과 일본의 '刻板、剛'한 면을 유기적으로 잘 결합한 것으로 보고 董은 협애한 민족주의 차원에서 그 장·단점을 풀이하고 있다. 물음 ⑦에 张志刚은 미국 드라마의 신선함과 재미남을 들었고, 董은 고조를 지나 평온한 단계에 들어선 한류의 발전주기 및 미국 드라마의 특색으로부터 풀이하고 있다. 물음 ⑧에 张志刚은 긍정적인 대답을 했으나 董은 부정적인 대답을 하면서 그 느린 절주를 바로 한국 드라마의 매력으로 풀이하고 있다. 물음 ⑨에 张志刚은 '인터넷'과 '租碟', 董은 '网络、朋友'로 대답하고 있다. 물음 ⑩에 张志刚은 '좋은 점은 취하고 나쁜 점은 버리'는 추상적인 대답을 했고 董은 한국 드라마의 '알짜노선'과 '표현방식과 형식' 방면의 가치를 논하고 있다. 물음 ⑪에 张志刚은 일본의 경향에 따라 갈 필요가 없지만 한류에 전적으로 동조하는 것은 아닌 관점을 피력하고 있다. 董은 '민족정서' 및 양국의 관계, 그리고 문화에 대한 일반적인 관점이나 태도로부터 풀이하고 있다. 물음 ⑫에 张志刚은 긍정적으로 대답하되 한류를 결국 '汉风'의 다른 한 표현 형태로 보면서 국수주의적인 경향을 나타내고 있다. 董은 긍정적으로 보면서 민족적인 문제와 국제정치의 역학관계 때문에 문제가 복잡할 것으로 풀이하고 있다. 물음 ⑬에 张志刚은, 그것은 문화 민속의 교류문제로서 전적으로 동의하는 것은 아니며 중국 문화 수출에 있어서는 문학작품 같은 깊이가 있는 것들을 해야 한다고 주장한다. 董은 두 민족과 국가의

'동방문화특질'과 공동이익 추구라는 측면에서 볼 때 그리 동의하는 것은 아니라고 보며 대국, 문명고국으로서의 문화정품을 만들어 한국에 수출해야 한다고 주장한다. 물음 ⑭에 张志刚은 한국 드라마의 다원문화 특질에 동의하며 중국은 자기의 깊이 있는 문화를 발굴하는데 주력해야 된다고 주장하고 있다. 董도 한국 드라마의 다원문화적 특성에 동의하며 중국은 자기의 문화에 대해 중시를 돌려야 한다고 호소하고 있다. 물음 ⑮에 张志刚은 중국의 기초교육의 문제를 미봉해주는 차원에서 한류의 유행을 풀이하고 董은 한류의 시대유행선도, 그리고 한국 드라마의 아름다운 꿈 제공 차원에서 원인을 찾고 있다. 물음 ⑯에 张志刚은 이 점에 대해 잘 모르겠다고 대답한 반면 董은 텔레비전의 특성으로부터 영향이 매우 클 것으로 파악하고 있다. 그러면서 한·중 문화교류에 있어서 이런 정책적인 간섭이 가장 큰 장애임을 지적하고 있다. 물음 ⑰에 张志刚은 새로운 것의 창출을 지적했고 董은 중국 투자를 통한 한국 경제의 힘을 업어야 한다는 논리를 펴고 있다. 물음 ⑱에 张志刚은 대대적으로 추진했다고 대답하고 董은 교류의 증대와 서로 간 이해가 깊어짐에 따라 관련 산업과 무역의 발전을 가져왔는데 현 단계는 아직도 제한적이라는 것이다.

바. 석·박사

'被采访人'에 대해 검토한 결과 석·박사의 경우, 비교 가능성을 띤 자료를 제시하면 다음과 같다.

* 석사의 경우를 보면,

时间 : 2007. 2. 4	地点 : 靑岛	采访人 : 董洁
被采访人资料		
姓名 : 王英	性别 : 女	
年龄 : 25	职业/教育程度 : 硕士	

时间：2008. 2. 2	地点：重庆某大学	采访人：崔海[5]
被采访人资料		
姓名：罗飞		性别：女
年龄：26		职业/教育程度：硕士 2年级

물음 ／ 被采访人	罗飛 대답	王英 대답
① 你是通过何种途径获知或感受到韩流现象的？能否评价一下在你所居住的城市目前韩流的发展态势？	我主要是通过各种网站感受韩流的。这几年网站到处是韩流字样。韩剧也看了点。至于重庆吗，我觉得韩流不算那么太明显。只是能碰到一些韩国的东西而已。当然，今后很有发展势头的。	我主要是通过韩剧了解。就我所居住的城市来说，目前为止韩流对人们的影响正在逐渐扩大，应经从服饰逐渐扩展到饮食文化，人们对韩国文化的了解也比以前更为深入。其发展态势良好。
② 你觉得韩流是一个仅限于电视剧、电影、韩国明星这一娱乐层面的狭义概念，还是一个包罗了韩国社会风俗、礼仪、价值观等文化层面的广义概念？如果你认同韩流是一个广义概念，那么你觉得其中的哪个部分对当今中国社会的影响最大？	当然，韩流是一个包括文化层面的广义概念。价值观。	我个人比较赞同韩流应该是一个包括韩国社会风俗、礼仪、价值观等文化层面的广义概念。个人觉得社会风俗的影响大于其它方面的影响。

---

5) 서부지역 被采访人에 석·박사가 없어서 비교 가능성 차원에서 필자가 重庆광역시에서 별도로 인터뷰한 것이다.

③ 自2005年上半年起, 韩国政府提出了3C(creativity, contents, culture)的文化强国政策。因此有人说韩流是韩国政府推行发展文化产业政策的结果, 韩流被看作是文化产业政策指导下的文化产品。你认为这种有意识地输出文化产品的文化产业政策对中国的本土文化会形成冲击力吗?	不会形成冲击力的。因为雄厚的中国文化积淀能够抵挡韩流。韩流本身显现不少中国传统文化吗。即使有冲击力, 中国文化不就显示出有容乃大的精神吗。	个人认为不会对中国的本土文化形成冲击力。社会存在决定社会意识, 中国有自己的国情, 文化是社会意识的组成部分, 中国本土文化是其社会存在的反映。韩流的传入可能会对中国本土文化产生一定的影响, 因为事物之间是相互联系的, 中国本土文化可能会对其有所借鉴, 但不会对中国本土文化形成冲击力
④ 就民间层面上来看, 韩流现象是否拉进了中韩两国间的距离?韩流现象的影响力能否拓展到中韩两国国与国之间外交层面上的交流?	当然了。我们通过韩流不就理解了韩国吗? 所以现在韩国不是那么生熟的。至于外交层面上也一样吗。民间外交不升华到官方外交吗!	韩流的传入加深了中韩两国人民的了解, 更有利于两国人民的交往, 无形之中拉近了两国间的距离。任何事物之间都存在着联系, 这种联系或是直接的, 或是间接的。韩流对中国的影响这一现象也不例外, 最终会对中韩两国的交往产生一定的, 其中包括外交层面的交流。
⑤ 有韩国学者提出以 "韩流"为契机, 探索一个以实现东亚文化共同体构想为目标的文化交流方案, 你觉得韩流具备这种整合东北亚文化的实力吗?	不具备。所谓韩流是很轻浮的韩国大众文化而已。至于韩国文化好多是我们中国传统的。	事物的发展是各种力综合作用的结果, 是合力的结果。东亚文化共同体构想的实现需要东亚各国的共同积极参与, 东亚各国文化是该构想的重要组成部分。整体是由部分组成的, 同时组成某一整体的各个部分在该整体中又有主次轻重之分, 部分要在整体中发挥更大的作用, 则要不断整合优化自己。不可否认, 韩国文化是东亚文化共同体构想中必不可少的一部分, 韩流要想在实现东亚文化共同体的构想中担当起领导的重任, 必须要不断的提升自己, 优化自己, 取人之长补己之短。

물음 ①에 罗飞는 인터넷, 王英은 드라마를 통하여 한류를 접했다고 한다. 罗飞는 重庆에서 한류를 그리 못 느끼겠다고 한 반면 王英은 青岛에서는 한류가 확산

일로에 있다고 한다. 물음 ②에 罗飞와 王英은 모두 광의적인 개념으로 받아들였다. 그러면서 중국 사회의 영향 면에 대해 罗飞는 '가치관'을 들고 王英은 '사회풍속'을 들었다. 물음 ③에 罗飞 와 王英은 모두 부정적으로 대답했다. 罗飞는 중국의 문화적 저력 및 한류의 특성으로부터, 王英은 중국의 구체적 실제 상황으로부터 그 이유를 들었다. 물음 ④에 罗飞와 王英은 모두 긍정적으로 대답했다. 민간 교류가 관방외교로 나아가는 논리를 펴고 있다. 물음 ⑤에 罗飞는 한국의 대중문화로서의 한류의 가벼운 점 및 한국 문화의 대부분이 중국 전통문화라는 논리로 부정한 반면 王英은 미래지향적인 바람직한 자세를 피력하며 얼마간 긍정적인 논리를 폈다.

* 박사의 경우를 보면,

时间 : 2008. 1. 5	地点 : 重庆某大学		采访人 : 于相
被采访人资料			
姓名 : 白浩		性别 : 男	
年龄 : 29		职业/教育程度 :　博士研究生	
时间 : 2007. 3. 5	地点 : 北京		采访人 : 陈媛
被采访人资料			
姓名 :		性别 : 男	
年龄 :　30		职业/教育程度 :　博士研究生	

被采访人 물음	白浩 대답	무명씨 대답
① 韩剧处处表现韩国人的共同体精神，如血缘、地缘相承的圈子文化。与中国的共同体文化比较起来，如何评价这种共同体精神？	韩国共同体精神具有保守性、排外性，这在世界化的当今很不适宜的。	单一民族与多民族，中国的多样性、宽容性较强，韩国集体荣誉感强，但往往会不择手段，如02年世界杯，韩国人不能无耻到这种地步！

② 你通过什么了解韩国的？通过韩剧了解韩国的比率占了多少你认为通过韩剧能了解真实的韩国吗？如是理由是什么	我主要通过韩剧了解韩国的。不能了解真实的韩国。韩剧毕竟是艺术品吗。	通过我接触的韩国学生。在华的韩国学生似乎学习不努力，在混日子。
③ 近来美国电视剧大有代替韩剧的架势，你认为原因在哪里？	美剧与韩剧风格不一样，各有千秋，中国市场广不会发生冲突的。	中国春晚看多了都要吐，何况韩剧！？套路太单调，大家要换换口味，风水轮流转，今年到美剧。
④ 如同中国有韩流，韩国也有"汉风"。你认为汉风对韩流有影响吗？寒流对汉风有影响吗？他们能在互动中形成文化的对流吗？	当然。互有影响，互能对流的。	是的，能形成对流。
⑤ 目前日本有反韩流的，国内也有批评或反韩流的倾向，你怎么看？你认为反韩流的原因是什么？	多此一举。文化就像水一样该任其自流。	世界是多样的，由韩流就自然会有"反韩流"。
⑥ 有人说，韩流的核心是韩剧，"汉风"的核心是汉语热，你同意吗？如是，他们怎样才能互动，中国要怎样向韩国输出更多文化？	不同意。要多挖掘中国传统文化的底蕴。	文化输出有推销的必要，但最重要的是文化本身的内涵。没有内涵的文化再推销也是白费心机。
⑦ 中国有关部门开始缩减韩国电视剧播出次数。国家广电总局也将韩剧不播出两最高减少50%，并扩大海外电视剧的进口面。你认为这对韩流的影响多大？	当然有影响。从保护国内电视剧或民族自尊心角度也要加以限制。	很多韩剧是从其他非官方途径来的，好片禁不住，差片不用禁。
⑧ 有人说韩剧本身老套，重夏，荣昌的剧情，也让人倒了胃口，剧情雷同，你认为这是韩流走向退潮的原因吗？	我不这么看。韩剧情节的那些问题反而成为它的优点。比如感情表现的细腻等等。	是部分原因，除剧情以外的原因还有。
⑨ 你认为韩剧要在中国再造辉煌，或持续掀起热潮，应该怎样发展？	多拍与中国有关的，合中国人口味的。	再过十年，等风水转回来。
⑩ 韩流对中韩经济贸易产生什么影响?	对韩方有好处。	文化及相关贸易。

　　물음 ①에 白浩는 보수성과 배척성으로부터, 무명씨는 수단을 가리지 않는 집단영예감 추구로부터 부정적으로 평가하고 있다. 물음 ②에 白浩는 한국 드라마를 통하여 이해하되, 그것이 예술품인만큼 진실한 한국은 이해할 수 없다고 한다. 무명씨는 한국 유학생과의 접촉을 통하여 이해한다. 물음 ③에 白浩는 미국 드라마와 한국 드라마가 나름대로 특성을 갖추고 있는 만큼 충돌되지 않는 것으로 보고 무명씨는 감상심리의 정상적인 발로로 보되 무명씨는 그 원인으로 한국 드라마의 문제점도 들고 있다. 물음 ④에 긍정적으로 대답하고 있다. 물음 ⑤에 白浩는 문화흐름 특성으로부터 불필요한 것으로 보고 무명씨는 돌고 도는 세상에 정상적인 것으로 보았다. 물음 ⑥에 白浩는 일단 동의하지 않고 중국 전통문화의 저력을 발굴해야 한다고 보고 무명씨는 문화의 내실을 기하는 것이 가장 중요하다는 논리를 펴고 있다. 물음 ⑦에 白浩는 영향이 있는 것으로 보고 불필요한 것으로 보고 있다. 무명씨도 비관방적인 유통경로를 거론하며 부정적으로 보고 있다. 물음 ⑧에 白浩는 그것이 오히려 장점이 된다는 변증법적 논리로 풀이하고 무명씨는 당연한 것으로 보되 문제를 그렇게 간단히 볼 것만은 아니라고 한다. 물음 ⑨에 白浩는 중국과 관련되는 중국 사람의 구미에 맞는 것을 만들어야 한다고 대답하고 무명씨는 돌고 도는 논리로 풀이하고 있다. 물음 ⑩에 白浩와 무명씨는 모두 긍정적으로 대답하고 있다.

사. 회사원(노동자 포함)

　　'被采访人'에 대해 검토한 결과 회사원은 20~30대의 화이트칼라 경우와 40대의 화이트칼라 경우로 나누어 비교 가능성을 띤 자료를 제시하면 다음과 같다.

* 20~30대의 경우를 보면,

时间：2007. 2. 20	地点：兰州市雁滩		采访人：宗黎娟
被采访人资料			
姓名：顾亚明		性别：男	
年龄：24		职业/教育程度：通讯工程师/大学本科	

时间：2007. 1. 11	地点：北京中关村财智大厦	采访人：刘虹
被采访人资料		
姓名：	性别：男	
年龄：31	职业/教育程度：IT公司老板/博士	

물음 \ 被采访人	顾亚明 대 답	무명씨 대 답
① 你刚才提到，韩流的流星雨中日韩三国的关系有很大关联性，那么你认为韩流的兴起对中韩贸易有什么影响吗？	我觉得影响是有的。什么东西都是有需求才有生产。包括我们现在能看到的，食品、电视剧、歌星等等，对于年轻人来说都已经非常熟悉了，不亚于名人的效应。对贸易肯定有影响，我们这里有需求，韩国就会加大生产，对韩国贸易肯定是有利的，但是对中国贸易如何我就不清楚了。	促进贸易中国进口了韩国的服饰，化妆品等对韩国企业实现了品牌宣传而韩剧只是媒介原因有二：一是韩国商品美观、精巧；二是中国民族意识很强，抵制日货，因此给了韩国商品很好的机会
② 现在国家广电总局等相关部门已经开始减小韩剧进口的比例，同时在逐步扩大海外影视剧的引进力度，你认为这样的举措会给韩流带来怎样的影响？/中国有关部门开始缩减韩国电视剧播出次数。国家广电总局也将韩国电视剧的播出量最高减少了50%，并扩大海外电视剧的进口面。你认为这对韩流的影响多大？	对韩国肯定是不利的。从中方角度来说，我是很欢迎这种现象的发生。国家当时引进韩剧可能也是出于韩国文化与中国文化的相通之处，韩国保留了很多中华文明的优秀传统。现在韩流出现也说明这种文化宣传效应不错，但是韩流过热也会带来很多负面影响，韩流的逐步消退对收视率也会有影响。所以现在是该引进其他文化产品的时候了。我认为这项举措很明智。	基本上没有影响因为韩流不是一个电视剧的问题，而是整个文化发展的大方向

물음 ①에 顾亚明은 '현재 눈의 띄는 (한국의) 식품, 드라마, 스타 등등은 젊은 사람들에게 매우 익숙한데 이것은 명인효과에 못지않은 것으로 한국의 무역에는 좋은 영향을 준다. 그러나 중국의 무역에는 무슨 영향이 있는지 모르겠다.'는 것이다. 무명씨는 '무역을 촉진하여 한국 의상이랑 화장품을 수입했다. 한국의 기업 브랜드를 선전해주었다. 그리고 한국 제품이 보기 좋고 정교한데다가 중국의 민

족의식이 일본 제품을 배제하기에 한국 제품에 좋은 기회를 마련해주었다.'라고
대답했다. 물음 ②에 顾亚明은 '물론 한국에 대해서는 불리하지. 우리 중국의 입
장에서 나는 매우 환영한다. 국가에서 한국 드라마를 들여온 것은 아마 한국 문화
와 중국 문화의 같은 점을 고려해서일 것이다. 이를테면 한국은 아주 많은 중화
문명의 훌륭한 전통을 보유하고 있다. 현재 한류의 출현은 바로 이런 문화의 선전
효과를 과시하고 있다. 그러나 한류의 지나친 열기는 많은 부작용을 가져오고 있
다. 한류의 점차적인 쇠퇴는 시청률에 영향을 줄 것이다. 그러므로 현재 다른 문
화산품을 수입할 때다. 이것은 아주 현명한 조치다.'라고 대답했고 무명씨는 '그
리 영향이 없을 줄로 생각한다. 그것은 한류라는 것이 단지 드라마만의 문제가
아니라 전반 문화발전의 대방향과 관계되기 때문이다.'고 대답했다.

　* 40대의 경우를 보면,

时间 : 2007. 2. 27		地点 : 网络	采访人 : 刘香兰
被采访人资料			
姓名 : 孙先生（湖南人）		性别 : 男	
年龄 : 41		职业/教育程度 : 本科/软件工程师	
时间 : 2007. 2. 10	地点 : 重庆 采访者家		采访人 : 王倩
被采访人资料			
姓名 : 周某		性别 : 男	
年龄 : 41		职业/教育程度 : 公司管理层	

물음 \ 被采访人	周某	孙先生
	대 답	대 답
① 中国的传统文化在文化大革命中失去很多，中国也正处在文化的重构时期，你认为韩剧体现的韩国文化对中国文化的重构有无借鉴之处？具体在哪方面？	中国以前的确是孔孟之道，儒家思想一直源远流长，是根深蒂固的。文革对此有一定的冲击，我们有一代人成长在这个中西方文化的结合点上，有点断代的感觉。可能在这种情况下，我们反而觉得韩剧中表现出来的是文化的连续发展的状态吧。反正我看韩剧就是一种欣赏，我觉得韩剧能够对中国青少年在礼仪等方面起教育作用，但也不能完全照搬他们的做法。	文化大革命也是中国的传统之一！历代改朝换代，都会有一场血雨腥风！然后趋于正常，有数学函数来表示的话，有波峰和波谷，总体确实向前和向上的！借鉴之处谈不上！因为韩国如果真有文化的话，也是中国文化的一个子集！所以，中国的文化复兴，完全自己可以解决，不用靠子集来指正！
② 你怎么看待反韩流？其原因是什么？/目前日本有反韩流的所谓"嫌韩流"，国内也有反韩流或批评韩流的倾向，你怎么看？你认为反韩流的原因是什么？	我觉得这些东西怎么说呢，现在看多了也就是这么回事。相反，我更希望中国能把自己的电视剧弄好看点，当然现在的电视剧也有一定的进步。我觉得不一定要去反对它，有自己的东西看自然而然就不怎么看韩剧了。反正我现在是没以前那么热衷了。	我觉得这是国人反思的结果！一个人，年轻时候没见识是可以理解的，但大了还那么糊涂就不能肯定了！韩流有什么内涵？时间长了，自然大家都明白怎么回事了！之所以反，归根结底，都是他们自己造成的！正如中国的落后挨打，也是自己妄自尊大的结果！

물음 ①에 周某는 중국이 문화 단절감을 느끼는 반면에 한국 드라마는 문화의 연속성을 느끼게 한다는 것이다. 그리고 '한국 드라마는 중국 청소년들에게 예의 방면의 교육을 할 수 있다. 그러나 그대로 따라 해서는 안 된다.'라고 대답했고 孙先生은 '따라 배울 바는 없다. 한국이 진짜 문화가 있다고 한다면 그것은 중국 문화의 한자계통이다. 그러므로 중국 문화의 부흥은 완전히 자기 스스로 할 수 있는 것으로 그런 한자계통의 가르침을 받을 필요가 없다고 생각한다.'라고 대답했다. 물음 ②에 周某는 '많이 보아서 그런 거다. 중국의 드라마만 잘 찍으면 되었지 굳이 반대할 필요는 없다. 자기의 볼거리가 있으면 자연히 한국 드라마를 보지 않게 된다. 현재는 이전처럼 그렇게 열중하는 편은 아니다.'라고 유연한 자세를 보였다면 孙先生은 '이것은 우리 중국 사람들이 반성을 한 결과이다. 한류가 무슨

깊이가 있단 말인가? 시간이 흐르게 되니 자연히 알게 된 거다. 한류가 반발을 불러일으킨 것은 모두 스스로 자초한 것이다.'라고 격한 반응을 보였다.

아. 농민

'被采访人'에 대해 검토한 결과 농민의 경우, 비교 가능성을 띤 자료를 제시하면 다음과 같다.

时间 : 2007. 2. 25 13:50	地点 : 重庆市璧山县	采访人 : 龚国曦
被采访人资料		
姓名 : 陈小尧	性别 : 男	
年龄 : 31岁	职业/教育程度 : 打工者	
时间 : 2007. 2. 22	地点 : 山东郓城	采访人 : 王庆云
被采访人资料		
姓名 : 马文印	性别 : 男	
年龄 : 36	职业/教育程度 : 农民/初中毕业	

物음 \ 被采访人	陈小尧 대답	马文印 대답
① 你最喜欢韩剧或韩国文化的什么特质？/那您觉得韩剧内容方面怎么样？	感觉他们的演技好。	内容还行，里面的人都比较文雅、客气、有礼节。
② 你通过什么接触到与韩国有关的文化产品？/您主要通过什么途径接触韩国电影或电视剧？	电视	就是看电视。我们这边还比较落后，除了电视，几乎没有其他办法。
③ 你觉得韩流还会继续流行下去吗？/您觉得韩流还会持续多长时间？	有可能	我可说不准。每个地方都不一样，在我们这儿，韩流还没开始呢，根本没有多少人看韩剧。哈哈。

물음 ①에 陈小尧는 형식적인 배우들의 연기를 들었고 马文印은 '인물들의 세련미, 예절' 등 내용적인 면을 들었다. 물음 ②에 陈小尧와 马文印은 공히 '텔레비전'을 들고 있다. 물음 ③에 陈小尧는 '그럴 것이다.'로 긍정적으로 대답한데 비해

马文印은 '대중하기 힘들다. 우리 여기는 한류가 아직 시작도 안 했다. 한국 드라마를 보는 사람은 얼마 되지 않는다.'라고 부정적으로 대답하고 있다.

자. 가정주부

'被采访人'에 대해 검토한 결과 가정주부의 경우, 비교 가능성을 띤 자료를 제시하면 다음과 같다.

时间 : 2008. 1. 14	地点 : 重庆 被采访者家	采访人 : 崔海[6]
被采访人资料		
姓名 : 雷云珠	性别 : 女	
年龄 : 55	职业/教育程度 : 家庭妇女/小学	
时间 : 2007. 2. 14	地点 : 山东郯城	采访人 : 王庆云
被采访人资料		
姓名 : 黄妈妈	性别 : 女	
年龄 : 57	职业/教育程度 : 家庭妇女/文盲	

被采访人 물음	雷雲珠 대답	黄妈妈 대답
① 大娘您从什么时候开始看韩国电视的？	好长时间了。有年头了。大概从90年代开始看的吧。	我啊，挺早的时候我就开始看了。最早的时候，我看了中央台的一个电视剧。
② 叫《爱情是什么》？	看了看了。那个老头很厉害的。有好长时间了吧。	对。那时侯就开始看了。一个星期演一集，我每次都看。挺好看的。那得是97,98年了吧？
③ 是97年。那之后出来的这些韩国电视剧您大都看过？	我没事就看电视。电视里演的几乎全看了吧。	哎。我仕家里看小孩，就把电视开着，那些电视剧很多集我都看。那个《看了又看》，《澡堂家的男人》，还有《大长今》，我都看过。

---

6) 서부지역 被采访人에 가정주부가 없어서 비교 가능성 차원에서 필자가 重庆광역시의 한 가정주부를 인터뷰한 것이다.

④ 您觉得这些电视剧怎么样？挺好的吧？	很有意思的。比我们中国的好。	恩，我挺喜欢看。利红她们嫌这些节目太长，慢慢腾腾的，我不嫌长也不嫌慢，天天都看。
⑤ 那您怎么就这么喜欢韩国拍的呢？	没事就看呗。韩国拍的很有意思吗。	人家拍的都是家长里短的小事，实在。就跟咱过日子一样。老婆婆跟儿媳妇怎么相处的，家里遇事怎么解决的，人家把这些都拍成电视了。有些电视拍的，像我这样的老太太看不懂啊。也不是给咱看的。
⑥ 大娘，那您平时看不看年轻人的爱情剧？	看呀！也很有意思的。	也看，看的不多。我就爱看那些中老年人过日子的片。
⑦ 那大爷平时看不看这些？	他不怎么看！他还是愿意看咱们中国 的。	他有空也跟我一起看。全家人都看，就数我时间多，看得多，看得全。
⑧ 您刚才说您看《大长今》了，您觉得拍的好不好？	《大长今》，我看了。很有意思的。那个女孩子蛮可爱的。	当然好喽。我挺喜欢长今的，她做的菜看着也很好。我家小孙子一听《大长今》的歌就跟着唱。
⑨ 您看电视觉得里面的饭菜怎么样？	显得很干净。	看着挺好的。以后尝尝。

물음 ①에 雷雲珠는 '오래 되었다. 아마 1990년대부터 보기 시작했지'라고 대답했고 黃妈妈는 '아주 일찍부터 보기 시작했다. 제일 처음은 중앙텔레비전의 한국 드라마를 보았다.'라고 대답했다. 물음 ②에 雷雲珠는 '보고말고. 그 할아버지는 대단하다. 오래 되었다.'라고 대답했고 黃妈妈는 '맞다. 그때부터 보기 시작했다. 한 주에 한 집씩 돌렸다. 나는 한 번도 빼놓지 않고 보았다. 아주 재미있었다. 그것이 1997, 1998년일 것이다.'라고 대답했다. 물음 ③에 雷雲珠는 '나는 할 일 없으면 텔레비전을 본다. 텔레비전에서 돌리는 것은 거의 다 본다.'라고 대답했고 黃妈妈는 '집에서 아이를 보면서 그 많은 집들을 다 보았다. 『보고 또 보고』, 『목욕탕 집 남자들』, 그리고 <대장금>도 보았다.'라고 대답했다. 물음 ④에 雷雲珠는 '아주 재미있다. 우리 중국 것보다 재미있다.'라고 대답했고 黃妈妈는 '그래.

나는 아주 보기 좋아한다. 애들은 너무 길고 느리다고 하지만 나는 그렇지 않다. 나는 매일 보지.'라고 대답했다. 물음 ⑤에 雷雲珠는 '할 일 없으면 보는 거다. 한국 거는 재미있다.'라고 대답했고 黃媽媽는 '한국 드라마는 살아가는 얘기를 하고 있어 몸에 와 닿는다. 시어머니와 며느리 사이라든가, 일반 가정사….'라고 대답했다. 물음 ⑥에 雷雲珠는 '한국 시어머니들은 대단하더라.'라고 대답했고 黃媽媽는 '우리하고 비슷하지만 한국 며느리들은 시어머니에게 정말 효도한다.'라고 대답하며 중국의 불효문제를 거론하고 있다. 물음 ⑦에 雷雲珠는 '본다. 그것도 재미있다.'라고 대답했고 黃媽媽는 '보기는 한데 그리 많이 보는 편은 아니다. 나는 중노년의 살아가는 얘기를 보여준 드라마를 보기 좋아한다.'라고 대답했다. 물음 ⑧에 雷雲珠는 '그 사람은 그리 보지 않는다. 그 사람은 중국 것을 보기 좋아한다.'라고 대답하고 黃媽媽는 '그 사람은 시간이 있으면 나하고 같이 본다. 우리 집 식구들은 모두 보는데 내가 시간이 많다 보니 가장 많이 보는 편이다.'라고 대답했다. 물음 ⑨에 雷雲珠는 '<대장금>, 보았다. 아주 재미있다. 그 여자애는 참 귀엽더라.'라고 대답했고 黃媽媽는 '물론이다. 나는 장금이를 아주 좋아한다. 그애가 만든 음식은 아주 맛있을 것 같다. 우리 손주 녀석은 <대장금> 노래가 나오면 따라 부른다.'라고 대답하며 공히 장금에 대한 호감을 나타내고 있다. 물음 ⑩에 雷雲珠는 '아주 깔끔해 보인다.'로, 黃媽媽는 '보기에 참 좋더라. 앞으로 한 번 맛보고 싶다.'라고 긍정적으로 대답하고 있다.

② 미시적인 비교 가능성 차원에서의 스케치

서부지역 내에서 비교의 가능성 차원에서 '被采访人'에 대해 검토한 결과 1~2학년 대학생, 40대 화이트칼라의 비교자료를 제시하면 다음과 같다.

가. 1~2학년 대학생의 경우를 보면,

时间：2007. 3. 1	地点：新疆乌鲁木齐	采访人：王宇诺
被采访人资料		
姓名：刘姗姗	性别：女	
年龄：21	职业/教育程度：大学本科	
时间：2007. 2. 11	地点：重庆水木青华小区内	采访人：王倩
被采访人资料		
姓名：朱某某	性别：女	
年龄：20	职业/教育程度：大一学生	

被采访人 물음	朱某某 대 답	刘姗姗 대 답
① 有人说韩流正在中国消退，如是，原因是什么？	我不这样认为。因为现在到处也都能看到韩国的东西。	差不多。现在明显流行美剧，韩国音乐很优秀，但是并不像韩剧那么普遍流行，而从周围朋友普遍关注美剧看来，韩流渐退。
② 你在韩剧中喜欢的是什么？/你希望看什么样的韩剧？	我最喜欢演员和主题曲。对情节而言，一般开头有兴趣，但渐渐地就有点平淡或者有点走套路的感觉了。	制作稍显大手笔的韩据。
③ 近来美国电视剧受到中国观众青睐的原因是什么/近来美国的电视连续剧又卷土重来再次受到中国观众的青睐，大有代替韩剧的架势，你认为原因在哪里。	好看啊，我就爱看。至于原因，可能是学习英语的热潮，还有就是语言很幽默。	美剧情节紧凑、戏剧化而且刺激精彩，剧情让人意想不到。

　　물음 ①에 朱某某는 '나는 그렇게 인정하지 않는다. 현재 곳곳에서 한국의 물건을 볼 수 있기 때문이다.'라고 대답하고 刘姗姗은 '그런 것 같다. 현재 분명 미국 드라마가 유행하고 있다. 주위의 친구들도 보편적으로 미국 드라마를 보고 있다.'라고 대답했다. 물음 ②에 朱某某는 '배우와 주제곡을 가장 좋아한다. 줄거리는 일반적으로 처음에 재미있다가 점차 평범한 감을 주거나 도식에 빠진 감을 준다.'라고 대답했고 刘姗姗은 '스케일이 큰 것을 보고 싶다.'라고 대답했다. 물음 ③에

朱某某는 '재미남'과 '영어열조' 및 '언어표현의 유머.'로 대답했고 刘姗姗은 '줄거리가 빈틈없이 짜이고 극적이고 자극적이며 기상천외인 감을 주기 때문'이라고 대답했다.

나. 화이트칼라의 경우를 보면,

* 남자의 경우,

时间 : 2007. 2. 10	地点 : 重庆 采访者家	采访人 : 王倩
被采访人资料		
姓名 : 周某	性别 : 男	
年龄 : 41	职业/教育程度 : 公司管理层	
时间 : 2007. 2. 12	地点 : 兰州市七里河区	采访人 : 宗黎娟
被采访人资料		
姓名 : 杨元德	性别 : 男	
年龄 : 41	职业/教育程度 : 经济师/大学本科	

물음 \ 被采访人	周某 대답	杨元德 대답
① 与中国的共同体文化比较起来，如何评价韩国的共同体精神？/您觉得韩剧里所表现的传统文化与中国的传统文化有何差别？它又有什么独特的民族特色呢？	从历史剧上可以看得出来。韩国和中国在历史啊文化啊等方面都有很多相似的地方，其实中国也有类似的东西。我觉得有点封建社会的意思，还有点拉帮派啊拉小团体的意思，我不是很喜欢。	就我个人理解，韩剧之所以在中国如此流行，人们如此喜欢，并不是说韩剧中有什么先进的东西，恰恰是因为他继承了我们中华文化，比如传统、贤惠、孝顺、任劳任怨，这正是我们中华民族几千年来所保留下来的精髓。只是由于经济的改革开放，注重经济而忽视了道德传统方面的教育，其实是勾起了人们对过去的一种追忆。

물음 ①에 周某는 '역사극에서 볼 수 있다시피 한국과 중국은 역사나 문화 등

여러 면에서 매우 비슷한 면이 많다.'는 것을 전제로 하여 그래도 객관적인 논의를 펴고 있다면 杨元德은 한국 드라마의 중국에서의 인기에 대해 '그 속에 무슨 선진적인 것이 있어서가 아니라 바로 우리 중화문화를 계승했기 때문이다.', '개혁개방 후 경제만 틀어줘다보니 전통도덕교육을 홀시해 왔다. 그래서 한국 드라마는 우리의 과거에 대한 추억을 불러일으킨다.'라는 다분히 주관적인 색채가 진한 논의로 한국 드라마에서 보게 되는 전통문화에 대해 풀이하고 있다.

＊ 여자의 경우,

时间 : 2007. 2. 11	地点 : 重庆 水木青华小区内	采访人 : 王倩
被采访人资料		
姓名 : 侯某某	性别 : 女	
年龄 : 43	职业/教育程度 : 公司管理层/大学本科	
时间 : 2007. 2. 15	地点 : 兰州市安宁区实创现代城	采访人 : 宗黎娟
被采访人资料		
姓名 : 赵玉军	性别 : 女	
年龄 : 42	职业/教育程度 : 高级工程师/大学本科	

물음 \ 被采访人	侯某某 대답	赵玉军 대답
① 你是通过什么了解韩国的？通过韩剧了解韩国的比率多少？你认为通过韩剧能了解真实的韩国吗？理由是什么？/ 您认为韩剧韩流所体现的是真实的韩国文化吗？	我在1994年去过一次韩国，大概知道是怎么个国家，但这几年的变化都是通过韩剧来了解的。我觉得韩剧可以反映很多真实的韩国，比如家庭观念很强，儿女结婚必须得到父母的同意；另外韩国的女性地位不高，不如我们感觉好。这点我在韩国的时候也有亲身经历，那些女人好像都不上桌子吃饭。	不好说，我觉得韩剧看起来还是生活化的东西很多，但是印象中韩国和日本差不多，都不是一种健康的心态、一种平常心的状态之下的发展，而是一方面想发展经济，一方面在文化上想要有所创新，有所超越的心态，经济上固然发展的还不错，但是文化上很难有所创新和超越。

② 韓流在中国受欢迎的深层原因是什么？它与现阶段中国文化有何关联？/您认为韩剧和韩流之所以在中国如此之热原因究竟在哪里？比如前一段时间播出的《大长今》就红极一时，被很多人挂在嘴边上。那么中国自身是否也为韩剧的走红提供了一些客观的条件呢？	我觉得韩剧特别贴近生活，没有什么矫揉造作的，都是真实的反映。而且那种家庭啊亲情的东西特别符合我们女性的口味，中国电视剧好像太政治化了。而且演员也漂亮，各种装饰也漂亮。我们下班回来都那么累，看一看觉得很轻松。	我认为首先是本身韩剧拍得还不错。另外呢，现在中国人属于自己支配的时间相对于过去还是要多一些。再一个呢，韩剧和韩流所展现的毕竟是一种外来文化，人们会有一种想去了解的新文化的兴趣，比较新鲜，这种新鲜，大家看了以后会觉得比较有意思。但是，我认为看完之后持续的热度不会太长。

물음 ①에 侯某某는 한국을 알게 된 데는 한국행을 높게 사고 한국의 최근간의 변화는 모두 한국 드라마를 통하여 인식한다고 했다. 한국 드라마는 아주 진실한 한국을 반영하는 것으로 파악하고 있다. 赵玉军도 '한국 드라마는 그래도 생활적인 것이 아주 많은 것'으로 긍정적으로 파악하고 있다. 물음 ②에 侯某某는 '한국 드라마가 특히 생활에 밀착하고 거짓이나 억지가 없으며 진실한 반영을 하기 때문이다. 그리고 중국 드라마가 너무 정치적인데 비해 한국 드라마는 가족이라든가, 혈육의 정이라든가로 우리 여성들의 구미에 맞다. 여기에 배우들의 생김새나 화장이 아름답기에 보고 나면 가뿐하다.'라고 대답했고 赵玉军은 '우선 한국 드라마 자체를 잘 만든데 있다. 그리고 현재 중국 사람들이 자기 스스로 지배할 수 있는 시간이 많기 때문에 드라마를 볼 시간적 여유가 있기 때문이다. 또한 한국 드라마나 한류가 나타낸 것은 일종의 외래문화인지라 사람들은 새로운 문화를 이해하려는 흥취에다 신선한 감을 추구하는 차원에서 보고 재미를 느끼기 때문이다.'라고 대답했다.

3. 유형학적 분석

이상 현상적 스케치에 대한 유형학적 분석은 두 부류로 나누어 진행하도록 한

다. 한 부류는 '서부지역에서의 한류유행 관련 담론 스케치'와 '미시적인 비교 가
능성 차원에서의 스케치'를 아울러 질문 유형별로 종합하여 진행하고 다른 한 부
류는 '거시적인 비교 가능성 차원에서의 스케치'에 대해 비교급부에 모를 박고 질
문 유형별로 종합하여 진행하도록 한다. 첫 부류는 서부지역 자체 내에서의 한류
담론에 대한, 두 번째 부류는 서부지역과 타 지역의 한류 담론에 대한 유형학적
분석이 되겠다.

첫 부류의 한류 담론을 보면 일단 한류 접촉의 도경에 있어서 朱传龙은 텔레비
외에 '인터넷'을 꼽고 있다. 高攀峰은 최초에 학생들의 작문을 통하여 알게 되고
그 외에 아내들이 한국 드라마를 좋아하는 지라 주로 텔레비전을 통하여 알게 되
었다고 한다. 杨霞는 최초에 다른 사람의 소개로 한국 드라마를 보게 되었다고
한다. 杨慧英은 한류 스타족인 어린 딸로부터 한류를 알았다고 한다. 여기서 朱
传龙이 나름대로 20대의 '인터넷' 강세와 高攀峰이 '학생들의 작문'이라는 고등학
교 교사의 직업적 특색도 나타내고 있지만, 인맥관계가 중요한 몫을 하고 있음을
알 수 있다.

한류에 대한 호감도에 있어서는 20대 朱传龙의 '대단한 몰입'으로부터 '한류'라
는 말을 '아주 자주 듣는다'는 40대의 杨慧英, 그리고 항상 한류를 입에서 외우고
있다는 그녀의 아들에게서 보게 된다. 좀 구체적으로 논의를 전개하면 杨慧英의
이야기처럼 주위의 '대부분의 친구들은 한국 드라마를 보기 좋아한다. 한국 드라
마는 사랑이야기가 많은 것 같은데 일반적으로 줄거리가 잘 짜여졌다. …대부분
의 사람들은 한국 드라마를 보기 좋아한다. 나도 보기 좋아하는 편으로 한 번에
다 보기도 한다.' 杨慧英은 자기는 사람들로부터 자주 한국 드라마의 배우 같다는
말을 듣는다고 한다. 한국 드라마가 일상적인 담론이 되기도 하는 방증이다.

한류를 좋아하는 사람들을 알아보니 20대의 顾亚明은 청소년층이 가장 많은
비중을 차지한다고 한다. 여기에 중 · 노년층도 배제할 수 없는 것으로 각 연령층
나름대로 좋아한다고 한다. 역시 20대의 朱传龙은 주로 중년층이며 20세 이하 청
소년들도 좋아하는 편이다고 한다. 반대급부로 주위에 한국 드라마를 싫어하는
사람이 있는지는 잘 모르겠다고 한다. 40대 여공무원 杨霞는 한국 드라마 시청에
있어서 자기 직장의 남자들을 포함하여 모두 즐겨 본다고 한다. 그러면서 보통

30대가 많이 시청한다고 한다. 杨元德은 '우리 40대의 중년들은 한국 드라마에 대해 그저 볼 뿐이지 20대처럼 그렇게 열중하지는 않는다.'고 설명하고 있다. 50대의 王瑾은 '구체적으로 한정하기 힘들다. 10대로부터 6~70세까지 다 있는 것으로 나름대로의 선택범위가 있다.' 그러면서 '젊은 사람들은 한국의 유행음악 같은 톡톡 튀는 것을 좋아하겠지만 우리 같은 사람은 한국 드라마를 좋아하는 편이다. 생활화되고 시시껄렁한 것은 안노인들이 좋아하기도 한다.'라고 설명하고 있다. 이것은 顾亚明이 청소년층과 중·노년층이 한류를 즐기는 부동한 방식으로 청소년층이 한국의 공연회를 관람하거나 한국 복장, 액세서리 같은 것을 선호한다면 중·노년층은 주로 한국 드라마에 열중한다고 토로한 것과 궤를 같이 한다. 전반적으로 볼 때 서부지역, 특히 兰州 지역에서 한류는 청소년층으로부터 노년층에 이르기까지 여러 직종의 사람들이 나름대로 모두 즐기는 일종 대중문화가 되고 있음을 알 수 있다.

그러나 현재 兰州지역에서의 전반 한류의 열기에 대해서 杨元德은 '한 2년 전에는 열기가 아주 뜨거웠는데, 요 2년간에는 분명히 그때보다 뜨겁지 않다. 텔레비전에서도 이전보다 많이 돌리지 않는다. 내 주위의 동료들도 한류를 그리 언급하지 않고 이야기도 하지 않는다.'라고 설명하고 있다. 이에 朱传龙도 뜨겁게 달아오른 편도 아니고 냉각된 편도 아닌 그저 그런 것이지만 이전에 비해 열기가 좀 식은 것으로 파악하고 있다. 보다시피 한류의 열기는 좀 식은 듯하다. 그리고 그 원인에 대해서는 한국 드라마의 경우 천편일률적이고 자질구레한 내용, 그리고 중복되는 애정극에 새로운 것을 창출해내지 못하는 문제점과 미국 드라마에 자리를 빼앗긴 점에서 찾고 있다. 杨慧英도 주위의 '많은 사람들이 한국 드라마는 대개 절주가 너무 느리고 조그마한 주제 하나도 너무 상세하게 찍다보니 너무 자질구레한 감을 준다고 한다.'고 하면서 비슷한 원인을 밝히고 있다. 그리고 고등학교 교사인 高攀峰과 韩湘孝도 한류는 적어도 학생들에게 있어서 식상하거나 한물 간 것으로 파악하고 있다. 高攀峰은 학생들의 작문이나 의식을 통해 볼 때 바로 그렇다는 것이다. 韩湘孝는 그 원인을 한국 드라마의 경우 그 자체의 신선도가 떨어진데서 찾고 있다. '미시적인 비교 가능성 차원에서' 대학생 비교급부로 떠오른 朱某某와 刘姗姗도 얼마간 같은 견해를 피력하고 있다. 朱某某는 한국 드라마의 주제를 이야기하면서 처음에는 재미나다가 점점 무미건조하거나 상투적인 감이 든다고 정면으로 꼬집은 것이나 刘姗姗이 스케일이 큰 한국 드라마를 보고 싶다고 한 것은 반면으로 이것을 말해준다.

한류의 저조에 대해 대개 杨慧英처럼 '모든 사물은 고조가 있고 저조가 있는 것으로 한류의 열기가 좀 식은 것도 정상이다.'는 평상심으로 받아들이고 있는 것 같다.

물론 이런 한류저조 논조와는 다른 관점을 피력하는 사람들도 있다. 韩湘孝는 '우리 가정과 학생들의 상황을 놓고 볼 때 기본상 그대로'라는 것이다. 한국 드라마만 하면 여자들은 텔레비전 앞을 떠나지 않는다는 것이다. 그리고 杨霞의 경우, '그런 것 같지 않다. 드라마를 좋아하는 사람들은 여전히 보고 있고 아는 스타들도 더 많아지고 더 익숙해지고 있다. 시청자들의 감상기호가 변한 것은 아니다. 좋아하는 사람들은 계속 즐겨보고 있다. 현재 생활압력이 세고 사업이 긴장하다 보니 긴 한국 드라마를 시간이 부족해 다 볼 수 없는 경우가 많다. 이것은 안 본다거나 보기 싫다는 것은 아니다. 내 자신은 시간이 없어서 못 보는 경우다.'고 설명하고 있다. '미시적인 비교 가능성 차원에서' 여자 고급 화이트칼라 비교급부로 떠오른 侯某某와 赵玉军은 한국 드라마 유행의 원인으로 '한국 드라마가 특히 생활에 밀착하고 거짓이나 억지가 없이 진실한 반영을 하기 때문이다. 그리고 중국 드라마가 너무 정치적인데 비해 한국 드라마는 가족이라든가, 혈육의 정이라든가로 우리 여성들의 구미에 맞다. 여기에 배우들의 생김새나 화장이 아름답기에 보고 나면 가뿐하다.'라고 侯某某는 풀이했고 '우선 한국 드라마 자체를 잘 만든데 있다. 그리고 현재 중국 사람들이 자기 스스로 지배할 수 있는 시간이 많기 때문에 드라마를 볼 시간적 여유가 있기 때문이다. 또한 한국 드라마나 한류가 나타낸 것은 일종의 외래문화인지라 사람들은 새로운 문화를 이해하려는 흥미에다 신선한 감을 추구하는 차원에서 보고 재미를 느끼기 때문이다.'라고 赵玉军은 풀이했다.

한류저조 여부에 대해 朱某某와 刘姗姗는 위의 상반된 견해를 일견 대변하고 있는 듯하다. 이를테면 朱某某는 현재도 도처에서 한국 물건이 눈에 띄는 상황을 이유로 들어 한류저조를 부정하고 있다. 이에 반해 刘姗姗은 현재 분명 미국 드라마가 유행하고 주위의 친구들이 보편적으로 그것에 흥취를 느끼는 것을 이유로 한류저조에 동감을 표시하고 있다. 刘姗姗은 미국 드라마의 매력을 '빈틈없이 짜인 줄거리', '극적이고 자극적이며 기상천외인 감'을 든다. 서부지역에서 미국 드라마가 사람들의 인기를 얻고 있고 이것이 한국 드라마와 일종 라이벌 관계를 형성하고 있음도 분명한 것 같다. 분명 많은 젊은이들이 미국 드라마를 좋아하기도 한다. 朱某某도 '재미남', '영어공부', '언어표현의 유머'를 이유로 자주 본다는 것이다.

필자의 판단으로는 현재 서부지역, 적어도 兰州지역에서 사람들은 초기 단계의 신선함과 들뜬 분위기보다는 차분한 평상심으로 나름대로 한류가 받아들여지고 있다고 보아야 하겠다.

한류의 파급효과를 알아보니 '작게는 복장, 액세서리, 크게는 음식, 전자제품 같은 것들이 점점 더 많아졌다. 兰州에는 현재 한국의 토속음식 및 일반요리 뿐만 아니라 토산품, 미용미발 등등이 있는데 이것은 모두 한류의 유행과 관계되어 나타난 것이다'고 杨霞는 설명한다. 그리고 杨慧英은, 여자들은 화장이나 복장 같은 것에 많은 영향을 받았다고 토로한다. 杨霞는 '중서부지역'에서 한류는 '복장, 미용제품, 식품 등 생활 각 방면에 걸친 의식주'에 치우쳐 받아들여졌다고 토로한다. 杨霞와 杨慧英은 여자인 만큼 여성적인 한류의 파급효과를 많이 말하고 있는 것 같다.

남성의 경우 현재 兰州에도 한국 식당이랑 복장이 있는데 평소에 이런 것을 이용하고 소비하는가하는 물음에 韩湘孝는 한국 요리는 아직 먹어보지 않았고 복장도 그리 사지 않았다고 한다. 그러나 한국의 LG나 삼성을 비롯한 전자제품 및 자동차공업에 대해서는 어느 정도 알고 있는 것으로 한국의 핸드폰, 디지털카메라에 대해 흥취를 가지고 있다고 한다.

한국의 전통적인 음식이나 토산품으로부터 현대의 패션, 헤어스타일, 미용, 그리고 최고의 물질문명을 자랑하는 전자제품, 자동차에 이르기까지 한류의 기류를 타고 사람들에게 다가갔다고 할 수 있다. 兰州지역의 사람들은 분명히 그렇게 받아들이고 있다.

한국 드라마를 통한 진실한 한국 인식여부에 대해 侯某某는 아주 긍정적으로 대답하고 있다. 한국의 최근 변화는 모두 한국 드라마를 통하여 알았다고 한다. 赵玉军은 좀 회의적이기는 하나 '한국 드라마는 그래도 생활적인 것이 아주 많은 것'으로 동감을 표하고 있다.

兰州지역을 비롯한 서부지역은 중국 전통문화의 본산지인데다가 개혁개방의 템포도 늦게 진행된 만큼 타 지역에 비해 중국의 전통문화가 아직 고스란히 많이 남아 있다. '중서부 지역에서의 한류의 유행상황에 대한 지역적인 특색'에 대한 韩湘孝의 설명은 이 점을 잘 말해준다. 즉 서부지역은 내륙 오지인지라 상대적으로 전통적인 특색을 많이 띄고 있다. 그러므로 한국 드라마에서 나타낸 가족 구성 간의 혈육의 정 및 부모에게 효도하고 남자가 바깥일을 하고 여자가 집안일을 하는 문화가 더 잘 먹혀들어간다는 것이다. 결과적으로 한류도 더 유행된다는 말이 되겠다. 그리고 '경제 방면에 있어서 한류의 산생으로 한국 제품의 판매가 촉진되지 않았는가?'라는 물음에 한류의 영향보다는 일본 제국주의에 대한 증오로 일본 제품을 배제하고 상대적으로 한국 제품을 사게 된 것이라고 杨元德은 설명하고 있다. 韩湘孝도 민족감정이 발동되어 일본 제품은 배척하되 한국 제품은 거부감 없이 구매한다는 것이다. 여기 사람들은 아직도 순수한 인간적 감정에 노는 사람들이다.

그런데 이런 전통문화에 대한 자부심이나 순수한 민족적 감정은 다른 어떤 의미에서 바로 전통문화에 대한 집착 및 보수성으로 나타나며, 한류에 대해서도 올바른 인식을 가질 수 없게 한다. 그래서 일단 중국 전통문화와 한류를 매치시켜 논할 때는 낙제 없이 전통문화 중심으로 풀이하고 있다. '미시적인 비교 가능성 차원에서' 남자 고급 화이트칼라 비교급부로 떠오른 周某와 杨元德은 바로 이런 케이스에 속한다. 周某는 '역사극에서 볼 수 있다시피 한국과 중국은 역사나 문화 등 면에서 매우 비슷한 면이 많다.'는 것을 전제로 하여 한국에 있는 것은 '사실 중국에도 있다.'는 식으로 알게 모르게 한국 전통문화에 대해 폄하하고 있고 杨元德은 한국 드라마의 중국에서의 인기에 대해 '그 속에 무슨 선진적인 것이 있어서가 아니라 바로 우리 중화문화를 계승했기 때문이다. 예컨대 현숙하다든가, 효도를 한다든가, 참고 견디며 곤난을 극복한다든가 하는 것은 바로 우리 중화민족이 몇 천 년동안 보존해온 정수이다. 개혁개방 후 경제만 틀어쥐다보니 전통도덕교육을 홀시해 왔다. 그래서 한국 드라마는 우리의 과거에 대한 추억을 불러일으킨다.'라는 다분히 편파적이고 주관적인 색채가 진한 논의로 한국 드라마에서 보게 되는 전통문화에 대해 풀이하고 있다. 40대 초반의 각기 '公司管理层'과 '经济师/大学本科' 수준의 고급 인텔리로서 周某와 杨元德의 이런 논의는 다분히 서부지역에서의 한류를 보는 한 시각을 대표한다고 볼 수 있다.

兰州지역을 비롯한 서북지역에는 아직 한국 업체가 그리 진출해있는 것 같지 않다. 통신업에 종사하고 있는 通讯工程师 顾亚明은 본 업종에 한류의 영향을 그리 받지 않는 것으로 설명하고 있다. IT강국을 표방하고 있는 한국이건만 서부지역에는 아직 그리 진출하고 있는 것 같지 않다. 사실 서북지역은 경제적 가치보다도 '실크로드'를 비롯한 고대유적들이 한국 사람들의 구미를 더 동하게 하는 것 같다. 그래서 현재 관광객, 그것도 학구적인 일부 한국 관광객들이 다녀가는 것으로 판단된다. 70세에 나는 杜生芳 안노인에게 '兰州에서 한국인을 보았는가?' 하고 물었을 때 관광을 온 한국 사람을 보았다고 대답한 것은 그간의 한 사정을 말해준다고 하겠다. 그래서 한국 사람과의 직접적인 접촉을 통한 한류의 느낌은 그리 활발하지 않은 편으로 파악된다.

두 번째 부류의 한류 담론을 보면 '被采访人'에 대해 비교 가능성 차원에서 검토한 결과 공무원, 교수, 교사, 중고생, 대학생, 석·박사, 화이트칼라, 농민 직업별 비교분야로 떠올랐다. 비슷한 신원의 사람들의 '동일한 물음'에 대한 대답, 즉 적어도 비슷한 화제를 둘러싸고 진행된 비교의 가능성을 확보한 논의일지라도 한류 담론을 떠나 '중국과 한국의 가족문화의 다른 점에 대해 어떻게 생각하는가?' 등 막연한 물음과 대답을 진행한 경우는 무시해 버렸다. 그리고 유형학적 분석을 진행함에 있어서는 '동일한 물음'에 대한 대답을 기본 자료로 하되 서부지역이나 타 지역의 비교급부 차원에서 여러 직업별이나 계층별 '被采访人'들이 일정하게 논의를 진행하여 비교의 양이 확보된 間答 조목들만 선정하도록 했다. 그럼 아래에 구체적인 비교급부들에 대한 질문 유형학적 분석을 진행하도록 하자.

일단 '한류란 무엇인가?'라는 가장 원초적이고 기본적인 물음부터 알아보자. 이 물음에는 공무원(30대 남자)과 대학생(3~4학년)의 대답이 각기 비교급부로 떠올랐다. 여기서 重庆의 공무원 陈至强과 新疆乌鲁木齐의 대학생 张志刚은 서부지역을 대표하고 北京의 공무원 王剛과 대학생 董은 타 지역을 대표한다고 볼 수 있다. 이제 이들의 대답을 구체적으로 비교해보면 陈至强과 张志剛은 각기 '중국 사람들이 좋아하는 한국의 것들'과 '주로 한국의 유행'으로 파악한데 반해 王剛과 董은 각기 '한국에서 건너온 노래나 드라마 같은 것들'과 '주로 한국의 영상문화가 중국의 젊은 세대에 대한 영향'으로 파악하고 있다. 이들이 중국에서 가장 지적인 한 부류를 대표함에도 불구하고 그 대답은 상당히 막연하다. 사실 이것이 한류가 중국 사람들에게 받아들여지는 한 양상임에는 틀림없다. 그러나 이들의 막연함을 구체적으로 비교해보면 서부지역의 陈至强과 张志剛이 더 대중없이 막연하다. 타 지역의 王剛과 董은 그래도 '노래나 드라마', '영상문화'나 '젊은 세대'로 대중 있는 막연함을 내비친다. 여기서 우리는 서부지역의 한류인식이 초보단계의 대중없는 그런 막연함을 많이 띄고 있다면 타 지역의 한류인식은 보다 명확한 그 무엇으로 떠오른 적어도 초보단계를 벗어난 시점의 막연함임을 알 수 있다. 그리고 张志剛은 '"外在"哈韓族'과 '"内在"哈韓族'을 전형적인 형태로 들며 한류에 대해 심히 부정적인 시각도 드러내고 있다. 이것은 서부지역의 일종 배타적인 보수성으로 이해할 수도 있겠다.

'한류를 접하는 도경'에 있어서 공무원(30대 남자), 중고생, 대학생(3~4학년), 석·박사, 농민이 각기 비교급부로 떠올랐다. 여기서 重庆의 공무원 陈至强, 중·고생 佟某某, 석·박사 罗飛와 白浩, 농민 陈小尧, 新疆乌鲁木齐의 대학생 张志剛, 兰州의 교사 韓湘孝는 서부지역를 대표하고 北京의 공무원 王剛과 대학생 董, 上海의 중·고생 무명씨, 산동 청도의 석사 王英, 북경의 박사 무명씨, 山东의 교사 赵景义, 농민 马文印은 타 지역을 대표한다고 볼 수 있다. 공무원의 경우 陈至强과 王剛은 '텔레비전' 같은 공동점도 보여주지만 한국 관련 접촉 사항에서 陈至强이 '축구나 드라마 같은 것들', 王剛은 '삼성 핸드폰, 그리고 드라마나 영화'를 들고 있는데 여기서 개인적인 성향도 무시할 수 없겠지만 陈至强이 '축구', 王剛이 '삼성 핸드폰'을 우선적으로 거론한 것은 좀 특이하다고 하겠다. 이것은 陈至强의 경우, 특히 축구를 든 것은 극성스러운 중경 축구팬들, 그리고 한국 유명한 축구감독 이장수의 인솔 하에 중경 力帆프로축구팀의 성공적인 궐기 및 이것의 파급효과로 한국 축구에 대해 인상적이었을 것이다. 그래서 그런지 중국과

한국의 교류 가능한 분야를 논할 때 陈至强은 단연 ‘체육방면’을 꼽는다. 王刚의
‘삼성 핸드폰’ 거론은 삼성이 세계적인 브랜드로서 그 어느 곳보다도 중국의 중심
인 북경에서 많이 각인된 점과 관계될 것이다. 석·박사의 경우 重庆의 白浩는
‘한국 드라마’, 북경의 무명씨는 ‘한국 유학생과의 접촉’을 통하여서이다. 이것은
바로 서부지역과 타 지역에서의 한류 접촉의 실제적인 한 양상을 말해주기도 한
다. 즉 서부지역에서는 실제적으로 한국인을 접할 기회가 적은 반면에 타 지역에
서는 그래도 접할 기회가 많은 그런 차이를 말해주기도 하는 것이다. 이것은 교사
의 경우 韩湘孝가 ‘텔레비전과 인터넷’, 赵景义가 한국 관련 사업을 들고 있는 것
과 궤를 같이 하겠다. 즉 兰州가 한국과 실제적으로 그리 관계를 발생하지 않는
반면에 山东은 중국에서 한국과 가장 활발한 직접적인 관계를 갖는 사정을 말해
주는 것으로 볼 수 있다. 대학생의 경우 ‘텔레비전 이외’에 한류 접촉 방도에서
董이 张志刚보다 ‘朋友’를 든 것은 역시 타 지역에서의 인맥이 서부지역보다 돋보
이고 있음을 알 수 있다. 중·고생의 경우 각기 重庆과 上海로 대변되는 서부지역
과 타 지역에서의 매체의 다양성 여부에 의한 佟某某는 ‘주로 역사책’을 통해서고
上海 무명씨는 ‘”东方神起”, X-man, 『情书』등 종합프로그램, 그리고 일부 드라
마(약 10% 차지)’를 통해서가 결정된다고 볼 수도 있겠지만 ‘텔레비전 이외’에 佟
某某는 ‘인터넷, 라디오, 잡지’, 上海 무명씨는 ‘인터넷, 贴吧와 BBS방송’이 거론
되는 중고생 나름대로 통하는 공동성도 보여주고 있다. 농민의 경우 陈小尧와 马
文印은 ‘电视’를 꼽았는데 이것은 马文印의 말처럼 ‘우리 여기는 후진 곳이라 하
여 텔레비전 밖에 볼 것이 없’는 중국 농민의 보편적인 현주소를 말해주고 있다.
　한류 유행의 심층적인 원인에 대해 서부지역의 张志刚이 중국의 기초교육의 비
개성적이고 평준화를 초래하는 문제점을 미봉하는 한류의 톡톡 튀는 개성적 특
싱, 타 지역의 董이 한류의 시대유행선도, 그리고 한국 드라마의 아름다운 젊음
의 꿈 재공이라는 공히 현실적이고 현대적인 시점에서 찾은 대학생의 경우도 있
지만, 교수의 경우나 교사의 경우는 나름대로 독특한 시각으로 풀이하고 있다.
교수의 경우, 서부지역 重庆의 苏某는 한류 자체가 유가문화의 영향을 받고 한류
를 소비하는 사람이나 곳이 유가문화권에 속한다는 즉 유교전통문화라는 동일성
의 논리로 풀이했다면 타 지역 山东의 무명씨는 현재 중국의 전변기적 사회특성,

그리고 한국 드라마의 대중생활과 일상가정생활 반영 및 한국 문화의 가정윤리, 향토의식이 중국의 종족혈연관념과 서로 통하는 논리로 풀이하고 있다. 교사의 경우 서부지역, 兰州의 韩湘孝는 중국과 한국이 모두 유가문화권에 속한 만큼 그것의 영향을 많이 받고 일부 역사적인 문제 상에서의 공동한 입장으로부터 풀이했고, 타 지역 山东의 赵景义는 한국 드라마를 예로 들어 감정적인 착안점, 중·노년의 관념에 맞는 전통적인 요소, 멋진 배우들로부터 풀이하고 있다. 보다시피 여기서 서부지역 타 지역의 교수나 교사를 막론하고 모두 전통적인 요소를 곁들이고 있지만 그래도 서부지역이나 쪽의 교수나 교사가 분명 유교문화라는 중국 전통문화에 더 치중하여 풀이하며 보다 진한 전통성향을 나타내고 있음을 알 수 있다.

한국 드라마가 나타낸 한국 문화가 현 단계 중국 문화의 새로운 구축에 도움이 되느냐, 마느냐의 여부에 대해 화이트칼라의 경우 서부지역 重庆의 周某는 중국이 문화대혁명의 충격으로 문화 단절감을 느끼게 하는 반면에 한국 드라마는 문화의 연속성을 느끼게 한다. 그래서 한국 드라마는 중국 청소년들에게 예의 방면의 교육을 할 수 있다고 하면서도 마지막에 조심스럽게 전격적으로 그대로 따라해서는 안 된다고 대답했고 타 지역 湖南의 孙先生은 '문화대혁명도 중국 전통의 하나다.', '따라 배울 바는 없다. 한국이 진짜 문화가 있다고 한다면 그것은 중국 문화의 한자계통이다. 그러므로 중국 문화의 부흥은 완전히 자기 스스로 할 수 있는 것으로 그런 자계통의 가르침을 받을 필요가 없다고 생각한다.'라고 대답하고 있다. 대학생의 경우 서부지역 新疆乌鲁木齐의 张志刚은 추상적이나마 '좋은 점은 취하고 나쁜 점은 버린다'는 대답을 했고, 타 지역 北京의 董은 왕자와 공주식의 낭만적인 사랑이야기로 대변 되는 '알짜노선'과 화려한 화면, 배우, 주제, 기교로 대변되는 '표현방식과 형식' 등 한국 드라마의 제작방면의 가치를 논하고 있다. 사실 이 문제는 자존심이 강한 중국 사람들에게 좀 민감한 문제이다. 그래서 서부지역의 张志刚이 '大而無当'으로, 타 지역의 董이 예술적 형식 방면에만 치우쳐 논의함으로써 일부러 그 문제를 비껴간 듯한 감을 준다. 그러나 서부지역의 周某의 관점이 그래도 많은 중국 사람들의 온당한 관점을 대변한 듯하고 타 지역의 孙先生의 관점은 일부 국수주의적인 중국 사람들의 일부 극단적인 관점을 대변한다고 할 수 있다.

　한류와 韓中경제무역의 관계에 대해 서부지역과 타 지역을 막론하고 대개 긍정적인 반응을 보이고 있다. 그러나 미묘한 입장 차이는 있다. 이를테면 여자공무원 서부지역 兰州의 杨霞와 타 지역 南京의 张薇의 경우를 보면, 杨霞는 한류의 흐름을 탄 한국 옷이나 액세서리의 인기도를 들고 있다. 교수의 경우 서부지역 重庆의 苏某는 '매우 큰 촉진작용을 하는 것'으로 중국 사람들이 보다 많이 한국을 알게 되고 흥미를 갖게 되면서 한국 상품 구매욕이 유발되는 등 한류의 파급효과로부터 양국에 모두 긍정적인 것으로 대답했다. 그리고 한국 상품 구매욕유발 차원에서 긍정을 하고 있을 뿐만 아니라 문화의 교류, 정부 간의 내왕으로부터 촉진되는 한국 기업의 중국 진출, 그리고 결과적으로 '한강의 기적'이 계속되고 중국 경제의 도약을 돕는 등 차원에서, 타 지역 武汉의 匿名은 적어도 한국 상품에 대한 구매욕을 불러일으킨다는 차원에서 긍정하고 있다. 苏某가 거창한 담론을 펴고 있다면 匿名은 현상적인 가벼운 담론에 머물고 있다. 석·박사의 경우, 서부지역 重庆의 白浩는 '한국 쪽에 도움이 된다.'로 그 반면에는 중국 쪽에 도움이 되지 않는다는 논의를 하고 있다면, 타 지역 北京의 무명씨는 韓中의 '문화 및 관련 무역'에 도움이 된다는 막연한 논의를 하고 있다. 대학생의 경우, 서부지역 新疆乌鲁木齐의 张志刚은 '韓中무역을 대대적으로 추진했다.'로, 타 지역 北京의 董은 교류의 증대와 서로 간 이해가 깊어짐에 따라 관련 산업과 무역의 발전을 가져왔다는 차원에서 긍정하고 있다. 화이트칼라의 경우 兰州의 顾亚明은 '현재 눈의 띄는 (한국의) 식품, 드라마, 스타 등등은 젊은 사람들에게 매우 익숙한데 이것은 명인효과에 못지 않는 것으로 한국의 무역에는 좋은 영향을 준다. 그러나 중국의 무역에는 무슨 영향이 있는지 모르겠다.'고 한다. 타 지역 北京의 무명씨는 '무역을 촉진했는데 중국에서 한국 복장이랑 화장품을 수입했다.'고 좀 일방적인 논의를 하고 있다. 이상 서부지역과 타 지역의 논의를 전반적으로 보면 긍정적인 시각이 우세다. 그러나 서부지역 일부에서는 중국 쪽에는 별로 플러스가 되지 않는 시큰둥하게 보는 시각도 있다. 박사생 白浩와 고급 화이트칼라 顾亚明의 관점이 바로 그렇다. 이것은 개혁개방의 막차를 탄 듯한 서부지역의 일종 콤플렉스로 보아야 하는지.

한국 드라마 줄거리의 문제점에 대해 생각보다 서부지역과 타 지역을 막론하고 그리 공감하는 바가 아닌 것 같다. 서부지역 兰州의 杨霞와 타 지역 北京의 董과 무명씨가 얼마간 동감을 표시하고 있을 뿐이다. 그 외의 사람들은 부정하고 있다. 이를테면 중고생의 경우 서부지역 重庆의 佟某某는 '아주 많은 드라마를 보았는데 아직도 농후한 흥미를 가지고 있다. 아주 재미나기 때문이다.'고 대답하고 타 지역 上海의 무명씨는 '아직도 흥미를 가지고 있다.'고 대답했다. 대학생의 경우 서부지역 新疆乌鲁木齐의 张志剛은 한국 드라마 약 5~10부, 영화 30~50부를 보고도 나름대로 재미난 것으로 느끼며, 타 지역 北京의 董은 한국 드라마의 문제점에 대해 얼마간 동감을 표시하면서도 세부표현을 비롯한 한국 드라마의 우수성을 역설하고 있다. 그리고 박사의 경우 서부지역 重庆의 白浩는 한국 드라마 줄거리의 문제점이 바로 그 장점이라고 변증법적으로 풀이하고 北京의 무명씨는 그런 문제점을 당연한 것으로 보되 문제를 그렇게 간단히 볼 것만은 아니라고 하며 여지를 둔다. 그리고 타 지역 南京의 여자 공무원 张薇는 꼭 그런 것이 아니고 많이 보면 신선감이 떨어지는 그런 정상적인 것으로 대답하고 있다. 그러면서도 전반적으로 볼 때 서부지역에서 보다 더 부정적인 인상을 준다.

'혐한류 혹은 반한류' 문제에 대해 물론 서부지역 重庆의 白浩나 타 지역 北京의 무명씨와 같은 박사의 경우 白浩가 '문화흐름의 자연적인 일반적 특성으로부터 불필요한 것'으로 보고 무명씨는 '세계의 다원화, 한류가 있으면 반한류 같은 것도 있기 마련인 정상적인 것'으로 보는 평상심의 관점도 있다. 그러나 서부지역이나 타 지역을 막론하고 이 문제에 대해서는 일단 민족적인 문제와 매치되며 민감한 반응을 보인다. 대학생의 경우 서부지역 新疆乌鲁木齐의 张志剛은 '내 본인은 한류에 그리 기울어지는 것은 아니지만 싫어하지는 않는다. 상대적으로 나는 일본인의 감각을 싫어한다.'는 관점을 피력하고 타 지역 北京의 董은 영토, 무역 등 문제 상에서 한국인이 '중국 인민의 감정과 이익'에 저촉되게 놀았기 때문에 민족정서가 개입되어 반한류가 생겨난 것도 정상적이란 것이다. 그리고 문화에 대한 정상적인 다양한 목소리로부터 반한류에 대해 피력하고 있다. 화이트칼라의 경우 서부지역 重庆의 周某는 '많이 보아서 그런 거겠지. 중국의 드라마만 잘 찍으면 되었지 굳이 반대할 필요는 없다. 자기의 볼거리가 있으면 자연히 한국 드라마를 보지 않게 된다. 현재는 이전처럼 그렇게 열중하는 편은 아니다.'라고 설명하고 타 지역 湖南의 孫先生은 '이것은 우리 중국 사람들이 반성을 한 결과이지, 한류가 무슨 깊이가 있단 말인가? 시간이 흐르게 되니 자연히 알게 된 것이다. 한류가 반발을 불러일으킨 것은 모두 스스로 자초한 것이다.'라고 설명하고 있다. 이상 관점과 설명을 종합해볼 때 서부지역에서 그래도 유하고 아량 있는 자세를 보였다면 타 지역에서 격하고 여유 없는 자세를 보이고 있다. 이것은 아마도 타 지역에서 한류가 여러모로 보다 많이 화젯거리가 되면서 민감한 양국 간의 관계 내지는 민족문제에 쉽게 매치가 된 것과 관계될 것이다.

중국 정부 차원의 한국 드라마 제한조치에 대해 대학생 1~2학년의 경우 서부지역 重庆의 朱某某는 '어른들한테는 영향이 있을지 몰라도 젊은 사람들한테는 그리 영향이 없다. 젊은 사람들은 인터넷이랑 잡지랑 한류를 접하는 도경이 대단히 많기 때문이다. 그러므로 한류를 막을 수 없다.'고 대답하고 타 지역 湖北의 熊静도 '그리 영향이 크지 않을 것으로 본다. 한류의 표현형식은 단지 한국 드라마뿐이 아니기 때문인 것'으로 대답하고 있다. 대학생 3~4학년의 서부지역 新疆 乌鲁木齐의 张志刚은 이 점에 대해 잘 모르겠다고 대답한 반면 타 지역 北京의 董은 텔레비전의 대중매체 특성상 영향이 매우 클 것으로 한국 문화를 접촉할 기회가 많이 줄어들 것으로 파악하고 있다. 그러면서 중국의 이런 정책제정은 한국의 중국 드라마 거부 및 제한정책과 관계되는 것으로 피차간의 이런 정책적인 제한이 한·중 문화교류에 있어서 가장 큰 장애임을 지적하고 있다. 박사생의 경우 서부지역 重庆의 白浩는 당연히 영향이 있는 것으로 보며 국내 드라마보호나 민족자존심 차원에서도 제한해야 한다고 보고 있으나 타 지역 北京의 무명씨는 비관방적인 유통경로를 거론하며 부정적으로 보고 있다. 20~30대 화이트칼라의 경우 서부지역 重庆의 顾亚明은 '물론 한국에 대해서는 불리하다. 우리 중국의 입장에서 나는 매우 환영한다. 국가에서 한국 드라마를 들여온 것은 아마 한국 문화와 중국 문화의 같은 점을 고려해서일 것이다. 이를테면 한국은 아주 많은 중화문명의 훌륭한 전통을 보유하고 있다. 현재 한류의 출현은 바로 이런 문화의 선전효과를 과시하고 있다. 그러나 한류의 지나친 열기는 많은 부작용을 가져오고 있다. 한류의 점차적인 쇠퇴는 시청률에 영향을 줄 것이다. 그러므로 현재 다른 문화산품을 수입할 때다 이것은 아주 현명한 조치다.'라고 대답했고 타 지역 北京의 무명씨는 '그리 영향이 없을 줄로 생각한다. 그것은 한류라는 것이 단지 드라마만의 문제가 아니라 문화발전의 전반 방향과 관계되기 때문이다.'고 대답했다. 전반적으로 볼 때 서부지역이나 타 지역을 막론하고 긍정과 부정의 두 가지 경향으로 나눠지는데 긍정의 경우 서부 쪽이 좀 보수적이고 격한 감정적인 논의로 흘렀다면 타 지역 쪽은 그래도 차분하고 냉정한 이성이 밑받침된 논의로 흐르고 있다. 그리고 부정의 경우 대개 유통경로나 한류의 다방면의 특성에 치우쳐 논의한 경우 꼭 부정적으로 흘렀다고만 보기 힘들다.

미국 드라마의 한국 드라마에 대한 충격문제에 대해서는 중고생, 대학생, 대학원생이 집중적으로 거론하고 있다. 중고생의 경우 서부지역 重庆의 佟某某는 '많이 보지 못해 그런 것에 대해 생각해보지 못했다'고 대답했으며, 타 지역 上海의 무명씨는 '그런 것을 느끼지 못 했고 그럴 리가 없다'고 대답했다. 대학생 1~2학년의 경우 서부지역 重庆의 朱某某는 '재미남'과 '영어붐', 그리고 '언어표현의 유머'로 대답했고, 타 지역 湖北의 熊静은 '한국 드라마가 중국에서 성행한지 오래되었으므로 식상할 때가 되어 나타난 자연적인 현상'으로 대답하고 있다. 대학생 3~4학년의 경우 서부지역 新疆 乌鲁木齐의 张志刚은 미국 드라마의 신선함과 재미남을 들었고, 타 지역 北京의 董은 고조를 지나 평온한 단계에 들어선 한류의 발전주기 및 미국 드라마의 특색으로부터 풀이하고 있다. 서부지역 重庆의 박사생 白浩는 미국 드라마와 한국 드라마가 품격이 다르고, 나름대로 특색이 있는 만큼 그럴 리가 없으며 자기는 아직 그런 충격을 느끼지 못했다고 대답했고, 타 지역 北京의 무명씨는 오래 보면 자연히 입맛을 바꾸고 싶어 하는 감상심리의 정상적인 발로로 보되 그 원인으로 한국 드라마의 따분한 문제점도 들고 있다. 전반적으로 볼 때 서부지역 重庆의 佟某某는 '많이 보지 못해' 발언권을 포기했고 타 지역 上海의 무명씨와 서부지역 重庆의 박사생 白浩는 충격 자체에 대해 부정하고 있다. 그 외의 경우는 긍정하고 있는데, 그 이유는 다른 경향을 나타내고 있다. 이를테면 서부지역의 朱某某, 张志刚은 주로 미국 드라마 자체의 특성에서 그 이유를 찾은 반면에 타 지역의 董과 무명씨는 주로 인간의 보편적인 감상심리로부터 정상적인 한 현상으로 풀이하고 있다. 이것은 서부지역이 타 지역에 비해 유행이 그만큼 늦어져 미국 드라마를 경쟁적으로 보는 상태도 아니고 타 지역에서 '한 물 간' 한국 드라마가 아직도 유행 일로에 있음을 말해주기도 한다고 볼 수 있다.

'최근 한류의 쇠퇴여부'에 대해 여자 공무원의 경우 서부지역 兰州의 杨霞는 일반사람들의 한국 드라마에 대한 여전한 인지도를 통해 부정적으로, 타 지역 南京의 张薇는 오래 유행하여 식상해질 때가 되었으리라는 논리로 긍정적으로 대답하고 있다. 대학생의 경우 서부지역 重庆의 1~2학년 朱某某는 도처에서 눈에 띄는 한국적인 것으로 부정적인 대답을 한 반면에 타 지역 湖北의 熊静은 한류에서 체현된 가치관의 협애함과 단일함의 문제로 긍정적으로 대답하고 있다. 그리고 서부지역 新疆乌鲁木齐의 3~4학년 张志刚은 요 근간에 이전보다 좀 못한 김이 들기는 드나 실제로 쇠퇴하는지는 모르겠다고 대답하나 타 지역 北京의 3~4학년 董은 한류의 쇠퇴를 예견된 것으로 한류의 대변격인 한국 드라마의 문화실체가 중국의 유교문화에 기원한 것으로 결국 그것에 희석되기 때문이라는 것이다. 전반적으로 볼 때 서부지역에서는 상당히 부정적으로 파악하고 있는 반면 타 지역에서는 기정적인 혹은 예견된 것으로 상당히 긍정적으로 받아들이고 있다. 이것은 서부지역에서는 한류가 아직 현재 진행형인 모습을 나타내고 있다면, 타 지역에서는 어쩌면 '한 물 간 것'으로 느끼고 있다는 것을 말해주기도 한다. 이것은 '앞으로 한류의 유행여부'문제에 있어서 서부지역 重庆의 남자 공무원 陈至强이 한류가 '친근감이 있어 일본보다 시장성이 있는 것'으로 파악한 반면 타 지역 北京의 남자 공무원 王刚이 '몇 년 전에 크게 유행했을 뿐 앞으로는 아마 그렇지 못할 것'으로 파악한 것과도 맥이 닿는다.

4. 마무리

이상 서부지역 자체 내에서의 한류담론에 대한 질문별 유형학적 분석 및 서부지역과 타 지역의 한류담론에 대한 질문별 유형학적 비교분석을 전반적으로 놓고 볼 때 '한국 문화가 중국에서 유행하는가?'라는 물음에 좀 극단적이기는 하지만 서부지역의 남자 공무원 陈至强이 '느끼지 못 하겠다'와 타 지역의 남자 공무원

王剛이 '아주 유행한다', 서부지역의 석사생 罗飛가 重庆에서 '한류를 그리 못 느끼겠다고 한 것'과 타 지역의 석사생 王英이 青岛에서 '한류가 확산일로에 있다'고 한 것은 과거 서부지역 타 지역에서의 한류 체감도를 말해주었다면 '최근 한류의 쇠퇴여부' 문제에 있어서 서부지역 여자 공무원 杨霞가 부정적으로, 타 지역 여자 공무원 张薇가 긍정적으로 대답한 것은 서부지역에서와 타 지역에서의 한류 유행의 현재, '앞으로 한류의 유행여부' 문제에 있어서 서부지역 남자 공무원 陈至强이 '시장성이 있는 것'으로 파악한 반면 타 지역 남자 공무원 王剛이 '아마 그렇지 못할 것'으로 파악한 것은 어쩌면 서부지역과 타 지역에서의 한류의 앞으로의 한 상황을 말해주기도 한 것인지도 모른다.

본고는『韓流研究通讯』第2期를 연구의 기본 설문조사자료로 삼았다. 이 설문조사자료는 전문 본고의 연구목적으로 진행된 것이 아니다. 그런 만큼 일단 설문조사자료의 미비함을 느꼈다. 「西北地區」와 「西南地區」를 통한 서부지역에서의 한류유행 관련 담론을 추출한 경우에도 주로「西北地區」重鎮의 하나인 甘肅省 소재지 兰州市에서만 확인된다. 그것도 상당히 제한된 인원수에만 확인된다. 그리고 서부지역과 타 지역의 설문조사 자료들을 비교의 가능성 차원에서 검토한 결과 비교급부로 부상된 '被采訪人'이나 問答 조목이 상당히 제한적이다. '被采訪人'은 주로 일부 도시에만 국한되었다. 그리고 서부지역의 경우 重庆市에만 많이 국한되었다. 그래서 결과적으로 본고는 서부지역이나 타 지역의 面을 보다 많이 확보해야 됨에도 불구하고 點밖에 고려할 수 없었다. 일종 복사면이 무시되고 대표적인 點들 사이의 비교논의에 거치고 만 아쉬움이 남는다. 그래서 본고는 결국 근근이 한 케이스를 제시하는 管窺에 불과하다. 그리고 그 대표적인 點들의 개인적인 성향이 무시된 일종 실험실 眞空상태의 비교분석에 흐르고 만 아쉬움도 남는다. 앞으로 본고의 연구목적을 충실하게 밑받침할 자료들을 좀 더 보완하고 點面을 아우른 보다 알찬 연구가 기대된다.

참고문헌

조혜정, 「글로벌 지각변동의 징후로 본 '한류 열풍': 초국적 자본, 문화사업, 그리고 정체성의 정치학」, 연세대 유럽문화정보센터 국제학술대회 발표논문, 22쪽, 2002. 3. 22.

KBS 수요기획 「2004년 한류 보고서」, KBS, 2004. 7. 21.

「최근 한류현황과 활용전략」, 한국무역협회, 2004. 9.

「'한류는 지속될 수 있을까' 현지 경험 대사들 전망」, 『한겨레』 2005. 2. 21.

「'한류는 이미 하강기', '한류는 얕은 흐름일 뿐'」, 『한겨레』 2005. 11. 27.

「고갯길에 선 한류」, 『한겨레』 2005. 11. 8. 25~27.

「동남아 한류 5년 안에 끝날 것」, 『한겨레』 2005. 1. 10.

「시스템한류를 위한 제언」, 『한겨레』 2005. 1. 16.

「숭국에서의 한류, 현재와 미래—공생의 미학 통해 한류 지속 꾀해야」, 『중앙일보』 2005. 11. 27.

「한류 경제효과 4조 5천억에 달해」, 『한겨레』 2005. 3. 14.

「한류 뜨자 이런 역풍도, 혐한류, 항한류……」, 『중앙일보』 2005. 1. 20.

「한류 지속과 기업의 활용방안」, 삼성경제연구소, 2005. 6. 1.

박노자, 「한류, 자랑스럽기만 한가?」, 『한겨레』 2005. 6. 20.

한국무역협회, 「한류마케팅 활성화를 위한 7대전략—한류페어 개최, PPL전략 수립 등」, 2005. 10. 14.

「한류열풍의 실체와 기업의 전략적 활용방안」, 대한상공회의소, 2005. 2.

「한류의 경제적 효과는 1조 4천 300억 원」, 『한겨레』 2005. 6. 3.

삼성경제연구소, 「한류지속화를 위한 방안」, 2005. 11. 7.

「혐한류 항한류 왜 생기나, 중국—문화 종주국 위기감, 일본—반한 감정+시기심」, 『중앙일보』 2005. 1. 21.

「NYT "일본 '혐한류'는 경제심리와 열등의식"」, 『한겨레』 2005. 11. 20.

孔庆东, 「한중문화교류 및 한류」, 국제워크샵 발제, 2003. 2. 23~25.

孟繁华, 「大众文化与文化领导权」, 『90年代以後中国大众文化的发展情况和韩流』, 국제심포지움 자료집 12쪽 2004. 5. 22. 굉운대학교

孟繁华, 「한중문화교류 및 한류」 국제워크샵 발제, 2003. 2. 23~25.

백원담, 「동아시아의 문화선택 한류」, 펜타그램, 2005. 9. 12.

서연호, 「한류 한국 붐의 의의와 아시아 시대의 우리문화」, 『문화예술』, 2001. 10.

孫 歌, 「한중문화교류 및 한류」 국제워크샵 발제, 2003. 2. 23~25.

신윤환, 「동아시아의 '한류'현상: 비교분석과 평가」, 『동아연구』 제42집, 서강대학교 동아연구
　　　소, 2002. 2. 29쪽.

이은숙, 「중국에서의'한류'열풍 고찰」, 제1회 세계한국학대회, 한국정신문화연구원, 2002. 7.
　　　19.

이준웅, 「한류관련 담론의 경험적 근거」, 『90年代以後中国大众文化的发展情況和韩流』, 국제심
　　　포지움자료집 12쪽, 광운대학교, 2004. 5. 22.

장수현, 「중국은 왜 한류를 수용하나」, 학고방, 2004. 9. 18.

장수현, 「중국의 한국 대중문화 애호자 연구 -안재욱 팬클럽을 중심으로-」, 『한중문화교류의
　　　중국적 토대-한류현상을 중심으로-』 1차년도 중간발표 워크샵, 한국해양대학교,
　　　2003. 5. 9~10. 72쪽.

藏 寅, 「한중문화교류 및 한류」 국제워크샵 발제, 2003. 2. 23~25.

한국무역협회, 「사례로 본 한류를 활용한 해외마케팅 전략」, 2005. 11.

중국 서부지역에서의 한류와 소수민족
- 藏族, 羌族, 彝族의 경우

임향란*

1. 서 언

중국의 개혁개방은 홍콩이나 마카오와 같은 발전의 참조계와 통로를 가지고 있는 南方에서부터 시작하여 교통, 통신 등 투자환경이 좋은 동해안지역으로 확산되어 나갔다. 중국의 서부를 비껴간 듯하다. 그래서 南方이나 东海岸地域에서 개혁개방의 개가를 올리고 있을 때 중국의 서부는 '오지'의 '못난 새끼 오리' 모습을 면할 수 없었다. 그러다가 새 천년에 들어서 중국 정부의 본격적인 西部大开发 정책이 가동되면서 서부는 後來者居上의 기세로 내달리고 있다.

중국에서의 한류는 물론 매스컴을 탄 동시다발적인 양상을 나타내기도 했지만 실제적으로 폐부에 와 닿는 한류는 지역적으로 볼 때 南部에서 北部로, 东部에서 西部로 흘러왔다. 그리고 민족적으로 볼 때 주류민족인 漢族지역으로부터 少数民族지역으로 흘러갔다고 볼 수 있다.

중국의 西部지역은 행정적으로 内蒙古自治区, 宁夏回族自治区, 新疆维尔族自治区, 西藏自治区, 广西壮族自治区라는 중국의 모든 少数民族自治区가 포함된다. 그런 만큼 蒙古族, 回族, 维尔族, 藏族, 壮族을 비롯하여 중국의 주요 少数民族이 모두 살고 있다. 한류는 이들 少数民族 속에서도 대단히 인기 있는 줄로 안다. 그러나 현재 한류에 대한 논의가 중국과 한국에서 많이 논의되었음에도 불구하고

---

* 사천외국어대학교 한국어학과 교수

한류와 중국의 少数民族 사이의 관련 양상에 대해서는 전혀 논의가 되지 않고 있다. 이런 상황을 감안할 때, 중국 西部지역에서의 한류와 해당 少数民族들 사이의 관련 양상 및 그 전망을 살펴보는 것은 대단히 의의 있는 것으로 사료된다.

한류와 중국 少数民族의 관련 양상을 고찰하는 것은 대단히 큰 연구과제이다. 본고의 이 한편의 소략한 논문에서 감당할 수 있는 분야가 아니다. 그래서 본고에서는 일단 点透視 즉 특정지역의 少数民族을 모델로 선정하여 중점적으로 고찰하는 미시적인 연구방식을 취하도록 한다. 그리고 구체적인 연구방법에 있어서는 주로 설문조사에 기초한 실증적인 분석을 취하도록 한다.

본고에서는 미시적 연구의 대상으로 지역적으로 사천성 서북부에 위치한 阿坝藏族羌族自治州와 사천성 남부에 위치한 凉山彝族自治州, 민족적으로 藏族, 羌族과 彝族을 선정한 데는, 필자가 근간에 실제적으로 이 지역을 답사하고 이들 민족들을 직접 만나 인터뷰를 하고 이야기를 나눈 적이 있기 때문이다. 그리고 인맥적인 인연이 맺어져 연구에 대단히 편리하기 때문이다. 이를테면 사천외국어대학교에서 九寨沟 자연풍경관리국의 위탁을 받고 영어반, 일본어본, 한국어반1)을 꾸렸는데 본인이 한국어반 강의를 담당하게 되었으며, 凉山彝族自治州의 소속縣의 하나인 雷波縣에 사는 중앙민족대학교 대학원생을 알게 된 것이 바로 그런 것이다.

阿坝藏族羌族自治州2)는 1952년에 성립되었다. 青藏高原의 东南변두리에 위치해 있는데 8.42만 평방킬로미터이고, 马尔康, 金川, 小金, 阿坝, 若尔盖, 红原, 壤塘, 汶川, 理县, 茂县, 松潘, 九寨沟, 黑水 등 13개 县을 관할하고 있다. 자치주의 수부는 马尔康이다. 2004년 현재 인구는 총 85만 명인데 藏族이 53.8%, 羌族이 18.4%, 回族이 3.2%, 汉族이 24.5% 차지하고 기타 민족이 0.1% 차지한다. 四川省의 제2대 藏族집거구역이고 中国 羌族의 주요 집거구이다. 주지하다시피 九寨沟, 黄龙 등은 세계적인 자연유산이 여기에 있다. 阿坝藏族羌族自治州는 세계생태여행의 최적지로 꼽히고 있다. 四川省 정부 차원에서 대대적으로 大九寨国际旅游区를 조성함으로써 阿坝藏族羌族自治州는 이미 四川의 国际旅游지역으로 부상했다.

---

1) 한국어반의 학생은 모두 15명인데, 세 명은 漢族이고 나머지는 藏族이다.
2) 보통 阿坝州라고 약칭한다.

凉山彝族自治州3)는 1952년 10월 1일에 자치구로 성립되었다가 1955년에 자치주로 개변되었다. 2000년 전국 인구조사에 의하면 彝族인구는 7,762,286명으로서 四川省의 남부 青藏高原의 동쪽 변두리에 자리 잡고 있는데 북으로는 大渡河에, 남으로는 金沙江에 임해있다. 여기는 말 그대로 中国에서 彝族이 가장 많이 집거하는 구역이다. 1市16县 즉 西昌市, 木里县, 盐源县, 德昌县, 会理县, 会东县, 宁南县, 普格县, 布拖县, 金阳县, 昭觉县, 喜德县, 冕宁县, 越西县, 甘洛县, 美姑县, 雷波县이 포함되는데 자치주의 수부는 西昌市이다. 면적은 60114.6평방킬로미터이고 1994년 현재 인구는 371.1만인데 彝族, 汉族, 藏族이 중심이 되어 있다. 경내에는 산지가 많은데 凉山이 유명하다. 彝族은 주로 四川, 云南, 贵州 세 省과 广西壮族自治区의 서북부에 살고 있다. 그들은 분산하여 많이 살고 소규모로 집거해 산다. 주요 집거구로는 四川凉山彝族自治州, 云南楚雄彝族自治州, 红河哈尼族彝族自治州이고 贵州毕节地区와 六盘水地区에 더러 있다.

이상 阿坝藏族羌族自治州와 凉山彝族自治州에 대해 개략적으로 살펴 보건데, 중국 소수민족들이 사는 곳이 대개 그러하듯이 이들 藏族, 羌族, 彝族들이 사는 지역은 중국의 행정구역상 아직도 현대화도시하고는 거리가 먼 편벽한 오지들로서 县들이 절대 다수를 차지한다. 한마디로 말하여 이들 藏族, 羌族, 彝族들이 사는 지역은 한국 내지는 한류와 전혀 인연이 닿을 것 같지 않은 '천애지각'이다. 그런데 이 대명천지에 육해공 교통망이 창달하고 인터넷을 비롯한 대중매체들이 세계를 하나로 묶고 있는 마당에 藏族, 羌族, 彝族들도 세계의 그 어떤 흐름을 비껴갈 수 없을 것으로 사료된다. '한류', 말 그대로 그것이 하나의 거대한 흐름을 이루어 팽배용출할진대 藏族, 羌族, 彝族도 '한류'와 이래저래 매치될 것이라고 생각한다. 阿坝藏族羌族自治州에는 黄龙비행장이 있고, 凉山彝族自治州에는 西昌비행장이 있다. 라디오, 텔레비전은 언녕 촌락에 들어갔고 현대 최첨단의 통신도 대단히 발달했는데 인터넷 초고속 宽带가 藏寨羌村과 彝族 동네로 들어가 온 세계와 연계되고 있다.

---

3) 일반적으로 凉山州 혹은 凉山이라고 약칭한다.

2. 설문조사

阿坝藏族羌族自治州와 凉山彝族自治州의 지역적 및 민족적 특성을 감안하여 설문조사 대상자 선정에 있어서는 각 세대에 초점을 맞추고 한류 접촉 인구를 골고루 고려하여 연령상에서 10대, 20~30대, 40~50대, 60대 세대별로 나누었다. 여기서 10대와 60대는 10세를 한 세대로 잡았고 20~30대와 40~50대는 주로 복잡다단한 상황 속에 놓여있는 사회인이 포함되는 만큼 20세를 한 세대로 잡았다. 여기서 10대는 주로 중고생, 20~30대, 40~50대는 주로 공무원, 교사, 회사원(blue color, white color), 목민(농민), 개체업자, 무직업자 등을 포함한 사회인, 60대는 정년퇴직인원, 가정주부 등을 염두에 두었다. 그리고 조사대상자로는 각 민족 세대별 10대 20명, 20~30대에서 40명, 40~50대에서 40명, 60대에서 20명으로 하되 남녀 각 10명씩 총 360명을 선정하도록 했다. 구체적인 설문조사지역으로는 阿坝藏族羌族自治州에서 茂县, 九寨沟를 선정했고 凉山彝族自治州에서 美姑县, 雷波县을 고려했다.

설문조사지 설계를 구체적으로 제시하면 다음과 같다.

被调查者	姓名 :　　　　　　性别 : 职业 :　　　　　　地址 :	
设问	回答	
1. 当您一听或看到"韩国"的时候，首先想到的是什么?		
2. 您对韩国的印象怎么样?为什么?	○好○一般○坏○?_________________	
3. 您认为韩国的强项是什么?		
4. 当您一听或看到"韩国人"的时候，首先想到的是什么?		
5. 您对韩国人的印象怎么样?为什么?	○好○一般○坏○?_________________	
6. 您认为韩国人有什么特点?		
7. 中国和韩国什么时候建交的?	○1978年○2000年○1992年○1985年	

8. 韩国什么时候开的奥运会?	○1979年○1988年○2001年○1995年
9. 韩国什么时候开的世界杯足球赛?	○1977年○2002年○1992年○1988年
10. 您接触过"韩流"吗? 什么时候?	○是○否;○1990年代以后○2000年以后○最近
11. 当您一听或看到"韩流"这个词时首先想到的是什么?	
12. 您认为"韩流"是什么?	
13. 您通过什么感觉到韩流?	○歌曲○电视剧○电影○衣服○电器○__________
14. 韩流对中国有助益吗?为什么?	○是○否;○?__________________
15. 您喜欢看韩剧吗?为什么?	○是○否;○?__________________
16. 您最早看的韩剧是什么?通过什么看的?	○__________ ○电视○DVD○上网○________
17. 您喜欢听韩国歌曲吗?通过什么听?	○是○否;○MP3○录音带○CD○上网○________
18. 您喜欢韩国明星吗?韩国明星怎样?	○是○否;○帅 / 漂亮○否○一般
19. 您喜欢韩国料理吗?您去过韩国饭店吗?	○是○否;○是○否
20. 在您周围接触最多的韩国的东西?	
21. 您买过韩国东西吗?买了什么?	○是○否;○手机○衣服○电脑○电视○________
22. 请您说说看韩国品牌?	
23. 您学过韩国的什么东西?	○语言○跆拳道○歌曲○__________________
24. 韩国和日本这两个国家当中您更喜欢哪个国家?为什么?	○韩国○日本○?__________________
25. 您想去韩国吗?为什么?	○想去○不想去○?__________________

이상 25개 항에 걸친 본 설문조사 물음은 일단 보통 한류에 대해 '현재 유행(눈에 띄는)하는 한국의 것' 쯤으로 막연히 이해하고 있고, 또한 본고에서 연구대상으로 한 소수민족들이 한류와는 인연이 너무도 먼듯하여 한류를 가장 포괄적인 개념으로 잡고 설정하도록 했다. 즉, 한국에 관한 가장 일반적이고 상식적인 문제들로부터 한류에 근접한 한국의 대중문화와 관련된 특정적인 문제로 접근해 들

어가는 방식을 취하도록 했다. 그리고 물음에 답할 때 답이 선택적으로 주어진 객관적인 물음과 나름대로 생각을 피력할 수 있는 주관적인 물음으로 나누어 작성했다. 이러한 상황을 감안하여 구체적인 연구절차에 있어서 먼저 막연하고 한류와 거리가 멀다고 할 수 있는 '한국에 대한 이해와 흥취'로부터 시작하여 구체적이고 한류와 가까운 '한류에 대한 이해와 흥취'로 범위를 좁혀 들어가는 방식을 취하도록 한다. 통계분석은 주로 세대별, 민족별 프로수를 따지는 방식으로 진행하겠다.

3. 통계분석

여기서는 전반 藏族, 羌族, 彝族의 각 세대를 아우른 평균 프로수 [A](영어 Average의 첫 문자 A로 표시)와 유효 조사자료[4] 총 인원수에서 차지하는 프로수 [T](영어 Total의 첫 문자 T로 표시)에 치중하여 분석하도록 한다. 이로부터 해당 藏族, 羌族과 彝族들의 한국 및 한류에 관한 대체적인 이해와 흥취가 드러나도록 한다.

1) 일단 〈물음 1-9〉와 〈물음 20-25〉로 한국에 대한 이해와 흥미를 알아보도록 하자.

전반적으로 볼 때 <물음 2>와 <물음 5>를 대비해보면 공히 '일반'이 가장 많은 프로를 나타내고 '좋음'이 중간 상태를 나타내고 '나쁨'이 가장 낮은 프로를 나타낸다. <물음 2>와 <물음 5>에서 이런 '일반', '좋음', '나쁨'을 아울러 평균적으로 보았을 때 '일반'에서 [A]49.2%, [T]47.5%, '좋음'에서 [A]38.8%, [T]42.3%, '나쁨'에서 [A]6%, [T]3.8%를 나타내고 있다. 이것을 도표로 보이면 다음과 같다.

---

4) 설문조사인원들에 대해 사전에 조사 취지, 요구 및 방법 등에 대해 충분히 숙지시키고 일일이 확인을 요구했기에 물음 항목에 따라 일부 무효가 발생했을 뿐 전반적인 피조사인원 차원에서는 유효하다.

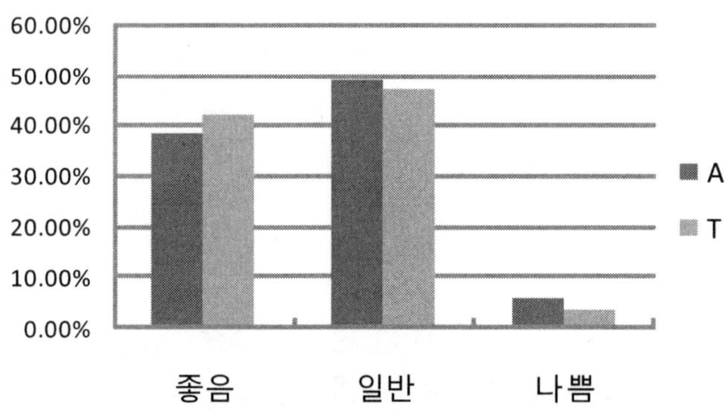

　이것은 이들 소수민족들 속에서 한국이나 한국인에 대한 인상을 말해주는 것으로 '일반'이 가장 많은 프로를 차지하는 것은 '그저 그렇고 그런, 별로 인상이 없다'는 말과도 통하는 것으로 아직 한국이나 한국인에 대해 그만큼 막연하다는 것을 말해준다. 이것은 <물음 1>에서 '없음'이 [A]21.9%, [T]17.3%를 차지하는 것으로 '드라마'에 이어 두 번째로 많은 프로를 나타냈고, <물음 4>에서 '없음'이 [A]26.1%, [T]24.2%로 만만찮은 프로를 나타내고, <물음 3>에서 '모름'이 [A]37.5%, [T]33.5%로 상당히 높은 비율을 나타낸 데서도 알 수 있다. 그러면서도 <물음 6>에서 '예절이 있다'가 [A]5.8%, [T]17.3%를 나타내고 있는데, 이것은 이들 소수민족들이 한국 사람과 실제적으로 거의 접촉이 없는 상황 하에서 드라마를 통한 느낌임을 알 수 있다.

　좀 더 구체적으로 보면 <물음 5>의 경우 彝族이 '좋다'가 세대 차원의 [A]51.5%로 가장 많은데 비해 藏族과 羌族5)은 세대 차원의 [A]가 각기 32.9%와 37.7%로서 생리적인 '눈이 작다'를 비롯하여 '吹牛', '外表胜过内在', '面子观较重'이라는 부정적인 지적도 하고 있다. 이것은 그 실제여부를 떠나 구채구의 藏族과 羌族이 한국 관광객들을 직접 접촉하면서 그래도 한국 사람에 대한 현실적인 일종의 느낌이라면, 彝族은 실제적으로 한국 사람을 거의 접촉할 수 없는 상황 하에서 일종의 여러 가지 매체를 통한 '가상적'인 이미지경향이 많음을 알 수 있다.

---

5) 본고에서 취급한 藏族과 羌族은 한 州에 속하는 지역적으로 인접해 있기에 한 묶음으로 취급해도 무방한 줄로 안다.

<물음 1>이나<물음 4>를 종합적으로 볼 때, '드라마'와 '미녀'가 가장 많이 떠오른다. <물음 1>과 <물음 4>에서 '드라마'와 '미녀'가 각기 [A]22.1%, [T]22.7%와 [A]20.5%, [T]24.3%로 나타났는데, 평균 [A]21.3%, [T]23.5%로 가장 많은 프로를 차지한다. 이것을 도표로 보이면 다음과 같다.

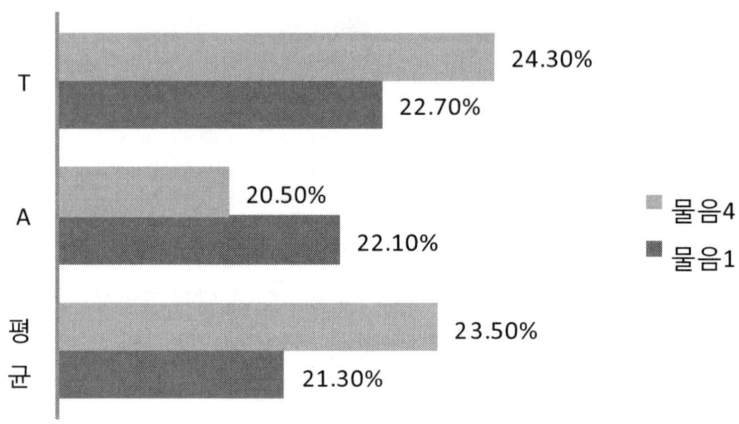

여기에 <물음 3>의 [A]9.9%, [T]2.2%를 고려할 때 그 프로는 더 높아질 것으로 사료된다. 그 다음 '미녀'가 <물음 1>이나 <물음 4>에서 각기 [A]10.9%, [T]10.3%와 [A]12.1%, [T]13.2%로 나타났는데 평균 [A]11.5%, [T]11.8%를 차지한다. 여기에 <물음 6>에서 '帅, 愛美, 漂亮, 秀气, 皮肤白' 등 '아름답다' 관련 키워드가 [A]7.4%, [T]21.1%로 나타난다. 그리고 이것의 연계선상에서 <물음 1>의 [A]14.7%와 <물음 4>의 [A]12.1%, <물음 3>의 [A]12.5%, [T]10.8%가 '미용'을 꼽았을 때 '美'에 관련된 이미지가 상당한 프로를 차지함을 알 수 있다. 물론 여기서 '미용'이란 것은 '정형미용'이라는 의미가 짙다. 이것은 이른바 한국 연예계의 성형 붐을 염두에 둔 이야기일 것이다. <물음 6>에서 '整容, 喜欢整容' 등을 장족 4.3%, 강족 2.2% 꼽은 것은 그간의 사정을 잘 말해주고 있다. 사실 이들 소수민족들이 실제적으로 한국인을 그리 접할 기회가 없는 상황 하에서 '미녀'요, '미용'이요 한 것은 전적으로 '드라마'의 영향에 의한 이미지적인 것임을 알 수 있다.

　　좀 더 구체적으로 <물음 1>의 경우를 보면 세대별로 20~30대에서 [A]29.7%로 가장 높은 비율을 나타낸다. '한국 드라마'는 '주부'들이 많이 본다는 통설6)과 좀 다른 상황을 나타내고 있다. 물론 여기서 여자가 10.9% 더 높은 비율로 나타나는데 '드라마는 그래도 여자'라는 통설이 확인된다. 10대에서도 [A]23.3%로 여자의 비율이 남자보다 3.3% 높은 것으로 나타났는데 역시 이것을 밑받침해주고 있다. 10대에서 '한류', '미녀', '유행가요'가 각각 6% 좌우로 중간 선상의 프로로 나타나는데 이것은 새로운 사조에 민감하고 사춘기에 처해 있으며 감수성이 풍부한 중·고생의 특징이 잘 드러난다.

　　<물음 7>이 중국과 한국 사이 정치나 외교적으로 가장 중요한 이슈에 대한 인식을 알아보는 물음임에도 불구하고, <물음 8>이나 <물음 9>에 비해 '옳은 답을 선택'한 경우를 보면 약 1/3에밖에 못 미친다. 이것은 설문조사에 응한 대상들이 대부분 일반 서민들임을 감안할 때 지극히 정상이다. 일반 서민들은 '올림픽'이나 '월드컵' 같은 세계적인 이벤트에 더 흥취를 가짐은 말할 것도 없다.7) 이것은 한국의 올림픽이나 월드컵이 한국을 세계에 알리는데 더 없이 큰 작용을 했음을 알 수 있다. 한국행과 관련된 <물음 25>를 보면 80%에 육박하는 [A]77.3%, [T]79.5%의 긍정적인 대답을 볼 때 이들 소수민족들 가운데 절대 다수가 한국에 대해 호감을 가지고 있음을 알 수 있다. <물음 24>에서 일본행을 염두에 둔 선택에서 [A]88.7%, [T]82.7%의 높은 프로로 '한국'을 꼽은 것은 이들 소수민족들에게 있어서도 반일감정이 작용하고 있음을 알 수 있다. <물음 21>에 있어서 '샀음' [A]60.4%, [T]63.2%가 '안 샀음' [A]32.5%, [T]34.1%에 비해 거의 배가 됨도 이것에 대한 좋은 주석으로 된다. '샀음'에서 '핸드폰'의 빈도가 가장 높은데 이것은 <물음 20>의 '핸드폰'의 빈도와 일맥상통하는 점이 있다. 한국의 상품브랜드에 대한 인지도를 알아보는 <물음 22>에서 구체적인 상품브랜드 이름보다는 막연히 '삼성'이나 '현대'8)를 들은 것은 이들 소수민족들에게 있어서 아직 한국의 구체적

---

6) 한국 드라마 전문 연구가들의 말을 들으면 한국 드라마는 시청자 면에서 주부들을 겨냥해서 많이 찍었다 한다. 그런 만큼 주부시청률이 가장 높다 한다.

7) 여기서 <물음 8>이 가장 높은 프로로 나타난 것은 금년에 중국이 올림픽을 개최하는 것과 관계되는 줄로 안다.

8) 이것은 '삼성'이나 '현대'가 세계 굴지의 기업으로서 그 인지도를 다시 한 번 확인시켜 주기도 한다.

인 상품브랜드들이 인지되지 않았다는 것을 말해준다.

<물음 20>의 경우를 보면, IT나 전자제품 및 패션 등 한국의 강세를 나타내고 있는 제품들이 고스란히 나타난다. 예컨대 '핸드폰'이 [A]16.3%, [T]21.6%로 가장 높은 프로를 나타내는데 이것은 현 단계 이들 소수민족 지역들에서 핸드폰의 보급률 및 한국 핸드폰의 진출 상황을 말해주기도 한다. 두 번째로 '복장'이 [A]14.2%, [T]15.1%로 꼽힌다. 그리고 '전자제품' [A]6.9%, [T]7.6%와 '자동차' [A]6.6%, [T]5.9%로 비슷하게 나타난다. 이것은 <물음 3>에서 '전자기술'을 [A]8.25%, [T]8.1%로 꼽은 것과 맞아떨어지기도 한다. 이것을 도표로 보이면 다음과 같다.

이외에 '드라마' [A]5.8%, [T]6.5%를 나타내며 여자들의 경우 '화장품'이 [A]2.1%, [T]1.6%로 나타나기도 한다.

끝으로 <물음 23>에서 '언어'가 [A]10.6%, [T]13.5%로 단연 돋보이는 것은 중국어 자막 처리된 한국말 '드라마'를 보면서 재미로 한두 마디 모방한 것도 포함됨을 감안할 때 그리 포인트를 둘 사항은 아니다.

2) 〈물음 10-19〉로 한류에 대한 이해와 흥취를 알아보도록 하자.

전반적으로 볼 때 <물음 12> '한류란 무엇인가?'라는 가장 원초적인 물음에 대해 그저 막연히 '한국적인 것'으로 대답한 것이 가장 많다. 인터뷰를 통해 좀 더 구체적인 논의를 이끌어 내올 때 '한국 드라마', '한국 영화', '한국 노래', '한국

옷', '한국 핸드폰', '한국 전자제품', '한국 자동차' 등 주변에서 접할 수 있는 한국과 관련되는 모든 것을 꼽고 있다. 보다시피 여기서는 학문적으로 지칭하는 '한국 드라마', '한국 영화', '한국 노래' 같은 한국의 유행대중문화를 훨씬 벗어나고 있다. 한류의 泛化현상을 볼 수 있다. 사실 중국의 일반 서민들은 한류를 이렇게 받아들이고 있다. 이들 소수민족들도 여기서 예외가 아닌 줄로 안다. 한류에 대한 이러한 인식을 감안하면서 <물음 10>에 대해 알아보니 '한류'를 접해보았다는 인구수는 [A]76.2%, [T]69.2%로 상당한 높은 프로를 나타내고 있다. 중국 다른 지역에 비해 그리 높은 편은 아니다. '언제 접했는가?'하는 물음에 '1990년 이후'가 [A]2.3%, [T]7%, '2천년 이후'가 [A]16%, [T]40.8%, '최근'이 [A]6.8%, [T]21.6%로 나타났다. 여기서 '2000년 이후'가 가장 높은 프로로 나타났는데 이들 소수민족지역도 중국 다른 지역과 비슷한 상황을 나타내고 있음을 알 수 있다. 이를테면 한류가 가장 뜨겁게 달아오르던 시기와 때를 같이 하고 있다. 이것을 도표로 표시하면 다음과 같다.

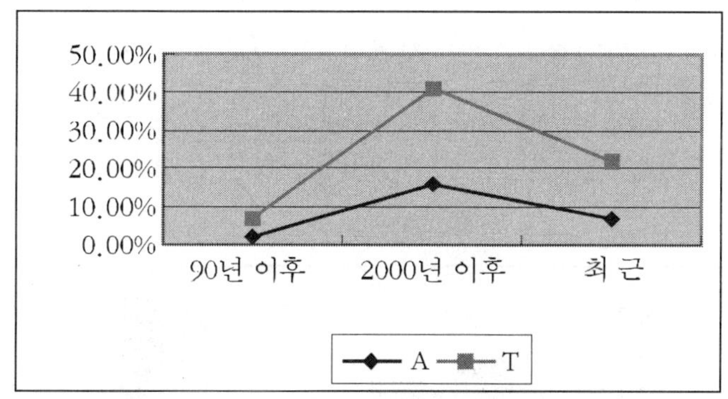

<물음 11>의 경우 빈도가 높은 요소들로부터 제시해 보면 '無' [A]23.7%, [T]23.8%, '드라마' [A]15.1%, [T]15.1%, '복장' [A]11.8%, [T]11.9%, '음악' [A]9.3%, [T]9.2%, '미용' [A]4.3%, [T]4.3%순이 되겠다. 여기서 '無'가 가장 많은 프로를 차지한다는 것은 이들 소수민족들 가운데 한류에 무감각한 부류가 많다는 것을 말해준다. 그리고 '有'에서 '드라마'가 가장 많은 프로를 보이는 것은

이들 소수민족 가운데서도 '드라마'가 한류의 가장 중요한 키워드로 각인되었음을 말해준다. 여기에 '음악'이 세 번째임을 감안할 때 이들 소수민족에게도 한국의 음악이 한류의 다른 한 키워드로 각인되었음을 말해준다. '有'에서 '복장'이 두 번째로 높은 프로를 보인 것은 이들 생활주변에서 가장 많이 접하는 것이 한국 복장임을 알 수 있다. '미용'도 일정한 프로를 보이고 있는데 이것은 '드라마' 선호도의 부산물로 나타난 것으로 볼 수 있다. <물음 13>의 경우 빈도가 높은 요소들로부터 제시해보면 '드라마' [A]46.5%, [T]46.5%, '가요' [A]19.8%, [T]19.5%, '복장' [A]16.5 %, [T]16.8%, '영화' [A]16.1%, [T]16.2% 순이 되겠다. 여기서 '드라마'가 거의 절반에 육박하는 월등히 높은 프로를 나타내고 있다. 이들 소수민족에게서도 '드라마'가 핵심적인 키워드임을 다시 한 번 증명한다. 그리고 대중문화로서의 한류의 일반적인 키워드들인 '가요'와 '영화'가 비교적 높은 프로를 보이고 있다. 그리고 '복장'도 비교적 높은 프로를 보이고 있다. 사실 <물음 11>과 <물음 13>은 일종 互見法적인 물음설정으로 말을 바꾸어 조사한 경우다. 이 두 물음에 대해 가장 많이 제시된 주요 항들이나 그 순위가 비슷한 상황은 바로 이점을 실증적으로 말해준다. 그래서 이 두 물음에 답한 내용을 아울러 평균을 내어보면 1순위인 '드라마'는 [A]31.8%, [T]31.8%가 된다. 그리고 '음악/가요' [A]14.6%, [T]14.4%, '복장' [A]14.2%, [T]14.2%가 된다. <물음 11>을 도표로 표시하면 다음과 같다.

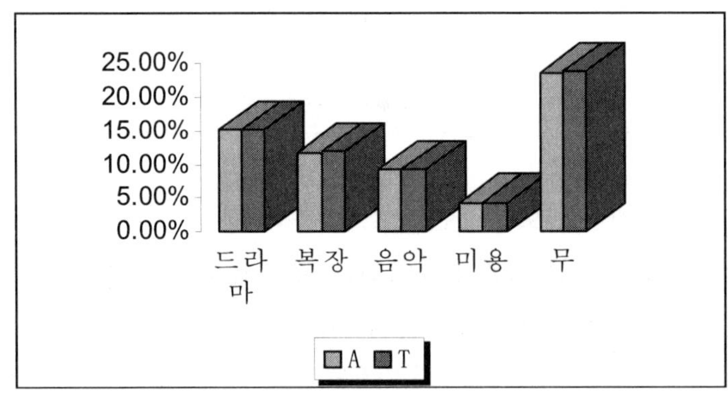

<물음 15>와 <물음 16>은 한류의 핵심 키워드로 꼽히는 한국 드라마에 대한 인식을 알아보았다. <물음 15>의 경우 긍정적인 대답이 많은 프로를 차지하는데 구체적으로 [A]34.2%, [T]47%로 나타났다. 그 이유는 재미나다는 것이다. <물음 16>은 <물음 15>의 보다 구체적인 논의로 최초로 본 한국 드라마로 '쾌걸춘향, 여름의 향기, 가을동화, 파리의 연인, 那小子眞帅, 冬季恋歌, 我叫金三順, 孪生兄妹, 泡沫爱情, 宫, 爱的阶梯, 大长今, 看了又看, 爱上女主播, 天国阶梯, 新娘十八岁,蓝色生死恋, 美丽的日子, 爱在哈佛, MyGirl, 黑衣草, 情定大饭店, 美人鱼, 女主播的故事, 妈妈姐姐, 北京我的爱, 对不起我爱你,人鱼小姐, 黄手拍, 初恋'으로 총 30편 좌우로 나타났다. 지난 세기 1990년대에 돌린 '별은 내 가슴에' 같은 드라마는 없고 상당히 히트 친 <사랑이 뭐길래>도 없다. 거의 2000년대에 들어서서 방송된 드라마들이다. 이것은 <물음 10>에 한류를 2000년 후에 접했다는 프로가 가장 많이 나온 것과 맞먹는다. 여기서 <대장금>이 [A]40%, [T]21.6%로 단연 최다 시청률을 기록한다. 10대 장족을 제외하고 모두 <대장금>을 들고 있다. 이 시청률은 2005년 9월 호남위성 TV에서 방영되면서 첫 회 시청률이 8.6%를 기록하였고 연이어 북경, 천진, 상해, 중경 등지에서 평균 10.86%의 시청률[9]보다 배나 높다. 그리고 <가을동화> [A]7.6%, [T]7.6%, '人鱼小姐' [A]5.6%, [T]4.3% 순으로 나타난다. '드라마'를 접한 경로를 보니 [A]43.8%, [T]63.8%로 'TV'가 절대적인 우세를 보인다. 이것은 대중문화 창구로서 'TV'의 보편적인 보급정도와 관계된다. 그 다음 'DVD'가 [A]13.2%, [T]13.5%, '인터넷'이 [A]9%, [T]8.6%로 나타났다. 이것을 도표로 표시하면 다음과 같다.

---

9) 강진석, 「중국인의 '韓流' 수용에 따른 文化意識의 분화성향 연구」『中國研究』第38卷, 2006 에서 제시한 통계수치를 인용한 것임.

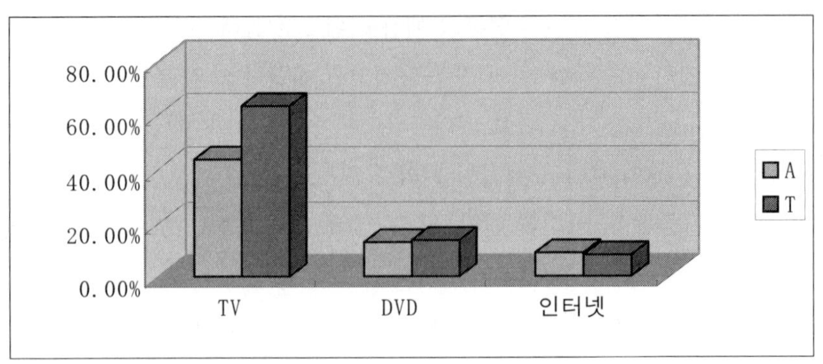

<물음 17>은 한류의 다른 한 키워드 '노래'에 대해 알아보았는데 '좋아한다'가 [A]70%, [T]72.4%로 2/3에 육박하고 있다. 듣는 수단에 있어서 'MP3'가 [A]19.1%, [T]19.5%로 가장 높은 프로를 보이는데 이것은 젊은 세대들이 많이 감상한다는 말이 되겠다. 상대적으로 놓고 볼 때 현대적인 'CD'와 '인터넷'이 각각 [A]18.8%, [T]18.4%와 [A]18%, [T]17.8%로 비슷하게 나타나는데 전통적인 '녹음테프'는 [A]17.6%, [T]17.3%로 가장 낮게 나타났다.

<물음 18>은 한류 주체들인 스타들에 대한 인식을 알아보았다. '좋아한다'와 '싫어한다'의 양가적인 선택에서 '좋아한다'가 [A]62.4%, [T]75.7%로 '싫어한다' [A]16.6%, [T]15.1%보다 각각 [A]45.8%, [T]60.6%나 더 높다. 여기서 '멋있다'는 주로 남자 스타를, '예쁘다'는 주로 여자 스타를 염두에 두었다. '일반'은 남자 스타나 여자 스타를 아우른 전반적인 차원의 평가가 되겠다. 이렇게 놓고 볼 때 '멋있다'는 [A]50.2%, [T]49.7%, '예쁘다'는 [A]11.1%, [T]14.6%, '일반'은 [A]18.2%, [T]19.5%로 나타난다. 여기서 '멋있다'가 월등히 높고 '예쁘다'가 가장 낮은 프로를 나타낸 것은 여성적인 시각이 많이 작용했을 것으로 추측할 수 있다.

<물음 15>, <물음 16>, <물음 17>, <물음 18>은 한류 키워드들인 '드라마'. '노래', '스타'들에 대한 인식이나 흥취를 알아보았다. 전반적으로 볼 때 이들 소수민족들은 이런 키워드들에 상당한 호감을 나타내고 있다. '긍정적'이거나 '좋아한다'의 경우를 보면 [A]55.5%, [T]65%의 평균치를 나타내고 있다.

<물음 19>는 한류의 파급효과를 알아보는 차원에서 한국 요리에 대한 인식을

알아보도록 했다. 여기서 '좋아한다'의 경우 [A]23.7%, [T]24.3%, '싫어한다'의 경우 [A]67%, [T]66.5%로 '싫어한다'가 거의 3배 더 많다. 한국 식당 출입여부에 대해서는 '가 보았다'가 [A]14%, [T]14.6%, '못 가보았다'가 [A]62.2%, [T]60%로 '못 가보았다'가 3배 가량 더 많다. 음식은 가장 민족적인 것으로 민족적 성향이 가장 짙게 나타난다. 이들 소수민족은 대개 유목민족으로서 육식을 많이 하는 것으로 농경민족인 한국의 채식하고는 거리가 먼만큼 이런 수치는 아주 자연스러운 것으로 느껴진다. 하물며 이들이 생활하는 곳에 한식점이 그리 없을 것이라는 것을 감안할 때 더구나 그렇다.

<물음 14>에서 '유익'과 '무익'의 양가선택에서 '유익'이 [A]66.8%, [T]65.9%, '무익'이 [A]24.5%, [T]24.9%로 '유익'이 '무익'의 3배 가까이 된다. 이것을 도표로 표시하면 다음과 같다.

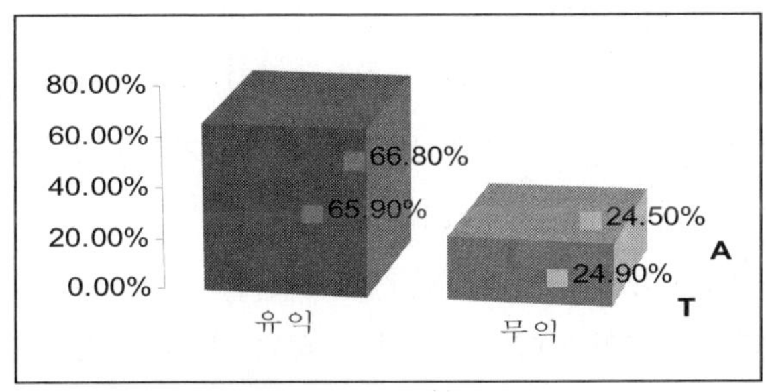

여기서 보다시피 이들 소수민족 절반 이상이 한류를 긍정적으로 받아들이고 있음을 알 수 있다.

4. 결 어

이상 阿坝藏族羌族自治州의 藏族, 羌族과 凉山彝族自治州의 彝族을 대상으로 하여 중국 서부지역 소수민족 속에서의 한류의 대체적인 상황에 대하여 알아보았다. 전반적으로 볼 때 이들 소수민족들은 한류를 접하고 느끼고 받아들이는 과정에 긍정적이고 적극적인 반응을 많이 보이고 있다. 그러되 그들이 이해하는 한류는 막연히 '한국의 모든 것'쯤인 상당히 寬泛한 것이었다. 그래서 그 구체적 실체는 한국 드라마, 영화, 노래는 더 말할 것도 없고 한국 복장, 음식, 전자제품, 축구, 태권도 등 주변에서 실제로 접하는 '한국적인 것'이었다. 이런 점은 중국의 타 지역의 일반 서민들이 한류를 받아들이는 상황과 비슷한 줄로 안다. 그러면서도 이들 소수민족들은 나름대로의 민족적인, 지역적인 특색을 나타내고 있다. 그들은 실제로 한국 사람을 접하거나 한국에 가 본 경험이 거의 없다. 그리고 그들이 실제로 접하는 '한국적인 것'도 상당히 제한적이고 가장 많이 접하는 것이 한국 드라마임을 감안할 때 그것은 굉장히 이미지화된 세계임을 알 수 있다. 중국의 상대적으로 발달한 다른 지역에서의 이런 이미지화된 세계는 실제적인 '한국적인 것'의 접촉에 의해 교정되면서 현실에 가까이 가겠지만 이들은 그렇지 못한 상태이다. 그래서 이들이 이해하는 한류는 피상적일 수밖에 없는 한계점을 가지고 있다. 바로 이런 점을 감안하여 설문조사 물음설정에서 한류에 대한 심도 있는 사고방식 및 가치관을 알 수 있는 심각한 물음을 피하고 가벼운 물음들만 설정했다. 이렇게 할 때만이 물음이 먹혀들어가고 실제적인 연구를 진행할 수 있기 때문이다. 그런데 바로 이런 점으로부터 본 연구는 원천적으로 藏族, 羌族, 彝族에게 있어서 한류의 보다 심층적인 의미는 파악할 수 없는 취약점을 보이고 있다. 그리고 보다 많은 이들 소수민족 지역이나 인원들을 커버하는 面을 확보했어야 함에도 그렇지 못하다보니 点에 치우치고만 아쉬움이 남는다.

본고는 중국 서부지역에서의 藏族, 羌族, 彝族과 한류의 매치에 대해 한 윤곽을 그려본 것으로 만족하겠다. 그리고 본고가 앞으로 이들 藏族, 羌族, 彝族에 있어서의 한류에 대한 지역적인 비교연구나 성별, 학력, 직업, 계층 등 여러 차원에서의 한류 연구에 밑받침이 되기를 기대해본다.

참고문헌

이상훈, 「퓨전문화로서의 한류 이해」, 『동양철학』, 철학문화연구소, 2005.

최현미, 「지속 가능한 한류를 위하여-7」, 『문화일보』, 2005. 5. 9.

한국청소년개발원, 「설문 분석을 통해 본 한류 인식 실태」, 한국청소년개발원, 2005.

한흥석, 「한류는 대도시 청소년들 주축 '오빠부대'에 불과」, 『주간조선』, 2001. 9. 13.

한흥석, 「'한류' 현상으로 본 중국 내에서의 한국 대중문화 수용」, 『정치외교』, 국제지역학회, 2005.

홍사종, 「포럼한류열풍 실체 있나」, 『문화일보』, 2001. 8. 31.

허진, 「중국의 한류(韓流)현상과 한국 TV 드라마 수용에 관한 연구」, 『한국방송학회』, 2002.

디지털 韓流와 중국 서부지역 발전을 위한 한·중 협력 방안 연구

김 경 배*

1. 서 론

'한류(韓流)'는 1990년 후반 중국 언론매체에서 처음 쓰기 시작한 신조어로 다른 문화가 매섭게 파고든다는 뜻의 '한류(寒流)'의 동음이의어인 '한류(韓流: Korean Wave)'[1]가 통용되기 시작하면서 본격적으로 자리를 잡았다. 이제 중국, 홍콩, 대만, 일본, 베트남 등지에서 젊은 청소년들을 중심으로 한국의 음악, 드라마, 영화, 패션, 게임, 음식, 헤어스타일 등 대중문화와 한국 인기 연예인을 동경하고 배우려 한다. 한류는 태동기(1980~1997년)와 발전기(1998년~2000년)를 거쳐 현재 확장기(2000년~현재)에 이르면서, 한국의 드라마, 영화, 음악 등의 분야를 비롯하여 최근에는 비보이(브레이크댄스)에 이르는 다양한 문화로 발전하였다.

문화에서 시작된 한류는 이제 한국이 짧은 시간에 정보통신 분야 'IT(Information Technology) 강국 코리아'로 부상하면서 제2의 한류인 '디지털 한류' 바람을 일으키고 있다. 디지털 한류는 세계적으로 우수성을 인정받는 한국의 디지털 제품과 정보통신 기술 및 이를 기반으로 한 서비스를 외국인들이 보고, 느끼고, 좋아하고, 구입하여 이용하는 것을 말한다. 디지털 한류를 보급하기 위해 한국에서는 세계 곳곳에 해외 인터넷청년봉사단을 파견하여 IT 기술이 낙후된 개발도상국의 어린이들에게 새

---

* 한국 서원대학교 컴퓨터공학과 교수

1) 경제사회연구회, 『한류의 경제적 효과 극대화 방안』, 2005, 62쪽.

로운 디지털세계를 보여주고, 미래를 향한 그들의 꿈을 만들어 가고 있다. 한국 정부에서는 2011년까지 197억 원을 들여 개발도상국에 디지털오디오방송(DAB) 체계 등을 일괄 지원하는 등의 보급 사업을 진행하고 있다. 또한, 전후 복구가 한창인 이라크의 IT인재들이 LG전자에서 첨단 IT를 전수받고 있으며, 대구 영진 전문대학에서는 중국 웨이하시기술대학 교수에게 한국의 뛰어난 주문식 IT교육 을 전수해 주고 있다[2].

오늘날 현대문명은 아날로그 시대에서 디지털시대로 변화되었고 디지털 한류 의 영향으로 인해 각국은 한국의 IT 분야의 발전 과정을 모델로 하여 자국의 IT산 업의 발전을 이루기 위해 많은 노력을 기울이고 있다. 중국은 1978년 개방 이래 고도성장을 구가하고 있으나, 주로 남부 및 동부 연해지역을 중심으로 한 불균형 지역개발에 경주하였다. 그 결과, 서부지역은 풍부한 천연자원에도 불구하고 열 악한 인프라 등으로 개발이 지체되어 극심한 빈곤에 시달리며 동서 간의 격차가 심화되고 있다. 서부지역은 1960년대 초반부터 사천, 충칭, 귀주 등을 중심으로 중공업과 군수 산업 기반이 형성되었고, 군사 목적을 위한 군수산업 및 과학 기술 단지들이 있다. 그러나 중국이 개방된 이후, 중국이 전 세계 상품의 제조공장이 되면서 수출입이 편리한 동부 및 연안지역으로 집중적인 투자와 개발이 이루진 반면, 지역적으로 중국 내륙에 위치하여 상품의 수출입에 막대한 물류비용이 소 요되어 불리한 여건을 지닌 서부지역에 대한 개발은 더디게 진행되었으며, 농업 과 국방 중공업 중심의 서부지역 인력이 동부의 개발된 도시로 이동하는 현상을 야기하였다. 이러한 문제점을 해결하기 위해서 중국 정부에서는 2000년부터 서 부대개발 사업을 진행하여 빠른 발전을 이루고 있으나, 동부지역과의 격차는 여 전히 벌어지고 있는 추세이다.[3]

따라서 본 논고에서는 중국의 서부지역이 지니는 지역적인 한계를 극복하기 위 한 방안으로 세계적으로 우수성을 인정받는 한국의 정보통신 산업 기술과 서부지 역의 산업이 협력할 수 있는 방안을 모색해보고자 한다.

---

2) 「中 대학교수들, 한국 주문식 IT교육 배우러왔어요」, 전자신문, 2007. 8. 1.
3) 「서부대개발 6년간 동/서부지역 간 격차 확대」, 서부개발보, 2006. 9.7.

2. 서부지역 특성 및 IT산업

1) 서부지역의 특성

서부지역은 아래의 <표 1>에서 볼 수 있듯이 사천(四川), 감숙(甘肅), 귀주(貴州), 운남(雲南), 협서(陝西), 청해(靑海)省 등 6개 성과 영하(寧夏)자치구, 신강(新疆)자치구, 내몽골(內蒙古)자치구, 광서(廣西)자치구, 서장(西藏)자치구 등 5개 자치구, 충칭(重慶)시 등 1개 직할시로 구성되어 있다4).

▌표 1▌ 서부지역의 개요 – 2001년도 기준

지역범위	사천, 감숙, 귀주, 운남, 청해, 산서성, 충칭시, 영하, 티벳, 신강 등 10개 성 · 시 · 자치구
면적	54.5만km^2(중국 전체의 56%)
인구	2억 8,800만 명(중국 전체의 23%)
천연자원	중국 전체 수자원량의 82%, 천연가스의 86%, 석탄의 36%

자료: 삼성경제연구원, 2001. 1.

서부지역의 면적은 54.5만km^{2}로 중국 전체의 56%를 점유하나, 인구는 2.88억 명으로 중국 전체의 23%에 불과하다. 또 티벳족, 위구르족 등 대다수의 소수민족이 거주하고 있으며, 전체 양쯔강(長江)을 기반으로 중국 수자원량의 82%, 천연가스의 86%, 석탄의 36% 등 다양하고 풍부한 자원을 지니고 있다.

---

4) http://www.chinawest.gov.cn

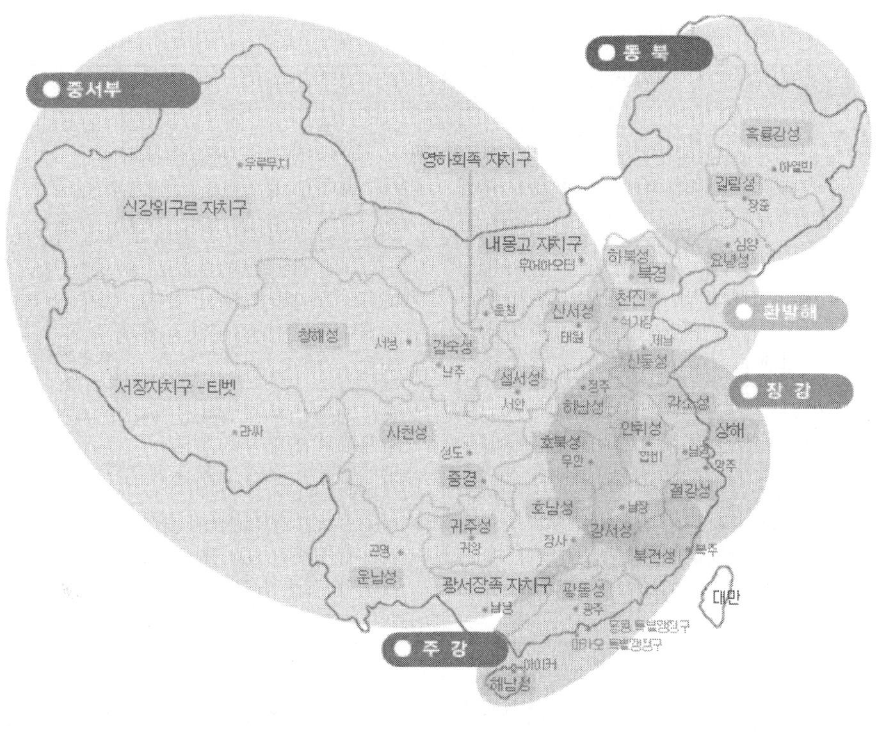

그림 1 | 중국의 혁신 클러스터
자료 : 한국과학기술협력센터

중국 정부에서는 [그림 1]과 같이 중부와 서부를 연결하는 산업 클러스터를 구축하고 있어서 중부와 서부를 포함하는 경우에는 12개의 성, 직할시, 자치구를 포함하는 광활한 지역으로 면적은 중국 전체의 71%, 인구는 28%에 이른다.

▌표 2▌ 서부대개발 사업의 주요 성과 및 문제점

주요 성과	문제점
– 도로 건설 : 현재 서부지역의 도로 구간은 70만km인데, 그 중 고속도로가 1만km로써, 이 중 3분의 2는 모두 서부대개발 전략 실시 이후에 부설되었다. 공항을 비롯한 교통시설의 경우 일부 중추공항의 개조 및 확대 건설, 지선 공항의 건설에서 성과를 이루었음. 철도, 수상운수항로 역시 크게 개선되었으며, 이밖에 수도관 네트워크, 천연가스 시설 및 쓰레기 처리 등을 비롯한 도시 인프라의 구축. – 생태환경 건설 및 보호: 퇴경환림(退耕还林경작지를 삼림으로 환원), 퇴목환초(退牧还草방목지를 초원으로 환원) 및 천연림보호 등 중대프로젝트는 서부지역의 생태보호에 크게 기여함. – 서부지역의 산업발전 이룩함.	– 서부지역의 지역차 : 동부지역, 특히 발달한 연해지역과의 격차가 아직도 존재. – 서부지역은 내적 발전능력, 특히 산업발전 분야에서 동부지역과의 격차가 존재. – 서부지역의 인프라의 취약성: 인프라구축 분야에서 역사적인 성과를 낳았다고 할지라도 이는 현 실정에서 볼 때, 여전히 취약한 부분임. 서부지역의 도로망, 나아가 철도망은 밀도가 크지 않으며, 서부지역의 성(省) 간 도로연결, 특히 서부지역과 중부지역/동부지역 간 간선도로의 연결에 문제점이 존재하고 있음. – 생태환경에 대한 건설과 보호의 지속적인 강화가 필요함. – 인재문제 : 서부지역은 최근 몇 년간 인재개발에 상당한 노력을 기울여왔으나, 노동환경 및 생활여건의 취약성으로 인해 기타 지역으로의 인재유출이 해결되지 않음.

중국 정부에서 2000년부터 적극적으로 실시하고 있는 서부대개발 사업은 <표 2>와 같은 주요 성과와 함께 해결해야 할 문제점을 지니고 있다.5) 주요 성과면에서는 산업 인프라를 위한 도로 및 공항의 건설과 수상 운항로의 건설, 생태환경 건설 및 보호, 그리고 산업의 발전을 들 수 있다. 문제점으로는 여전히 존재하는 동부 해안지역과의 지역 차와 지속적인 발전을 이끌 수 있는 능력의 부족, 상대적으로 열악한 인프라의 취약성, 그리고 인재 문제 등이 있다. 이중에서 지역 산업을 이끌어야 할 우수 인재의 유출은 서부지역의 지속적인 발전의 가장 큰 저해 요소가 될 가능성이 높다.

---

5) 『중국 서부대개발 4대 성과 및 4대 문제점』 中國改革報-한중과학 기술 협력센터 조사, 2007. 4. 12.

2) 서부 주요 도시의 IT 산업–서부대개발 사업을 중심으로[6]

서부대개발 사업은 2003년 전국인민 대표자 회의에서 동서 간의 균형발전, 내수 진작 및 소수민족 거주지역의 정치안정 도모를 위한 서부대개발 추진을 공식으로 천명하면서 시작되었다.[7] 서부개발을 통해서 심각한 내수 부진문제를 해결하고 소수민족이 주로 거주하는 낙후된 서부지역의 생활수준 향상을 통한 정치적 안정을 도모하며, 개혁과 개방 이후 추진된 동부연안 중심의 개발로 발생된 동서 간 빈부격차 심화로 인한 지역적 불만과 환경문제 등을 종합적으로 해결하고자 한 것이다.

국가적으로 지원하고 있는 서부대개발 전략에 힘입어 몇몇 서부지역 경제력은 20%정도의 속도로 눈부신 성장을 거듭하고 있다. 특히 IT산업의 지역경제 견인차 역할이 두드러지고 있는 가운데, 디지털 도시, ADSL 구축, 전화 村村通사업 등 서부지역 정보인프라 구축 사업 등이 진행되었다.

① 섬서(陝西)성

'서부대개발 전략'은 섬서성의 인프라 구축에 촉매 역할을 함과 동시에 섬서성 IT 산업의 비약적 발전에 새로운 계기를 마련해주었다. 최근 수년 동안 연간 20%의 고속 성장으로 섬서성 최고의 주력 산업으로 떠올랐음에도 불구하고 아직도 이곳의 IT 산업은 동부 연안지역과 비교할 때 완만한 성장 속도, 다양하지 못한 제품 품목, 그리고 단일한 산업구조 등 문제점을 노출하고 있다.

성서성 중점 육성 IT 산업에는

① 디지털 가전제품, 디지털 오디오제품을 비롯한 소비가 전류 제품
② 프로그램제어 교환기, 이동통신, 컴퓨터 및 디스플레이 단말기, 네트워크 제품 등 통신류 제품

---

6) 『중국 서부지역 주요 성시 IT 산업 발전 전략』 주간포커스, 한중과학기술협력센터, 2005.7.
7) 전황수, 『중국의 서부대개발과 IT 정책』, 『전자통신동향 분석』, 18권 6호, 2003. 12.

③ 소비류와 투자류 제품의 첨단 전자부품(특히 칩원자재 및 전자소자)
④ 국방현대화용 전자시스템장비와 국방 중점공정 관련 제품
⑤ S/W산업(우선 중점육성 분야)

등이 있다.

② 사천(四川)성

사천성은 서부대개발 전략의 공식 추진과 함께 타 지역의 기업 유치 등을 통해서 성 경제의 대 · 내외 개방 폭을 확대하고, 이를 기반으로 산업발전 여건을 마련해 지역 산업규모 확대에 주력해 왔다. 특히 그 중에서도 IT 산업의 급성장이 괄목할 만한데, IT 산업은 사천성 공업발전의 촉매제 역할을 했을 뿐만 아니라 농업 생산 증대, 고용기회 창출, 생태계 보호, 제조업 종합역량 · 도시화율 · 지속 가능한 발전능력 향상에도 크게 기여하였다. 사천성은 IT 산업 규모에서 연속 몇 년간 전국 9위 수준을 유지해 서부지역 중에서도 외국기업들이 가장 선호하는 공장 및 R&D센터 투자지역으로 떠올랐다. 특히, 인터넷산업의 분야에서 인터넷 지원시스템 구축에 필요한 IT 제품 제조업, SW산업, IT 서비스 산업이 급신장세를 거듭하고 성 경제의 정보화가 이루어지는 "3업1화(三業一化)" 현상도 나타나기 시작했다.

사천성은 과거에 건설된 전자공업기지와 국방공업기지를 현대 시장경제 특성에 맞는 공업기지로 변화시키기 위해 여러 가지 노력을 기울이고 있다. 그 중 하나가 각 지역 특성에 맞는 산업 구조조정과 지역 특화기지 건설 정책으로 S/W 및 시스템통합(SI), IC설계 및 제조, 정보보안 및 군사 시스템 장비 산업을 중점 육성하고, 면양(綿陽)시에는 장홍(長虹), 구주(九洲) 등 유명 가전 업체를 선두주자로 하는 디지털TV와 디지털 가전제품 산업 발전을 촉진하며, 광원(廣遠)시는 군사전자 장비산업의 중점 육성 지역으로 정하였다.

③ 충칭(重慶)시

충칭시도 다른 지역과 마찬가지로 2000년부터 시작된 서부대개발에 힘입어 IT 산업의 고속 성장을 이루었다. 2000년부터 3년 연속 30%라는 기록적인 IT 산업 성장률로 인해 전체 규모가 2배 증가하였다.

그러나 충칭시 IT산업 전체 수준이 여전히 중국 평균수준에 불과할 뿐이어서 충칭시는 동부 연해지역과의 격차를 좁히기 위해 신식산업부의 <국가 서부대개 발전략 수행 및 서부지역 IT산업발전 심화에 관한 의견(關與貫徹國家西部大開發 戰略, 進一步推進西部地區信息産業發展的意見)>을 기조로

① 소프트웨어 및 정보서비스 산업
② 통신장비 산업
③ 디지털의료 산업
④ 지능화 정밀기기 산업
⑤ 자동차전자 산업
⑥ 정보가전 산업

등 6개 산업에 걸친 산업사슬을 구축하기로 결정하였다.

소프트웨어 및 정보서비스 산업을 위해서 미들웨어 개발, 네트워크 보안프로 그램, 통신프로그램, 플랫폼 S/W, 내장형 S/W 및 산업응용프로그램의 개발을 중점적으로 지원해 유명 로컬 S/W브랜드를 개발하고, 더불어 S/W의 아웃소싱을 중심으로 IT 서비스 수출 구조를 형성한다. 통신장비 산업으로는 광섬유 접속 및 네트워크제품, 멀티서비스 기능의 6300시리즈 전송플랫폼, 8000시리즈 지능형 토털 접속플랫폼, 양방향 디지털전송제품, 이동비즈니스전화기, 블루투스제품, 멀티미디어통신 및 응용시스템, 관련 장비 및 시스템통합 등을 중점적으로 개발 한다.

TD-SCDMA 3G 단말기 연구개발 분야에서 충칭시가 확보한 비교우위를 이용 해서 TD-SCDMA 3G휴대폰의 산업화를 추진함으로써 연구개발 → 제조 → 판매

→ 운영 → 컨텐츠 서비스 형태의 3G휴대폰 산업 사이클을 구축한다.

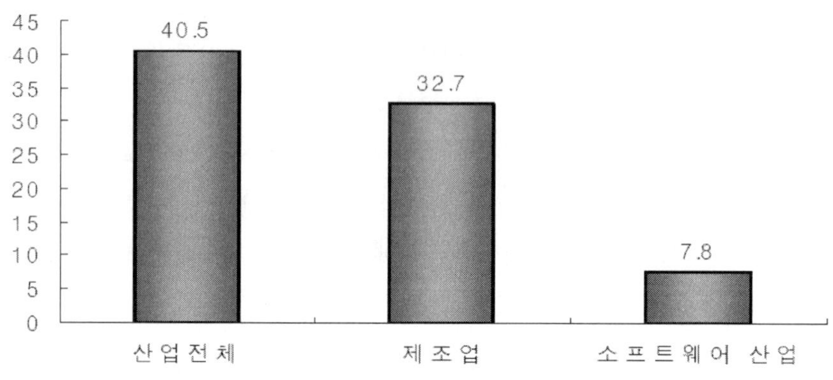

그림 2 2004년도 충칭시 IT 산업 매출액(단위: 억 위엔)
자료: 新華網-2005. 6. 11

3. 한 · 중 간의 정보통신 분야 협력 모델 예

1) 중국 TD-SCDMA 이동통신 산업에서의 협력 모델

중국은 세계 최대 이동통신 대국이다. [그림 3]에서와 같이 작년 12월 현재 중국의 이동통신 가입자 수는 6억 4,100만 명이고, 지난 2008년에는 월 평균 800만 명이 신규 가입자로 늘어났다. 중국 이동통신 가입자 수는 2001년 3월 1억 명을 넘은 뒤, 작년 6월 6억 명의 벽을 돌파했으며, 2004년에는 유선통신 보급률을 능가했다. 이동통신시장 규모도 세계에서 가장 커서 2007년 중국 휴대전화시장은 1,710억 위안(약 34조 2,000억 원)이었으며, 작년 중국 내 휴대전화 판매량은 2억 2,200만 대였다.

┃표 3┃ 중국 통신 서비스 시장 현황(산은경제연구소)

구 분	2003	2004	2005	2006	2007
인구 (백만 명)	1,292.3	1,299.9	1,307.6	1,314.5	1,321.3
1인당 GDP (bil. USD)	1,648	1,936	2,280	2,672	2,980
유선통신					
가입자 (백만명)	262.9	311.9	350.0	386.0	419.1
보급률(%)	21.1	24.1	27.0	28.1	27.8
이동통신					
가입자 (백만명)	269.0	334.8	398.0	461.1	535.7
보급률(%)	20.9	25.9	30.3	35.3	41.6

최근 이동통신 서비스에서는 3G 통신 방식으로 전환하고 있으며, 중국은 CDM
A2000과 WCDMA에 대응하는 독자적인 TD-SCDMA(Time Division-Synchron
ous CDMA) 방식을 표준으로 했다. 작년 4월부터 베이징·톈진·상하이·선양
(瀋陽)·광저우(廣州)·선전(深圳)·샤먼(廈門)·친황다오(秦皇島) 등 8개 도시
에서 TD-SCDMA 상용화를 개시하였고, 차이나모바일은 작년 말까지 10개 도시
의 통신망 건설을 끝냈고, 올해 6월까지 38개 도시로 확대할 계획이다8). 현재
서부지역에서도 중요 IT분야로 차세대 중국 이동통신의 표준이 될 수 있는 TD-S
CDMA에 대한 개발을 활발히 진행하고 있으며, 충칭시는 TD-SCDMA 3G 단말
기 연구개발 분야에서 주도적인 역할을 수행하고 있으며, 3G 관련 기술 개발 및
단말기 개발에 적극 참여하고 있다.

TD-SCDMA가 중국의 독자적인 기술 표준이지만 휴대전화 단말기 분야는 한
국 기업과 적극적인 협력을 하고 있다. 한국은 이미 미국의 퀼컴사의 CDMA 원천
기술을 세계 최초 상용화하여 전 세계 CDMA 시장과 휴대전화 시장을 선도하고
있다. 이러한 경험을 바탕으로 한국 기업들은 TD-SCDMA 관련 기술 개발이나
시연에 참여하고 있다.

삼성전자는 2004년 12월 세계 최초로 TD-SCDMA 모뎀 칩을 탑재한 휴대전화
를 개발, 통화에 성공했으며, 2005년 2월에는 중국 공업정보화부에 상용화 테스

---

8)『중국 모바일 기술발전 '괄목', 한국 기업의 선택은?』, 오마이뉴스, 2009. 2. 1.

트용 휴대전화를 제공했다. 작년 4월에는 글로벌 휴대폰 제조기업 중 최초로 TD-SCDMA 휴대전화 'SGH-L288'을 시장에 내놓았고, 6월에는 'i688'을 출시했다. 두 제품은 베이징올림픽 기간 베이징올림픽조직위원회의 공식 휴대전화로 사용되어 호평을 받았다. LG전자도 2005년 10월 선전 첨단기술박람회에서 트라이-모드 TD-SCDMA폰을 공개하고 이를 이용한 동영상 통화시연에 성공했다. 작년에는 TD-SCDMA와 WCDMA, 2G 방식인 GSM 및 GPRS를 모두 지원하는 'KD876'을 공개하기도 했다.

따라서, TD-SCDMA 사업을 적극적으로 추진 중인 중국의 서부지역 기업들이 미국의 CDMA 기술을 성공적으로 상용화시킨 한국 IT기업과 협력하여 상용화를 위한 노하우를 이용하여 효과적으로 결합한다면 현재 시범 수준에 있는 중국의 TD-SCDMA 기술을 상용화 수준까지 올릴 수 있을 것이다.

2) 한국 소프트웨어 진흥원의 멘토지원 사업

한국의 지식경제부와 한국소프트웨어진흥원에서는 효과적인 패키지SW 해외 진출을 지원하기 위하여 중소 SW기업의 글로벌 품질역량 제고를 통한 중소SW 수출 멘토링 지원사업을 지원하고 있다. 즉, 한국의 유망 중소기업의 S/W 제품을 대상으로 해외 채널을 보유한 선도기업과 함께 컨소시엄을 구성하여 [그림 4]의 품질 개선 절차를 거쳐서 한국의 소프트웨어의 현지화 작업을 통한 글로벌 경쟁력을 향상시키는 사업이다.

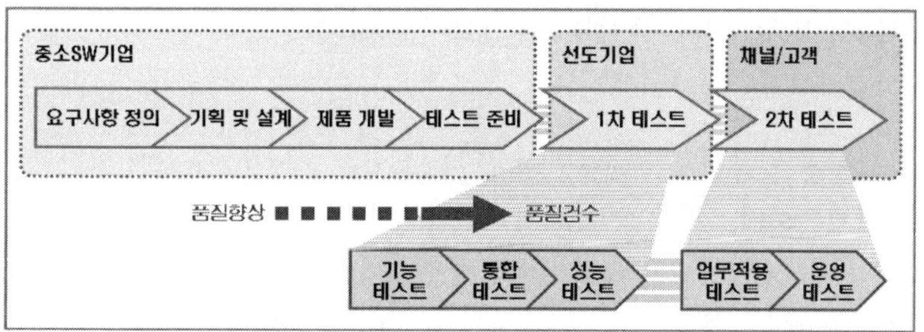

그림 3 멘토링 사업에서 SW 품질개선을 위한 절차
자료: 한국소프트웨어진흥원, "중소SW 수출 멘토링 지원사업 안내서", 2008

2008년도에 중국의 (주)중경중우과기유한 공사, 한국의 (주)한국공간정보통신, 그리고 중국의 회사들이 참여하여 컨소시엄을 구성하고, (주)한국공간정보통신의 GIS(Geographic Information System)용 소프트웨어인 IntraMap[9]을 중국 현지에 맞게 중국어 버전으로 개발하고 개발된 중국어 버전의 품질 개선을 위한 테스트 등을 수행하였다. 본 멘토 사업에는 한국의 (주)한국공간정보통신의 엔지니어뿐만 아니라 중경우전대학교와 중우과기기술유한회사에서 12명의 GIS 관련 교수진(박사 4명, 석사 8명), 35명의 대학원생, 그리고 다수의 학부생 인력이 참여하였고, 기술 개발과 교육 등을 수행하였다.

본 과제의 수행을 통해서 지금까지 중국에서 서구의 제품을 사용하면서 값비싼 소프트웨어 사용료와 유지보수 비용을 지불해왔지만, 향후 한국의 소프트웨어를 사용하게 되면 비용 절감의 효과를 얻을 수 있을 것이다.

또한, 본 과제를 통해서 얻은 결실로는 두 나라의 기술 엔지니어들이 교류를 하면서 서로의 소프트웨어 개발 문화뿐만 아니라 서로의 문화를 이해하면 공조할 수 있는 기회를 제공함으로써, 향후 아시아 문화권 시장에 한국과 중국이 공동으로 진출할 수 있는 협력 모델을 위한 기반을 만들었다.

---

9) http://www.ksic.co.kr

4. 서부지역의 우수 인력 수급의 문제점

2006년 중국 연구개발비(R&D) 지출액은 전년도 보다 78억 달러 증가한 377억 달러에 달함으로써, 세계 6위를 차지했다. 미국, 일본은 각각 3,437억 달러, 1,513억 달러로 세계 1위, 2위를 차지했다. 그리고 독일(686억 달러), 프랑스(453억 달러), 영국(396억 달러)순으로 그 뒤를 이었다. 캐나다, 한국은 각각 250억 달러, 236억 달러로 중국에 이어 7위, 8위를 차지했다. R&D지출 성장속도를 보면 1996~2006년까지 10년간 중국 R&D지출은 연간 19.7%로 세계 주요 선진국의 성장률보다 훨씬 높은 편이다. 이는 [그림 5]에서 보는 바와 같이 38개 국가를 지역분포에 따라 분류한다면, 미국-캐나다, EU 15개국, 일본-한국이 세계 R&D 지출의 3축을 형성하고, 이 세 개 축의 R&D지출이 총액에서 차지하는 비중은 각각 42%, 27%, 20%로 집계되었다. 중국은 이 세 개의 축 이외 국가에서 가장 중요한 위상을 차지하고 있다.10)

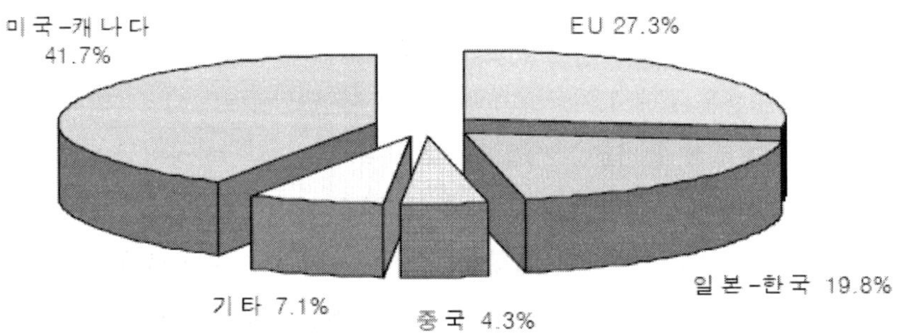

그림 4 　주요국가 및 지역 별 국가 총지출액 대비 연구개발비 지출 비중
자료: 2006. 12. 12 중국과기부-한중기술협력센터

이러한 연구개발비의 증가에 연구개발 인력도 꾸준히 증가하고 있으나 연구개발 인력의 지역적인 편차가 심하게 발생하고 있다.

---

10) 한중과학기술협력센터, 『중국 R&D 경비 지출 국제 비교』

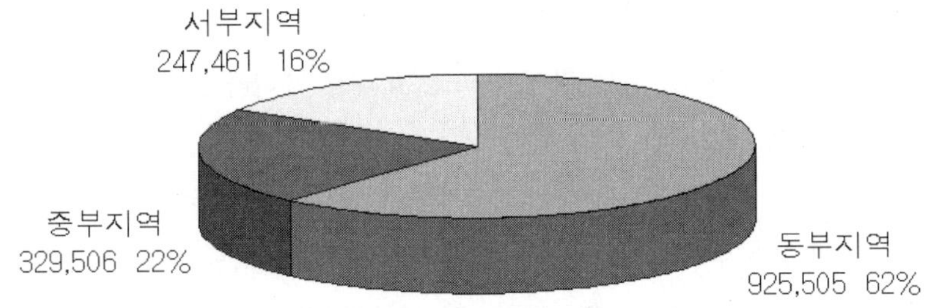

그림 5 2006도 중국 연구개발 인력의 지역적 분포
자료: 중국과기부 홈페이지

[그림 6]에서 볼 수 있듯이 중국 전체 연구개발 인력의 62%인 925,505명이 동부지역에 있고, 22%인 329,506명이 중부지역에 있다. 서부지역에는 전체 연구개발 인력의 16%인 247,461명만이 분포하고 있으며, 이는 한국과 중국이 협력하여 서부지역에서 최첨단의 IT 연구개발을 수행함에 있어서 가장 치명적인 약점으로 작용하고 있다.

중국의 동부지역은 급속한 발전으로 인해 급속한 인건비 상승과 인플레이션 등으로 인해 이미 많은 한국의 기업들이 베트남이나 라오스와 같은 동남아시아 지역으로 이전을 하고 있는 상황이다. 이에 비해 서부지역은 인건비 등에서 장점을 지니고 있으나, 아직 서부지역에 대한 낮은 인지도와 고급 인력의 부족 등이 문제점으로 남아 있다.

따라서 지속적인 중국 정부의 투자를 통해서 생활 및 기업환경을 변화시키고, 대학에서의 고등교육을 통한 고급 기술 인력의 확보를 통해 서부지역에 상주하는 고급 인력의 수가 증가할 때, 한국을 비롯한 많은 기업들이 서부지역의 투자 및 진출에 노력할 것이다.

5. 결 론

중국을 비롯한 아시아 지역의 한류 열풍은 영화·방송 드라마 등 문화콘텐츠의 수출과 외국 관광객의 꾸준한 증가뿐만 아니라 한국기업의 브랜드 인지도는 급격한 향상에 기여하고 있다. 이는 경제적 파급 효과뿐 아니라 돈으로 환산할 수 없는 국가의 이미지 제고에도 기여했다.

이제 문화에서 시작된 한류는 한국이 짧은 시간에 정보통신 분야에서 'IT(Information Technology) 강국 코리아'로 부상하면서 제2의 한류인 '디지털 한류' 바람을 일으키고 있다. 기존의 문화 한류와 달리 디지털 한류는 각국의 경제발전과 정보통신 기반 인프라의 발전에 기여한다는 것이 큰 특징이다.

중국의 서부지역은 중국 정부에서는 2000년부터 서부대개발 사업을 진행하여 빠른 발전을 이루고 있으나, 동부지역과의 격차는 여전히 벌어지고 있다. 본 논고에서는 중국의 서부지역이 지니는 지역적인 한계를 극복하기 위해 세계적으로 우수성을 인정받는 한국의 정보통신 산업 기술과 서부지역의 산업이 협력할 수 있는 방안을 찾아보고, 한국과 중국 간의 협력 예를 통해서 이후 서부 지역의 발전 방안을 모색해 보았다.

끝으로, 최근 한국과 중국이 매우 가까운 거리에 있으면서 체제의 차이성과 문화적인 차이점으로 인한 거리감이 인터넷 등을 통해서 일부 사건들이 확대 해석되고 전파되어 중국의 반한이나 한국의 반중 감정으로 표출되고 있다. 그러나 한국과 중국은 같은 아시아 국가로서 비슷한 현대사를 겪어 왔다. 서구화의 물결 속에 일본의 침략으로 일본에 대항하며 항쟁한 역사, 동족 간의 전쟁, 그리고 현재 둘로 나누어진 현실이 모두 비슷하다. 이러한 두 나라 간의 비슷한 현대사 속의 아픔을 서로 이해하고 협력해 가면서 슬기롭게 극복해 간다면 아시아의 중심 국가인 한국과 중국이 세계를 이끌 수 있는 국가로 도약할 수 있을 것이다.

참고문헌

「서부대개발 6년간 동/서부지역 간 격차 확대」, 서부개발보 2006. 9. 7

「中 대학교수들, 한국 주문식 IT교육 배우러왔어요」, 전자신문 2007. 8. 1

「중국 모바일 기술발전 '괄목', 한국 기업의 선택은?」, 오마이뉴스 2009. 2. 1

「중국 서부대개발 4대 성과 및 4대 문제점」, 中国改革报, 2007. 4. 12.

「중국 시부지역 주요 성시 IT 산업 발전 전략」, 『주간 포커스』, 한중과학기술협력센터, 2005. 7.

경제사회연구회, 『한류의 경제적 효과 극대화 방안』, 2005.

전황수, 「중국의 서부대개발과 IT정책」, 『전자통신동향 분석』, 18권 6호, 2003. 12.

中国西部开发网 <http://www.chinawest.gov.cn>

(주)한국공간정보통신 <http://www.ksic.co.kr>

全面渗透中的发展 － "韩流"在陕西

裴小旗*

1. 关于本次调查情况的几点说明

1) 調查時間

本次调查进行的时间为2008年4月初至2008年5月初。从发送问卷到整理问卷历时约30余天。

2) 調查地点

本次调查进行的地点集中在陕西，主要是整个陕北和西安，调查对象有大、中学生和企事业单位工作人员。

3) 調查方式

本次调查主要采用书面问卷，电话调查，聊天式调查等方式进行。

2. 根据本次调查所得出的一些结论

原始问卷共包括18道题。根据它们所反映内容的不同，我将它们大致分为以下几类：

* 연안대학교 민속학과 교수

1) "韓流" 中所体現出來的韓國文化現象

2) 接觸韓流和韓國的途徑

3) 韓流的現狀和前景

4) 韓流對青少年的影響

下面我结合以上四个问题就本次的调查结果做一些分析和说明

1. 在陕西省对韩流现状进行调查的意义和价值

1) 陕西省的概况

陕西省简称秦。位于东经105°29′－110°15′，北纬31°42′－39°35′，地处我国黄河中游，北部跨黄土高原中部。北界内蒙，西临宁夏、甘肃、南接川、渝、鄂、东与山西、河南为邻。全省面积20.56万多平方公里，人口3596万人，有汉、回、满、蒙古等民族。陕西省作为西部大开发战略的核心地区是中华民族文明史的发祥地，拥有深厚的文化底蕴，省会西安（古称长安）——————十三朝古都，在历史上一直是中国（特别是汉唐时期），政治、经济和文化中心，影响着中国及世界，同时也较多的受到异域文化的影响。

2) 對陝西進行調查的意義和价值

陕西地处内陆，是中国地理中心，是西北五省中经济文化较发达的省分，其省会西安又是整个西北的文化、政治、经济中心，所以做对陕西省受"韩流"影响的调查对于研究陕西省的文化、社会具有重大的意义，史对研究我国西北地区受"韩流"的影响有重要借鉴价值。中韩两国有着2000多年的及好交往历史，中韩1992年建交以来，两国的交流与合作不断加强，呈现出蓬勃发展的势头，也为陕西与韩国进一步加强交流与合作提供了广阔的发展空间。韩国与陕西省之间的交易额，在2005

年约2.25亿美元，是中韩两国总交易额的0．2％；截止2005年，韩国对陕西省的总投资额约2300万美元，是韩国对华投资总额的0．07％。2007年9月20日大韩民国驻西安总领事馆在西安高新区国际商务中心正式开馆。近年来，陕西和韩国的交往不断加深，特别是前年"中国陕西省－韩国友好周"和去年"中国陕西省－韩国合作周"分别在西安和韩国首都首尔成功举办，更进一步加深了双方的相互了解，为双方开展全方位、多领域合作奠定了良好的基础。研究"韩流"在陕西的影响对于促进陕西和韩国的交流有着十分重要的意义。因此我将此次的调查地点放在了陕西。

2. 陕西省"韩流"现状调查结果

本次调查主要采用书面问卷，电话调查，聊天式调查等方式进行。发放调查问卷100份。

从调查问卷所反映出来的资料看，被调查者了解韩国的途径主要是通过影视剧，特别是女性被调查者，其85％了解韩国是通过电视剧。在被调查者中，每人观看韩剧的数目大多为5到10部，占到总人数的80％。可见韩国电视剧是"韩流"最重要的载体。52％被调查者选择 "韩流"出现是因为韩剧的盛行。55％的接受调查的人表示，他们最期待的外国电视剧为韩国电视剧。韩流影视剧带动了韩国家电、汽车、手机、电脑等IT产品在陕西的热销，现在陕西稍有规模的商场都有韩国电子产品和韩国食品的专柜。受访者均可以随口说出一些韩国品牌。从以上数据可以看出，韩国电视剧是"韩流"传播的重要载体。

"韩流"，是指韩国音乐、电视剧大举登陆中国后人们的一种形象说法，它谐音于"寒流"，暗指我国的音乐和电视剧处于被动地位。越来越多中国人（尤为80、90后的人）熟知和接纳。韩国电视剧、韩国音乐、韩国服饰乃至韩国美容都在中国风靡盛行。最初从韩国电视连续剧《爱情是什么》在中国播放，到韩国歌手在中国舞台的出现，"H.O.T"、"NRG"等韩国流行组合歌手的名字在中国传播开来，引起了无数青少年对韩国影视明星和歌手的兴趣和关注，形成了一股韩国流行歌曲、电视剧以及韩国影视明星的"热潮"。因为"韩流"在中国及其他亚洲地区的流行，所以部分学者提出了"韩国经济的出路就在韩流之中"的观点。　韩国政府最近也表示，要借"韩流"现象更多更广泛地进军世界文化商品市场，特别是中国文化市场，使"韩流"成为促进出口的桥梁。"韩流"滚滚，其内容也在不断扩大，日趋多样，一些青少年从喜欢看韩国电视剧，听韩国劲歌，"追星"，进而发展到追求韩国的商品，如韩国的化妆品、结婚礼服、韩国比萨饼屋、韩剧服装，以至韩国汽车、幼儿英语教材和教育玩具等。"韩流"对陕西的影响是全面的，它直接影响或间接影响着社会、经济的各个方面。

韩国文化最早走入中国，被国人接受的就是韩国电视剧，可以说是韩国电视剧带来了"韩流"。2004年韩国文化产品已经在世界市场上占到3.5%的份额，成为世界第五大文化产业强国。以电视节目的出口为例，其出口额近几年来几乎是成倍地增长：2001年出口额是1890万美元，2002年2880万美元，2003年4213万美元，2004年7146万美元。这些电视节目出口到美国、日本、中国、法国等18个国家。为韩国带去了大量的外汇。自从1992年中韩正式建交，两国的来往越来越频繁。1997年中国中央电视台播放了第一部韩国电视剧 <爱情是什么>，让中国人开始关注韩国，随之而来的是一阵观看韩国电视剧的热潮，<嫉妒> <爱情是什么> <蓝色生死恋> <澡堂老板家的男人> <熏衣草> <夏娃的诱惑> <野蛮女友>等韩国电视剧迅速占领了中国的电视剧市场，在中国引起巨大反响，其中大多数剧目随后在陕西电视台各个频道播放，高收视率对陕西产生了重大的影响。在与受访者的聊天交流中得出了观众对韩国电视剧做出的共同评价"节奏实在是慢的不行"，一个可以几集就讲完的故事偏偏要扩充到几十集。然而就是这"慢的不行"，才将人物的性格和故事情节展示的淋漓尽致，让观众感觉到"就象是自己家里的事一样"。有不少受访者说她们为了观看韩剧而放弃了许多别的事情，有的为了看深夜播出的韩剧而不惜第二天上班迟到。60%以上的韩剧观众是学生，其中大部分又是中学和大学的女学生，她们为了看韩剧而熬夜，严重影响正常的学习、生活。虽然她们自己也知道熬夜观看韩剧会影响正常学习，但是韩剧中那些美丽善良而又不乏个性的角色，唯美、浪漫、健康、令人向往的爱情的吸引力实在是太大。虽然冗长但这些不能掩盖韩剧的优点：

（一）韩国电视剧总能利用剧中的细节不失时机恰倒好处的宣传正确的生活理

念。包括教育，医学等方面。这样电视剧除了在讲述故事情节外还在人们不注意时加入了一些有教育意义的生活常识。比如：在 <看了又看>中，强调善男所在的学校要求孩子们每年都吃预防寄生虫的"虫子药"的事，点明了儿童防治寄生虫病的必要。还有就是剧中特别室入了如何教育孩子的问题，如何处理家长和老师之间关系的问题等。其实这些内容和本剧的主要情节毫不搭界，但是，很有科学根据也很自然的通过电视剧表现出来势必引起大家的思考。

（二）每部电视剧都很自然的显示了韩国人的孝观念。孩子对父母几乎到了百依百顺的地步。儿女的婚姻即使父母再刁难再反对也要千方百计的得到父母的同意。父母和长辈在家庭中是至高无上的。儿媳妇无论遇到多么刁蛮的公公婆婆都表现的极为孝顺，从不反抗，从不起"歹心"。这种积极向上的道德观念的宣传势必产生教育意义，有利于形成很好的社会风尚。

（三）虽然是以爱情题材为主，但贯穿着感人的励志情节，很教育人。总感觉电视剧给人带来奋发向上积极乐观的人生态度。无论对待爱情还是对待事业他们都很执着。比如 <大长今>，<加油，金顺>等。其实，电视剧的情节是很教育人的，是会对人产生潜移默化影响的。 我们可以从调查问卷上看到，这是韩国电视剧最受人喜爱的原因。

（四）韩国人很信服中医。他们把吃中药看为极其高贵的事情。穷人是吃不起中药的。而且把中药的作用很虔诚的夸大。他们比较信奉传统的东西，这在很多电视剧中都强调过。

（五）韩剧中很多情节都在强调抵制外国货。从电器，到日用品，几乎面面俱到。就连旅游都建议在国内消费，为了促进本国经济的发展。他们的影视作品中很少用外国演员，也是在抵制"外货"。虽然在抵制外货，但他们在娱乐方面却也在拼命的扩张，大批歌手演员登陆国外。占领它国文化市场。反映出他们强烈的爱国心理和民族意识。而正是这种爱国行为才使得许多观众深深的爱上它。

（六）韩剧中很注意提醒人们注意节约。甚至多次强调少用私家车，多坐公交车。节约这种细节是需要在电视剧中不断强调的，否则人们大都容易忽视。让电视剧中的一位老者罗嗦几句都达到目的，这很简单。韩剧中很多电视剧就不厌其烦的提示。

（七）韩剧中每个演员的表演都很到位。给人的感觉是，每个角色都好象是给这个演员量身定做的，非常有个性，演员的气质和剧中的角色很般配。韩剧中一般是编剧自己选择剧中的主要角色，而不是由导演一手遮天。编剧会按照自己作品中人物的详细情况选择适合的演员，所以，演员表演基本都很到位。

其实韩剧中这么多优点，使中国不同年龄层的人似乎都能在剧中对号入座，究其根原，不外乎是剧中体现的儒家文化在中国观众中产生的共鸣。韩剧的魅力在于儒家文化的现代专承，韩剧在中国受到如此青睐，也印证了国人对自身文化的先天需求与回归。

通过电视剧的带动，服装、餐饮、美容、旅游、留学、购物、甚至是学习都产生了巨大的变化。

韩剧里的穿衣是一波接一波带动流行的风潮。在 <浪漫满屋>播出之后，短外套以及胸下帖粉的上装便十分受到女孩子们的青睐。在城市服装市场上，"韩流"中最典型的标新立异的不对称设计款式也大行其道，他所运用的夸张手法满足了都市忙忙碌碌的人们渴望宣泄的心情：对于中学生来说，韩国的服饰特别可爱，打扮起来就像漫画中的女孩，或橱窗里的洋娃娃，谁不希望自己也能那样可爱漂亮呢？对于大学生，韩版活拨的服饰可以使自己像中学生一样可爱，优雅的装扮则有了成熟女人的风韵，略带野性的装饰又能突现个性，还有特别般配的情侣服装，真是让人爱不释手！如今走在陕西大小城市的街道上，韩版服饰随处可见，夸张的色彩，搞笑的图案，个性的设计产生了巨大的吸引力。特别是在西安，韩国风格的服饰更是随处可见。在追逐潮流的青年人中，韩剧在服饰方面的影响是最明显的。韩国引领着时代的潮流。在西安，韩国影视剧正在影响着或在改变着许多人的生活，和国内的其他城市一样，大街小巷，"韩流"漫卷。特别在一些年轻人聚集的场所，怪怪的发型，怪怪的服饰，"哈韩"直接催生出的"哈韩族"这一社会群落，"看韩剧，学穿衣"的口号已经以"韩剧"的名义获得了情感认同。在陕西部分大专院校的论坛上出现了不少有关"韩流"的帖子，有的甚至出现了以"韩流"为主题的论坛版块。

除了在服饰方面的影响外，在饮食方面的影响也不小。韩国料理遍地开花，走在西安的街道上，处处可以看见韩式餐馆，连陕北这种较为闭塞的地方也出现了很多韩国餐馆，部分县城都出现韩国料理。随着韩国餐厅越来越多，高低价位的餐点应有尽有，但是烤肉和大酱汤最好卖，应为在 <冬季恋歌>里男主人公的扮演者裴永俊说国："原来幸福就是这样，看到心爱的人煮的大酱汤在炉上沸腾。"<大长今>的播出，韩国的膳食和药品产量也热销，在陕西的大商场中，总能看到以长今为形象代言人的补品或药品。如大长今蜂胶。据商场反映许多消费者在选购保健品时直接要求推荐韩国保健品。但是，韩料理并不对陕西人的口味。他们只是好奇而去尝尝"新鲜"，只有28.7%受访者说好吃，表示还可以的占到爱访者的34%，而有37.3%多少的受访者表示再也不吃了。人的味觉是"先入为主"，小时吃惯的口味终身难改，追赶时髦也无法改变。

"韩流"又一个显著的影响是增强了韩国旅游业的吸引力，韩国成为我国出境游又一主要目的地。而这一现象产生的最主要原因是受韩剧的影响。自2004年后，来自中国大陆、台湾以及日本的游客中，有24.1%是直接或间接受到韩国电视剧的影响而去韩国旅游的。这些"韩流游客"为韩国带去了数十亿的外汇收入。调查问卷上显示，在日本，韩国，泰国与新加坡这4个国家中，52.5%的人选择了想去韩国旅游，29.3%的受调查者将韩国选为自己最想旅游的国家。他们"看韩剧对韩国惬意的生活，对人彬彬有礼，就想去韩国感受一下异国风情，看街舞和时装"。

许多韩国电视剧里的帅哥美女都做过整容手术，因此，"韩流"在陕西的风行也导致了人们外貌价值观的改变，大批韩国单眼皮帅哥的涌入改变了人们对单眼皮的看法，甚至连韩国明星们的长相都成了整形者的选择。韩国整形外科自然也随之声誉鹊起。如今，在省会西安有数十家韩国美容店或运用韩国技术美容的美容机构，虽然它们较之别的美容机构收费很高，但这丝毫没有影响，顾客仍络绎不绝，许多女性顾客拿着金喜善、宋慧乔、李英爱的剧照，要求将她们作为整形的模仿对象。不光整型美容方面受到"韩流"的影响，美发业受到的影响也不小，"韩国发艺"也引领着时代的潮流。"韩流"改变了人们对美的认识。

韩国有让人羡慕的工业，其汽车和电子产品两个方面最有竞争力。韩国的现代汽车在陕西的消费者中有着很好的口碑：小毛病少，性价比好，实用性强是众多消费者做出的共同评价。电子产品里的ANYCALL更是无人不知，无人不晓。三星的手机、数码相机在中国市场的占有率非常的高。韩国工业产品以其良好的性能征服了消费者。陕西省内三星、LG的专卖店随处可见。在陕西三星手机的销量仅居诺基亚之下。陕西省吴起县是一个只有五万人的小县城，现在拥有价格30万的韩国现代越野车19辆。在使用中司机们的感觉是，性能好，没有小毛病，实用性强。但售后服务跟不上，配件价格高，有些配件很难买到。

中韩合资的北京现代汽车，2005年在延安成立了银凯汽贸有限公司，到目前为止，售出北京现代汽车2千多台，平均每年出售5、6百台。2007年7月，银凯汽贸老板又成立了宏业汽贸有限公司，是一个专营北京现代汽车的4S店。7月至年底，又售出北京现代241台。销售经理认为，销售好的原因是外观时尚，性价比好，一般阶层容易接受。质量可以，有小毛病，但售后服务好。另一点是中国人的民族感情，有抵制日货的情绪在内。在价位和质量差不多的情况下，宁买韩国车不买日本车。

"韩流"的"入侵"其实是一种文化的交融现象，它的本质是韩国"青年亚文化"在全球范围内的传播。韩流的传播对我国人民的世界观、人生观产生了重大影响。这一影响又是双面的。积极的方面是：有利于宏扬独立精神；消极的方面是：人们的功利心和世俗性增强。

"韩流"的出现是知识传播和观念更新的需要。任何一种社会现象的产生，都不能离开时代的背景。中国自改革开放以来，在政治、经济、社会等各个领域取得了巨大的发展，中国人特别是青年人对于新颖而形式多样的文化现象有了更多的需求。在审视"韩流"涌入中国并赢得许多"哈韩族"的同时，我们应该看到，这在某种程度上也是由于中国本土的文化境域较少，正面提供或者说没有充分适应当代真实的质感的精神文化渴求，使供求之间存在较大差距，于是青年人必然要寻找其他替代。通过"韩流"的传播，我们接触了越来越多的韩国年轻一代的偶像，而且在韩国越来越具有经验的制造自己明星的声势中，我们越来越多的认识了韩国的文化，或是越来越对韩国前卫的或是后现代的行为方式是认可了。这是一个开放的时代，文化的多元化使我们有了更多的选择。我们愿意选择那些具有活力的新文化，并与其一起成长。而韩国文化，是在融合东西方文化的基础上发展起来的一种具有原创性的新文化，新鲜而不浅薄，因此对大家更具有感召力。另一方面我们也要看到它的传播必然要负载许多现代观念和新的知识，给大家以影响。"韩流"以其世俗化促进了世风的转变和世俗化，也促进了对僵化观念和落后生活方式的冲击。我们不能只纠缠于一些细枝末节，只看到青少年行止的不尽人（某些成人）意，悲叹"世风日下"，感慨"人将不人"或"国将不国"，这实在大可不必。在当前这个开放时代，外来文化的融浸与国内文化的多元已不应是值得奇怪的现象。当代青年已不愿亦步亦趋地跟进，他们天然地寻找着适合自己、更具活力的新文化，并乐意与新文化一起成长。尽管他们的选择可能有些偏向，他们的表达方式也太稚嫩，他们有时还被商业化炒作裹挟着懵懂地迈步。但无论如何，年轻人反应快，脑袋灵活，容易产生新思想，接受新事物，耳濡目染潜移默化的时间长了，不仅知识面扩大了，而且观念新了，视野开阔了，愿意以新的精神对待生活，面向世界，从而去改变自己的命运。从此角度看，可以说影响之大难以估量。思维方式和行为方式的形塑。生活不能没有平淡的轻松，不能没有休闲的愉悦，不能没有原始的放任。年轻时的躁动、梦幻、反叛、浪漫是人生多元文化生活的必然。

其实回眸一下历史，"韩流"不过是"港台流"、"日流"等时尚风潮的延续。青少年最推崇的就是外来文化的时尚和自我个性的张扬。只要有这两点，无论港台、日、韩风潮必定是一拍即合。而当"韩流"出现，以奇异美艳的时尚发型和装束、特立独行方式让中国的青年似乎找到了最佳结合点。一切唯我、唯现代、唯时尚、唯另类、唯美艳，这便是"韩流"与现代青少年迅速结合的内涵。这也说明了青少年对于快乐简单的渴求，这样简单浅显又个性张扬的东西能让他们放松满足。用快乐的方式生活，凭感觉唱歌、跳舞、成长，并不需要太多的理由。娱乐活动的多样性赋予青少年乐观自然的生活观念，使他们在娱乐中忘记烦恼。这也算是"韩流"给我们的有益启示吧！文化不能过于"沉重"、让人难以走出压抑，过于沉重决不应该成为文化消费的结果；而消费文化的轻松也决不应该以浅薄为基础让人轻浮，堕入轻浮毁掉的会是整个民族文化的构造。

"韩流"影响着价值观和人生观的选择。"韩流"得以广泛的流行，体现了当代青少年的价值认同与追求，是社会转型期青少年价值观的生动表现。"韩流"的前卫，或是"酷"也好，"蔻"也好，其实，只是一种包装的形式，是他们对这个自认为是"僵化世界"的反叛，是他们需要走出世俗以及要和传统对峙的一种存在方式。在这种极度扩张的视野中，它的表现也许是肤浅的，也会有颓废的情绪存在，而这些对于易于愤世嫉俗的年轻人人性化和人文精神的重建，要远比说教更容易被青少年所接受。

"韩流"有助于青少年个性的解放和民主化倾向的加强，赋予青少年积极的主体意识，使青少年呈现出具有时代特征的理性精神。在青少年的价值观念中，自我无疑是最重要的，自我意味着独立，是现代社会最起码的思想资源。青少年有自己的时尚和娱乐，有自己的表达方式，他们不一味地崇拜权威、顺从长辈，不循规蹈矩，崇尚个人的选择，这种独立的理性精神适应了现代社会生存竞争的需要，有利于发挥当代青少年的创造性、开拓新的道路。这种普遍的参与也可以说是一种"文化民主"。当然，精英们尽可指责这种文化低俗，没有深度和个性，但它毕竟给多数人的身心带来了愉悦和快乐。

"韩流"所带来的消极影响是：人们的功利心和世俗性增强。以大众文化和消费文化为本质特征的"韩流"，由于其感性的指向和追求愉悦的功能，必然带有娱乐性的特点。而由于其市场广大和文化产业的存在，其作为消费品必然会被成批地生产出来，以满足广大消费者的要求，同时满足文化商的赢利需求。这种只重视感性愉悦和被成批复制的产品难免带有低俗化和无个性的特点，风行一时即会被新的流行所取代。这种感性的流行和可以复制及批量生产以供大众消费的文化传播，必然给社会生活方式带来巨大而不可磨灭的影响。在这些影响中对青少年的影响是最显著的。

首先它影响青少年的生活方式。生活方式，最浅显地说，是回答人们"怎样生活"的问题。如果我们给它下个定义，那么生活方式是指在不同的社会和时代中生活的人们，在一定的社会条件制约下和在一定的价值观引导下，所形成的满足自身需要的生活活动形式和行为特征的总和。这个概念包括三个必不可少的构成要素：即生活活动条件；生活活动主体；生活活动形式。青少年的生活方式之生活活动条件是中韩建交及韩国强势文化的渗透；其生活活动主体是青少年；其生活活动形式是"哈韩"。"韩流"以娱乐为目的、以技术为手段、以文化商品生产的方式创造出来的这种被大众喜好的文化形式，不仅构筑起青年人一种全新的生活方式和生存方式，而且深刻地影响和改变着他们的认知、情感、思想与心理。

"韩流"还影响着青少年的审美方式。"韩流"对青少年审美方式的影响，一是审美追求感性化。"韩流"的本质特点是平面化的，没有多少崇高的追求，至少不以追求崇高为己任。理想主义受到冲击，不管是东方的还是西方的，甚至主流意识形态也受到忽视。英雄主义受到冷落，青少年更倾向于对直观形象的接受。读图成了青少年最主要的阅读方式，图形、图像成了接触最为频繁的媒体；图片成了杂志的主角，文字在某种程度上成为可有可无的东西，陕西省。"韩流"对形象化的追求使青少年更注重对文化的直观性体验而将思想意义放逐。二是审美情趣的低俗化。青少年审美的低俗化表现在其对审美对象的选择上，表现为古典严肃的文学艺术受到冷落。在审美方式上，他们追求浅显直接，在审美情感上，他们不再崇尚含蓄古朴，而去追求露骨的男女性爱和金钱关系，由此也带来了青少年行为处事、日常生活、社会交往等方面的世俗倾向。

"韩流"也影响青少年的成才方式。青少年世界观、人生观和价值观尚未定型，他们的思想最活跃，对社会潮流最敏感，但是他们的理性选择能力和是非辨别能力较弱，因此其成才方式受"韩流"的消极影响也越大，具体表现在青少年的成才观方面呈现出功利性、世俗性的特点。在市场经济的今天，更多的青少年把个人收入、社会地位作为人生成功的标志。当代青少年相信金钱和权力的威力，这种功利意识及其行为所表现出来的利益驱动性，集中体现了当代青少年"物质主义"的精神特征。他们越来越依赖于物质的满足，追求世俗的幸福。他们很少去追逐那些名扬天下的雄才大略、学家和政治领袖人物，而更崇拜世俗的明星人物，如韩国的安在旭，金喜善等。明星的耀眼光环深深的吸引着他们，明星的成功之途更是千千万万青少年所梦寐以求的。于是我们看到青少年表现出理想主义的匮乏、理性价值淡化。有的青少年竟然要整出和金喜善一样的眼睛。这反映了他们对"投机取巧""一夜成名"的成功方式的推崇与模仿。

"韩流"对青少年的影响体现在成才方式上，也集中体现在青少年对"酷"时尚的推崇上，他们以能扮酷玩酷为成功。青少年将"酷"表现为一种吸引力的现象、一种欣赏的水平。他们片面认为，充当电脑黑客为"酷"；充当杀手，"潇洒走一回"是"酷"；黑社会老大也为"酷"。总之，他们认为"酷"是一种挑战、一种勇气、一种能力、一种卓然独立、与众不同的特性。可以看出，"酷"满足了青少年彰显个性的心理需求，但是极端的"酷"使青少年一步步迷失了"自我"，其感性能力畸形增强，而理性能力日趋萎缩。他们丧失了自己本该有的成才观，"跟着感觉走"，"过把瘾就死"，其玩世不恭的态度，放弃理想和道德追求，丧失现实责任感，以至于无理性的潜意识、生命意识、性意识得以凸现，而认知理性和道德理性被湮灭。

青少年的生活方式、审美方式和成才方式都受到了"韩流"的影响。那么为什么会出现这种情况呢？为什么韩流在我省会出现如此大的影响呢？从调查反馈的信息来看，出现这种情况的原因是：

1. 韩国文化和中华汉文化有着很多历史上的相同之处，两国都在东亚文化圈内，有着儒家的文化传统，这也是韩国文化相比欧美西方文化，更容易被中国观众接受的原因。现代历史上陕西省与韩国的交流也是频繁的，早在抗日战争时期，毛泽东在延安闹革命时，韩国的作曲家郑律成和朝鲜人民革命军曾为中国革命事业作出过卓越的贡献。1937年至1942年郑律成生活战斗在延安，1939年冬，郑律成为八路军将士谱写了《八路军进行曲》。以英勇雄壮、铿锵有力的节奏歌颂了八路军朝气蓬勃的革命精神和勇往直前的英雄形象。在解放战争时期此歌改为《中国人民解放军进行曲》。这首脍炙人口的歌曲在解放区广为流传，至今延安40以上的人，一提起郑律成就会脱口而出"向前！向前！向前！我们的队伍向太阳……"。对延安，郑律成更是感慨万千"啊！延安，你这庄严雄伟的古城，热血在你胸中奔腾………"。他的这首《延安颂》，表达了千百万革命人民向往延安，热爱延安的真挚感情。这首歌很快从延安传到前方，从解放区传到国统区，直至海外。当时，很多革命者正是唱着这支歌，寄托着对毛泽东领导的抗日根据地的思念；许多国统区的青年正是唱着这支歌，披荆斩棘，冲破艰险，奔向延安，投入革命洪流。在延安，哪里有人群，那里就有《延安颂》、那里就有《八路军进行曲》。很多人知道郑律成的名字，都是从听他的歌曲开始的。这也为"韩流"在我省大范围，深程度的影响奠定了坚实的基础。

2. 韩国政府的文化发展政策的高度支持。韩国政府一向重视发展本国的民族文化，重视文化事业的发展与本土文化的输出。2004年4月2日至4日，韩国驻华大使馆大使权丙铉一行7人来延安大学访问。在延大举行的欢迎会上权丙铉发表了题为"东亚崛起与韩中关系"的演讲。之后，申沛昌校长代表延大聘请权丙铉为延大名誉教授。接着权为延大新成立的韩国文化研究所授牌。在权丙铉精心安排下，延大与韩国教育界的交流、特别是与韩国加力图大学的友好合作关系不断增强，有多次友好交流。韩国驻华使馆协力团派吴昌龟来延大教跆拳道。并为体育学院提供了3万元人们币的跆拳道服装和训练器材。吴昌龟从2002年9月至2004年7月在延安大学任教两年，教授几百名学生，他为延安大学开设了一门新专业，并为此专业培养了一批高水平的教师。他回国后，他的学生接替他担任跆拳道教练。现在跆拳道成为延安大学体育学院学生的必修课，其他专业学生的的选修课。延安大学同学自发组织了跆拳道协会，有会员150多人，他们坚持每周六和周日上午练习跆拳道两小时。并在日常的学习生活中宣传跆拳道知识，宣传韩国文化。不光延安开设了跆拳道课程，其他学校也有开设。现在陕西开设韩语课程的高校有20多所，不少学校还有大量韩国留学生，如：西安外国语大学，陕西师范大学。高校开设韩语或跆拳道课程大力的推进了韩国文化在陕西的传播。

权丙铉于1992年中韩建交时担任韩国韩中建交实际事务交涉团团长，为中韩建交做出重要贡献，为此，韩国政府曾授予他"勤政勋章"。他是中韩友谊的奠基人和开拓者之一。

3. 韩国的经济发展，韩剧中的情景，使我们看到人均年收入2万美元的人们的生活，这是我们一些年轻人所向往的追求。

韩流还席卷着我省的其他行业，如娱乐业，许多以韩国风格为主的娱乐场所相继出现，如KT、酒吧、慢摇吧等等。他们为这些行业的发展做出了巨大的贡献。丰富了人们的生活，为市民休闲娱乐提供了新的场所和去处。

应该说，在我国改革开放深入推进和经济全球化全面融入的历史背景下，了解和接受外来文化是十分必要的。因为我们只有保持不断开放的文化姿态，进行必要的吸纳和融合，才能追赶上世界发展的步伐，进而融入世界。然而问题的另一方面是，当代青年有必要明白，了解和吸收外来文化固然重要，但在欣赏外来文化精华的同时，如何吸收他们的长处和优势，进而将本民族的文化发扬光大并将其推向世界，使其成为体现我国综合国力的重要因素，从而提升中华民族在世界中的形象与价值，才是时代与国家赋予当代青年的历史责任。我们应当站在时代和历史的战略高度，将文化艺术和政治经济结合起来，用立体的视角和思维，高瞻远瞩看"韩流"。这样，我们不仅可以从中学人之长，补己之短；还能够让影视艺术成为连接和维系两国友谊，推动两国政治经济发展的媒介和桥梁！陕西省有着悠久的历史文化遗产，继承和发扬是必要的。不能光注重接受，而将祖先留存下来的东西抛弃。我们必须重新重视我们的传统，重新重视已有的经验和成功，扫除浮躁，踏踏实实的坐下来，去表现人们正常的情感、善良的追求、真实的命运。

3. 关于本次调查的总结

"韩流"在陕西的影响很大，但就调查的结果反映出来的情况是，"韩流"最大的是西安，相对闭塞的陕北受到的影响最小。同其他地方一样，受到"韩流"影响的主要是青少年，"韩流"影响的主要途径是韩国电视剧。

随着知识经济的发展，全球经济一体化的进程，将加速各种文化的传播交流和互相融合，不同的国家和民族具有不同的文化，在一定的历史条件下，不同的文化间彼此借鉴、认同，并相互交融。电视传媒则透过自身平台促进了各种沟通和交流的发生，使不同的文化融合，从各自身上吸收具有生命力的成分，融合成一种富有生命力的文化。这种世界文化融合走向只是体现文化共性的一个方面，文化融合与多元民族文化因该是统一的，我们应当承认变动性和稳定性，差异性和共同性的统一。在走向文化共融的时候，必须尊重和发扬民族文化的特色，这不仅是可能的，而且是应该的和必要的。未来的世界文化，应该是趋向世界一体化的共同性和不同民族，不同地区，不同国家的文化的多元辩证统一的文化。实现世界文化的融合，决不会是以现代的某一种褒贬作为样板向其它地区强制推行，也不是现有几种主要文化的简单相加，而是世界所有多种文化主体的共同参与，共同创造和共同升华，共同为实现一种既是异彩纷呈各有特色，多种多样的，有时体现出人类发展的共同需要的，为世界普遍认同的，一体新型文化。调查结果显示:年轻的大学生对韩流现象的态度是宽容和开放的，既对其创作方面体现出的优点加以真诚的肯定，又对其创作中存在的缺点提出了尖锐的批评。从回答问题的情况来看，我省大学生的独立思考能力还是很强的，这主要表现在他们对韩国影视剧并非盲目喜爱。但是由于年龄较小，他们对很多问题的思考还停留在感性的层面上，比如他们对韩国演唱组合褒贬不一，且对其专业水准的高低并没有形成理性的意见，说明他们对韩国文化本身的了解不是很深刻。对于中年人或者是老年人来说，"韩流"对他们的影响就相对较小了。韩国流行文化在青少年群体中的确有较大影响力，他们对韩国影视剧的迷恋程度远远超过对本国影视剧的关注，韩国影视明星在中国的追星族正逐渐壮大，而且这种态势有增无减。有近25%的同学早在1998年就接触到韩国影视剧，可见他们对韩国影视剧、流行音乐、韩国服饰等的喜爱已不是短时间的行为，而已成为兴趣爱好的一部分，他们对韩国流行文化已经逐渐形成了自己的看法，他们对这些流行文化的评价也是各式各样的。韩国流行文化对我省大学生的影响，应该说积极与消极并存，至于持续时间的长短，目前很难判断，因为韩流在中国的命运与韩流自身的发展流变和中国青少年的成长过程都有着密不可分的关联，而后二者都是动态发展着和变化着的，因而，我们无需对此妄下断言。也许"韩流"只是青少年生活中一场风花雪月的梦，它们带着与生俱来的轻松与洒脱，还有叛逆与浪漫，闯入年轻的心扉，也许不能长久，却给年轻的心灵带来了新奇与改变。真正的艺术是让人类自然沟通和理解的桥梁，是跨越国界、语言和宗教信仰的一种交流媒介。也许韩国流行文化并不深刻，但它在文化交流方面的成功的确是不可抹煞的。我们应该对这种交流持一种鼓励的态度。

参考文献

李 荣,「陕西省经济文化概况」, 西部网. [OL]：http://shaanxi.cnwest.com/content/2007-08/10/content_626088.htm。

韦海.西部网. [OL]：http://news.cnwest.com/content/2006-11/03/content_343474.htm。

朴光海,「韓流在中国的波及和影响」.『韓国文化』[M]. 2003 春秋合刊。

马建青·李小芳·董海军,「探索与解读"韩流"对我国青少年的影响」。

肖佳丽,「中日韩美四国高中生生活意识比较研究」, 2007, 03期。

袁广斌,「随韩国大使游延安」,『延安大学学报』, 2004. 6。

楚卫华,刘朝霞,王怡琳,,「中国大学生与"韩流"－关于"韩流"的调查分析报告」,『中国青年政治学院学报』, 第22卷 第4期。

중국 서부지역에서의 한류와 한국어교육

원선희*

1. 서 론

언어는 한 사회의 문화를 전승하는 수단으로서 매우 중요한 의미를 가진다. 정보화와 인터넷의 보급으로 문화전쟁의 시대라고 할 만큼 문화의 파급 효과가 커지고 있는 가운데 각 나라마다 자국의 문화와 언어의 정체성 확립에 관심이 높아지고 있다.

더불어 세계는 지금 국경을 넘어서서 다양한 국가나 사회와의 인적, 경제적 교류가 급증하고 있다. 이러한 교류의 활성화로 다른 문화나 언어권에 속하는 사람들과의 교류도 활발해지게 되었는데, 이러한 교류의 현장에서 의사소통의 목적으로 사용되는 언어로는 아직 영어가 주도권을 잡고 있는 상황이다. 이렇게 급변하는 사회·경제적, 언어적 현실 속에서 세계의 주요 국가들은 유리한 자신의 언어를 사용하여 자국민의 사회 경제적 권리와 이익을 보장하고, 나아가 주변 국가들과의 인적·물적 교류를 확대할 기반을 마련하기 위해 문화적 사업과 정보 기반 산업에 더 큰 비중을 두고 있다. 한국의 경우 산업적 특성 면에서 대외 무역 의존도가 갈수록 높아지고 있고 다양한 분야에서의 한국의 국제적 위상이 제고됨에 따라서 한국의 사회와 문화, 특히 한국어에 대한 관심과 수요가 증대되어 한국어의 세계적 보급이라는 현실적 필요성이 요구되기 시작했다.

한국어의 세계화는 한국과 수교를 맺고 있는 여러 나라에서 한국어를 주요 언

---

* 중국 사천외국어대학교 한국어학과 교수

어로 인정하여 고등학교와 대학 등에 한국어 강좌가 설치되고 학자들이나 일반인
들이 한국에 관심을 가지고 배우려고 노력하는 것에서 출발한다.

보통 사람들은 외국어 학습에 있어서 가장 중요한 조건의 하나로 바로 외국어
를 잘 배울 수 있는 환경이라고 말하고 있다. 그럼, 외국어를 잘 배울 수 있는
환경이란 무엇인가? 그것은 외국어로 듣고 외국어로 말할 수밖에 없는 환경의 조
성을 가리킨다. 언어 환경은 외국어를 배우는 사람에게 있어서는 대단히 중요한
것이다. 유아가 언어를 빨리 배우는 중요한 원인은 바로 이러한 단지 모국어만
들을 수 있는 기회밖에 없기 때문이다. 즉 언어적 환경이 이루어졌기 때문이다.
같은 조건의 학생이라도 외국에서 그 나라 언어를 배우면 국내에서 배운 학생보
다 훨씬 빠르고 잘하는 원인이 바로 외국어 학습 환경 때문인 것이다. 현 단계에
서 중국 내 한국어 교육은 언어 환경이 절대적으로 결핍한 상황에서 진행되고 있
는 실정이다.[1] 그러나 다행인 것은 한류의 영향으로 인터넷, 방송, TV, 음반 등
을 통해 많은 한국어 노래, 드라마 영화 등을 흥미진지하게 즐겨 보고 듣고 할
수 있는 기회가 만들어져 있어 한국어 교육에 많은 도움을 주고 있다.

1990년 말부터 동남아에서 일기 시작한 한국 문화의 열풍이 한류의 생성 시점
이라고 말할 수 있다. 1996년 한국의 텔레비전 드라마가 중국에 수출되고 2년 뒤
에는 가요 쪽으로 확대되면서 중국에서 한국 대중적 문화 열풍이 일기 시작하였
다. 한류[2]라는 용어는 중국에서 일고 있는 이러한 한국 대중문화의 열기를 표현
하기 위해 2000년 2월에 중국 언론이 붙인 용어이다. 정확하게 말하면 한류라는
용어는 신조어로서 중국『베이징 청년일보』에서 1999년 11월 19일에 가장 먼저
쓴 것으로 확인되었다. 한류라고 이름 지어진 한국의 대중문화에 대한 열기가 중
국 대륙을 중심으로 한 아시아 지역에 유행하기 시작한 이후, 이 같은 문화 현상
에 대한 다양한 각도에서의 관심과 학술적 차원의 연구 역시 지속되고 있다.

따라서 본고에서는 중국 여러 지역 가운데 서부지역에서 이루어지고 있는 한국
어 교육의 현황을 조사하는 데 중점을 두었다. 한국 대중문화 붐은 중국에서 한국

---

1) 권혁률,『한국어 교육 연구』제3호, 언어학과 문학교육.
2) 특히 2000년 이후에는 대중문화만이 아니라 한국 관련 제품의 이상적인 선호 현상까지 나타
   났는데, 포괄적인 의미에서는 이러한 모든 현상을 가리켜 한류라고 한다.

어 학습자의 증가를 가져왔다. 그러나 한국 대중문화와 외국어로서의 한국어 교육을 연계시켜 한국어 교육의 활성화를 모색하는 상호 연계적 측면에서의 본격적인 연구는 아직 많지 않다. 이러한 현실에서 한국 대중문화와 한국어 학습자 증가와의 영향관계를 밝혀내고 외국어로서의 한국어 교육 활성화에 조금이나마 기여하자고 한다.

2. 한류의 수용과 한국어 교육

이제 한국은 세계 제12위의 경제규모를 자랑하는 국가이다. 그리고 근년에는 IT대국이라는 또 하나의 타이틀을 갖게 되었다. 한국의 이러한 국제적 위상과 함께 90년대 중반 이후, 대만과 홍콩을 시작으로 중국 대륙에서 불기 시작한 한류는 일본을 강타하며 베트남, 필리핀, 태국, 인도네시아 등 동남아를 넘어, 미국, 캐나다, 유럽과 이슬람권까지 확대되어 가고 있다.

2005년 6월 29일 한국 국정 브리핑 보고서에 의하면 2004년 말 전 세계에 있어 한국어 강좌를 개설한 대학은 약 60개국에 이른다고 한다. 그 중에서도 특히 한류 열풍이 거세게 불고 있는 중국의 경우, 1992년 한·중 수교 이전에는 단과대학을 포함해 다섯 개 대학에 한국어학과3)가 개설되어 있었다. 그러나 2004년에는 38개 대학에 한국어학과가 설립되어 있으며, 네 개 대학에 석·박사 과정이있고 14개의 대학에 한국학 연구센터가 설치되어 있다. 현재 2008년에는 51개 대학에 한국어학과가 설립되어 있다.4)

본장에서는 한국 대중문화 붐과 관련된 한국어 학습자의 증가를 고려하여 실제적으로 한국 대중문화가 한국어 학습자(및 예비학습자)에게 한국 및 한국어에 대해 어떠한 이미지를 갖게 했으며, 한국 대중문화와 한국어 학습관계가 어떻게 연계되는지 그 관련성에 대해 알아보았다. 이는 기존의 한국어 학습자는 물론 한국어를 아직 배우고 있지 않은 예비한국어학습자의 한국 및 한국어에 대한 관심도

---

3) 중국의 경우 한국어학과는 대개가 조선어학과로 검색을 해야 한다.

4) 中国教育和科研计算机网, <http://www.edu.cn>, 2008. 3.

와 흥미도를 알게 해줄 것이다.

이 설문조사는 중국 중경에 거주하고 있는 대학생 100명과 일반인 100명씩 각각 예비학습자와 기본학습자로 크게 나누어 한국어 학습에 직접·간접적으로 관련된 항목을 선정하여 한국에 대한 이해, 한국 대중문화와 한국어 학습, 한국어 학습 난이도, 한국어 학습 만족도 등을 중심으로 조사·분석했다.[5]

대학생 한국어 예비학습자는 사천외국어대학교와 서남정법대학교의 학생이고, 기존학습자는 사천외국어대학교에서 한국어를 전공하고 있는 1학년 학생과 교양 과목으로 한국어 공부를 하고 있는 3학년 학생들을 대상으로 했다.

일반인 한국어 예비학습자들은 중경시에 거주하고 있는 일반인이고, 일반인 기존학습자는 중경 사천외국어대학교에서 운영하는 한국어교육 기관에서 한국어를 학습하는 학습자들이다.

본 연구의 조사대상의 성별, 연령별, 직업별 분포는 아래와 같이 나타난다. 설문대상은 조사에 호의적인 이들을 대상으로 한 임의적 선택이었으나, 전체적으로 여성의 응답자의 비율이 높았다. 또 한국어 기존 학습자도 여성이 73%를 차지하여 남성보다 높았다. 연령별로는 전체적으로 25세 이하가 82%로 가장 많았으며 일반인 학습자들의 직업별로는 회사원이 51%로 가장 많고 다음은 고등학생이 32%로 그 뒤를 이었다.

한국어 학습자는 여성의 비율이 높았고 여성이 남성보다 적극적으로 한국어학습에 참여하고 있었다. 대체로 젊은 층에서 한국어학습을 선호하였고 주로 회사원, 고등학생들이 많이 배우고 있었다. 앞에서도 언급했듯이 학습자 변인들이 한국어학습자 전체를 대표하는 것은 아니지만 하나의 표본으로서의 의의를 가질 수 있으므로, 이를 통해 본다면 중국 서부지역에서의 한국어교육과정 개발 시에는 이러한 학습자 상황을 반영해야 할 것이다.

---

5) 도표 표기의 편리를 위하여 아래 도표에서 대학생기존학습자를 '대기', 대학생예비학습자를 '대예', 일반인기존학습자를 '일기', 일반인 예비학습자를 '일예'로 약칭한다.

1) 한국에 대한 이해

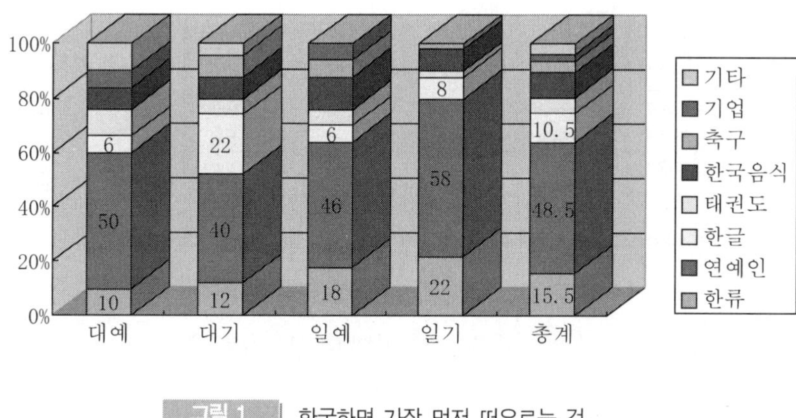

그림 1 한국하면 가장 먼저 떠오르는 것

한국하면 가장 먼저 떠오르는 것으로 연예인, 한류, 한글의 순으로 꼽았다. 모든 부류의 한국어 학습자가 연예인을 제일 먼저 떠오른 것으로 꼽았다. 한류와 연예인이 전체의 64%를 차지하는 바 이는 기존학습자나 예비학습자는 물론이고 한류가 한국어 학습에서 적극적인 영향을 일으킴을 반영하고 있다.

2) 한국 대중문화와 한국어학습

한국 대중문화가 중국 서부지역인에게 어떠한 영향을 주었으며, 이러한 영향은 한국어 학습동기, 학습목적, 학습후의 진로, 학습목표, 한국어 학습과는 어떠한 관계가 있는지 등에 관하여 조사하였다.

① 한류를 알고 있는가?

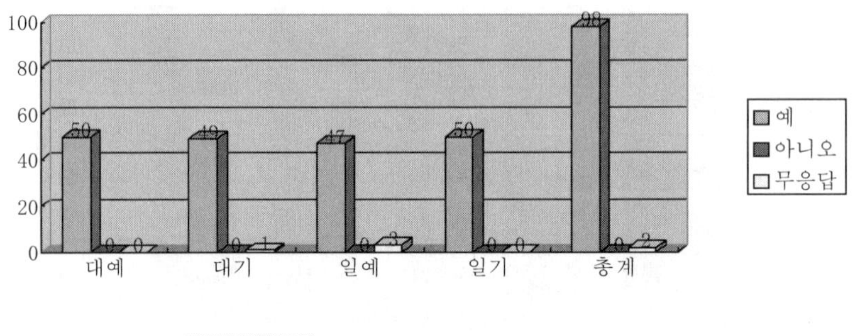

그림 2 한류를 들어본 적이 있는가?

응답자의 98%가 한류를 알고 있었으며 모른다는 사람은 한 명도 없었고, 무응답자가 2%이다. 여기에서 설명해 둬야 할 것은 응답자들이 한류로 알고 있는 것은 그냥 막연히 한국적인 것이 모두 포함되어 있다.

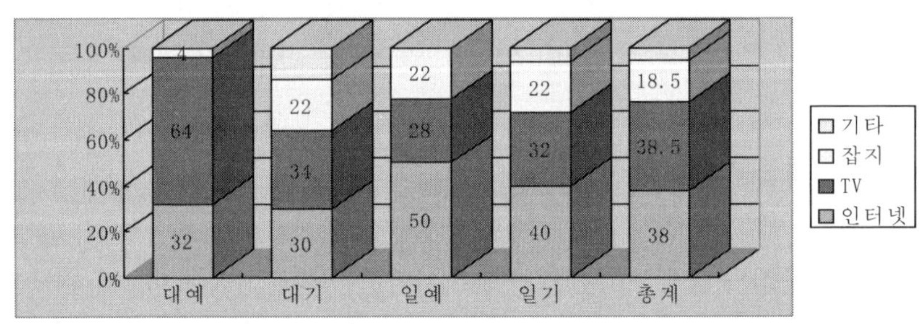

그림 3 어떤 매체를 통해서 한류를 들었는가?

응답자들은 TV, 인터넷 ,잡지의 순위를 통해서 한류에 대해 알고 있었으며, TV나 인터넷6)을 통해서 한국 대중문화를 많이 접하고 있었다. 한국 대중문화를 알게 된 TV나 인터넷의 비율은 차이가 별로 없었던 바, 한국 대중문화는 이 두

---

6) 한국 영화, 드라마, 가요 등을 인터넷을 통해 비합법적으로 다운받아 시청하거나 이용하고 있다.

매체를 통해 고루 전파되고 있다. 일반 예비학습자 중 50%가 인터넷을 통해 한류를 알았다는 것은 젊은 세대[7]들은 정보화 사회와 더불어 TV보다도 더 자유로운 인터넷을 선호한다는 것을 알 수 있다.

② 한국 대중문화를 통해 배운 한국어가 있는가?

한국 대중문화를 통해 배운 한국어가 있다는 대답이 전체 응답자의 67.5%이고 없다는 대답이 전체 응답자의 32.5%였다. 한국어 예비학습자의 45%는 한국 대중문화를 통해 배운 한국어가 있다고 했으나, 한국어 기존 학습자는 90%가 한국 대중문화를 통해 배운 한국어가 있다고 대답하였다. 일부 설문조사 대상자들과의 인터뷰에서 알아낸 데 의하면 한국 대중문화를 통해 배운 한국어가 주로는 간단한 인사말이 많았으며 생각 밖에 그 외에도 일부 유행어들이 있었다.

③ 한글을 본 적이 있는가?

한글을 본 적이 있는가에 대한 전체 응답자의 93%가 한글을 본 적이 있다고 대답했다. 그러나 일반인 한국어 예비학습자의 22%는 한글을 본 적이 없다고 했다.

④ 한글을 본 곳은?

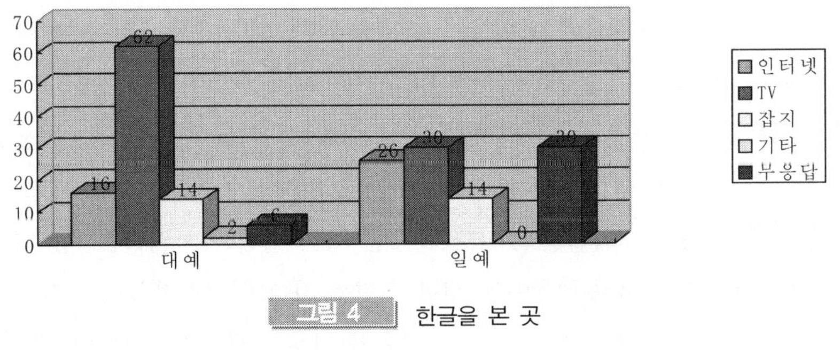

그림 4 한글을 본 곳

---

7) 앞에서 언급했듯이 설문조사 대상 중 25세 이하를 차지하는 비중이 82%에 달한다.

한국어를 TV, 인터넷, 잡지의 순으로 많이 본 것으로 나타났다. 예비학습자들은 TV에서 한국어를 보았다는 비율이 높았다. 그 외 광고, 영화, 의류, 식당 등에서 본 적도 있다고 대답했다. TV, 인터넷을 통해 한글을 본 적이 많다는 것은 대중적인 매체를 통해서 한글을 접할 수 있는 기회가 많다는 것을 설명한다. 이러한 현상은 또한 중국에서의 한류와 밀접하게 연관되어 있음을 설명해 준다.

⑤ 한글을 처음 보았을 때 느낌

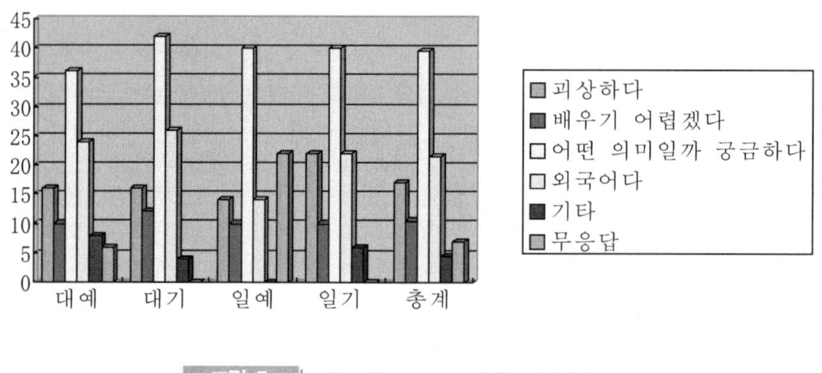

그림 5　한국어를 처음 보았을 때 느낌

한국어를 처음 보았을 때, 어떤 의미일까 궁금했다 → 외국어다 → 괴상하다 → 배우기 어렵겠다는 순서로 느꼈다고 대답했다. 배우기 어렵겠다는 느낌을 받았다는 대답은 대학생 기존학습자의 비율이 조금 높았다. 외국어를 보았을 때 글자가 주는 두려움은 학습의욕을 쉽게 저하시키는데, 배우기가 어렵겠다는 대답이 많지 않은 것으로 보아 대체로 학습자에게 한글은 학습의욕을 저하시키는 작용은 적은 것 같았다. 한류의 영향에 많은 사람들이 다소나마 한글을 접하게 되고 또 한글을 처음 봤을 때의 느낌이 궁금하다가 제일 많은 비중을 차지하는 바, 이는 많은 사람들이 외국어로서의 한국어에 대한 흥미를 자아내는데 적극적인 영향을 일으키고 있다. 이로부터 한국어의 교육과 한류가 서로 적극적인 영향을 주고 있음을 나타낸다.

⑥ 한글을 접할 수 있는 매체

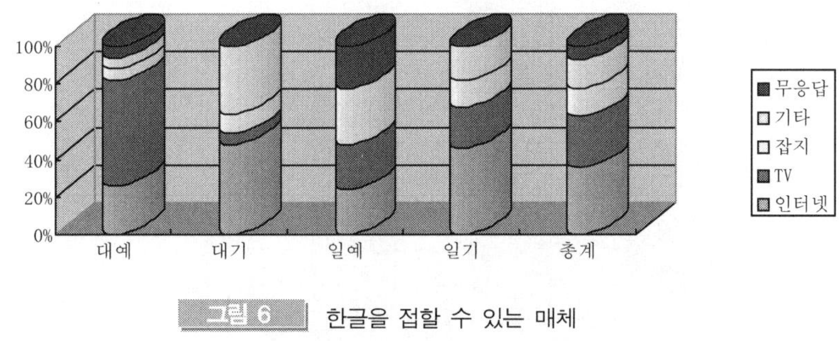

그림 6   한글을 접할 수 있는 매체

한국어를 가장 많이 접할 수 있는 매체는 인터넷, TV, 잡지 및 기타8)의 순으로
나타났다. 이는 한글을 본 곳의 순서와 일치하다.

⑦ 한국어를 배우면 도움이 될 것이라고 생각하는가?

한국어 예비학습자의 73%가 한국어를 배우면 도움이 될 것이라고 대답했다.
그 중 대학생 예비학습자는 80%, 일반인 예비학습자는 66%이다. 도움이 될 것이
라고 답한 사람들의 설명을 보면 현 시점에서 중국으로 진출한 한국의 기업들이
많은 바 취직에 도움이 될 것이라고 하는 사람이 있는가 하면, 한국에 유학을 가
서 더 선진적인 기술을 배우는 데도 필요하다고 답하는 사람들도 있다.

⑧ 한국어를 배우고 싶은가?

한국어를 배우고 싶은가의 물음에 한국어 예비학습자의 53%가 한국어를 배우고
싶다고 했는데 그 중 대학생 예비학습자는 58%, 일반인 예비학습자는 48%이다.

---

8) 유난히 대학생 기존학습자들의 기타 선택이 제일 많은데 이는 주로 한국어 교과서를 가리킨다. 이
   는 이들이 전업으로서 한국어를 배우고 있다는 특수한 신분 때문에 불가피한 것이다.

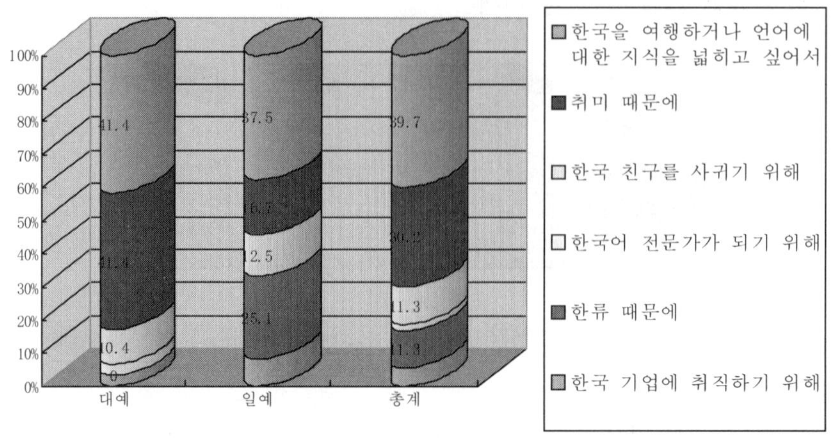

그림 7 무엇 때문에 한국어를 배우고 싶은가?

한국어를 배우고 싶은 이유는 한국을 여행하거나 언어에 대한 지식을 넓히고 싶어서(39.7%) → 취미 때문에(30.2%) → 한국 친구를 사귀려고(11.3%), 한류 때문에9) (11.3%)순으로 대답했다. 대학생 한국어 예비학습자는 한국을 여행하거나 언어에 대한 지식을 넓히고 싶어서와 취미 때문이라는 대답이 가장 많았고, 일반인 한국어 예비학습자도 한국을 여행하거나 언어에 대한 지식을 넓히고 싶어서가 제일 많고 다음으로는 한류 때문에 한국어를 배우고 싶다는 대답이 버금갔다. 한국을 여행하고 싶다는 사람들의 답을 보면 대부분이 한국 드라마를 보고서 한국에 가 보고 싶다고 대답했다. 이는 다시 한 번 한류와 한국어 교육이 서로 적극적인 영향을 주고 있음을 설명한다.

---

9) 취미 때문에 배우고 싶다는 사람들 또한 많이는 한류의 영향에 취미를 갖게 되었다는 것이다. 한류 때문이라는 사람들은 많이는 드라마나 영화, 노래 등을 알아들을 수 있기 위해서이다.

⑨ 한국어를 배운다면 어디에 중점을 두고 싶은가?

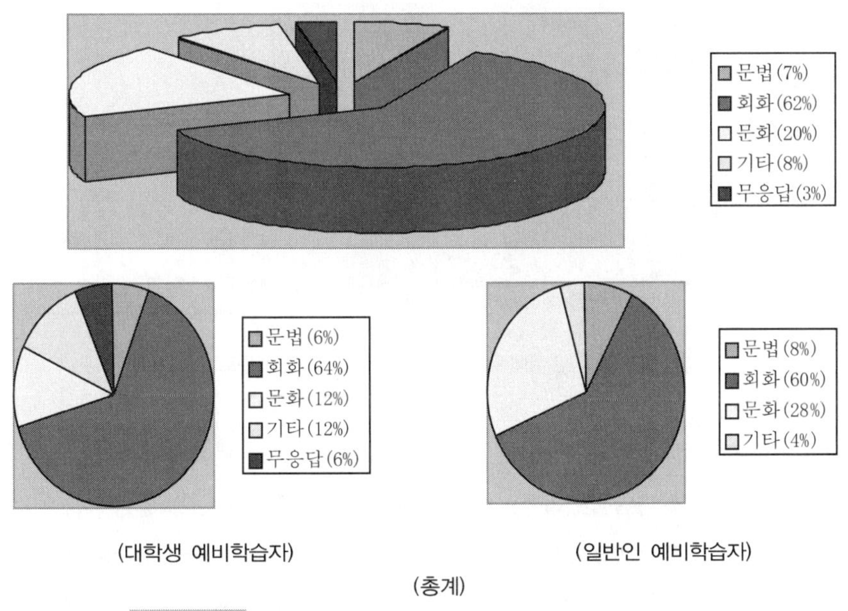

그림 8 한국어를 배운다면 어디에 중점을 두고 싶은가?

한국어를 배운다면 회화, 문화, 기타, 문법 순으로 중점을 두어 배우고 싶다고 했다. 이는 한국어뿐만 아니라 외국어로서의 교육에서 보편적으로 존재하고 있는 문제점이다. 이러한 시점에서 볼 때 한국어 교육에 있어서 한류의 적극적인 면을 활성화하여 한국어 회화 교육에 도움을 줄 수 있다고 본다.

⑩ 한국어 달성도

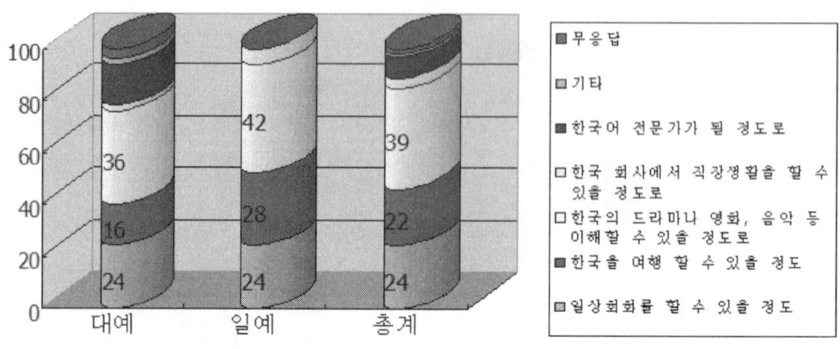

그림 9 한국어를 배우면 어느 정도까지 배우고 싶은가?

한국어 예비학습자는 한국어를 배우게 된다면 한국의 드라마나 영화, 음악 등을 이해할 수 있을 정도로(39%), 일상회화를 할 수 있을 정도(24%), 한국을 여행할 수 있을 정도로(22%), 한국회사에서 직장 생활을 할 수 있을 정도로(4%) 배우고 싶다고 했다. 특히 한국의 드라마나 영화, 음악을 이해할 수 있는 정도까지 배우고 싶다는 대답은 한국 대중문화가 한국어 학습 욕구를 자극할 수 있는 요인이 된다는 것을 말해준다고 볼 수 있다.

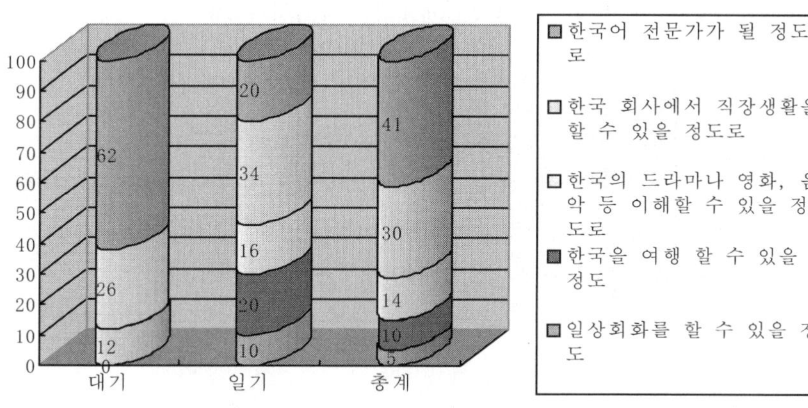

그림 10 한국어를 어느 정도까지 배우고 싶은가?

한국어 기존학습자 집단은 한국어를 한국어 전문가가 될 정도(41%), 한국 회사에서 직장생활을 할 수 있을 정도(30%), 한국의 드라마나 영화, 음악 등을 이해할 수 있을 정도로(14%), 한국에서 여행할 수 있을 정도(10%), 일상 회화를 할 수 있을 정도(5%)로 배우고 싶다고 했다. 그 중 대학생 기존학습자는 62%가 한국어 전문가가 될 정도로 배우고 싶다고 했는바 이는 전공자의 요구로 볼 수 있다. 그러는 반면에 일반인 기존학습자의 경우는 34%가 한국 회사에서 직장생활을 할 수 있을 정도로 배우고 싶다고 했는데 이는 언어의 실용성 측면으로 볼 수 있다.

⑪ 한국어습득과 한국 및 한국인에 대한 이미지 관계

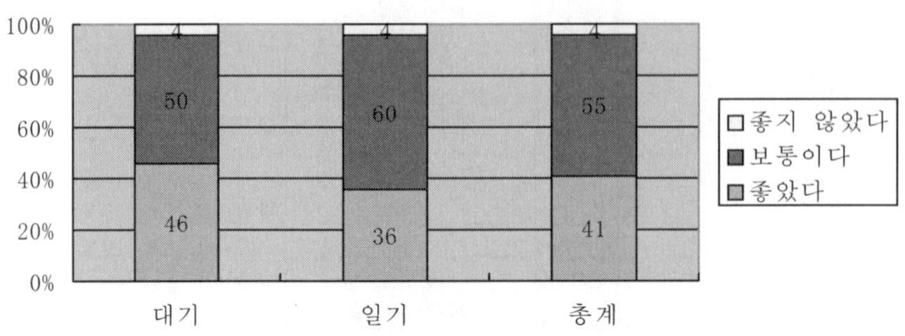

그림 11 한국어를 배우기 전의 한국 및 한국인에 대한 이미지

한국어를 배우기 전의 한국 및 한국인에 대한 이미지는 대체로 보통이다(55%) → 좋았다(41%) → 좋지 않았다(4%)순으로 나타났다.

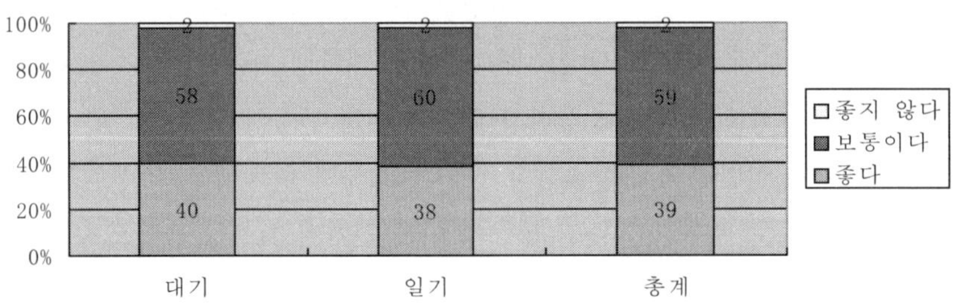

그림 12 한국어를 배운 후의 한국과 한국인에 대한 이미지

한국어를 배운 후의 한국과 한국인에 대한 이미지는 보통이다(59%) → 좋다 (39%) → 좋지 않다(2%) 순으로 대답했다. 한국어를 배우기 전과 배운 후의 한국 과 한국인에 대한 이미지는 대체로 보통이다가 제일 많고 한국과 한국인에 대한 이미지는 좋다는 대답이 높았는데 전체 응답자의 2%가 한국어학습으로 인해 한 국과 한국인에 대한 이미지가 한국어 학습 전보다 긍정적으로 변한 것으로 나타 났다.

⑫ 한국 대중문화와 한국어학습동기

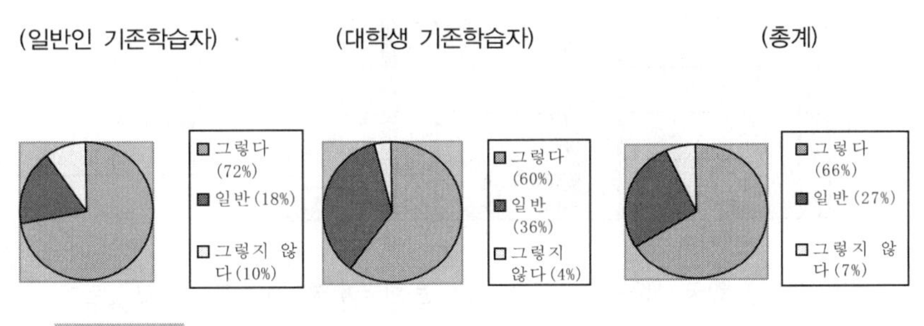

그림 13 한국 대중문화가 한국어 학습동기에 영향을 주었다고 생각하는가?

한국어 기존학습자의 66%가 한국 대중문화가 한국어 학습동기에 영향을 주었고 27%가 한국어 학습동기가 한국 대중문화에 어느 정도 영향을 주었고 7%는 한국어 학습동기가 한국 대중문화와 관계가 없다고 생각한다. 한국어학습에 한국 대중문화가 그 계기를 주었다는 대답은 일반인 한국어 학습자의 비율이 높았다. 한류는 중국 학생들이 한국어 교육을 선택하는 주요 동기로 되었다. 최근 몇 년 동안 중국을 비롯한 아시아 일대에 불고 있는 한류 바람은 중국 서부지역의 한국어 학과 학생들의 한국어 공부에 자극과 도움을 주고 있다는 것을 보아낼 수 있다.

⑬ 한국 대중문화와 한국어학습자

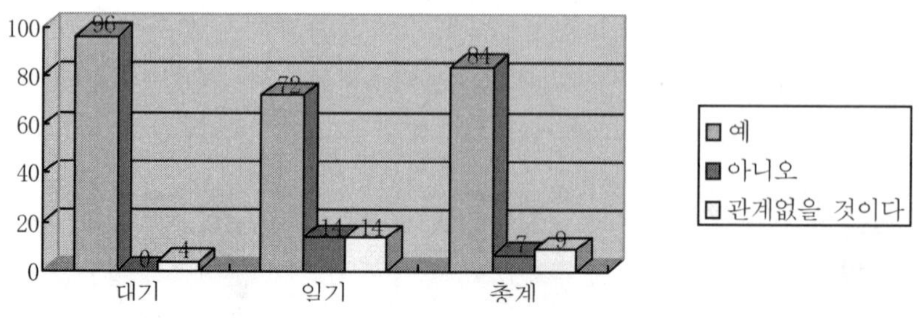

그림 14 한국 대중문화가 인기가 없다면 한국어 학습자가 줄어들 것 같은가

한국 대중문화의 열기가 적어지면 한국어학습자 수가 감소할 것 같은가에 대한 물음에 대한 한국 대중문화가 인기가 없어지면 한국어를 배우는 사람들이 줄어들것이라는 대답이 84%로 제일 많았는데 이는 특히 대학생 한국어 기존학습자의 비율이 높았다. 이는 한국 대중문화를 포함한 한류가 중국 서부지역에서의 한국어 학습자들에게 적극적인 영향을 일으키고 있음을 표명한다.

⑭ 한국어학습과 관련된 한국 대중문화 관계물품 (CD, VCD 등) 구입 유무

한국어를 배우기 위해 한국 대중문화 관련물품 구입 한적 있는가의 물음에 대한 응답자의 79%가 한국어를 배우기 위해 한국 대중문화와 관련된 물건을 구입했으며 그 비율은 대학생 한국어 기존학습자(86%)가 일반인 한국어 기본 학습자(72%)보다 높았다.

2. 한국어 학습 만족도

1) 중국의 한국어교육 문제

현재 중국에서의 한국어 교육은 문제가 있다고 생각하는가의 문제에 대한 응답을 보면 한국어기존학습자의 70%가 중국에서의 한국어 교육은 문제가 있다고 대답했다. 그리고 26%의 학생은 모른다는 답을 했으면 4%만이 문제가 없다고 대답했다.

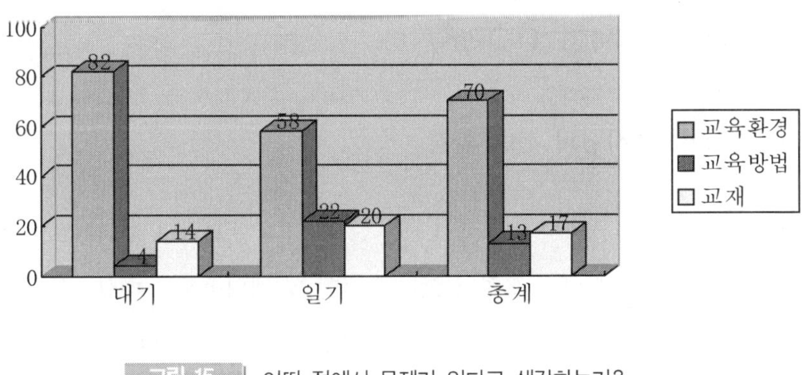

그림 15 어떤 점에서 문제가 있다고 생각하는가?

중국의 한국어 교육은 교육환경(70%) → 교재(17%) → 교육방법(13%)의 순으로 문제가 있다고 대답했다. 외국어 교육에서 교육환경의 중요성은 소홀히 할 수 없는 것이다. 특히 중국 서부지역에서의 한국어 교육환경은 더없이 제한되어 있다. 이러한 환경에서 한국어 교육의 진일보 발전을 위해서는 한국어 학습자들이 한국 대중문화를 즐기는 적극적인 요소를 활성화함으로 한국어 교육환경을 마련할 수 있다.

이 장에서의 분석을 통해 중국 서부지역에서 한국어는 한국 대중문화와 한국기업의 진출로 인하여 젊은 층을 주요대상으로 새롭게 관심이 집중되어 제2외국어로서 부상되고 있다는 것을 알 수 있다. 중국 서부지역에서 한국 대중문화는 한국을 알리고 이해하는데 매우 긍정적 역할을 했으며 한국어 학습자의 흥미를 유발하여 한국어 습득 욕구를 자극하는 요인이 되고 있고 나아가 한국어학습에 효과를 더해주는 궁극적인 자료가 될 수 있다고 분석된다.

설문분석은 중국 서부지역 개개인의 한국 대중문화와 한국어 학습에 대한 영향 관계를 내부적으로 살펴본 것으로 한국 대중문화의 파급이 한국에 대한 이해, 한국어 학습 등에 얼마만큼 어떠한 영향을 주었으며 한국어 교육과 어떠한 관계를 갖고 있는지 구체적으로 조사하여 한국어 교육 활성화를 위한 문제점을 알아본 것이다.

3. 한국어능력시험 (TOPIK)

1) 한국어능력시험의 전반 환경

한국교육과정 평가원이 주관하고 각국 주재 한국 대사관이 시행하는 한국어능력시험은 한국어를 모국어로 하지 않는 외국인 및 재외동포를 대상으로 실시하고 있다. 실시 목적은 한국어교육기관의 연수, 교육과정 및 교육평가 방법의 표준화, 한국어를 모국어로 하지 않는 외국인 및 재외동포들에게 한국어의 학습방향을 제시하고 한국어 보급 확대와 아울러 그 결과를 한국어 학습 및 한국 국내외에서의 취업 등에 활용할 수 있도록 하는데 있다. 1, 2교시로 나누어 1교시에는 어휘 및 문법, 쓰기 시험이 2교시에는 듣기, 읽기 시험이 실시되며 일정 비율 주관식 문제를 출제하고 있다는 것이 특징이다.

한국어 능력시험은 한국의 정부 차원에서 실시하는 시험으로서의 큰 의미를 가지고 있으며 또한 이는 곧 국가가 자국어에 대한 관심을 가지고 해외 보급을 위해 적극적으로 나서고 있음을 의미하기도 한다. 한국어능력시험 응시자 또한 매년 증가하고 있다.

최근 중국에서는 한국어에 대한 관심과 더불어 한국어 관련 시험의 응시자 수가 증가하는 현상이 나타나고 있다. 이러한 자격시험의 활성화는 한국어 학습자의 학습 의욕을 향상시켜주고 한국어 구사 능력에 대한 사회적 평가가 보증된다는 면에서 매우 긍정적인 일이라고 할 수 있다. 이러한 상황에서 본장에서는 한국어능력시험(TOPIK)[10)에 대한 조사를 진행했다.

한국어 능력시험은 1997년 4개국 14개 지역에서 처음 시행된 이후 11년이 지난 현재 2008년에는 한국을 비롯하여 세계 32개국 99개 지역에서 시행되고 있다. 그 시행 국가 수는 8배, 시행 지역은 7배로 늘어났다.

(단위:명)

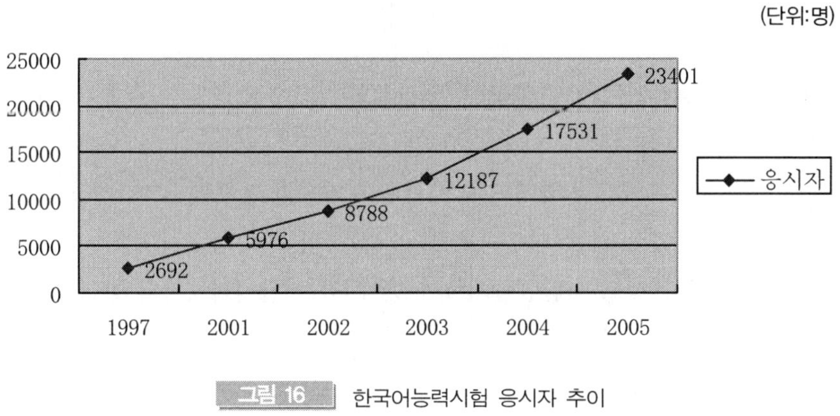

그림 16 한국어능력시험 응시자 추이

국가별 응시자 수는 일본이 다른 나라에 비하여 월등히 많으며 중국, 미국의 순이다. 특히 중국, 일본, 베트남 등의 아시아권의 응시자수가 급격히 증가한 것으로 미루어 한국어에도 한류의 영향이 있었음을 짐작할 수 있다. 중국에서의 한국어 능력시험(제2회)은 1998년 북경에서 처음으로 시행되었는데 그때의 응시자 수는 134명이었다. 2008년 4월에 곧 시행될 제13회 한국어 능력시험은 중국의 19개 지역에서 진행되는데 지원자 수는 1만 9,256명으로 인원이 최초의 143배로 늘어났다.

---

10) 한국어능력시험의 시험 급별 레벨을 보면 2007년부터 원래의 초급, 중급, 고급에서 '실무한국어능력시험'이 신설되었는데 이는 응시자의 일상생활과 한국 기업체의 취업에 필요한 의사소통능력을 측정, 평가하는 것이다. 필자는 '실무한국어능력시험'의 응시자 중 상당수가 한국 기업체 취업을 목적으로 하고 있는 조선족임을 감안하여 뒤에서의 한국어능력시험 응시자수의 통계수에 넣지 않기로 했다.

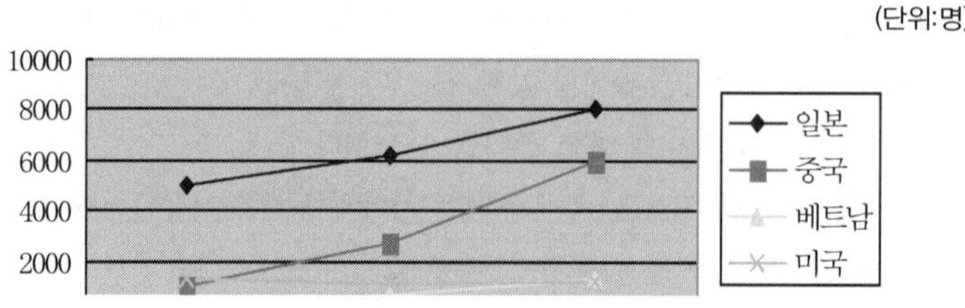

그림 17　한국어능력시험 국가별 응시자수

2) 중국 서부지역에서의 한국어 능력시험

중국 서부지역에서의 한국어 능력시험 응시자수의 통계를 보면 아래와 같다. 2008년 4월에 시행될 중국 서부지역에서의 한국어 능력시험 시험장소로는 중경 사천외국어대학과 성도 서남민족대학이 있다.11) 서남지역에서의 한국어능력시험 응시자수 또한 늘어나고 있는 추세이다.

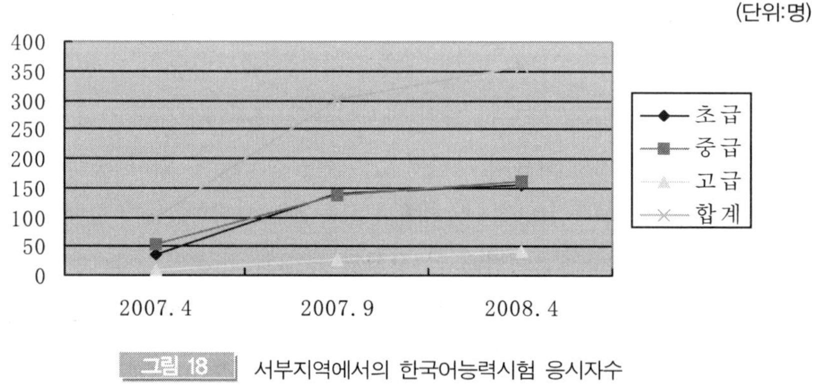

그림 18　서부지역에서의 한국어능력시험 응시자수

---

11) 2007년 4월에 중경 사천외국어대학이 중국 서부지역에서의 첫 번째의 한국어능력시험(제11회) 시험장소로 정해졌었는데, 2008년 4월에는 성도 서남민족대학이 증가되었다.

한국교육과정평가원의 2005년 조사에 의하면 한국의 29개 대학에서 한국어능력시험을 외국인 학생들이 국내 대학에 진학할 때 가산점을 부여하거나 시험을 면제해 주는 등 입학전형의 참고자료로 활용하고 있는 것으로 나타났다. 또한 각 대학에서는 한국어능력시험의 활용을 적극적으로 검토하고 있는 것으로 나타나 앞으로 더 많은 대학에서 이 시험을 활용할 것으로 보인다. 이러한 상황에서 한국으로 유학을 가려는 학생들은 이 시험을 치르고 있다.

아래는 중국 중경에 거주하고 있는 한국어 기존학습자를 대상으로 한국어능력시험에 관한 설문조사 내용이다.

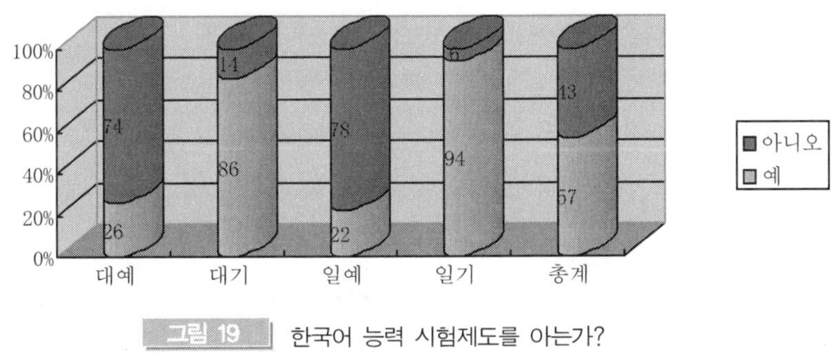

그림 19 한국어 능력 시험제도를 아는가?

한국어 능력 시험제도를 57%가 알고 있으며 43%가 모르고 있다. 한국어 예비학습자 집단은 모른다는 대답이 많았고 한국어 기존학습자집단은 안다는 대답이 많았다. 그 중 대학생 한국어 기존학습자 14%와 일반인 기존학습자 6%가 한국어능력시험을 모르고 있었다.

한국어 능력을 가늠하는 기준이 되는 한국어 능력시험의 결과는 한국어학습자들에게 한국어 학습에 대한 성취감을 불러일으킬 뿐만 아니라 동시에 한국어 학습의 동기가 될 수 있다.

한국어능력시험 참가 유무의 응답에 따르면 한국어 기존학습자 93%가 한국어 능력시험을 본 적이 없고 7%가 한국어 능력시험을 본 적이 있었다.

대학생 한국어 기존학습자의 94%가 한국어 능력시험에 대해 알고 있었으나 한국어 능력시험을 본 적은 하나도 없었다. 일반인 한국어 기존학습자는 86%가 한국어 능력시험에 대해 알고 있었으며 14%가 한국어능력 시험을 본 적이 있었다.

┃표 1┃ 한국어능력시험 급수

피험자 응답	대학생 기존학습자	일반인 기존학습자	총계 (%)
1급	28	4	16
2급	14	8	11
모른다	58	88	73

한국어능력시험은 몇 급입니까 라는 질문에 모른다는 대답이 73%로 가장 많았으며 한국어 능력은 1급→2급의 순으로 많았다.

4. 결 론

한국어 교육은 한국 국내외적 요구와 필요성에 발맞추어 세계 여러 나라에서 이루어지고 있으며 이에 대한 연구와 교육적 실천이 활발하게 진행되고 있다. 그러나 한류와 한국어교육에 관한 연구는 별로 많지 않은 상황에서 본 논문은 중국 서부지역에서 한국어 교육의 현황을 분석함으로서 한국 대중문화가 중국 서부지역의 한국어 학습자에게 미친 영향에 대해 살펴보았다.

한류가 특정한 시대의 문화적 현상으로 단기간 내에 끝난다 할지라도 지금까지 끼친 영향으로 봐서 특히 한국어 교육에서는 이미 무시할 수 없는 중요한 문화적 현상이 되었다고 할 수 있다. 그러므로 본 논고에서는 한국어 학습을 이미 하고 있는 <기존학습자>와 아직 한국어를 배우고 있지 않은 <예비학습자>라는 두 가지 큰 부류로 나누어 실제적으로 한국 대중문화의 영향을 어떻게 받아들이고 있는지, 그리고 직접적으로 한국어학습 및 교육과 어떻게 관련되고 있는지를 설문조사를 통해 알아보았다.

한국 대중문화는 한국을 알리고 이해하는데 매우 긍정적 역할을 했으며 한국어

학습자의 흥취를 유발하여 한국어 습득 욕구를 자극하는 요인이 되고 있고 나아가 한국어 학습에 효과를 더해주는 궁극적인 자료가 될 수 있다고 분석되었다. 그러나 위에서의 분석을 보면 한국어교육면에서 단지 한류의 인기에만 기대기에는 무리가 따르는바 한국어의 효율성을 좀 더 부각시킴이 요구된다.

참고문헌

권혁률, 「2005년 언어학과 문학교육」 한국(조선)어 교육연구 제3호, 2005.

김동국, 「한국어 교육에서의 한류의 영향에 대한 연구」, 사회과학연구 제10집, 2006.

이병환, 「중국 대학생의 ‘한류’인식 실태와 그 의미」, 중등교육연구, 2005.

이종민, 「개혁개방 이후 한국을 바라보는 중국의 눈 읽기」, 한국중국 문화학회 정기 학술대회발표 논문, 2002.

장수현 외, 「중국의 한류 어떻게 이해할 것인가 -현실과 전망」, 学古房, 2006.

정혜경 외, 「한류의 수용과 한국어 교육(일본·중국 편)」, 박이정, 2007.

전오경, 「한류 현상과 그 지속 가능성에 대한 연구 – 중국에 진출한 대중음악을 중심으로」, 석사학위논문, 2004.

최미정, 「한·중 문화교류의 현황과 과제 ―‘한류’ 현상을 중심으로―」. 석사학위논문, 2002, 한국교육과정평가원 <http://www.kice.re.kr>

中国教育和科研计算机网 <http://www.edu.cn>

Ⅱ. 일반편

중국 '한류'의 형성 원인에 대한 분석

김옥자*

1. 들어가기

'한류'라는 용어의 등장은 1999년 한국 문화관광부가 해외 한국공관에 배포할 목적으로 한국 가요의 홍보용 음반을 CD로 제작하는 과정에서 음반의 타이틀을 새로운 유행 경향을 총칭하는 '한류(寒流)'라는 신조어에서 '寒'을 '韓'으로 바꾸자는 의견이 제시되어 타이틀을 韓流로 정하게 된 이후1) 그해 가을부터 H.O.T, 안재욱, 유승준의 노래가 담긴 '한류(韓流)'라는 홍보용 한국 가요 음반이 중국 전역에 배포되어 전파를 타게 되면서부터이다.

한편 중국 언론은 한국 대중문화의 유행현상을 보도함에 있어 '韓流'라는 용어를 인용함으로써 '한류'가 중국에서 한국의 유행을 통칭하는 일반 명사가 되는 데 큰 기여를 하였다. 2000년 9월 중국의 공식 대변지 인민일보는 한국 가수들의 대형 콘서트 개최를 보도하면서 한국 음악의 유행이라는 의미로 '한류(韓流)'라는 신조어를 사용했는데 이는 '한류'라고 일컬어지는 현상이 중국 내에 실제로 존재하며, 또한 '한류'가 중국에서 공식 용어로 정착하게 되었음을 확인할 수 있는 계기를 제공하였다.2)

요컨대 '한류'라는 말은 중국인들 사이에 한국의 대중음악이 유행하는 현상, 또

---

* 산동 연대대학교 한국어학과 교수.

1) 이치한 · 허진, 「한류현상과 한 · 중 문화교류」, 『중국연구』, 2002, 505쪽.
2) 조혜영, 「중국 청소년들의 한류인식실태에 관한 연구」, 2002, 9~10쪽.
　　이치한 · 허진, 「한류현상과 한 · 중 문화교류」, 『중국연구』, 2002, 506쪽.

는 그러한 음악의 유행을 뜻하는 어원을 가지고 있었는데, 지금은 중국을 비롯하여 타이완, 홍콩, 베트남 등지에서도 같은 의미로 사용된다. 한국으로 유입된 '한류'라는 표현은 이제 더 이상 중국과 중화권에서만 한정적으로 쓰이는 것이 아니라, 다른 나라의 유사한 현상에 대해서도 적용되고 있다. 뿐만 아니라 '한류'는 대중음악을 넘어 드라마, 영화, 연극이나 공연, 패션, 게임, 애니메이션 등 한국 문화 전반을 포괄하는 것으로 그 개념의 외연이 확장되었다. 결국 '한류'라는 중국어 기원의 용어는 동아시아 사회에서 한국 대중문화가 유행하는 현상 또는 그와 유사한 종류라는 넓은 의미를 갖게 된 것이다.[3] 중국에서 '한류'가 형성된 원인을 살펴보면 다음과 같다고 본다.

2. 세계의 각종 대중문화를 수용할 수 있는 문화공간의 형성

'한류' 현상은 시기적으로 볼 때 1997년이라는 우연한 시간에 한국의 드라마 및 대중가요가 중국에 상륙하면서 형성된 것이지만, 개혁개방 이후 일어나기 시작한 중국의 '한국열(韓國熱)' 속에서 바라본다면, 이것을 한국에 관한 정보가 대중문화 차원에서 확장된 것이라고 볼 수 있다. 중국인들은 대중매체를 통해 '한류'를 접하면서 이데올로기적이거나 경제적인 차원을 넘어 한국의 일상적 욕망세계에 대한 문화적 정보를 취득하기 시작한다. 한국의 대중문화를 통해 중국인들은 한국인의 가족관, 애정관, 인간관계, 의식주문화, 오락문화, 생활환경, 소비문화 등의 일상적 삶을 구체적이면서 감성적으로 이해한다. 그리고 자신들의 삶의 문화와의 차이 및 소통 가능성을 발견하고 '한류'의 이미지 소비를 통해 새로운 욕망을 발산하게 된다.

외래 대중문화 현상으로 '한류'가 형성되기 이전에 중국에는 이미 세계의 각종 대중문화들이 수용되어 소비되는 문화공간이 창출되어 있었다. 개혁개방은 경제적 개방뿐만 아니라 문화적 개방으로 이어져 개혁개방 이전의 국가주의적인 정치

---

3) 신윤환, 「한국청소년발원연구보고서」, 2002, 8쪽.

문화와는 다른 새로운 대중문화 현상이 출현하게 되었다. 이것은 개혁개방 이후 자본주의 국가에 대한 이미지 변화를 통해 수용되었던 홍콩, 대만, 일본 및 미국 등의 외래 대중문화와 긴밀한 관계를 지닌다. 1980년대에 소비되었던 외래 대중문화 가운데 대표적인 것이 덩리쥔(鄧麗君) 가요, 서구의 오락음악, 홍콩의 무협 드라마, 대만과 일본의 홈드라마, 미국의 드라마 및 영화 등이며 대체로 정치적 색채가 배재된 소프트 오락문화의 특성을 지니고 있었다. 그러나 1990년대 들어 중국이 본격적으로 전 지역적 자본주의에 편입됨에 따라 시장의 원리가 중국 사회를 지배하는 사회적 힘으로 강화되고, 새로운 소비계층의 성장과 문화적 취향의 변화에 따라 1980년대의 소프트 오락문화가 퇴조하고 전 지역적 차원의 다양한 대중문화들이 소비될 수 있는 문화시장이 형성되었다. 갈수록 늘어나고 있는 중국 대중매체들은 이러한 문화적 욕구를 충족할 수 있는 문화콘텐츠들이 필요하였고, 당시 문화시장을 지배하던 미국과 일본의 값비싼 대중문화만으로 충당할 수 없는 틈새시장이 형성됨에 따라 '한류'가 진출할 수 있는 기회가 생겨나게 되었다. 이러한 측면에서 볼 때 한류는 중국의 문화시장 논리에 따라 수용된 외래 대중문화의 일종이라고 할 수 있다.

3. 한국 대중문화의 전파 및 한국기업의 현지화 노력

중국 통계국이 실시한 여론 조사에서 중국 대학생들이 '한국 하면 먼저 떠오르는 것'에 '한국 가요'라고 응답할 정도로 한국의 대중가요는 중국에서의 '한류' 현상의 형성에 주요한 역할을 하였다.[4] 특히 발라드가 주류를 이루던 중국에서 빠른 음악과 현란한 춤, 독특한 패션을 선보인 한국 댄스가요와의 접촉은 중국 신세대들에게 새로운 문화충격으로 받아들여졌고 이들의 잠재된 욕구를 한국 가수들이 해소시키면서 한국 댄스음악이 유행하기 시작하였다.

『베이징일보(北京日報)』는 이 같은 현상에 대해 2000년 2월 '한국 가요의 중국

---

[4] 「중국과 동남아에서 한류」, 『월간조선』, 2001, 11월호.

상륙이 1998년의 탐색기를 거쳐 1999년 하반기 이후 전면적인 진출에 들어갔다'
고 분석하면서 '한류' 열풍으로 인한 중국 가요계의 침체를 우려하는 기사를 싣기
도 하였다.[5]

1998년을 전후하여 중국에서는 이미 중국 가수들이 한국 가요 번안곡들을 부
르기 시작하였고, 그룹 H.O.T의 음반이 1998년 5월 출시되면서 한 달 만에 4만
장이 매진되면서 1998년 6월 베이징 음반 판매순위 9위에 올랐다. 뒤이어 1998년
6월 출시된 클론, NRG가 높은 음악 판매고를 기록하였고, 유승준과 구피, 박미
경 등의 음반과 중국 가수들의 한국 음악의 번안 음반이 잇따라 출시되었다.[6] 한
국 음악의 판매에서 나타나듯 한국 음악의 인기는 한국 가수들의 중국 콘서트를
계기로 더욱 증폭되었다. 1999년 11월에 클론이 한국 가수로서는 처음으로 콘서
트를 열었고, 2000년 2월 1일에는 H.O.T의 콘서트가 있었는데『베이징일보』는
'한국 가요 흡인력 엄청나…'란 제목으로 보도할 정도로 큰 반향을 일으켰다. 클
론과 H.O.T의 콘서트 후 중국 언론에서 '한류'가 한국 대중문화의 인기를 뜻하는
말로 사용되기 시작하였다. 이후 NRG와 안재욱의 콘서트도 비싼 입장권이 매진
되면서 '한류'를 확고히 하였다.[7] 2000년 7월 8일자『베이징청년보(北京青年報)』
는 '중국을 마비시키는 이 같은 '한류'와 '하한쭈(哈韓族)'의 열기는 당신이 25세
이하가 아니라면 도저히 이해하기 힘들 것'이라고 하면서 '한국의 인기 연예인들
이 중국에서 외국 대중음악 붐을 일으키는 수준을 넘어 일종의 청년 대중문화 신
드롬을 만들고 있다.'고 평하였다. 이후 한국 측의 기획 중개자가 부도를 내고 잠
적해 버린 사건으로 중국 정부가 한국 공연 금지 조치를 내리기도 하였고, 댄스
음악으로 일관된 한국 대중음악에 중국 팬들의 열기가 식고 있다는 평이 나오기
도 하였다.

음반과 콘서트뿐만 아니라 음악 방송에서 소개되는 뮤직 비디오도 시각적 요소
가 강한 한국 댄스음악의 특성을 부각시키고, 콘서트보다 자주 접할 수 있다는
점에서 중국 신세대들에게 한국 음악의 강점을 소개하는 중요한 역할을 하였다.

---

5) 「中서 한국노래 열풍 - H.O.T, 클론 등 인기몰이」, 『경향신문』, 2000. 2. 4.
6) 「北京 진출 한국가수들 앨범/중국인들 떵호아」, 『중앙일보』, 1998. 7. 14.
7) 「NRG, 안재욱 북경 공연 매진」, 『중앙일보』, 1998. 7. 14.

또한 중국의 FM라디오 프로그램인 ‘서울 음악실’은 1997년 7월부터 중국 10여 개의 대도시에서 방송되어 평균 10%가 넘는 청취율을 유지하며 방송을 통해 한류 형성의 기반을 마련했다고 할 수 있다.8) 한국의 드라마와 영화도 ‘한류’ 형성에 중요한 역할을 하였다. <사랑이 뭐길래>가 1997년 첫 방송 이후 여러 차례 재방영되면서 약 1억 명의 중국인이 시청한 것으로 집계되었고, 이후 <별은 내 가슴에>, <사랑을 그대 품안에>, <보고 또 보고> 등 한국에서 인기를 끌었던 드라마들이 꾸준하게 중국에서 방영되면서 중국에는 ‘한미(韓迷)’라 불리는 팬들이 생겼다. 지상파 3사가 한국 국내 방송 프로그램의 수출을 본격화한 것이 1990년대 중반으로 아시아 지역에서 ‘한류’가 형성되기 시작한 시기와 일치한 것으로 보아 드라마의 영향이 큼을 알 수 있다.9) 홍콩에서는 <8월의 크리스마스>, <쉬리>, <텔미썸딩> 등의 영화도 상영되어 『아주주간』은 ‘중국 베이징에서 대만의 타이베이, 그리고 홍콩에 이르기까지 중국인들은 한국 영화 <생사첩변(生死諜變)>(‘쉬리’의 중국 제목)과 텔레비전 드라마 <사랑이 뭐길래>, 그리고 경쾌한 한국 가요에 완전히 빠져들었다’고 전하였다.10)

1990년대 초반부터 한국 기업들이 중국으로 진출하면서 중국에서 한국 상품의 입지를 높이기 위한 기업들의 노력 또한 음악, 드라마 등을 통해 형성된 한국 대중문화의 인기를 뒷받침하는 역할을 하였다. 삼성은 중국판 장학퀴즈인 ‘삼성지력쾌차’를 1996년부터 중국 국영 중앙TV(CCTV)를 통해 중국 전역에 방송하고 LG전자도 중국의 전국 노래자랑을 1997년부터 기획, 지원하고 있는데 이 또한 인기가 높아 LG전자의 이미지 홍보에 기여하고 있다.11) FM방송국에 ‘서울 음악실’을 제공하던 (주)미디어 플러스와 H.O.T, 클론 등의 음반을 출시한 (주)우전소프트 등도 한국 대중음악을 통한 ‘한류’의 형성에 주도적인 역할을 하였다.

---

8)「중국 FM ‘서울 음악실’ 라디오방송 대상 3등」, 『스포츠조선』, 2001. 1. 5.

9)「중국과 동남아의 한류」, 『월간조선』, 2001. 11월호.

10)「코리안 웨이브(韓流), 중화권으로 몰려들다!」, 『아주주간』, 홍콩, 2001. 6월호.

11) “한류 마케팅의 성공”, YTN뉴스, 2001년 10월 27일. <http://www.ytn.co.kr>

4. 한 · 중 두 나라의 동질성

한국과 중국은 지리적으로 동남아 지역에 위치해 있는 이웃나라로서 예로부터 두 나라의 교류가 빈번하였다. 두 나라는 각자의 민족적 문화특징을 가지고 있으면서도 장기적인 문화교류 속에서 동질적인 문화도 이루어 내었다. 특히 한국은 예로부터 중국 문화의 영향을 많이 받았고 지금도 그들의 가치관이나 도덕적인 기준에서 유교의 영향은 상당하다. 그러나 한민족은 중국으로부터 받아들인 유교 문화를 본토의 민족문화와 융합하고 발전시켜 독특한 한민족문화를 형성하기도 하였다. 때문에 두 나라 사이의 문화전파 과정에서 문화의 동질성은 용이하게 전파되고 수용할 수 있는 조건으로 된다. 즉 문화의 기반과 가치관념, 생활방식 등 여러 면에서 이러한 점을 살펴볼 수 있다.

역사적으로 두 나라는 모두 유교문화를 숭상하여 인륜을 중시하는 내재적 본질의 한자문화권 체계에 속한다. 때문에 유럽 문화나 일본 문화와 비교하여 볼 때 한국 문화는 우아하면서도 사리사욕이 없는 선비의 문화를 추구하는 것이 그 특징인데 이는 중국인의 전통적인 가치관념, 윤리도덕, 심미적인 취미와 비교적 가깝다고 할 수 있다. 중국과 한국 두 나라 전통문화에 존재하는 이러한 동질성은 본토문화가 외래문화를 받아들이는 과정에서의 배척력을 약화시키는 데 유리하다. 또한 용이하게 중국 사람들로 하여금 심리적 동일시가 이루어지게 하여 한국 문화에 대하여 친근감을 형성하게 하고 거부감 없이 쉽게 받아들일 수 있는 심리적인 기반을 이룰 수 있다.

시각을 달리 보면 한류를 대표로 하는 한국 문화는 그 본질은 포장된 동방문화에 불과하며 이는 아시아적인 문화와 유럽 문화가 융합되어 새롭게 창조된 문화적 결실이라고 할 수 있다. 한국인들이 창조한 이러한 문화는 서양적인 시대적 흐름을 표방하고 있다는 매력을 지니고 있을 뿐만 아니라 동양적인 운치도 잃지 않아 중국인들로 놓고 보면 새롭고 신기하기도 하지만 또 어딘가 익숙한 면도 없지 않다고 느낄 수 있다. 때문에 '한류의 흥기는 사실상 어느 정도 전통문화에로의 回歸를 표방하며 전통과 현대적인 것이 융합된 것이다. 이러한 한류는 한 · 중 양국 문화교류의 가능성을 기반으로 하고 있다.'12)

---

12) 仰濼, 「"韓流" 現象探索」, 『靑年探索』, 2002. 6.

5. 도시화에로의 급속한 발전

사회의 발전에 따라 도시화가 가속화되고, 이러한 도시화는 사람들에게 새로운 생활방식과 새로운 관념을 창조해 주며 또한 새로운 '신인간'을 만들어 내기도 한다. 사회의 발전에 따라 도시화라는 환경 속에서 점차 사람과 사람 간의 이질성이 상당히 커질 수밖에 없는 시점에서 도시의 주민들은 새로운 자극에 둔감해지며 모든 것을 가볍게 받아들일 수 있는 자세가 되어 있다. 그리하여 대부분 신생 사물도 가장 먼저 대도시에서 나타나고 '신 인간'도 콘크리트로 만들어진 도시에서 탄생하게 된다. 때문에 중국에서 도시의 관용과 개방적인 성격으로 말미암아 '한류'도 가장 먼저 북경이나 상해와 같은 대도시에서 수용되고 그 발원지로 되는 것 또한 이상한 일이 아니며, '하한쭈'도 도시문화의 산물로서 기이한 현상으로 받아들이지 않게 된다.

이상의 것들 외에도 현대화적인 통신기구와 통신매체는 정보의 전달속도와 주기를 최대한 줄여 세계와 인류로 하여금 신속히 하나의 전자(傳字)와 수자(受子)의 전파시대로 들어서게 함으로써 '한류'의 형성에 일조 하였다고 볼 수 있다. 이로 인하여 중외문화의 전파와 교류도 전에 없던 발전을 가져오게 되었던 바 교류되는 정보도 영구적으로 움직이는 발전과정에 놓이게 되었으며, 정보의 전파와 저장은 협소한 지역적 한계와 시간적 제한을 넘어서 그 전파속도와 교류범위가 이미 상상할 수 없을 정도로 광범위해졌다. 특히 한국적인 것을 좋아하는 사람들도 QQ나 BBS 등 전자교류방식으로 자신들이 추구하는 것을 즐길 수 있게 되었으며 인터넷을 통하여 한국 문화에 관한 더 많은, 새로운 자료를 공유할 수 있게 되었다.

6. 나오기

필자는 본론에서 중국의 '한류' 형성 원인에 대해 분석하였던 바, 그것을 요약하면 다음과 같다. 첫째, 중국은 세계의 각종 대중문화를 수용할 수 있는 문화공간이 형성되었다. 둘째, 한국 대중문화의 전파와 한국 기업의 현지화 노력에 의한 것이다. 셋째, 한·중 두 나라는 동질성을 갖고 있다. 넷째, 중국의 도시화로의 급속한 발전의 결과이다.

　　현재 한·중 양국의 관계는 기존의 '전면적 협력동반자'에서 '전략적 협력동반자'관계로 격상하였다. 이를 새로운 계기로 삼아 '한류'가 한·중 두 나라 국민들 간의 이해와 우호를 더욱 증진시키는 역할을 하는 동시에 한·중 두 나라의 경제 발전에도 큰 추진력이 되어 주기를 바란다.

참고문헌

신윤환, 「한국청소년발원연구보고서」, 2002.

이치한·허진, 「한류현상과 한중문화교류」, 『중국연구』, 2002.

조혜영, 「중국 청소년들의 한류인식실태에 관한 연구」, 2002.

仰滎, "韓流" 現象探索」, 『靑年探索』, 2002. 6.

『월간조선』, 2001. 11월호.

『경향신문』, 2000. 2. 4.

『중앙일보』, 1998. 7. 14.

『스포츠조선』, 2001. 1. 5.

『아주주간』, 홍콩, 2001. 6월호.

중국에서의 '한류' 현상에 대한 문화적 성찰

한영*

1. 서 론

'한류'는 서로 다른 문화의 충돌과 교류 속에서 유럽과 일본의 문화를 따돌리고 대략 20세기 후반부터 중국 내에서 뿐만 아니라 홍콩과 대만 등 동남아에 이르기까지 돌풍을 일으키고 있는 새로운 대중문화 현상이다. 중국에서는 1997년 중앙텔레비전에서 방영한 <사랑이 뭐길래>라는 한국 드라마를 중국에서 '한류'가 시작하게 된 계기로 볼 수 있다. 그 당시 시청률이 4.3%에 이르러 외국 드라마로서는 최고 기록을 갱신할 정도였다. 그 후 대만과 베트남 등지에서도 연이어 <사랑을 그대 품안에> 등 한국 드라마를 방영하면서 '한류'는 점차 동남아 지역에 불기 시작하였으며, 그 후 인기 한국가수들인 '클론'과 'NRG', 'H.O.T' 등 스타들의 노래와 율동적인 춤, 패션은 그야말로 '한류'의 열풍을 고조시켰다. 현재는 한국과 동시간대에 인기 드라마나 오락프로그램을 인터넷 생방송으로 보거나, 음반시장을 통하여 구해 볼 수 있게 되었다. 뿐만 아니라 삼성 핸드폰을 선두로 하는 한국 전자, 전기제품, 자동차, 복장, 화장품 같은 소비품 그리고 김치와 불고기 등의 한식은 중국인들에게 널리 알려져 있을 뿐만 아니라, 그것에 대한 선호도가 놀라울 정도로 널리 파급되었다. 그렇다면 '한류'가 중국에서 돌풍을 일으키게 된 원인은 무엇이며, 이러한 문화적 현상은 우리에게 어떤 영향을 파급시켰는가? 이러한 문제는 우리가 심사숙고하고, 그 대안을 모색하여야 할 과제 중 하나이다.

---

* 중국 대련대학교 한국학연구중심 교수

2. '한류' 가 형성될 수 있었던 원인 분석

어떠한 문화적 현상의 유행은 그 시대적·사회적 배경과 밀접한 관련이 있다. 특히 한 나라에 있어서는 사회적 변혁시기에 더욱 그러하며, 이는 동서고금을 막론하고 예외가 아니다. 오늘날 전 세계적으로 경제의 一體化와 문화적 글로벌 등 새로운 시대적 조류 속에서 '한류'라는 문화적 현상도 이에 부응하여 일어난 현상이며, 더욱이 변혁시기의 중국에 있어서 '한류'의 열풍도 이에 부응하게 된 그 내외적 형성 원인이 있기 마련이다. 먼저 중국에서 '한류' 문화적 현상의 형성 원인을 대외적인 것과 대내적인 주요 측면에서 분석하여 보면 다음과 같다.

첫째, 전 세계적으로 글로벌 시대로 진입하는 사회적 대변혁의 격동시기에 부동한 문명과 문화를 가진 지역이나 민족, 국가 사이에 예전보다 자유로운 문화흐름이라는 추세가 중국으로의 '한류' 전파에 큰 시대적 배경으로 되고 있다. 오늘날 다수의 나라들이 정도 부동하게 글로벌 흐름 속에 말려들고 있는데, 이는 경제적인 상호관계와 정치적인 상호 영향 하에서 나타나고 있을 뿐만 아니라, 더욱 중요한 것은 부동한 문화 사이의 격렬한 충동 속에서 돌출되고 있다. 이러한 전 지역적인 흐름 속에서 개혁개방 이후의 중국도 신속하게 국제화 계열에 들어서면서, 그 문화도 예전의 폐쇄적인 국면에서 점차 세계적으로 유행하는 문화와 더불어 받아들이고 융합하지 않을 수 없는 추세를 보이고 있다.

때문에 과거 중화문명을 수출하던 중국은 오늘에 와서는 역으로 문화수입국이라는 처지에 놓이게 되었으며, 이로부터 볼 때 타국의 문화적 충격과 영향은 매우 컸던 점 또한 사실이다. '한류'도 그 일환의 문화현상이라고 볼 수 있다. 그런데 '한류'가 한국 드라마와 한국 스타들을 대표로 하는 문화적 충격이라고 하지만, 이는 과거 한동안 중국에서 유행하였던 대만, 홍콩, 일본 드라마의 영향보다 더 큰 범위에서 전 방위적인 문화와 가치적 충격을 주고 있다. 즉 한국의 영화, 드라마, 음악, 김치, 불고기, 전자, 전기제품과 자동차, 복장산업 등 상품들이 중국인들의 일상생활에 침투되면서 이와 동시에 한국적인 문화태도와 가치관도 점차 당대 중국인들에게 알게 모르게 영향을 주게 되었던 것이다. 이러한 경제와 문화의 복합적인 문화파급현상에 대하여 중서문화비교학자인 청화대학 신문학 史安斌교수는 다음과 같이 말한다. "'한류'는 儒家문화와 미국의 공업화 대중문화가 상호 결합된 산물이다. 이러한 문화는 문화적 글로벌시대에 나타나고 있는 세계화와 본토화 간의 충돌과 화합을 이용하여 전통적인 윤리와 현대성의 모순, 그리고 東西方 가치관의 충돌을 철저히 드러내고 있으므로 다수의 중국인들에게 인기가 있을 수 있다."[1]

또 '한류'의 형성은 외적 원인으로 볼 때 세계문화의 다원화적인 발전추세와 갈라놓을 수 없다. 문화적 多元性이란 세계 여러 나라, 여러 민족이 가지고 있는 풍부하고 다채로운 문화적 특색으로부터 이루어진다. 어떠한 민족을 막론하고 그 문화가 폐쇄적이고 격리되면서 타 지역의 민족의 문화와 상호 교류를 하지 않을 수 없으며, 반드시 타 문화의 영향을 받기 마련이다. 이러한 외래문화의 충격과 상호 수용은 본토문화의 발전과 변혁에 있어서 중요한 힘으로 작용할 수 있다. 그것은 어떤 민족의 문화 든 간에 오랜 역사의 흐름 속에서 스스로 창조적인 변혁을 통하여 자체의 문화를 발전시켜야 할 뿐만 아니라, 반드시 외래문화를 받아들여 융합과 재조합[2] 속에서만이 새롭게 발전할 수 있기 때문이다. 그러므로 문화의 다원화 시대에 다원적이고 서로 다른 문화 간의 상호 대화와 교류를 통하여 서로 따라 배우고 공동으로 발전하여야 만이 비로소 비교적 理想적인 문화체계를 이루어 나갈 수 있다. '한류'도 세계문화의 다원화 발전이라는 큰 흐름을 배경으로 한·중 두 나라의 문화적인 충돌과 긴장 속에서 서로의 대화와 융합을 이루어 나가는 일환으로 볼 수 있을 것이다.

둘째, 중국 국내의 총체적인 사회변혁과 체제의 궤도라는 역사적 배경은 '한류'가 형성될 수 있었던 내재적 원인이기도 하다. 중국은 근래 개혁개방 이후 사회적 대 변동이라는 격동시기를 맞이하게 되었으며, 사람들의 의식형태도 그야말로 혁명적 변화가 일어났다. 문화적 변화의 속도가 가속화되어 근본적으로 사람들의 생활방식과 행위방식, 가치관, 문화 관념이 일대 전변을 가져왔다고 하여도 과언이 아니다.

"한 움직이는 사회가 만약 생산방식이 다양해지고 과학기술이 신속하게 발전

---

1) 徐晉, 「"韓流"登路中國6年」, 『中外文化交流』, 2003, 10期.
2) 馬建青·李小芳·董海軍, 「解讀: "韓流"對我國青少年的影響」, 『中國青少年研究』, 2004, 1期.

하며, 정치적 신분체계가 약화되고 사람들의 지위가 평등해지고 유동이 자유로워지면, 유행되는 문화도 쉽게 형성될 뿐만 아니라 커다란 발전을 가져올 수 있다."

'한류'는 바로 중국에서 전 방위적으로, 지속적이고 심원한 사회적 변동시기에 있어서 일종의 변화와 발전, 진보를 이념으로 하는 개방적 사회라는 배경 하에 형성되고 유행되기 시작한 것이다.

'한류'가 중국의 특수 계층인 젊은 세대들에게 특히 큰 인기를 얻고 있다는 특이한 문화현상도 우리가 간과하여서는 안 될 문제점이기도 하다. 그렇다면 무엇 때문에 '한류'가 중국의 청소년들에 대한 영향이 지대하였던 것인가? 그 원인에 대하여 심층적인 분석을 해보면 다음과 같다. 거시적 관점에서 볼 때 중국도 한때는 세계에서 가장 중요한 문화수출국의 하나였으며, 중화문명 및 그 문화사상체계는 세계적으로 널리 영향을 끼쳤을 뿐만 아니라, 오늘날 새로운 유교문화의 부흥 하에 상당한 영향력을 주고 있다는 사실 또한 무시할 수 없다. 근대로 오면서 중국은 문화수출국의 지위가 기본상 해체되었으나 개혁개방 이후 중국인들의 물질문명과 정신문명 건설 하에 상당한 발전을 가져오게 되었다. 중국 경제의 지속적인 발전과 사회문화의 상대적인 낙후함은 줄곧 큰 대비를 이루고 있으며, 중화민족이라는 그 특수성으로 볼 때 강대한 생명력을 가지고 있음에도 불구하고 외적인 표현형식으로 말하면 중국 상황에 적응하지 못하는 문화적 차이가 존재는 기이한 현상이 나타난다.

더욱이 새로운 문화에 대하여 특별히 민감한 젊은이들로 놓고 말하면 젊은 세대에 속하는 문화적인 공간이 너무 적고 이는 젊은이들이 커다란 문화적 공백으로 나타나기도 하였다. 그들은 새롭고 독특한 것을 추구하는데 중국의 主流문화는 그러한 요구를 만족시켜주지 못하였으며, 이로 인하여 자연스럽게 본토문화보다 외래문화에 눈길을 돌리고 관심을 가지게 되있다. 본토문화에 비하여 외래문화는 현대적이고 시대에 앞선 것이었으며, 지극적인 것이었다. 때문에 새롭세 득이한 것을 갈망하는 그 세대는 다른 연령계층보다 용이하게 외래문화에 대하여 일종의 친화력을 나타내게 되며, 동일시하고 받아들이려는 마음의 자세가 더욱 뚜렷해지게 되는 법이다.

그런데 '한류'라고 표방되는 한국 문화는 동서양의 문화를 융합하여 형성 발전

된 것으로 일종의 창조적인 새로운 문화라고 할 수 있으며, 그러한 문화는 새로우면서도 경박하지 않아서 중국의 젊은이들에게는 더욱 흡인력 있게 작용했던 것이다. 또한 젊은이들의 개성을 드러내고 싶은 심리적인 욕망을 충족시키고 스트레스를 해소하며 그 무엇인가로부터 보상받고 싶은 심리적 대리만족을 충족시킬 수 있었으며, 또한 젊은이들의 반항적인 심리에도 맞아 떨어지게 됨으로써 그들로부터 폭발적인 인기를 얻을 수 있었다. 때문에 '한류'의 지속적인 파급현상은 사회적 배경뿐만 아니라 대중문화와 심리적인 원인과도 갈라놓고 말할 수 없으며, 이러한 복합적인 원인들이 어우러져 '한류'가 형성되고 크게 성행하고 있는 심층적인 원인을 이루기도 한다.

셋째, 한·중 두 나라 문화의 동질성은 '한류'의 형성과 파급의 전제조건이 된다. 한국과 중국은 지리적으로 모두 동남아 지역에 위치해 있는 이웃나라로서 예로부터 두 나라의 교류가 빈번하였다. 두 나라는 각자의 민족적 문화 특징을 가지고 있으면서도 장기적인 문화교류 속에서 동질적인 문화를 이루어 내었다. 특히 한국은 예로부터 漢문화의 영향을 많이 받았고, 지금도 그들의 가치 관념이나 도덕적인 기준에서 유교의 영향은 상당하다. 그러나 한민족은 중국으로부터 받아들인 유교문화를 본토의 민족문화와 융합하고 발전시켜 독특한 韓민족문화를 형성하기도 하였다. 때문에 두 나라 사이의 문화전파 과정에서 문화의 동질성은 용이하게 전파되고 수용될 수 있는 조건으로 된다. 즉, 문화적인 기반과 가치관념, 생활방식 등 여러 면에서 이러한 점들을 살펴볼 수 있다.

역사적으로 한·중 두 나라는 모두 유교문화를 숭상하여 인륜을 중시하는 내재적 본질의 한자문화권체계에 속한다. 때문에 유럽문화와 비교하여 볼 때 한국 문화는 우아하면서도 사리사욕이 없는 선비의 문화를 추구하는 것이 그 특징인 점에서 중국인의 전통적인 가치관념, 윤리 도덕, 심미적인 취미와 비교적 가깝다고 할 수 있다. 한·중 두 나라 전통문화에 존재하는 이러한 동질성은 본토문화가 외래문화를 받아들이는 과정에서의 배척력을 약화시키는 데 유리하며, 용이하게 중국 사람들로 하여금 심리적으로 동일시함이 이루어지게 하여 한국 문화에 대하여 친근감을 형성하게 하고 거부감이 없이 쉽게 받아들일 수 있는 심리적인 기반을 이룰 수 있다.

시각을 달리 하여 보면, '한류'를 대표로 하는 한국 문화는 그 본질이 포장된 동방문화에 불과하며 이는 아시아적인 문화와 유럽문화가 융합되어 새롭게 창조된 문화적 결실이라도 할 수 있다. 한국인들이 창조한 이러한 문화는 서양적인 시대적 흐름을 표방하고 있다는 매력을 지니고 있을 뿐만 아니라, 동양적인 운치도 잃지 않아 중국인들에게는 새롭고 신기하기도 하지만 또 어딘가 익숙한 면도 없지 않아 쉽게 받아들일 수 있었다. 때문에 '한류'의 興起는 사실상 어느 정도 전통문화로의 回歸를 표방하며 전통과 현대적인 것이 융합된 것이다. 이러한 '한류'는 한·중 두 나라 문화교류의 가능성을 기반으로 하고 있다.3)

그 외에도 아래와 같은 '한류'형성의 원인들이 존재한다. 이를테면 전반적인 사회가 도시화로 급속히 발전한 것은 '한류'가 형성되고 발전될 수 있었던 기반이다. 사회가 발전함에 따라 도시화도 가속화되게 되며, 이러한 도시화는 사람들에게 새로운 생활방식과 새로운 관념을 창조해 주며 또한 새로운 '신 인간'을 만들어내기도 한다. 사회의 발전에 따라 도시라는 환경 속에서 점차 사람과 사람 간의 이질성이 비교적 커질 수밖에 없는 시점에서 도시의 주민들은 새로운 자극에 둔감해지게 되며 모든 것을 가볍게 받아들일 수 있는 자세가 되어 있다. 그리하여 대부분 신생사물도 가장 먼저 대도시에서 나타나고 새로운 '신 인간'도 콘크리트로 만들어진 도시에서 탄생하게 된다. 때문에 중국에서 도시의 관용과 개방적인 성격으로 말미암아 '한류'도 가장 먼저 북경이나 상해와 같은 대도시에서 수용되고 그 발원지로 되는 것도 이상한 일이 아니며, '哈韓族(한국적인 것을 좋아하고 모방하는 젊은 계층의 마니아들을 지칭)'도 도시문화의 신생사물로서 기이한 현상으로 받아들이지 않게 된다.

또한 정보화시대에 '한류'의 흥행에도 가속도가 붙었다. 20세기 1990년대 이후, 정보통신기술이 신속하게 발전함에 따라 컴퓨터, 위성안테나, 인터넷 등은 사람들의 기존의 생활방식과 사고방식에 일대 혁명을 일으키고 있으며 이로 인하여 사람들의 생활방식도 커다란 변화를 가져오게 되었다. 현대화적인 통신기구와 전파매체는 정보의 전달속도와 주기를 최대한 줄여 세계와 인류로 하여금 신속히

---

3) 仰滢, 「"韓流"現象探索」, 『靑年探索』, 2002, 6期.

하나의 전자와 숫자의 전파시대로 들어서게 하였다. 이로 인하여 중외문화의 전파와 교류도 전례 없던 발전을 가져오게 되었는바, 교류되는 정보도 영구적으로 움직이는 발전과정에 처하게 되었으며, 정보의 전파와 저장은 협애한 지역적 한계와 시간적 제한을 넘어서 그 전파속도와 교류범위가 이미 상상할 수 없을 정도로 광범위해 졌다. 특별히 한국적인 것을 좋아하는 사람들도 QQ나 BBS 등 전자교류방식으로 자신들이 추구하는 것을 즐길 수 있게 되었으며, 인터넷을 통하여 한국 문화에 관한 더 많은, 새로운 자료를 공유할 수 있게 되었다.

또한 신문, 방송, 텔레비전 등 매체들의 '한류'의 유행에 일조하였다는 점도 간과할 수 없다. 신문, 방송, 텔레비전 등은 일반적으로 사회여론의 중요한 매체로서 사회의 흐름을 주도하고 사회자원을 조절하는데 있어서 중요한 작용을 한다.[4] '한류'로 놓고 말하면 가장 눈에 뜨이는 면에 '한국 드라마', '한국 스타', '청소년 염색' 등 뉴스들을 대폭적으로 다룸으로써 중국인들로 하여금 '한류'가 호호탕탕하게 중국에 상륙하고 있다는 점을 알려 주었다. 이러한 의미에서 '한류'는 신문매체의 대대적인 홍보와 밀접한 연관이 있으나, 그렇다고 '한류'가 단순히 전파매체에 의하여 만들어진 허구라고 보는 견해는 다소 편파적이다.

3. 중국에서의 '한류'의 전파와 영향

한 나라 문화의 다른 나라에 대한 영향은 주로 아래와 같은 두 가지 점에서 비롯된다고 본다. 첫째는 양자 간에 상호 교류를 할 수 있는 기반이 구비되어 있어야 하며, 둘째는 전파되는 문화가 어느 정도 영향을 주기 위해서는 반드시 피수용 나라의 문화보다 월등해야 한다. 즉, 그 우월성이란 영향을 받는 민족의 문화보다 어느 측면에서든 간에 우월한 문화 상태여야 한다는 점이다. 그렇다면 '한류'의 중국에서의 전파와 영향문제를 분석할 때 이러한 시각에서 출발하지 않을 수 없다.

---

4) 劉宏森, 「"韓流", "溪流"-靑少年中 "韓流"現象微型調査報告 」, 『中國靑年硏究』, 2004, 1期.

앞에서 서술하였듯이 한·중 두 나라는 문화적인 기반이나 발전 상황으로 놓고 볼 때 동질성과 이질성을 동시에 가지고 있다. 한국의 문화기반이나 한국인들의 생활방식, 가치관념 등은 중국 유교문화의 영향을 받아 이미 중국 문화와 어느 정도 동질성을 가지고 있다. 뿐만 아니라 비슷한 문화배경을 가지고 있는 일본 문화와 비교하여 볼 때 훨씬 평화롭고 참신하며 자연스러운 특성으로 인해 쉽게 중국인들에게 받아들여진다.

문화적 이질성이란 특면에서 볼 때, 서양의 문화는 비록 선진적이기는 하지만 선뜻 받아들여지지 않는다. 그러나 한국 문화는 중국 문화와 어느 정도 이질성을 가지고 있지만 사실상 현재의 '한류'를 대표로 하는 새로운 문화는 한국이 서양문화와 동양문화의 융합과 창조를 거쳐 만들어진 것이므로, 중국에 전파되고 영향을 줄 때 중국은 그것을 비교적 쉽게 받아들일 수 있다. 또한 한국인들은 생활방식에서는 서양의 영향을 많이 받고 있지만 드팀없는 민족적 특징은 그 나라 문화로 하여금 더욱 우월하게 발전하게 함으로써 문화의 전파와 파급에 일정한 작용을 한다.

위의 두 가지 문화적 시각 외에도 인간의 보편적인 '아름다움'에 대한 추구도 문화의 전파와 영향 하에서 어느 정도 작용을 한다. 가치판단과 가치적 지향은 한 시대의 객관적 산물로서 사회와 경제의 신속한 발전에 따라 개인적인 심미적 요구도 부단히 발전하기 마련이며 시대적 특색을 띠게 된다. 때문에 한국의 영화나 드라마의 독특한 스토리나 참신한 아이디어, 스타들의 우아한 기질, 한국 전자제품의 뛰어난 디자인과 훌륭한 품질, 서비스 등은 자연스럽게 중국인들이 좋아할 수밖에 없는 결과를 초래한다. 사람들이 보편적으로 가지고 있는 아름다움을 추구하는 심미적 본성은 어느 정도 '한류'의 중국, 나아가서는 홍콩, 대만 등 지역에서의 상생의 원인이 될 수밖에 없다.

구체적으로 '한류'의 중국에서의 파급적인 분야를 살펴보면 아래와 같다. 첫째, 한국 드라마는 한국의 대중문화의 전파에 독독히 한 몫을 하였다고 하여도 과언이 아니다. 1990년대에 한두 편 정도 중국 공영전파를 타던 때와 달리 요즘은 그야말로 채널을 돌리면 동시에 3~4편의 한국 드라마가 상영되고 있음을 확인할 수 있으며, 주위에서도 한국 드라마에 관한 화제가 사람들의 관심의 초점으로 되고 있을 정도이다. 또한 드라마에 나오는 대로 본 따서 집 인테리어를 온돌을 한 다든가, 식생활에서 김치와 불고기 등 한식이 인기인 것은 말할 것도 없고, 복장 이나 머리 스타일까지 본 따고 한국 노래를 부르기 위하여 한국어를 배우는 열풍 이 일 정도이다.

사실 아주 일상적인 가족의 생활을 배경으로 하는 수십 회에 이르는 가족 중심 의 한국 드라마는 거대한 스케일의 중국 역사 드라마에 비하면 지루하기 그지없 지만, 중국 사람들은 열광할 정도로 한국 드라마에 심취하고 또 드라마를 통하여 한국 사회와 한국인, 한국 문화에 대하여 알아가게 된다. 한국 드라마가 그토록 중국인들에게 인기가 있는 것은 앞에서 서술한 이유에서와 같이 동일한 아시아 나라와 한민족이 가지고 있는 심미적 취향이라든가, 가치관념과 유교를 중심으로 하는 도덕적 판단의 기준에서 동질성을 가지고 있는 등 복합적인 원인 때문이다.

둘째, 한국 드라마에 이어 한국의 음악과 춤 문화도 중국 팬들의 열성적인 지 지를 얻고 있다. 가장 인기 있었던 H.O.T 그룹의 2000년 북경공연 시 13,000명 의 열성팬들이 공연장에 모이기도 하였다. 미국적인 음악장르나 춤을 한국적인 것으로 창조하였고, 아름다운 미모에 색상과 디자인이 뛰어난 의상, 머리 스타 일, 무대배경 등 모든 것이 중국 젊은이에게는 신비스럽고 아름다워 한국 스타들 은 이미 그들의 우상이 되었고, 본받아야 하는 모델이 되어 버렸다.

셋째, 한국 영화는 1997년에 처음으로 중국에서 상영된 후 매년 중국 국가도서 관에서 '韓國電映周' 활동을 하고 있다. 중국 관중들은 그로부터 한국 영화를 접 하게 되었으며, 2000년 북경영화학원에서의 한국 영화 및 학술회의를 시작으로 한국 영화는 중국에 대량으로 수입되고 방영되었다. 그 중 전지현, 차태현 주연 의 '엽기적인 그녀'는 중국에서 방영된 후 큰 반향을 일으켰다. 그것은 지금까지 단아하고 현모양처의 형상으로 보여주던 한국 여자들의 무례하고 감히 남자를 잡 아 패는 여주인공의 새로운 형상은 중국인들에게는 너무나 충격적이었지만 그것 은 또한 신선하였기 때문이다.

넷째, 한국 서적은 '한국 스타'나 '한국 드라마'의 부속적인 산물로서 중국에서 이미 많이 출판되었다. 그 중 한국학 전문가들을 위한 전문저서가 있을 뿐만 아니 라 한국의 장편과 단편 소설을 번역한 대중적인 책도 적지 않아 중국인들이 한국 사회와 한국인, 한국 문화를 알아 볼 수 있는 좋은 도경으로 되고 있다. 근래 한국 기업의 중국으로의 대거 진출과 한국 문화에 대한 지향으로 중국 대륙에 한국어 열풍이 일어 한국어 관련 서적이 상당히 많이 출간되어 있다.

다섯째, 한국 문화와 동시에 한국의 축구, 자동차, 핸드폰은 중국인들에 가장 인기 있는 한국 문화 브랜드들이다. 한국 축구선수들의 완강한 정신은 중국 축구 운동원과 축구팬들에게 강열한 인상을 남겨 주었으며, 특히 한국의 "붉은 악마" 응원단은 민족적 단합심을 보여주는 점에서 중국인들이 가장 경탄해 마지않는 부분이기도 하다. 2002년 북경 현대자동차 주식회사의 설립과 더불어 현대에서 생산하는 자동차도 중국인들의 선호도가 높고, 삼성의 애니콜 핸드폰은 그야말로 중국인들이 가장 선호하는 품목 중 하나이기도 하다. 자료 통계에 의하면 중국에는 이미 3,000만대 이상의 삼성 상품의 고객을 유치하고 있는데 계속해서 늘어나고 있는 추세이다. 또한 삼성에서 2002년부터 2008년까지 북경올림픽조직위원회에 매년 100만원씩 조직위의 활동자금으로 기부하는 활동은 중국인들의 삼성메이커, 나아가서는 한국 국가의 이미지에 상당히 긍정적인 효과를 산생하고 있다.

그렇다면 이러한 '한류'의 전파는 중국인들에게 어떤 영향을 주었는가? '한류'의 중국에서의 돌풍은 자연스럽게 많은 부문에 거대한 상업적 기회를 만들어 주었고, 사람들은 '한류'의 영향으로 한국을 폭 넓게 알게 되었을 뿐만 아니라 날이 갈수록 한국에 대한 호감도도 늘어가고 있다는 점은 긍정적인 면이다.

우선 경제적인 측면에서 한국은 이미 중국의 네 번째 무역상대국으로, 중국은 일본과 미국을 이어 한국의 세 번째 무역상대국이 되었다. '한류'는 한·중 두 나라 상품 무역뿐만 아니라 중국인들의 한국 여행도 매년 늘어나는 추세이다. '한류'의 전파로 인하여 한국의 상품, 복장과 화장품은 이미 중국인들의 인기 상품이 되었으며, 일부 젊은이 계층에서는 한국 미용, 성형, 태권도 등 분야에서도 모두 상당한 관심을 가지고 있다. 뿐만 아니라 중국 기업도 한국의 스타들을 본 기업 상품의 광고에 기용함으로써 경제적 효과를 톡톡히 보고 있다.

문화적인 측면에서는 '한류'의 전파와 더불어 중국인들은 한국 문화에 상당한 관심을 가지게 되었다. 이는 중국의 대학교에 계속하여 설립되고 있는 한국어학과가 그 대표적인 실례라고 볼 수 있다. 그리고 최근 한·중 두 나라의 문화, 학술

교류 활동이 활발하게 진행되고 있는 상황도 이 점을 말해준다.

사회생활 측면에서 북경을 예로 들면 한국인들이 직접 운영하는 한식당, 미용실, 운동센터 등이 널려 있으며, 중국인들은 즐거운 마음으로 한국 식당이나 관련 업소에 들려 한국적(이국적)인 분위기와 문화를 체험하기를 즐기고 있다. 대형 마트나 가게에는 한국 고추장을 비롯하여 김치, 커피 등 중국 소비자들의 환영을 받는 상품들이 즐비하다.

4. '한류'에 대한 중국인들의 우려

중국에서의 '한류'의 열풍은 그야말로 식을 줄 모르고 있다. 그러는 가운데 일부 중국인 학자들이 '한류'에 대하여 냉정하게 분석하면서 우려의 목소리를 높이고 있다. 그들은 '문화적 식민'의 함정을 가장 우려하고 있다. 즉, 절대적인 것은 아니지만 문화적 수출은 늘 강대한 경제력을 바탕으로 하며, 이는 알게 모르게 '문화적 식민'이라는 성질을 띠고 있는 것이다. 그것은 전쟁도 없이 상품과 자금과 예술을 빌미로 완전히 한 나라를 장악할 수 있을 뿐만 아니라 글로벌 시대의 도래는 세계적으로 경제 강국들의 이러한 약소국가에 대한 '문화적 식민'의 과정을 진척시키고 있다. 발전한 나라는 문화적 수출이라는 주도권을 잡고 그것을 빌미로 자신들의 가치 관념이나 의식형태 등을 강제적으로 다른 나라에 전파를 통해 주입하고 있으며, 경제적인 확장을 빌어 인류문화의 이질성과 다양성을 매몰시키려고 한다. 이러한 경제를 기반으로 하는 문화적 식민은 결국 진일보로 되는 경제적 확장을 위한 정신아편으로 탈바꿈함으로써 서방패권주의가 꿈꾸어 오던 '良性循環'을 이루게 될 것이다.

이런 측면에서 볼 때 한국 인구는 중국의 30분의 1에 불과하며, 경제규모도 중국의 100분의 40 밖에 되지 않지만 최근 한국 문화는 발달한 경제를 배경으로 점차 주변 나라들에 문화 수출을 하고 있는데 이것이 또한 경제를 발전시키기 위한 발판으로 삼고 있는 점도 간과할 수 없다. 글로벌 시대의 중국은 가장 먼저 한국의 強勢文化의 주도자인 유행문화를 접하게 되었으며, '한류'는 한 · 중 두 나라 간의 문화의 경쟁적 수출을 실현하였다.

앞에서도 서술하였듯이 한국의 유행문화는 중국의 젊은 계층에서 상당히 커다란 영향력을 가지고 있으며, 그들의 한국 드라마에 대한 열광 정도는 중국 드라마에 대한 관심을 훨씬 초과하고 있다. 이 점 또한 우려하지 않을 수 없다. 어떤 젊은이들은 현재 중국의 드라마는 온통 '머리태(청나라 복장이나 머리스타일 지칭)'가 차지하고 있으며, 텔레비전을 보고 있노라면 자신이 청나라에 살고 있는지 혼돈이 올 정도라고 탄식한다. 그것은 드라마뿐만 아니라 많은 광고에도 황제나 내시들이 판을 치고 있다는 데서 비롯된 목소리이다. 그러면서 중국은 이미 21세기에 들어섰는데 왜 '머리태' 시대를 그리워하고 있으며, 그 시대가 정말 그리 좋았는지, 그리고 드라마 작가나 제작자들이 왜 중국의 가장 우매하고 낙후하였던 조대를 지향하는지 이해가 안 된다고 탄식하기도 한다. 이러한 현상에 대하여 한 학자는 '한류'는 결국 경제적인 이윤을 목적으로 하기 때문에 기필코 부정적인 효과를 보게 될 것이라고 지적하였다. 그것은 위에서와 같이 일부 중국의 청소년들로 하여금 본 민족 문화에 대한 이해에 극히 부정적인 효과를 낳을 수 있을 것이며, 이는 상당히 위험한 발상이기 때문이다. 이로부터 젊은이들이 본 민족문화가 가지고 있는 우수성을 이해한 전제하에 이성적인 사고와 분석능력을 가지고 외래문화를 접하도록 정확한 인도가 필요한 시점이며, 아울러 그들이 심신이 건강하게 발전할 수 있는 자체문화를 만들어 가는 것도 필요한 시점이다.

'한류'는 한·중 두 나라 국민들 간의 이해와 우호를 증진시키고 동시에 두 나라의 경제발전도 추진시킨다는 긍정적인 면을 무시할 수 없다. 때문에 '한류'는 중국인들에게 적극적인 것과 소극적인 것, 이 두 측면을 모두 가지고 있으며, 언제까지 지속될지 현시점에서 판단하기 어렵다. '한류'는 일시적인 현상으로서 젊은이들의 일상에서 일장춘몽과 같은 것이며, 가벼움과 소탈함, 그리고 반역적인 것과 낭만적인 것 등이 복합적으로 어우러져 젊은이들의 마음을 사로잡았을 뿐 오래 가지 않을 수도 있다. 그것은 '한류'는 중국의 발전과 운명을 같이 할 것이며, 또한 자체의 발전과 변화가 중국의 젊은이들의 성장과도 밀접한 연관을 가지고 있기 때문이다. 그런데 이 모든 것이 모두 발전과 변화과정 중에 있으므로 우리는 섣부른 결론을 내리기 어렵다.

‘한류’는 다만 문화의 전파과정에서 일어난 크지도 작지도 않은 물보라와 같은 것으로서 매체에서 떠들어 대는 것처럼 중국에서 중국 자체의 문화를 대체할 수 있을 정도의 대세를 이룰 수 있는 것은 결코 아니다. 그것은 단지 지금의 젊은이들에게 신비함과 변화를 가져다주었을 뿐 그 이상도 그 이하도 아니다. 진정한 예술은 인류로 하여금 자연스럽게 교류하고 이해하게 하는 교량과 같아야 하며, 나라와 민족, 언어와 종교 신앙을 뛰어넘는 일종의 보편적인 교류 매체로 발전할 때만이 영원할 것이다. ‘한류’는 이러한 시각에서 볼 때 아직 미숙한 것이지만 문화교류라는 측면에서 성공적이었다는 점은 부정할 수 없다.

5. 결 론

사회문화가 사람들에 미치는 영향을 과소평가해서는 안 된다. 그것은 한 사람의 사유방식이나 행위방식의 형성에 있어서, 한 민족의 특성이나 정신의 형성에 대하여 모두 상당한 영향을 끼치기 때문이다. 그러므로 우리는 반드시 전면적으로, 객관적으로 ‘한류’라는 문화현상을 성찰하여야 하며, 시간이 흐르면 현재처럼 성세호대하지는 않겠지만 우리에게 끼친 영향은 순간적으로 소실되지 않을 것이라는 점 또한 명심하여야 할 것이다. 이러한 점에서 출발하여 우리는 ‘한류’현상에 대하여 이성적인 사고가 필요함을 제시한다. 아울러 중국의 유행문화에 대해서도 신속한 대안을 찾아 그로 하여금 자신의 위치와 발전방향을 확고히 하여야 하며, 그러기 위해서라도 ‘한류’에 대한 꾸준한 연구가 전제로 되어야 하고 냉정하고 과학적이며 합리적인 판단이 필요한 시점이라고 생각한다.

참고문헌

徐晋, 「"韓流"登陸中国6年」, 『中外文化交流』, 2003, 10期。

马建青·李小芳·董海军, 「解读: "韓流"对我国青少年的影响」, 『中国青少年研究』, 2004, 1期。

仰 濚, 「韓流' 现象探索」, 『青年探索』, 2002, 6期。

浏宏森, 「"韓流", "溪流"－青少年中'韓流'現象微型调查报告」, 『中国青年研究』, 2004, 1期。

朴宰雨, 「"韓流"与"汉流"在东亚的角色与方向」, 『交流与互动: 上海, 汉城(首尔)都市文化比较国际学术会议论文集』。

朴光海, 「"韓流"在中国的波及与影响」, 『韓国文化』, 2003年春夏合刊。

楚卫华, 刘朝霞, 王怡琳, 「中国大学生与"韓流"」, 『中国青年政治学院学报』, 2003, 4期。

중국 내 한국 드라마의 상황과 전망

남춘애*

1. 머리말

韓流는 20세기 말과 21세기 초의 한국 사회와 문화를 이해하는 데 중요한 키워드 중의 하나이다. 문화산업이 현대에 경제적 가치를 창출할 수 있는 새로운 분야로서 주목받고 있는 가운데 1997년 말 중국을 필두로 한국의 대중문화가 아시아 각국에서 환호를 받으며 수용되는 시점에 이르렀고, 한류에 대한 담론은 한국 사회 거대담론의 하나로 부상하였다. 역사적으로 문화적 수입국으로 있던 한국의 대중문화에 역전의 기적을 올린 한류는 경제적 가치의 측면에서뿐만 아니라 문화적 가치의 측면에서 많은 논의를 불러일으킨다.

시점의 다양화에 따라 한류라는 문화적 현상에 대한 논의도 다양한 바 크게 긍정적인 입장과 부정적인 입장으로 나뉜다. 전자는 외국인들이 한국 문화의 우수성에 감동하여 한국 문화를 수용한 것으로 보는 반면에 후자는 한류를 일시적인 현상으로 간주하고 '싸구려 상품'으로 규정하기도 한다.[1] 이러한 '수용'이나 '폄하'라는 상반된 입장을 떠나서 한류는 엄정한 하나의 현실로 존재하고 있는 이상 그것에 대한 다시각적인 분석은 의연히 필요한 작업이라 생각한다.

1997년대 말 중국에 MBC 드라마 <사랑이 뭐길래>가 수출되면서 한국 텔레비전 드라마에 의한 한류의 발단은 잘 알려진 사실이다. 필자는 본 논문에서 한류 열풍을 이루어냈고 또 이루어가고 있는 중국에 한하여 한류가 왜 중국에 불고 있

---

* 중국 대련민족대학교 한국어학과 교수
[1] 신윤환, 「동아시아의 한류를 보는 눈: 담론과 실제」, 『동아시아의 한류』, 전예원. 19~23쪽.

으며, 왜 드라마인가라는 질문을 앞세우고 나름대로의 논지를 펴보고자 한다. 더불어 한국과 중국 사이의 드라마 교류의 앞날에 대해서도 나름대로의 전망을 해보고자 한다.

2. 한류의 바탕

한류가 이루어질 수 있는 것은 중국만의 바탕이 있을 것인데 그것이라면 중국의 문화산업 역사와 현황에서 찾아볼 수 있다. 중국에서 문화산업이 본격적으로 등장한 것은 개혁개방 이후라고 할 수 있다. 마오쩌둥 시대의 문화예술인의 노선은 사회주의 혁명에 봉사하는 '문화군대'의 역할을 주로 하였고, 대중문화 분야를 사회주의 이데올로기의 선전수단으로 활용하였었다. 하여 대중들의 문화적 소비 수요를 만족시키는 상품이나 서비스를 생산 판매하여 수익을 얻는 것을 목표로 하는 자본주의 체제하의 문화산업과는 거리가 멀었던 것이다.[2]

시장경제를 도입한 개혁 개방이후 중국에서는 상업목적을 가진 문화 활동이 시작되었고, 시장경제가 어느 정도 자리를 잡은 1990년대 중반부터 본격적으로 문화산업이 등장했다. 그 일례로 2000년에 개최된 중국 공산당 제10기 5차 전체회의와 2002년에 개최된 제16차 중국 공산당 대표대회 등 두 차례의 '문화산업'에 대한 정책의 정비를 거쳐, 문화시장에 대한 관리와 더불어 최종적으로 이익을 추구하는 '문화산업'에 대한 합법적 지위를 부여한 사실을 들 수 있다. 현재 중국에서 경제체재개혁, 정치체재개혁과 더불어 중시를 돌리고 있는 것은 문화체제개혁이다. 문화체제개혁이란 문화를 산업화 하는 것이며 문화산업을 발전시키는데 힘을 집중하는 것이다. 이러한 과정을 거쳐 중국의 문화산업은 최근에 급속하게 성장하고 있는데,[3] 내세울만한 문화산업기지[4]를 설립하고 國有中心의 체재개편을

---

2) 한홍석, "중국 문화산업의 제도적 특징과 발전", 『중국의 한류, 어떻게 이해할 것인가?』, 2006, 장수현 외 지음, 학고방.

3) 양영균, 『한국 드라마의 개방과 통제』, 한국학학술회, 2006. 10, 396쪽. 1998년부터 2001년에 이르는 기간에 문화산업의 연평균성장속도는 1.47%에 불과하여 전체적 경제성장률에 미치지 못했으나 2002년에는 전년 대비 18.66%, 2003년엔 전년 대비 22.88%의 성장을 기록했다.

위한 공문5)도 내왔다. 이러한 사례는 문화산업에 대한 중요시와 민영부문이 중
국 경제에서 차지하는 비중이 커졌음6)도 반영한다. 그리고 문화산업이 차지하는
비중이 점차 커가고 있고 선진국으로 진입하기 위해서는 문화산업의 발전이 필수
적일 수밖에 없는 대중문화 산업 환경의 변화이기도 하다. 비록 중국 대중문화산
업은 높은 차원까지 치달아가지 못했지만 국경을 넘나드는 대중문화의 전파속도
는 놀라우리 만치 빨라졌고 외국의 대중문화, 특히 한국의 대중문화는 최근에 이
르러 중국에 급속도로 전파되어 중국의 대중문화산업계 뿐만 아니라 그 소비자인
중국인들에게 큼직한 영향을 미치고 있다.

3. 중국 TV 드라마의 방송 산업 현황

중국은 WTO 가입 이후 문화산업 전반적으로 외국과의 교류가 증대되고 있다.
그 첫째 사례가 되는 것은, 2000년에는 26개의 외국 방송업체가 중국에 진입하
였고, 2003년에는 5개의 업체가 추가로 중국 내 방영을 시작했다. 이는 비록 지
금의 중국은 문화시장법이 마련되지 않은 탓으로 행정법규7)를 통해 문화산업과
문화시장에 대한 법제관리를 통한 국가의 통제가 따르고 있지만 상대적으로 약화
되고 있는 편임을 말해주기도 한다.

그다음 방송매체들에서는 라디오 방송국, 텔레비전 방송국, 영화 회사, 인터넷
네트워크 회사 등이 결합된 집단화현상도 심화되고 있는 사실로서 현재 중국 경
내에는 13개의 집단이 움직이고 있다.

---

4) 2004년 7월, 중국의 上海에 국가 동만게임 산업진흥기지를 설립했다. 이 기구는 문화 콘텐츠
   사업과 인력양성을 주도하는 국가기관이다.

5) 「國務院關與非公有資本進入文化産業的若干規定」, 2005. 8. 8, 인민일보 1면.

6) 중국에서 비공유 경제는 JDP의 1/3 이상을 차지하고 있으며 매년 GDP성장의 70%를 이끌고
   있다. 민영경제주체에 취업한 인구가 2억을 넘어선다. 「文滙報」, 2005. 10. 16, 1면.

7) 이평식, 「중국 문화시장의 정치경제적 배경 및 법제화 현황분석」, 장수현 외 지음. 『중국의 한
   류 어떻게 이해할 것인가?』, 학고방, 2006. 131쪽. 행정법규란 국무원이 국가의 각종 행정활
   동을 지도·관리하기 위하여 헌법 및 법률에 의거하여 제정하는 정치, 경제, 교육, 과학, 기
   술, 문화 및 외사 등에 관한 각종 법규의 총칭이다.

TV 드라마에 한정하여 중국의 방송산업 현황을 간단히 살펴보면, 프로그램별 시청률 중 드라마가 가장 높은 시청률을 보이는 가운데 영화, 스포츠, 오락, 만화영화 등 순수 엔터테인먼트를 위한 프로그램들이 비교적 높은 시청률을 보이는 것을 알 수 있다.8) 중국의 드라마는 廣電總局9)에 의해 두 번의 심의를 거치게 되어 있다. 첫 번째로 극본을 심의하고 완성된 드라마를 가지고 두 번째 심의를 하게 된다. 2002년부터는 일 년에 네 번에 걸쳐 극본 심의를 하게 되었는데, 2002년에 심의를 신청한 극본은 모두 2,152편 4만 5,084회이고 이중 심의를 통과한 것은 1,544편 3만 1,856회였다. 그리고 2002년 중국 내에서 촬영한 드라마는 489편 9,005회였다. 이 중 합작촬영 된 드라마는 모두 9편 252회였으며 해외에서 수입된 드라마의 비중도 상당히 커서 2002년에 방영된 드라마 편수 중에서 수입드라마가 약 22%를 차지했다.10) 이중 한국 드라마가 싱딩한 인기를 얻고 있는 것을 볼 수 있음을 볼 수 있는데 이와 관련해 뒷부분에 서술하기로 하고, 우선 한·중 텔레비전 드라마 교류의 추세와 현황을 살펴보고자 한다.

4. 한·중 TV 드라마 교류의 현황과 추세

개혁개방이 시작되면서 대중문화의 이데올로기 선전수단으로서의 역할이 약화되고 오락적 성격이 강화되었으나 당시까지 중국의 대중문화는 그러한 역할을 수행할 충분한 준비가 되어 있지 않았고, 그 공백을 해외에서 수입된 문화상품이 메우기 시작했다. 개혁개방의 초기에 중국의 대중들로부터 크게 환영을 받은 문

---

8) 2002년의 통계에서는 드라마가 20.2%의 가장 높은 시청률을 기록했고, 그 뒤를 뉴스(18.2%), 전문코너(10.1%), 영화(7.9%), 스포츠(7.8%) 등이 있었다. 양영균 외, 『동북아 문화공동체 형성을 위한 한국·중국·일본의 대중문화산업에 대한 비교연구』, 서울 통일연구원, 2004. 58쪽. 2005년에도 비슷한 경향이 이어져 드라마와 영화를 합친 드라마 류가 35%로 시청률 1위를 기록했고, 문화(19%)와 일기예보(11%)가 각각 2위와 3위를 기록했다. 대중들의 TV시청취향은 문화와 관련된 프로그램을 선호하는 것으로 나타났다. 中國廣播影視, 「2005년 TV프로그램 TOP 10 회고」.

9) 중국에서 방송과 텔레비전, 영화 등에 대한 최고차원의 권리기구이자 관리기구임.

10) 양영균, 『한국 드라마의 개방과 통제』, 2006, 401쪽.

화상품의 한 가지 유형은 홍콩의 무협극이었다. 특히 홍콩의 무협드라마 <霍元甲>의 방영을 계기로 중국에서는 '무술붐'이 크게 일어났다. 이 시기에 대중의 환영을 받은 또 하나의 문화상품은 일본의 영화, 드라마였는데 <阿信오싱>, <血疑혈의 의혹>, 브라질 드라마 <女奴여노>, 멕시코 드라마 <誹謗비방> 등이 중국에서 연달아 방영되면서 해외에서 드라마들이 중국 시장에 대규모로 진입하였다. 그러나 중국에서 크게 인기를 끌던 일본 문화상품의 영향력이 1980년대 말부터 크게 쇠퇴하였는데 그 중요한 원인 중의 하나는 중국의 생활수준이 크게 향상되면서 일본의 문화상품이 중국 대중이 원하는 새로운 것을 보여주지 못한 것이었다.11) 1990년대에 중국의 개혁개방과 경제발전이 가속화되면서 문화상품에 대한 대중수요는 더욱 증대되고 다양화되었다. 중국에서 제작되어 인기를 누렸던 드라마들의 장르도 역사 드라마, 도시 기업 드라마, 통속 애정 드라마, 이데올로기 교육 드라마 등으로 다양화되었지만, 동시에 대중문화상품의 공급이 수요를 크게 따라가지 못하는 상황이 심화되었고, 이는 외국의 대중문화상품의 수입이 증가하는 상황을 초래하였다. 이러한 상황에서 한국의 대중문화상품이 중국에서 점차 그 중요성을 높여 갔다. 2002년 국가별 또는 지역별 수입드라마 방영편수에 따른 순위에서 한국은 점유율 20.5%로 홍콩(40.7%)에 이어 확고한 2위를 기록했으며, 그 뒤를 대만(12.9%)과 미국(11.9%)이 따랐다. 이런 경향은 여전히 지속되고 있어서 2006년 상반기 정부로부터 수입 허가를 받은 외국 드라마의 회수분야에서 홍콩이 압도적 1위를 차지하고 있는 가운데 한국과 대만이 아주 근소한 차이로 2, 3위를 차지하고 있다.12)

한국 드라마의 중국 진출 역사를 간단히 보면 1993년 한국 드라마 <질투>와 <여명의 눈동자>가 처음 중국의 지방방송을 통해 방영되었지만 그다지 큰 반향을 불러일으키지는 못했다. 진정한 의미에서의 한국 드라마의 중국 진출은 1997년 CCTV에서 방영된 <什么是爱?, 사랑이 뭐길래>가 수입 외화 방영 역사상 두 번째로 높은 시청률을 기록한 것을 필두로, 1999년 <星星在我心, 별은 내 가슴에>,

---

11) 한홍석, 「중국 문화산업의 제도적 특징과 발전」, 장수현 외 지음, 『중국의 한류, 어떻게 이해할 것인가?』, 학고방, 2006.
12) 『중국 문화산업동향』, 한국 문화산업진흥원, 2006, 재인용.

<青春的陷阱, 청춘의 덫>, <顺风妇产科, 순풍산부인과>, <洗澡堂老板的男人们, 목욕탕 집 남자들> 등이 방영되었고 2002년에 <蓝色生死恋, 가을동화>, <女主播的故事, 이브의 모든 것>, <冬日恋歌, 겨울연가> 등이 인기를 얻으며 한국 드라마의 중국 내 입지는 확고하게 굳어졌다.

┃표┃ 2002년 중국의 주요 방송국에서 방영된 한국 드라마 채널수 Top10

順位	題 目	放映頻道數
1	蓝色生死恋(가을동화)	21
1	女主播的故事(이브의 모든 것)	21
3	冬日恋歌(겨울연가)	14
3	天涯海角(세상 끝까지)	14
3	火化(불꽃)	14
6	世纪特警(폴리스)	11
7	青春的太阳(태양은 가득히)	11
8	新贵公子(신귀공자)	9
8	我愿意(팝콘)	9
8	真相(진실)	9

資料來源: 央視＿素福瑞 "媒介研究" 2002. 基礎調査

한국 드라마의 인기를 실감할 수 있게 해주는 통계수치이다. 이러한 한국 드라마의 인기는 수출 규모의 증가와 편당 수출단가의 상승으로 나타나기도 한다.

1998년에 1,000만 달러 정도였던 한국방송프로그램의 수출 총액은 2005년에는 1억 2,350만 달러를 기록, 2001년 이후로는 전년 대비 40%이상의 증가율을 기록, 최근으로 올수록 그 증가율은 더욱 커지고 있다. 수출되는 프로그램 중에서 드라마가 차지하는 비중은 압도적인데, 2003년에는 86%, 2005년에는 92%로 더욱 높아졌다. 수출 단가의 측면에서도 2001년 편당 1,000달러에 미치지 못했던 수출 단가가 2004년에는 3,500달러에 접근, 2005년도에는 4,300달러(드라마는 4,900달러)를 웃돌게 되었다.13)

---

13) 박소라, 「문화적 할인 관점에서 본 한류와 중국인의 한국 드라마 소비」, 장수현 외 지음, 『중국의 한류, 어떻게 이해할 것인가?』 학고방, 2006.
   * 중국 湖南衛星방송국에서 수입한 <대장금>은 편당 가격이 1만 달러에 달했다. 그리고 같은

이처럼 한국 방송프로그램 수출에서 중국이 매우 중요한 대상국이지만 중국 방송프로그램이 한국에 들어와서 한국 시청자들과 만나는 경우는 그다지 많지 않았다. <포청천>처럼 공중파를 통해서 방영된 중국 드라마가 있기는 했지만, 상당한 인기를 얻었던 <황제의 딸>같은 드라마는 지방방송을 통해 소개되다가 한국의 IMF라는 경제위기 속에 사라져 갔을 뿐이며 현재 중국의 드라마는 중국 전문 유선채널을 통해서 홍콩에서 만들어진 무협드라마들이 주로 소개되고 있으며 그나마도 시청률이 매우 낮은 실정이다.14) 필자는 이러한 것에 대한 다방면적 분석은 한류의 지속선을 그어감에 있어 아주 중요한 연구가 된다고 생각한다. 아울러 실증적 자료에 의한 심층적 분석이 필요하고 한·중 문화 교류를 더욱 활성화해 나감에 있어서 행해야 할 필수적인 연구지대라고 생각된다.

5. 한류에 대한 중국 사회내의 담론

1) 대중매체에서 듣는 목소리

담론의 생산과 유포에 가장 큰 영향력을 가진 것은 대중매체와 학계일 것이다. 중국 학계의 일 한계점이 되겠지만 사실적으로 중국에서는 대중문화산업의 교류, 특히 한류에 대한 학술적 연구의 성과를 찾아보기가 쉬운 일이 아니다. 학계의 실정이 이러하지만 대중매체 쪽에서는, 이를테면 신문이나 잡지를 읽으면 수시로 한류 스타의 동정이나 드라마와 영화, 가요 등에 대한 소개 정도의 기사를 접할 수는 있는 상황이다. 한류에 심층적 분석은 아닐지라도 한류에 대한 매체의 목소리는 들을 수가 있어 한류에 대한 인류학적 분석방법론엔 큰 힘이 된다.

이 방면은 한·중 두 나라가 일치한 점이 되겠지만 한국 드라마와 관련하여 중국에서도 긍정적 목소리와 부정적 목소리가 공존하고 있다.

시간대의 전국 시청률 1위를 기록했다.
14) 양영균, 「한국 드라마의 개방과 통제」, 한국학학술회, 2006. 10.

중국의 드라마 제작인들은 텔레비전 방송사와 음성(드라마 DVD나 VCD)발행
기구가 한국 드라마의 방영 분량과 발행량을 줄여줄 것을 요구하면서 한국 드라
마에 대한 비판적 시각을 내놓는다. 그 일례로 국내 방송관련기구가 한국 드라마
<대장금>을 떠받드는 것에 대해 北京紫禁城 影像公司代表 張强은 "나는 특별히
<대장금>을 보았는데, 내 생각에 그저 그랬고, 본 적으로 그렇게 지나치게 선동
하여 유혹할 필요가 없다. 지금 이토록 열렬한 반응을 얻는 것은 이 드라마가 女
權의 색채를 띤 우상문화라는 노선을 따르고, 대본상 남녀 주인공이 극도로 비현
실적이기 때문이다. 드라마의 질을 놓고 보면, 제작 수준이나 복장, 소품 등 방면
에서 한국 드라마는 근본적으로 국산 드라마와 비교할 수조차 없다. <武漢大帝>
와 같이 중후한 작품을 한국 드라마는 만들 수 없는 것이다."고 했고, 드리미 제
작자 丁芯(딩신)은 "우리 중국의 그토록 큰 드라마 시장에서 케이크의 큰 조각은
한국 드라마에 주고, 우리 국내 드라마에게는 손바닥만한 부분만 주었다. 더구나
일부 방면은 드라마 도처에 압력을 가하고 있다. 국내방송과 배급업체들이 맹목
적인 하한을 보내고 있다. 매년 수백편의 국산 드라마가 황금시간대를 빼앗기고
있다. 이는 우리 국내 드라마에게 매우 불리한 것이며 응당 막아야 한다."15)고
했고, 中劇電影電視劇製作中心의 한 주임은 기자들에게 "한류는 몇 년 못 간다,
한류에 뭐 좋은 점이 있느냐, 한국 드라마가 우리보다 나은 점이 어디 있느냐,
현재 한국 드라마를 배워야 한다고 진종일 이야기들 하는데, 도대체 무엇을 배워
야 하나? 드라마 제작 구조를 보면 한국에는 독립적이고 제대로 갖추어진 회사가
없고, 대부분 방송사 내부에서 제작되고 드라마 제작회사에서 촬영하는 것이 매
우 적어서 독점적 성질이 비교적 강하다. '경쟁이 좋은 제품을 만든다'는 말은 할
수 없는 것이다. 따라서 너무 오랜 시간이 지나지 않아서 한국 드라마가 중국 시
장에서 점점 축소될 것이며 국산 드라마가 변함없이 주류인 것이다"16)고 했다.

---

15) 2005년 12월에 광전총국은 한국 드라마 방영 편수를 줄여 중국 TV 화면상에 불고 있는 한류
 의 열풍을 잠재울 것이라고 했다. 그러나 다른 한편 한국 드라마의 인기가 계속되고 있기 때
 문에 방영 편수가 줄어든다고 해도 가격 상승으로 경제적 측면에서 상쇄가 될 것이며 한국
 드라마 구매는 계속 될 것으로 전망했다. 「江南時報」, 2005. 12. 16.
16) 이상 세 편의 한국 드라마에 대한 세 편의 비판적 시각은 2005년 6월에 上海 TV페스티벌(上
 海電視祭)에 관한 『法制晩報』의 기사에서 인용한 것이다.

이러한 제작자들의 한류에 대한 경계심에 대해서 '北京靑年報'는 '한국 드라마 위협론은 마음상태 문제다'란 제목의 기사를 통해서 반론을 펴고 있다. 이 기사에서 기본적으로 제기하는 문제는 "상황이 과연 정말로 그들이 말한 것과 같이 심각한가?"라는 것이다. '북경청년보'기자는 '한국 드라마가 중국 시장에서 가지는 영향력은 몇몇 제작자들이 말하는 만큼 크지 않지만 그 질은 그들이 말하는 만큼 떨어지지 않는다. 한국 드라마를 공격하는 것은 국내 드라마 제작자들의 초조한 마음상태를 폭로한 것이며, 그들이 국내 드라마 시장에 대해 가지고 있는 근심을 드러내는 것이다. 이러한 공격은 사실 그 의미가 크지 않을 뿐만 아니라, 만일 그들이야말로 규탄하는 데에만 머물 뿐 자신의 사정에 대해 노력하지 않는다면 한국 드라마는 장래에 정말로 "홍수와 맹수"가 될지 알 수 없다'고 했다. 중국의 기관지중의 하나인 '文滙報'에서도 한국 드라마의 인기와 장점을 주장하였다. '한국 드라마는 다양한 소재를 다루고 있으며, 섬세한 기법으로 일상생활의 모습을 그리며, 대중의 마음을 사로잡았다. 한국 드라마의 서사기법은 굉장히 서구화되어 있지만, 핵심적인 내용들은 효, 웃어른, 공경, 형제우애의 전통미덕을 포함한 한국 본토의 것들로서, 동서 문화가 잘 융합된 예'라고 하였다. '이에 비해 중국 드라마는 대부분 대중들의 경험과 문화이해 정도와는 거리를 둔, 권력과 폭력, 등을 위주로 하여 일반 대중들의 정서와 맞지 않고, 현실성이 결여되어 있고 전체적으로 침울한 분위기를 띠고 있다'고 하면서 중국 방송인들의 분발을 촉구하고 있다.

대중매체부분을 결론적으로 볼 때, 한국 드라마에 대한 중국 제작자들의 경계심은 일차적으로는 압력을 벗어나고자 하는 자아 방어적, 국가 정책적 분위기가 다분하다고 필자는 생각한다. 그리고 한국 드라마의 낮은 질, 혹은 한국 드라마로 하여 중국 드라마들이 황금시간 대에서 밀려나고 있다고 주장하는 것은 다소 근거 빈약이나 사실 관계의 오류에 바탕이 있는 것이라고도 생각된다. 마지막으로 사물의 이분법에 기대여 본다면 정부의 목소리를 일정하게 대표할 수 있는 중국제작진들의 이러한 위기감은 한편으로는 한류가 계속선을 이어가는 노력적 방향에 대한 제시와 함께 냉정하게 마음을 기울이고 스스로를 돌아보게 하는 좋은 케이스가 되게 하며, 다른 한편으로는 한국 드라마의 호황으로 하여 중국 드라마

의 정진에 자극적 활력소를 심어주어 변화와 발전의 동력이 될 수도 있다는 견해
가 서기도 한다. 이러한 과정에서 문화교류가 비로소 가능해진다.

2) 消費者의 목소리

韓流가 형성되기 시작했던 상황은 대중문화소비에 있어서 소비자의 능동적이
고 적극적인 선택과 반응이 얼마나 중요한 지 잘 보여주고 있다.17) 한류의 분위
기를 지속·발전시키는 데에는 방송사, 영화사, 기획사 등 대중문화산업계가 중
심이 되겠지만, 중국의 경우는 한국 대중문화의 붐이 소비자의 선택에 의해 '우연
히' 조성되기 시작했다고 볼 수 있다. 중국의 대중문화 소비자 가운데에는 한국의
상품을 적극적으로 소비하는 부류, 소극적으로 소비하는 부류, 그리고 소비하지
않는 부류 등이 혼재하고 있다. 한국 드라마 시청여부에서는 남성보다는 여성,
나이는 젊을수록, 생활수준이 높을수록 한국 드라마를 많이 시청하는 경향이 있
으며 직업적으로는 학생과 언론인이 가장 많이 보는 것으로 나타났다.18) 그리고
한국, 한국인, 한국 문화를 좋아할수록 한국 드라마를 많이 소비하는 것으로 나
타났다. 이 양자 사이의 관계는 양자관계로서 대체로 한국을 좋아하면 한국 드라
마를 많이 보고, 드라마 소비가 많으면 한국에 대한 선호도가 높아진다고 볼 수
있을 것이다.19)

한국 대중문화에 대해서 중국 소비자들은 다양한 평가를 내리고 있다. 한국 대
중문화를 소비하지 않는 사람들은 기본적으로 한국 대중문화에 대해서 비호의적
이다. 沈陽에 거주하는 嚴賈(옌쟈)는 대련 이공대학교 박사과정에 있는 30대 초
반의 남성인데 그는 다음과 같이 말한다.20) "한국 드라마나 영화를 아예 보지 않

---

17) 한국 문화관광정책연구원, 「한류를 말한다: '문화/시선' 창간 기념토론」, 『문화/시선 1』,
2005, 31~35쪽.

18) 蔡寶靑(차이보오칭). 「중국 시청사의 한국 드라마 시청 형태와 매체 효과에 관한 연구」, 서울
대학교 언론정보학과 석사학위 논문, 2003, 56~58쪽.

19) 박소라, 「문화적 할인 관점에서 본 한류와 중국인의 한국 드라마 소비」, 장수현 외 지음, 『중
국의 한류, 어떻게 이해할 것인가?』, 학고방, 2006, 264쪽.

20) 그에 대한 인터뷰는 4월 6일부터 8일까지 하는 충남대 벚꽃 축제 때(4. 8) 필자의 요청에 의
해 이루어졌다.

는다. 한국 드라마는 굉장히 지루한데, 밖에 나가 몇 십분 산책을 마치고 다시
와 봐도 거의 맥을 이을 수 있을 만큼이다. 그리고 드라마 배우들의 이미지도 거
의 비슷해서 새로운 느낌이란 없다.(중략) 한류는 일시적인 유행일 뿐, 중국 드라
마와는 영원히 비교가 안 된다. 드라마에 의한 한류가 지속되게 하려면 미남미녀
만이 아닌 좀 더 다양한 이미지의 배우를 등장시켜야 하고 서구적 모방을 벗어나
한국적인 것이라고 할 수 있는 소재개발에 더 힘써야 한다." 그는 한국에 교환대
학원생으로 와서 한국어를 배우는 수단으로 반 년 간 TV 드라마를 집중 시청한
이후 이러한 평가를 갖게 되었다고 하였다. 이러한 소비자 계층은 당연히 돈이나
시간을 투자하여 한국의 대중문화상품을 소비하지 않을 것임을 알 수 있다.

　역시 선양지역인데 현재 대전 중앙로 '우쌈식당'의 종업원으로 일하고 있는 중
국인으로 아주 소극적인 한국 대중문화 소비자로 볼 수 있다. 그에 따르면 "여가
가 될 때마다 한국 드라마를 가끔 본다. 한국 드라마는 화면이 아름답고 배우들이
잘 생겼지만 드라마가 보여주는 한국 문화를 이해하기 힘들고, 특히 사치스럽게
까지 느껴지는 분위기는 자신과 거리가 아주 멀다고 생각한다. 그리고 스토리 구
성은 너무 천편일률적이고 끝까지 안 봐도 결말을 상상할 수 있을 정도다." 이
정보제공자의 한국 드라마에 대한 평가는 앞의 사람과 매우 유사하다는 것을 알
수 있다.

　그에 비해 한국 대중문화를 적극적으로 소비하는 사람들은 한국 드라마에 대한
평가에서 매우 호의적인 경향을 나타낸다. 인터뷰한 사람들 중에서 북경사회과학
원 인류학연구원으로 있는 易華교수는 "한국 드라마의 장점은 화면이 선명하고
깨끗하며 배경이 아주 생활미가 다분하면서도 아름답다. 그리고 드라마 속에 흐
르는 음악도 은근하면서도 아름답고 스토리가 얼마간 반복구도를 갖고 있긴 해도
사람을 끌어당기는 힘은 공인하지 않을 수가 없다. 그리고 한국 드라마를 보면서
남자의 존엄에 대한 것도 생각해보게 하고 또 중국 여성들이 배워야 할 바가 아주
많아 그들이 많이 보면 좋을 듯하다는 생각도 가진다. 참아내고 해내는 의지력
같은 것은 중국인에게 필요한 마음공부라고 생각한다. 그리고 한국 배우들은 중
국 배우들에 비하면 보통 연기력이 뛰어나 모르는 사이에 진실인 듯 몰입하게 되
는데(후략)"이러한 이유로 하여 한국 TV 드라마 보기를 즐긴다고 했다. 그리고

산동대학교의 王傳仕교수는 "이런저런 미완의 부분도 많겠지만 한국 드라마는 즐겨본다. 즐겨보는 현상들에 대해 굳이 문화 차원적인 것에 연계를 짓기보다는, 중국 경내에서 많은 양이 소비된다는 사실 하나만으로도 한국 드라마의 인기는 해석된다. 왜 그들은 채널만 바꾸면 볼 수 있는 미국이나 일본의 것을 선택하지 않는가. 문화적인 배경이나 역사적인 배경은 고차원적인 것으로 서민의 소비심리에 접근할 것이 아니라 요즘 중국인들이 지향하는, 보이지 않는 마음의 만족을 한국 드라마는 주고 있다는 것도 알아야 한다. 개방된 중국에 서구의 '찌꺼기들'이 그대로 밀려들어오고 있는 반면, 한국 드라마를 통해 받아들이는 부분은 淨化를 거친 포장된 것이기에 대중들에게도 유리하다고 생각된다. (중략) 한류의 새로운 고조를 만들 일대로서 초등학생과 중학생들의 소비도 과소평가할 수 없고 중국 시골의 미개발 영역은 무시할 수 없다"21). 왕 교수는 중국에서의 한류현상을 긍정적 시각으로 받아들이고 있음과 동시에 그 미래 행적에 낙관적 태도를 보이고 있음도 알 수 있다. 유학생 11명 인터뷰한 가운데 표오이잉(朴瑛)이라는 학생이 "한국 드라마는 별로 한국적인 것이 없어요. 외국 것을 너무 모방하는 것 같아요."라고 한 것 외엔 한국 TV 드라마에 기본 긍정적 시각을 갖고 있었다. 그 중 최혜화라는 박사졸업생(중국 유학생 농대)의 말은 한류의 한 현상으로서 고학력 여성들의 혼인선택에서도 나타난다고 생각되게 한다. "제 친구만 이미 12명이나 한국 현지 남자와 결혼했고, 연애 중인 사람도 많아요. 교포보다 본 토박이 중국인 유학생이 더 그래요. 중국에 있을 땐 TV 드라마에서만 내내 보면서 한국과 한국인에 대해 좋게 알다가 유학으로 한국에 몇 년간씩 체류하면서 예전에 한국인과 결혼하고 싶었던 생각을 옮기는 거죠 뭐…. 한국 남자들은 앞치마 두르고 주방일하는 중국 남자보다 남자다워 보이는 데가 있데요….(중략) 꼬우러이(高蕾) 엄마는 딸 결혼식 때 한국 왔는데, 예식장에서도 한번 웃지도 않았어요. 그래도 외동딸이 좋다하는데 방법 있나요. (중략) 요즘 중국 여성 유학생들이 한국 남자하고 결혼하는 게 유행처럼 되고 있어요. 다른 대학들에서도 이런 일이 많아요."

---

21) 易華와 王傳仕에 대한 인터뷰는 필자가 이 논문의 집필에 도움 되기 위해 요청해서 이루어졌다. 易華은 본적이 호남이고 거주지는 북경인데 북경사회과학원 민족학인류학연구소에 재직 중이며 현재 충남대학교 인문대 객좌교수로 있음. 王傳仕은 중국산동대학교 경상대 교수로 재직 중이며 현재 충남대에 방문교수임.

그들의 연애나 결혼 동기가 무엇이든가를 접어두고 이러한 사상의 일부가 TV 드라마에 대한 시청에서 왔다는 것은 한류의 흐름에 새로운 갈래를 형성하고 있음도 알 수 있다. 한국 드라마를 자주 보는 이유의 상당부분은 한국 드라마에 대한 비판에서 자주 등장하는 내용과 일치한다고 할 수 있으며 이들은 또한 대체로 젊고 학력수준이 높으며, 기본적으로 한국 문화에 대한 관심을 많이 가지고 있다. 중국 사회에서 한국 대중문화에 대한 담론이 사회학적으로 폭넓게 유통되고 있다.

6. 한국 드라마가 중국 시장에서 각광 받는 이유

첫째, 한국 드라마의 비교우위성을 들 수 있다. 한국 TV 드라마에 대한 긍정적 평가들, 즉 다양한 소재, 탄탄한 이야기 구성, 세련되고 아름다운 화면과 배경음악, 배우들의 빼어난 외모, 투철한 직업의식과 훌륭한 연기력 등이 한국 드라마의 우수성을 얘기하고 있다.22) 이러한 것과 같은 맥락에 있는 평가가 한국 드라마는 동양적 정서를 현대적이고 세련되게 표현을 잘 한다는 것이다. 이런 평가를 중국과 연결시켜본다면 한국과 중국은 동일한 유교문화권에 속해 있으며 한국은 중화문화로부터 많은 영향을 받았기 때문에 문화적 배경이 매우 유사한데, 이러한 유사성을 잘 포장한 한국 드라마가 중국에서 인기를 끈다는 것이다.

둘째, 한국과 중국의 '문화적 근접성'이 주요 요인으로 거론된다. 문화적 근접성이란 문화상품의 소비에 있어서 모든 조건이 동일하다면 자국의 문화를 가장 선호하고 다음으로는 자신이 익숙한 문화의 상품을 선호한다는 것이다. 이것은 '문화적 할인'이라는 개념과 연관되는데, 문화적으로 상이한 지역으로 영상물이 수입 또는 수출 될 때는 문화적 거리에 따라서 그만큼 가치가 하락하게 된다는 것이다. 따라서 한국과 중국은 문화적으로 유사하기 때문에 한국 드라마에 대한

---

22) 신윤환의 「동아시아의 '한류'현상: 비교 분석과 평가」(동아연구, 2002), 이외에도 조한혜정의 「글로벌 지각 변동의 징후로 읽는 '한류 열풍'」. 조한혜정 외 지음, 『한류와 아시아의 대중문화』, 연세대학교출판부. 2003. 문옥표 외의 「동북아 문화공동체 형성을 위한 한·중·일 대중문화 교류의 현황 및 증진 방안 연구」, 통일연구원 등 논문들이 있다.

중국 소비자들의 선호도가 높고, 또 가치의 하락이 크지 않다는 것이다. 한국과 중국의 문화적 근접성의 바탕으로는 전통적 유교문화와 그에 기초한 인간관계 등이 언급되기도 하고 또는 유사한 자본주의적 발전과정에서 발생하는 소비성향의 공통성을 들기도 한다.23)

셋째, 중국의 내·외적 조건과 중국 소비자의 선택을 강조하는 입장이 있다. 중국의 대중문화산업의 경우 하드웨어적 양적 팽창을 소프트웨어적 콘텐츠가 뒷받침하지 못하기 때문에 외국 상품의 수입에 상당 부분 의존할 수밖에 없는 상황(4부분)에 대해서는 지적한 바 있다.

이상 세 가지 입장은 모두 타당한 점이 있으나 어느 한 입장도 한국 드라마의 인기 이유를 전체적으로 설명해내는 데는 이르지 못한다고 해야 할 것이다. 한국 드라마에 대한 긍정적 평가가 많은 반면, 천편일률적 스토리, 비현실적으로 비슷하게 아름다운 배우들, 연기력이 부족한 주연 배우들 등에 대한 비판도 존재하고 있다. 이러한 상황을 고려하면 한국 드라마의 "상대적 우위"로 그 인기를 전부 설명할 수는 없을 것이다. 문화적 근접성이라는 부분에서도 중국이나 한국의 현실에서 유교적 전통이 과연 얼마나 남아있으며, 그것이 양국 간 교류에 어느 정도 영향력을 행사하고 있는지는 통계학적으로 고찰해내지 못한 미지수로 남아있다. 중국의 경우, 그 이유가 무엇이든 유교문화의 전통이 대폭 약화되어 있는 상황에서 특히 더 그러하다. 어찌 보면 중국 드라마가 한국에서 거의 인기를 얻고 있지 못하고 있는 점도 문화적 전통의 유사성을 지나치게 강조하기 힘듦을 말해주는 일례가 아닌가 싶다. 그리고 소비사회로의 전환과정의 유사성이라는 측면 또한 그러하다. 중국 내에서 인기를 끈 드라마들의 장르가 사극, 홈드라마, 트렌디 드라마 등으로 다양하고 시청자 층도 비교적 광범위하다는 점 등을 볼 때 문화적 근접성의 내용이 그리 단순하지는 않다는 것이며, 이러한 근접성을 강조해주는 어떤 숨은 힘이 있음을 알 수 있다. 하지만 그것이 무엇인지에 대해서는 아직노

---

23) 유세경·이경수의 「동북아시아 3국의 텔레비전 드라마에 나타난 문화적 근접성」, 『한국언론학보』, 2001. 45쪽. 이외에도 허진의 「한류현상과 한국 TV 드라마 수용에 관한 연구」, 『한국방송학보』, 2002. 양은경의 「동아시아의 트랜디 드라마 유통에 대한 문화적 근접성 연구」, 『방송연구』, 2003, 여름호. 김현미의 『글로벌 시대의 문화번역: 젠더·인종·계층의 경계를 넘어』, 또 하나의 문화, 2005 등이 있다.

비판이 되지 못하고 있다. 이처럼 중국 대중문화산업 특히 텔레비전 부문의 콘텐츠 부족이 한국 드라마의 유행을 부분적으로 설명할 수는 있지만 왜 하필 한국 드라마인가라는 의문을 풀기에는 아직도 역부족이다. 따라서 중국에서의 한류, 특히 한국 드라마가 인기를 얻는 이유는 매우 다양한 요소들이 동시적으로 작용하고 있는 복합적 과정의 산물이라고 볼 수 있으며 그 다양한 요소들이 무엇인지에 대한 지적 연구가 필요 되기도 한다.

7. 문화적 릴레이었으면(결론을 대신하여)

제목에서는 드라마에 의한 한류와 그 전망이라고 했으나 전체 내용은 한국 드라마의 중국 진출에만 집중되어 있다. 그것은 드라마로 한정해서 논하는데 치중했기 때문이다. 중국 드라마가 한국의 공중파 방송에서 거의 방영된 바가 없고 유선방송을 통해 소개는 되고 있지만 시청률이 미미한 상태인 경계의 대상이 되고, 또 시청자들에게 일정 정도 영향을 미치고 있는 상황이기 때문에 쌍방적 흐름을 논하기에 무리하다는 사실이 현실이다. 그리고 현재 한국에 소개되고 있는 중국 드라마라면 홍콩이나 대만의 원어로 되어있어 교류의 관건요소인 언어적 측면에서부터 중국적이라고 말하기는 어렵다고 생각한다.

한국이란 나라가 미국이나 서구적 문화의 바통을 받아 쥐고 자기만의 코스를 따라 달리다가 요즘에는 변향하여 중국으로 그 변용되고 포장되고 믹서 된 문화의 다량 수출을 실현하고 있고, 중국 또한 한국의 신선한 문화적 분위기에 매료되어 그 영향권을 크게 넓혀가고 있다. 그러나 중국의 경우는 일방적인 수용만을 하고 있으며 중국적인 것으로 된 드라마 문화 바통을 한국 대중에게 넘겨주지 못하고 있다. 이러한 일방적 흐름의 형성 이유에 대해 한류에 관심가진 지성들은 상품의 질에 차이가 있기 때문일 것이라는 추론을 보이는 형편이 대부분인데, 문화상품의 옷을 입은 드라마라고 할 때 한국 대중에게 팔리지 않는 중국 드라마는 문화 콘텐츠로서의 모습을 아직 갖추지 못했음은 중국 제작자들이 반성할 부분이라고 생각한다. 그리고 한류의 붐을 타고 있는 드라마 문화현상은 다른 상품과는 다른 의미를 생성시키고 있기도 하다. 한국 드라마 문화의 일방적 흐름현상에 대해 중국 사회의 일각에서는 "문화적 노예"로 전락되어가는 것으로나, "문화적 식민지"로 되어간다고 우려하고 있는 목소리를 심심치 않게 들을 수 있으며 나라차원의 문화적 자부심의 문제로 인식되기도 한다. 이러한 것은 문화적 릴레이로서 서로가 주고받는 평형의 형태를 상실한, 일방적 수용이란 상황이 빚어내는 자연스러운 문제점이라고 생각한다. 이러한 종합적 간법들의 매개로 하여 한류 열풍은 어느 정도 식어가고 있고 중국 내에 한국 드라마에 대한 견제의 움직임이 본격화되는 현상도 일어나고 있으며, 지성들의 이에 대한 다시각적 비판도 이루어지고 있는데, 우려의 목소리가 높아가고 있다고 생각한다. 한류가 주춤하면 한·중 양방의 문화교류에 부면영향이 생길 것은 당연하다. 비록 본 논문에서는 자료한계로 인하여 뮤직비디오나 합작영화를 통한 한류스타에 대한 것은 전개하지 못하고 있으나, 한류의 미래로 이어갈 길의 하나이며 드라마가 닮아가야 할 한 모델이라는 생각도 든다. 이를테면 '대형화와 시리즈화의 경향을 갖고 있는 뮤직비디오가 점차 한류로 부상하여 李宇春 范瑋琪 등 중국의 톱 가수들이 이와 같은 한국형 뮤직비디오에 큰 관심을 표현[24]'하고 있는 일이나, '해외가수들이 한국에 직접 들어와서 뮤직 비디오를 제작하는 경우도 늘어나고 있'는[25] 사실 등은 뮤직비디오에서 나타난 한류의 열풍이라 할 수 있겠고, 2000년 중국과 현물투자 방식으로 제작된 영화 <비천무>[26]를 위시하여 2007년 까지 연속선을 긋고 있는 <아나키스트>, <무사>, <칠검>, <신화>, <무극>, <퍼햅스 러브>, <데이지>, <묵공> 등 합작영화가 붐을 이루고 있는데, 이러한 한류현상은 드라마와 달리 문화 쌍방의 교류라는 평행을 이루어 나가고 있다.

---

24) 정우숙, 『한국형 뮤직 비디오의 극화 방식에 대한 소고』, 이화여자대학교, 2001. 4쪽.

25) 농골에 한국 드라마를 통한 한류 붐이 거세게 불자 현지 인기가수들이 앞 다투어 뮤직비디오 제작을 위해 한국행 비행기를 타고 있다. 아시아문화산업교류재단의 최근 자료에 따르면 몽골 가수 바이드라그는 신곡 '3years'의 뮤직 비디오를 촬영하기 위해 서울에 왔다. 바이드라그는 몽골의 유명밴드 '징키스칸' 출신으로 이번에 솔로 데뷔 앨범을 내는데, 한국 문화에 대한 높은 관심을 고려해 한국에서 뮤직비디오를 제작하게 됐다. 바이드라그의 뮤직비디오는 죽은 한국 애인을 그리며 한국을 찾아온 몽골 남자의 이야기를 담고 있는데, 한국 모델이 주연으로 등장한다.

26) 김태준 외, 『국제공동제작에 관한 연구』, 영화진흥위원회, 2001, 71쪽.

다른 한 방면으로는 한류 열풍이 식는 것은 오히려 당연하고 다행스러운 현상이기도 하다. 한국의 대중문화가 집중적으로 중국에 소개되는 역사단계에 발생했던 것이 한류이라면 한국의 대중문화가 중국 문화산업의 일부분으로 자리를 잡아가고 있는 단계가 바로 열기가 식고 있는 현 상황이라고 해야 할 것이다. 이러한 '냉각' 현상에서 일면 한국의 방송계가 히트 드라마를 계속 내놓을 수 있다면 시청자들의 흥미를 유발하여 중국의 일방적 수용이 계속될 것이며, 그로 하여 경제적 이득을 얻을 수 있다면 중국 문화 산업계는 한국 드라마를 계속 수입해서 방영할 것이라는 것을 전망해 볼 수 있다. 다른 일면 한국의 국가적 차원에서도 중국의 대중문화에 대한 광범위한 만남을 형성하여 현 한국 국민이 시청하는 홍콩 채널에서 벗어나 중국 대륙의 우수한 TV 드라마를 선정하여 접하여 볼 수 있게 하는 것도 한류 지속의 필요한 시작점이 될 것이라고 생각한다. 드라마는 문화이면서 또한 상품이다. 쌍방향의 대중문화 교류를 활성화 시키는 방안을 고안하고 그러한 방법론이 효과를 생성할 때만이 문화로 존재하든, 문화산업의 의미를 더해가든 문화적 릴레이는 형성될 것이고 그 속에서 한류의 전망은 미래를 만들어 가게 될 것이다.

'한류(韓流)' 또는 '혐한증(嫌韓症)'과
중국 조선족의 시 교육

황규수*

1. 들어가는 말 ― 한류 또는 혐한증

한류(韓流, Korean wave)라 하면 보통 1990년대 말부터 주로 아시아를 중심으로 외국에서 일기 시작한 한국 대중문화의 열풍을 말한다. 이 무렵 문화 수출국을 목표로 하는 한국의 국책을 배경으로, 대한민국의 드라마가 아시아의 여러 나라들에서 방송되자, 대한민국의 배우나 한국 문화 전반에 대한 인기가 높아지게 되었는데, 이 현상이 대만의 언론 등에서는 한류 열풍이라 일컬어지게 되었고, 이후 이 용어가 중국이나 일본 등에서도 널리 사용되게 된 것이다. 그래서 이제 이 말은 중국이나 일본 등에서뿐만 아니라 한국의 신문이나 방송 등에서도 널리 쓰여 우리 귀에도 익숙하게 되었다.

그런데 이와 같은 한류 열풍은 한국 영화와 드라마뿐만 아니라 게임 산업 등의 활발한 수출도 가져와, 그것이 단지 한때의 문화적 유행에 그치지 않고 국가적 위상 전환의 기회로까지 삼아질 수 있음을 점차적으로 인식하게 하였다. 더욱이 이는 그곳 사람들에게 한국어에 대한 관심도 불러일으켜, 중국 같은 경우 기존에 설치된 대학 이외에 다른 여러 교육기관에도 한국어 및 그와 관련된 학과가 신설되고 있다는 보고는, 이와 같은 판단이 그르지 않다는 점을 뒷받침하기에 좋은 근거가 된다.[1]

---

* 한국 인하대학교 한국학연구소 연구원
1) 정혜경 외, 『한류의 수용과 한국어 교육』, 박이정, 14~17쪽.

그러나 최근 베이징올림픽 개최를 전후하여 한국과 중국 사람들 사이에서 보인 이상(異常) 기류(氣流)2)는, 그것이 비록 심각한 것은 아니라 할지라도, 앞으로 두 국가 간의 상호발전을 위해 제거해야 할 요소라 생각한다. 한 논자가 언급한 바와 같이 중국어에는 '혐한(嫌韓)'3)이라는 말이 없듯이, 한국의 일부 언론에서 보도한 바와 같은 혐한 감정이 중국인들 사이에는 없다고 하지만, 서로 교류하다 보면 필연적으로 발생될 수밖에 없는 오해는 풀어야 한다는 것이다.4) 이렇게 본다면 이와 같은 문제 해결을 위해 기본적으로는, 서로 간에 믿음을 바탕으로 한, 이해의 노력이 보다 절실하게 요청된다 하겠다. 그리고 구체적으로는 정치 · 경제 · 사회 · 문화 등 여러 방면에서 이를 위한 좀 더 구체적인 실천 방안이 마련되어야 할 것이다.

이와 같은 맥락에서 본고에서는 중국 조선족 시 교육의 현황과 함께 그 과제에 대해 살펴보고자 한다. 초중『조선어문』과 고중『조선어문』 필수 교과서에 수록된 시 작품들을 분류하고 그 특질을 파악한 후 중국 조선족 시 교육의 역할에 대해서 고찰하고자 하는 것이다. 왜냐하면 중국 국민이면서도 우리와 같은 민족인 중국 조선족은, 한국과 중국에 대한 깊이 있는 이해를 바탕으로 둘 사이를 연결시켜 줄 가교(架橋)의 역할을 하기에 충분한 조건을 이미 갖추고 있기 때문이다.

---

2) 지난 5월 쓰촨성(四川省) 대지진과 올림픽 성화 봉송 때 한국의 일부 네티즌들이 올린 여러 댓글이 중국인들을 자극했고, 한국의 한 방송국(SBS)이 올림픽 전야제를 사전 방영한 것 등이 중국 내 반한(反韓) 감정을 불러일으킨 주된 요인으로 꼽을 수 있다.

3) '혐한'이라는 말은 일본 사람들이 만들어서 쓰기 시작한 단어로, 일본 작가인 야마노 샤린(山野車輪)이 쓴,『만화 혐한류(マンガ嫌韓流)』, 신유샤, 2005 등에서 그 사용의 예를 볼 수 있다.

4) 쉬바오캉(徐寶康),「중국에 '혐한(嫌韓) 감정'은 없다」,『조선일보』, 2008. 10. 25, 35면.

2. 중국 조선족의 시 교육 현황과 과제

1) 초중 및 고중『조선어문』수록 시 분류

현재 중국 조선족 초급중학교『조선어문』및 고급중학교『조선어문』필수 교과서에 수록된 시 작품들을 살펴보면 이전과 많이 달라진 것을 알 수 있다. 먼저 초중『조선어문』은 2004년 7월에 7학년 상권이 개편된 것을 시작으로 2007년 5월까지 대략 3년 동안의 기간에 걸쳐 고쳐진 것을 확인할 수 있다. 물론 그 직전인 1999년부터 2000년까지 펴낸 것과 비교해 보았을 때 다시 실린 작품도 전혀 없는 것은 아니지만, 많은 시들이 교체되어 있는 점이 눈에 띄는 것이다. 그래서 여기 수록된 시 작품들을 우선 정리해 보면 다음과 같다.

▌표 1 ▌ 초중 신편『조선어문』수록 시

교 재		시 인	제 목
7학년	상 권	김소월	엄마야 누나야
		허영자	행복
		리상각	실개울
		조룡남	고향생각
	하 권	양사언	태산이 높다 하되
		김천택	잘 가노라 닫지 말며
		리 직	까마귀 검다 하고
		정 철	이보소 저 늙은이
		조병화	해마다 봄이 되면
		김광섭	저녁에
		지은이 모름	말하기 좋다 하고
		"	제목 없음
		석 화	연변

8학년	상권	정현종	모든 순간이 꽃봉오리인 것을
		안도현	우리가 눈발이라면
	하권	김현승	깨달음-행복의 얼굴
		윤동주	새로운 길
		중학생	파
		리상화	빼앗긴 들에도 봄은 오는가
		기베린	파도의 노래
		"	비의 노래
		리임원	꽃의 언어
9학년	상권	리륙사	청포도
		박팔양	진달래-봄의 선구자를 노래함
		김상옥	사향
	하권	김춘수	꽃
		김소월	초혼
		윤동주	서시
		"	내 인생에 가을이 오면
		신현철	풀빛추억
		김현순	샛별
		석 화	옥수수밭에서
		정몽주	이 몸이 죽고 죽어
		길 재	오백년 도읍지를
		리 황	청산은 어찌하여
		신 흠	산촌에 눈이 오니
		정 철	어버이 살아실제
		윤선도	오우가

위의 표에서와 같이 최근 개편된 초중『조선어문』교과서 다섯 권5)에는 총 38
편의 시가 수록되어 있는 것을 볼 수 있다. 작자 미상인 시조 및 시 2편과 중학생
창작시 1편까지 포함하여 여기에는 이와 같은 수의 작품이 실려 있는 것이다. 고
쳐지기 직전 교재 여덟 권6)에 수록된 시가 총 34편이었던 점을 감안한다면, 4편
의 작품이 더 수록되어 있다는 사실을 파악할 수 있는 것이다. 물론 여기에도 한
시인의 작품이 두 편 이상 실려 있는 경우가 있어, 윤동주의 시가 3편으로 가장
많이 수록되어 있고, 다음으로 기베린·김소월·석화·정철 등의 시가 2편씩 실
려 있고, 나머지 27명의 시는 각각 1편씩 수록되어 있다.

그래서 이들 시를 다시 창작 시기에 따라 세분해 보면, 7학년 하권의 양사언·
김천택·이직·정철의 시조 4수와 9학년 하권의 정몽주·길재·이황·신흠·정
철·윤선도의 시조 6수가 고전문학 작품이라면, 나머지 28편의 시는 현대문학 작
품으로 분류할 수 있다. 고전시가에 비해 현대시가 상대적으로 많이 포함되어 있
는 점을 파악할 수 있는 것이다.

그리고 이들 시는 국가별로도 구분할 수 있어, 일단 작자가 밝혀져 있지 않거
나 중학생이 창작한 시 3편을 제외하고 조선족 시인 리상각·조룡남·석화·리임
원·신현철·김현순 등이 쓴 시 7편이 중국 문학이라면, 나머지 28편은 다른 나
라의 문학으로 볼 수 있는 것들이다. 레바논 시인 기베린의 산문시「파도의 노래」
와「비의 노래」를 비롯하여 그 밖의 작품들은 외국문학으로 분류될 수 있는 것이
다. 물론 기베린의 시 이외의 나머지 작품들도 엄밀한 의미에서는 외국문학으로
구분되기는 하지만, 이들 시는 중국 조선족 문학과 밀접한 관련이 있다. 이들 시
또한 고시조 등 우리 민족의 고전문학 작품이거나 분단 이전 또는 이후의 남북한
문학 작품으로 분류될 수 있는 것들이기 때문이다. 그런데 최근 개편된 초중『조

---

5) 최근 개편된 초중『조선어문』교과서를 보면, 7학년용과 8학년용은 상권과 하권이 따로 구분
　되어 있지만, 9학년용은 상권과 하권이 한 권에 묶여 있어 전체 다섯 권으로 이루어져 있는
　것을 알 수 있다.

6) 이승하,「연변 조선족 중·고교 교과서 수록 시 연구」,『한국 시문학의 빈터를 찾아서』, 푸른
　사상사, 2006, 16쪽. "연변에서는 6년제 소학교와 3년제 초급중학교가 의무교육이고 3년제 고
　급중학교부터는 형편에 따라 진학한다. 모국어를 가르치는 교과서『조선어문』이 발간되고 있
　는데, 초급중학교 교과서는 모두 8권이다. 3년제 초급중학교의 교과서가 8권인 이유는 산간벽
　지의 학생들에게 의무교육을 1년 연장시켜 주기 위해서이다."

선어문』에 수록된 시들을 다시 나누어 보면, 조선(북한)작품에 비해 한국(남한)작품이 더 많다는 점이, 그 이전과 크게 달라진 특징으로 눈에 띈다. 개편 전 초중『조선어문』교과서에는 조기천을 비롯하여 박세영·박팔양·김상오 등 광복 후 북한에서 활동한 시인들의 작품이 7편이나 실려 있었다. 이에 비해 개편 후에는 박팔양의 시「진달래」만이 그대로 수록되어 있을 뿐 나머지 시인들의 작품은 모두 제외된 점이 주목되는 것이다. 이와 반대로 고쳐지기 전에는 한국작품은 2편만이 실려 있었다. 조병화의 시「해마다 봄이 되면」과 김상옥의 시조「사향」이 그것이다. 그러나 개편되면서 초중『조선어문』에는 이들뿐만 아니라 허영자·김광섭·정현종·안도현·김현승·이육사·김춘수 등의 시들도 추가됨으로써, 한국작품은 모두 9편에 이르게 되었다. 이와 함께 개편된 교과서에는 남북한 공유 시인으로 김소월과 이상화뿐만 아니라 윤동주의 시들도 여전히 수록되어 있는 것을 볼 수 있다. 여기서도 김소월과 이상화를 북한에서 주로 활동한 작자들과 마찬가지로 조선의 시인으로 소개하고 있는 점은, 개선이 요망되기는 하지만 말이다. 왜냐하면 이는 중국 조선족 학생들에게 큰 혼선을 불러일으킬 우려가 있기 때문이다.[7]

그러면 고중『조선어문』에 수록된 시들은 어떠한가? 2007년 8월부터 개편되기 시작한 최근 고중『조선어문』교과서는, '필수과정'과 '선택과정'으로 이루어져 있는데, 전자에는 4책, 후자에는 8책이 배치되어 있다. '필수과정'의 4책은 1학년에서 배우고, '선택과정'은 2학년 때부터 학생들이 자기의 흥취 및 애호와 앞으로의 필요에 따라 학습내용을 선정하여 배울 수 있게 계획된 것이다. 그리고 여기서 필수과정 교과서는 '열독과 감상', '표달과 교류', '명작열독추천', '부록' 등 4개 부분으로 구성되어 있는데, 이 가운데서 앞의 두 개 부분은 수업시간 학습계획에 배치하고, '명작열독추천'과 '부록'은 과외에 자기 스스로 학습할 수 있도록 나누어 놓았다. 이러한 점에서 특히 '열독과 감상'은 필수과정 교과서에서도 주가 되는 부분이라 할 수 있으며, 여기 수록된 과문은 학생들로 하여금 조선어문 능력을 제고하도록 마련된 것이다.[8] 그래서 우선 이곳에 실린 시들의 목록을 보

---

7) 이종순, 「중국 조선족 문학교육 연구—중·고등학교 조선어문과목을 중심으로—」, 서울대학교 대학원 박사학위 논문, 2002. 2, 66쪽.

면 다음과 같다.

▌표 2▐ 고중 신편 『조선어문』 필수 교과서 수록 시

교 재	시 인	제 목
필수 ①	마오쩌둥	심원춘 장사
	서 정	조국이여, 내 사랑하는 조국이여
	한 춘	낫갈기
	리삼월	접목
	뿌쉬낀	바다에
필수 ②	지은이 모름	청산별곡
	리 백	꿈에 천모산을 유람하고 벗들과 작별하며
	두 보	봄을 맞으며
	백거이	숯 파는 늙은이
필수 ③	김소월	진달래꽃
	김 철	대장간 모루우에서
	"	탑
	흄	가을
	프로스트	가지 않은 길
필수 ④	지은이 모름	물수리
	"	큰 들쥐
	정 철	관동별곡

위의 표에서와 같이 최근 개편된 고중 『조선어문』 필수 교과서 네 권9)에는 총 17편의 시가 수록되어 있는 것을 볼 수 있다. 물론 이는 이 책의 '열독과 감상' 부분 목차에 제목이 기재된 작품들만이어서, 이외에 학습활동이나 '표달과 교류' 부분에 실린 시들까지 포함하면 모두 19편이 된다. 『조선어문』 필수 ②의 '표달과 교류' 제1단원에는 조룡남 시인의 시 「옥을 파간 자리」가 수록되어 있으며, 『조선 어문』 필수 ④의 '열독과 감상' 제1단원 학습활동 부분에는 심소월의 시 「풀따기」

---

8) 연변교육출판사 조선어문편집실·동북조선문 교재연구개발센터 편저, 「학생 친구들에게」, 『조 선족 고급중학교교과서 조선어문』 필수 ①, 연변교육출판사, 2007. 8.

9) 최근 개편되기 전 고중 『조선어문』 교과서는 필수과정과 선택과정의 구분 없이, 전체 다섯 권 으로 이루어져 있었다. 1·2학년용 네 권과 3학년용 한 권으로 만들어져 있었던 것이다.

도 실려 있는 것이다. 그러므로 이 19편10)의 시들도 시인별 실린 작품 수 및 창작 시기 · 국가 등에 따라 분류해 보기로 한다.

먼저 지은이를 알 수 없는 3편의 시를 제외한 나머지 16편의 시들에 있어서는 김소월과 김철의 작품이 2편씩 수록되어 있는데 비하여, 이 밖에 12명의 시인들 작품은 1편씩 실려 있는 것을 볼 수 있다. 한 시인의 작품이 여러 편 수록된 경우는 그리 많지 않은 것이다.

그리고 이들 시를 다시 창작 시기에 따라 세분해 보면, 필수 ②의 4편과 필수 ④의 3편 등 총 7편의 시는 고전문학 작품인데 반하여 나머지 12편은 현대시여서, 후자가 여전히 더 많이 실려 있기는 하지만, 이전11)에 비해 전자가 2편 더 늘어난 것을 볼 수 있다. 더욱이 초중 교재에 수록된 우리 민족의 고전시가 10편은 모두 시조인데, 여기 실린 것은 고려가요 및 가사(歌辭)여서 다양화된 점을 파악할 수 있다. 중국 고대시가의 경우에 있어서도 『시경』의 작품들과 당시(唐詩)들은, 초중 교재에는 실리지 않은 것들이다. 특히 개편 전 고중 『조선어문』 교과서에도 수록된 두보의 당시 「봄을 맞으며」 이외에, 이백과 백거이의 당시 2수와 『시경』 에 나오는 「물수리」와 「큰 들쥐」 등 두 편은, 교재가 고쳐지면서 새로 실린 작품 들이다.

이들 시 또한 국가별로도 구분할 수 있어 일단 크게 중국 문학과 외국문학으로 나눈다면, 전자가 12편인데 비하여 후자는 7편이어서 전자가 더 많이 수록되어 있는 것을 파악할 수 있다. 개편 전 고중 『조선어문』 및 개편 후 초중 『조선어문』 교과서에는 다른 나라 시들이 오히려 더 많이 실려 있는 점과는 대비되는 특질을 보이는 것이다.12) 물론 이 중 「청산별곡」 및 「관동별곡」과 김소월의 시 「진달래

---

10) 고쳐지기 직전 교재 다섯 권에 수록된 시가 총 13편이었던 점을 감안한다면, 6편의 작품이 더 수록되어 있다는 사실을 파악할 수 있다. 그런데 이들 중 4편은 재수록된 것이어서, 「청산별곡」과 「봄을 맞으며」, 「진달래꽃」, 「관동별곡」 등이 이에 해당되는 작품이다.

11) 개편되기 이전 고중 『조선어문』 교재에는 고려가요 「청산별곡」, 송강 가사 「관동별곡」 등 우리 민족의 고전시가 작품 2편과 『시경(詩經)』의 「위풍 · 맹」과 두보의 당시(唐詩) 「봄을 맞으며」, 소식의 송사(宋詞) 「넘노교 · 적벽에서 옛일을 그리노라」 등 중국의 고대시가 3편 등, 총 5편의 고전문학 작품이 수록되어 있었다.

12) 각주11)에서 언급한 바와 같이 개편 전 고중 『조선어문』 교재에는 3편의 중국 고대시가가 수록되어 있는데, 이외에 중국 조선족 시인 박화의 시 「이 나라 이 땅에서」 1편도 여기 실려 있는 것을 확인할 수 있다. 총 13편 중 4편이 중국 시문학 작품인 것이다. 또한 개편된 초중

꽃」이나 「풀따기」 등의 시가 우리 민족의 작품인 점을 감안한다면, 이 시들은 이
밖의 작품들과 구분할 수 있다. 이 시들은 모국문학으로서의 특질을 지녀, 보통 외
국문학 작품들과는 달리 볼 수 있는 것이다. 그럼에도 불구하고 뿌쉬낀이나 흄·프
로스트 등 외국시인의 작품은 늘어났는데 반하여 이육사를 비롯하여 박세영·정
지용·이용악·정완영 등의 시가 모두 빠진 데에는13) 의아심을 갖지 않을 수 없
다. 물론 이육사의 시 「청포도」가 개편된 초중『조선어문』교과서 9학년 상권에
실려 있는 점은, 그 궁금증의 일단을 풀어주기는 하지만 말이다. 한국 문학 작품
이 고중『조선어문』교과서에는 거의 빠져 있지만 초중『조선어문』교재에는 많
이 수록되어 있는데, 이는 우연의 일치라기보다는 책 편집진의 의도에 따라 이루
어진 결과로 이해되는 것이다.

2)『조선어문』수록 시의 특질과 역할

이상에서와 같이 필자는 최근 고쳐진 초중『조선어문』과 고중『조선어문』필
수 교과서에 실린 시들을 대상으로, 시인별 수록 작품 수 및 창작 시기·국가 등
에 따라 분류해 보았다. 그런데 그 과정에서 필자는 이들 시가 지니는 몇 가지
중요한 특징을 발견할 수 있었다. 첫째는, 이전에 비해 초중『조선어문』교과서
에 수록된 시들에 있어서는 한국 작품, 그리고 고중『조선어문』필수 교재에 실린
시들에 있어서는 중국 작품이 차지하는 비중이 확대된 점이다. 또한 둘째는, 일
부 작품의 해석과 원전(原典)에 있어 이견이 제시될 수 있다는 점이다. 이어서 셋
째는, 수록 작품의 선정상에 가감(加減)이 필요하다는 점 등이 그것이다. 그러므
로 이와 같은 특징을 보이는 대표작들을 중심으로, 이에 대해 보다 상세하게 논의
를 전개해 보도록 하자.

『조선어문』교과서에는 총 38편의 시가 수록되어 있는데, 이 가운데 중국 문학 작품임이 분
명한 것은 중국 조선족 시인이 쓴 7편뿐이라는 점은 앞에서 기술한 바와 같다.

13) 개편 전 고중『조선어문』교재에는 이육사의 「청포도」를 비롯하여, 박세영의 「산제비」, 정지
용의 「향수」, 이용악의 「낡은 집」, 정완영의 「조국」 등 남북한 시인의 시가 여러 편 수록되
어 있는 것이 눈에 띈다.

① 시대 상황의 변화와 한국 및 중국 조선족 작품 비중의 확대

최근 초중『조선어문』교과서에는 이전과 크게 달리 조선 또는 북한작품에 비해 한국 또는 남한작품이 더 많이 실려 있는 점이 중요한 특징 중의 하나라 했는데, 이에 해당되는 시에는 어떠한 것들이 있는가? 개편 전『조선어문』교과서에는 조기천과 김상오 등 북한 시인의 시가 5편이나 실려 있었다. 조기천의 시「흰 바위에 앉아서」와「영남이」·「두만강」·「조선은 싸운다」등 4편과 김상오의 시「나의 조국」1편이 그것이다. 또한 여기에는 박세영과 박팔양 등 이른바 월북 시인으로 간주되어 남쪽에서는 1988년 해금 조치가 내려지기 전까지는 공식적으로 연구가 행해질 수 없었던 시인들의 시 2편도 수록되어 있었다. 박세영의 시「그립구나 내 고향」과 박팔양의 시「진달래」가 그것이다. 그런데 최근 개편된 교과서에는 박팔양의 시「진달래」만이 그대로 실려 있는 것이 눈에 띈다. 나머지 시인들의 작품은 모두 제외된 것이다. 그러면 이처럼 박팔양의 시 이외에 다른 시인들의 시가 모두 빠지게 된 이유는 무엇 때문이겠는가? 이와 관련하여 한 논자가 개편 전 초중『조선어문』교과서에 선정된 시 작품이 지니고 있는 문제점을 지적하면서, "비판적 리얼리즘과 같은 국한된 문학의 사조나 경향에 경도된 상황을 보이기는 마찬가지이다."[14)라고 언급한 점은 시사하는 바가 크다. 여기 수록된 소설에서와 같은 문제점이 시에서도 발견된다는 것이다. 이렇게 본다면 최근 개편된 교과서에 박팔양의 시「진달래」만이 남게 된 이유는, 역으로 추정이 가능하다. 이 시에는 당과 조국, 또는 인민에 대한 찬양[15)의 내용이 그대로 노정(露呈)되어 있지 않기 때문이다. 위에서 언급한 조기천이나 김상오, 박세영 등의 시에서와는 달리 이 작품에서는 시인이 진달래로부터 봄의 선구자 또는 시대의 선구자로서의 상징적 모습을 발견하고 이를 노래한 것으로 판단된다는 말이다.

---

14) 김경훈,「조선족 초중 '조선어문' 교재 연구」, 연변대학 조선언어문학학과,『조선-한국언어문학연구』3, 북경: 민족출판사, 2006, 257쪽.

15) 이종순, 앞의 논문, 80~84쪽. 여기서 논자는, 개편 전『조선어문』에 수록된 남북한 문학작품을 주제 면에서 아홉 가지로 구분 지어 볼 수 있는데, 조국에 대한 찬양, 당대 사람들의 생활상 반영, 인민에 대한 찬양, 인생의 철리, 향수, 사랑·우정, 교사·위인 찬양, 통치계급 비판, 이상추구 등이 그것이라고 한 바 있다.

그러면 개편 전과 달리 최근 초중『조선어문』교과서에 한국 작품이 오히려 더 많이 수록된 데에는 어떤 이유가 있었겠는가? 이전의 초중『조선어문』교재에 실린 바 있는 조병화의 시「해마다 봄이 되면」과 김상옥의 시조「사향」등 2편을 포함하여 모두 9편의 한국 시가, 개편된 초중『조선어문』에 수록된 데에는 무슨 연유가 있었겠느냐는 것이다. 최근 중국이 지속적으로 개혁과 개방을 추구함에 따라 한국과 중국의 교류가 활발해지는 등 양국 간의 관계의 변화는 이와 같이 한국어뿐만 아니라 한국 문학에 대한 관심의 폭도 보다 넓히는 계기가 되었을 것이라고 짐작해 볼 수 있다.16) 더욱이『조선어문』교재의 편찬과 관련하여 연구 역량(力量)의 부족으로 인해 기초 이론 연구가 아직 미흡한 상황에서 이보다 앞선 한국의 교육 과정과 교과서에 대한 기초 이론 연구 성과는17) 이에 많은 영향을 미친 것으로 판단된다. 그러므로 최근 개편된 초중『조선어문』교과서에 수록된 시들이 대부분 한국의 중·고등학교『국어』교재에 이전에 실렸거나 현재 수록되어 있는 작품들이라는 점은, 이와 같은 맥락에서 이해할 수 있다. 물론 그렇다고 해서 여기 실린 시들이 모두 작품성(作品性)이 뛰어나거나 교육적인 측면에서 가치가 있다고 보는 데에는 논자에 따라 견해를 달리할 수 있다. 조병화의 시「해마다 봄이 되면」은 작품 자체가 문학적 완성도에 있어 한참 미흡하다거나, 김상옥의 시「사향」은 지나친 회고지정(懷古之情)을 지니고 있다고 하는 것 등은18) 그 단적인 예에 해당되는 것이다. 그럼에도 불구하고 이들과 달리 근자에 수록된 시들은 대체로 이에 적합한 작품들로 판단된다. 안도현의「우리가 눈발이라면」을 비롯하여, 정현종의「모든 순간이 꽃봉오리인 것을」과 김현승의「지각(知覺)」19) ·이육사의「청포도」등의 시가 그것이다. 그런데 이들 시는 학습자들이 문학 작

---

16) 윤해연,「중국에서의 한국어문학 교육의 문제점과 그 해법」, 인하 BK한국학사업단 엮음,『동아시아한국학입문』, 역락, 2008, 237쪽. 이와 관련하여 여기서 논자는, 중국 교육부에 등록된 4년제 국립대학의 경우, 최근까지 도합 40여 개의 대학에 한국어학과가 개설되었다고 보고한 바 있다.

17) 량선옥,「지식 정보화시대에 대비한 조선어문 교재의 연구와 개발」, 인터넷『문화산맥』, 중국 연변조선족문화발전추진회, <http://koreancc.com>, 2004. 4. 18.

18) 이승하, 앞의 논문, 25쪽.

19)『국어』, 2학년 2학기, 106쪽에는 이 시의 제목이「지각(知覺)」이라 되어 있다. 이에 반해, 중국 조선족 초중『조선어문』, 8학년 하권, 3쪽에는 그것이「깨달음」이라 되어 있다.

품을 다양하게 감상할 수 있음을 알며 작품에 대한 자기의 생각과 느낌을 자유롭
게 표현하거나,[20] 작자가 자신의 생각과 느낌을 효과적으로 전달하기 위해 어떠
한 방법으로 표현하였는가를 알고,[21] 언어의 이미지에 대해 파악하며 작품을 감
상하면서 특정한 시대의 사람들의 간절한 소망을 알아보는[22] 데에 알맞은 작품
들이라고 생각되기 때문이다.

이와 함께 최근 개편된 고중『조선어문』필수 교재에 실린 시들에 있어서 중국
작품이 차지하는 비중이 확대되었다는 점은, 앞에서 언급한 바와 같다. 여기에는
『시경』의 2편과 당시(唐詩) 3수 등 중국의 고대시가뿐만 아니라, 마오쩌둥의 사
(詞) 1수와 중국 당대 서정시인 서정의 시 1수, 그리고 중국 조선족 시인 한춘과
리삼월·조룡남·김철의 시 5수 등 총 12편의 작품이 수록되어 있는 것이다. 그
러므로 이 시들을 통해서 우리와 같은 민족이면서도 중국 국민인 중국 조선족은
우리 민족의 전통시가 및 현대시뿐만 아니라 중국의 고대시가와 당대 시들에 대
해서도 모두 잘 알아야 한다는 점이 은연중에 강조되고 있음을 짐작해 볼 수 있
다. 물론 자국(自國)만이 아니라 동족(同族) 또는 모국(母國)의 문학작품도 같이
잘 이해한다는 것이 그리 쉬운 일은 아닐 것이다. 그럼에도 불구하고 우리 민족이
우리 민족의 언어와 문학작품을 배우고 익히는 것이, 다른 민족이 우리의 그것을
습득하는 행위에 비해 더욱 수월할 수 있다는 점은 당연하다. 더욱이 개혁 개방이
심화됨에 따라 한족을 비롯한 다른 민족들도 우리 민족의 언어와 문학에 대해 보
다 많은 관심을 보이는 상황에서, 우리 민족인 중국 조선족이 우리의 그것에 좀
더 관심을 갖고 배우고 익힌다면 이는 자신들은 말할 것도 없고 우리 민족 모두의
발전을 위해서도 훨씬 유용한 일일 것이다. 이렇게 볼 때 중국 국민으로 중국 조
선족 학생들에게 자국 문학으로 중국 문학작품 중에서도 동족 문학인 조선족 문
학에도 더욱 주목할 수 있게 함은, 훌륭한 모국의 문학작품을 쉽게 접할 수 있도

---

20) 연변교육출판사 조선어문편집실 편저,『의무교육조선족학교교과서 조선어문』8학년(상권), 연
  변교육출판사, 2005. 8, 78~96쪽.

21) 연변교육출판사 조선어문편집실 편저,『의무교육조선족학교교과서 조선어문』8학년(하권), 연
  변교육출판사, 2006. 1, 2~6쪽.

22) 연변교육출판사 조선어문편집실 편저,『의무교육조선족학교교과서 조선어문』9학년용(상권),
  연변교육출판사, 2007. 5, 2~4쪽.

록 하는 것만큼이나 가치가 있다 하겠다. 이와 같은 맥락에서 최근 개편된 고중 『조선어문』 필수 교재에 실린 시들 가운데 중국 조선족 시인의 작품이 전보다 많이 눈에 띄는 점은23) 바람직한 일이라 하지 않을 수 없다. 이 중에서도 특히 「접목」과 같은 시는 주목에 값한다. 왜냐하면 아래 인용한 바와 같이 이 시에는 중국 조선족이 자기의 피땀과 지혜로 중화민족의 성원(成員)으로 되기까지의 과정이 잘 형상화되어 있어, 그 연장선상에서 이들이 앞으로 어떠한 삶을 추구하며 살아가야 할지에 대해서도 미리 생각해 볼 수 있게 해 주기 때문이다.

> 접목의 아픔을 참고/면 이웃/남의/뿌리에서/모지름을 쓰면서 자랐다//
> 이곳 토질에 맞게/이곳 비에 맞춤하게/이곳 바람에 어울리게//
> 잎을 돋히고/꽃을 피우고//
> 이제는 접목한 자리에/든든한 태를 둘렀거니//
> 큰바람도 두렵지 않고/한마당 나무들과도 정이 들고/열매도 한아름 안고…//
> 그러나 허리를 잘리여/옮겨오던 그날의 칼소리/가끔 메아리로 되돌아오면/기억은 아직도 아프다
>
> ─「접목」 전문24)

② 작품 해석과 원전(原典) 확정 문제

개편된 초중 『조선어문』과 고중 『조선어문』 필수 교과서에는 과거부터 남북한 문학에서 함께 다룬 시인으로 김소월과 이상화의 시들이 여전히 수록되어 있는 것을 볼 수 있다. 초중 『조선어문』에는 「엄마야 누나야」와 「초혼」, 「빼앗긴 들에도 봄은 오는가」, 그리고 고중 『조선어문』 필수에는 「진달래꽃」과 「풀따기」 등의

---

23) 개편 전 고중 『조선어문』 교재에는 박화 시인의 시 「이 나라 이 땅에서」 1편만이 수록되어 있었다.

24) 연변교육출판사 조선어문편집실·동북조선문 교재연구개발센터 편저, 『조선족 고급중학교교과서 조선어문』(필수) ①, 연변교육출판사, 2007. 8, 9~10쪽. 이 시를 쓴 리삼월(1933~)은, 본명이 리경희로 중국 조선족 시인이다.

시가 실려 있는 것이다. 그런데 이 중 「초혼」 및 「진달래꽃」 등의 시에 있어서는 작품의 해석과 관련하여, 또한 「빼앗긴 들에도 봄은 오는가」와 같은 시에 있어서는 원전 확정상에 있어 이견이 제시될 수 있으므로, 좀 더 상세한 논의를 요한다.

① 조국애의 감정은 아름답고 숭고하고 신성한 감정이라고 할 수 있습니다. 시인 김소월은 잃어버린 조국에 대한 애틋한 마음을 님과의 이별에 비겨 절절하게 읊조리고 있습니다. 시를 읊으면서 주제와 다양한 표현 특점에 대해 알아봅시다.25)

② 시인은 이 시에서 다각적이고 고차원적인 시적 표현 기교를 사용하여 이별의 정한을 자기희생으로 극복, 승화시키려는 역설적인 뜻을 담고 있다. 이 시는 봉건적 유습 하에서 맺어진 혼인의 파탄으로 말미암아 고뇌에 모대기는 한 여인의 형상을 그리고 있다.26)

위의 인용문 중 먼저 글 ①은 초중 『조선어문』 9학년용 하권에 시 「초혼」을 수록하면서 작품 바로 위에 학습목표로 제시한 것이며, 글 ②는 고중 『조선어문』 (필수) ③에 시 「진달래꽃」을 실으면서 교수참고서에 작품 내용을 설명해 놓은 것이다. 그런데 이처럼 님과의 이별의 상황을 '조국 상실' 또는 '봉건적 유습 하에서 맺어진 혼인의 파탄' 등의 의미와 연관지어 해석하는 것이 과연 타당한가에 대해서는 보다 신중하게 생각해 볼 필요가 있다고 판단된다. 한 편의 시는 다양한 의미를 내포하고 있는 것이 일반적이어서, 이와 같이 이들 시를 각각 한 가지 주제로만 해석하는 것은 본래 이 시들에 함축된 뜻을 제한적으로 파악할 수 있게 한다는 것이다. 이와 같은 맥락에서 이 두 편의 시를 존재론적인 측면에서 접근한 한 논자의 다음과 같은 논의27)가 시사하는 바는 적지 않다 하겠다.

---

25) 연변교육출판사 조선어문편집실 편저, 『의무교육조선족학교교과서 조선어문』 9학년용(하권), 연변교육출판사, 2007. 5, 5쪽.

26) 연변교육출판사 조선어문편집실 · 동북조선문 교재연구개발센터 편저, 『조선족 고급중학교교과서 조선어문 교수참고서』(필수) ③, 연변교육출판사, 2007. 12, 3쪽.

27) 김재홍, 「소월 김정식」, 『한국현대시인연구』, 일지사, 1986, 36~46쪽.

① 모두 다섯 연으로 구성된 이 작품은 "사랑하든 그 사람"의 죽음을 모티브로 한다. ……(중략―필자)…… 「초혼」은 존재의 무화(無化), 즉 무의 발생을 통해서 무의 극복을 이루는 과정을 보여 준다. 표면에 짙게 나타나는 비탄과 절망의 비극적 세계 인식은 실상 죽음의 충격이 주는 심리적 외상(外傷)의 표현이지만 내면에는 죽음에 대한 긍정과 초극 의지가 담겨 있는 것이다.

② 소월의 많은 시가 이러한 현상과 본질에 대한 투시를 바탕으로 한 표층구조와 심층구조로 짜여져 있음은 「진달래꽃」에서도 확인할 수 있다. 흔히 이 시는 이별의 슬픔 또는 석별의 정한을 노래한 것으로 이야기되고 있다. 그러나 이 시도 좀 더 주의 깊게 살펴보면, 그것이 단순히 이별을 노래한 것이 아니라는 사실을 발견하게 된다. ……(중략―필자)…… 소월은 <피고 짐>으로서의 꽃의 원리를 <만나고 떠남>으로서의 사랑의 원리로, 다시 이것을 <태어나고 죽음>으로서의 인생과 자연의 원리로 상승시킨 것이다.

물론 이들 작품에 대해 위와 같이 해석하는 것에 대해, 모든 독자가 동의할 수는 없다. 그럼에도 불구하고 수업 시간에 시를 접하는 학생들에게 그 작품이 지닐 수 있는 다양하면서도 복합적인 의미를 생각해 보게 하는 것은, 그들에게 창의적으로 사고할 수 있는 힘을 키워줄 수 있다는 점에서도 긴요한 일이라 하지 않을 수 없다.

한편 초중 『조선어문』 교과서에 수록된 이상화의 시 「빼앗긴 들에도 봄은 오는가」에서는 마지막 연이 "그러나 지금은―들을 빼앗겨 봄조차 빼앗기었네."라고 적혀 있는데, 이에 대해서는 시 원본의 확인과 함께 재해석이 필요한 것으로 판단된다. 왜냐하면 이 시가 처음 <개벽(開闢)>지에 발표될 때 이는, 아래 ①에서와 같이 "빼앗기겠네"라고 표기되었던 것을 확인할 수 있기 때문이다. 즉 이 구절에서는 현재 '들'을 빼앗겨 앞으로 '봄'조차 빼앗길지 모른다는 위기의식을 나타낸 것이지,28) '들'을 빼앗겨 '봄'마저 빼앗겼다는 절망감을 드러낸 것으로 이해되지는 않는다는 말이다. 이는 현재와 관련하여 미래의 가정적 상황을 제시한 것으로 보아야 문맥상 의미도 자연스럽게 연결되지, 현재와 연관된 과거적 사실 또는 현재 완료의 상황을 나타낸 것으로 본다면 이 구절의 전체 의미는 어색해진다는 것이다.

이렇게 본다면 이 시구가 고중『조선어문』필수 교과서에도 한국의 한 고등학교『문학(하)』교과서의 ②구절처럼 표기되었어야 할 텐데, ③에서와 같이 그렇지 못한 이유는 무엇 때문이겠는가? 이는 아마도 북한문학의 영향 때문이 아닌가 싶다. 왜냐하면 ③번 구절은 북한에서 간행된『현대조선문학선집(시집)』2에서 옮겨 놓은 것인데, 이는 고중『조선어문』필수 교과서의 그것과 완전히 일치하기 때문이다. 즉 고중『조선어문』필수 교과서에 수록된 시의 출전이 바로『현대조선문학선집(시집)』2라는 점이 앞서 언급된 바도 있는데,29) 이는 틀림없는 사실임이 입증되는 것이다.

① 그러나 지금은—들을 빼앗겨 봄조차 빼앗기것네30)
② 그러나 지금은—들을 빼앗겨 봄조차 빼앗기겠네.31)
③ 그러나 지금은—들을 빼앗겨 봄조차 빼앗기었네.32)

이렇게 볼 때 최근 개편된『조선어문』교과서에서도 김소월과 이상화가 이전과 마찬가지로 조선의 시인으로 소개되고 있는 점은,33) 이와 맥락을 같이하는 것으로 이해된다. 그러나 김소월은 1902년 평안북도 구성(龜城)에서 태어났지만 1934년 32세를 일기로 작고했음은 널리 알려진 사실이다.34) 그가 태어난 곳이

---

28) 김재홍, 「상화(尙火) 이상화(李相和)」, 위의 책, 73쪽. 이와 관련하여 논자가 "이 구절에는 조국 상실의 절망적 현실에서 민족혼마저 뺏길 것 같은 위기 의기에 대한 강력한 항거의 몸부림이 담겨 있는 것으로 이해된다."고 기술한 것은 주목된다.
29) 이종순, 앞의 논문, 79쪽.
30) 이상화, 「빼앗긴들에도 봄은 오는가」, <개벽> 70호(1926. 6), 정진규 편저, 『마돈나, 언젠들 안 갈 수 있으랴 이상화 전집·평전』, 문학세계사, 1981, 85~87쪽.
31) 조남현 외 4인, 『문학(하)』, (주)중앙교육진흥연구소, 2002, 166쪽.
32) 현대조선문학선집 편찬위원회, 『현대조선문학선집(시집)』2, 조선작가동맹출판사, 1957, 139쪽.
33) 『조선어문』7학년 상권, 3쪽에서 김소월은 '조선의 저명한 시인'으로, 『조선어문』8학년 하권, 105쪽에서 이상화는 '조선의 저명한 현대시인'으로 각각 소개되고 있다.
34) 권영민, 『한국근대문인대사전』, 아세아문화사, 1990, 207~219쪽.

현재는 북한 땅이지만, 그는 광복 이전―1948년 조선민주주의인민공화국이 설립되기 전에 사망한 것이다. 또한 이상화도 1901년 경상북도 대구(大邱)에서 출생하여 광복 이전인 1943년 사망했다.35) 이런 점에서 이들 시인을 광복 후에도 주로 북한에서 활동한 문인들과 마찬가지로 조선의 시인이라 일컫는 것이 학생들에게 혼란을 불러일으킬 수 있다는 점은, 앞에서도 지적한 바와 같다. 그러므로 북한 또는 조선의 시인들과 구분하여 이들을 달리 지칭하는 것이 필요한데, 일단 다소 궁색한 감이 없지는 않지만 '일제 강점기 모국의 시인'이라 일컫는 것은 어떨지 한 방안을 제시해 본다.

이와 함께 고중『조선어문』필수 교재에 수록된 중국 문학작품 가운데 조선족이 처음부터 한글로 창작한 시들을 제외한 나머지 작품들은 본래, 중국어로 쓰인 것들이다. 그럼에도 불구하고 교과서에서는 이들 시의 번역문만을 볼 수 있다. 원문(原文)은 눈에 띄지 않는 것이다. 그런데 이처럼 번역문만을 수록하는 것이 바람직한 일이겠는가? 필자의 소견으로는 원문도 같이 싣는 것이 보다 나을 듯싶다. 왜냐하면 모국어만이 아니라 자국어도 함께 습득해야 하는 중국 조선족 학생들에게는, 원문과 번역문을 대비해서 살펴볼 수 있는 기회를 제공해 주는 것이 오히려 더 유익할 수 있다고 생각되기 때문이다.

③ 수록 작품 선정상의 과제

개편된 초중『조선어문』과 고중『조선어문』필수 교과서에서도 중국 조선족 시인이 창작한 작품이 적지 않게 눈에 띔은, 앞에서 언급한 바와 같다. 개편 전 초중 교재에는 8명의 시인이 쓴 9편의 작품이 수록되었지만, 개편 후에는 6명의 시인이 창작한 7편의 작품이 실려, 이들 작품이 차지하는 비중이 상대적으로 낮아진 감이 없지는 않다. 그럼에도 불구하고 개편 선 고중『조선어문』교과서에는 박화 시인의 시「이 나라 이 땅에서」 1편만이 수록되었었는데, 고쳐지면서 이 작품은 제외되는 대신에 한춘뿐만 아니라 리삼월・조룡남・김철 등의 시 5편이 새

---

35) 위의 책, 875~879쪽.

로 실림으로써, 초중 『조선어문』과 고중 『조선어문』 필수 교재 전체에서 중국 조선족 시인의 시가 차지하는 비중은 상대적으로 높아진 것이다. 그런데 이처럼 이전과 최근에 수록된 시들을 좀 더 구체적으로 비교해서 살펴보면, 전에 실렸던 작품36) 중에서 여전히 남아 있는 시가 단 1편도 없다는 점이 의아심을 들게 한다. 조룡남과 리상각, 김철 시인의 시는 전과 같이 수록되어 있지만 이들도 바뀐 작품인 것이다. 그러면 이들의 시가 이와 같이 전면 교체된 이유는 무엇 때문이겠는가? 이와 관련된, 한 논자의 다음과 같은 지적은 주목할 만하다.

> 이처럼 연변 자체의 시인은 고작 6명에 지나지 않는다. 두 명 연구자(김호웅·권철—필자 주)의 저서를 살펴보면 연변 조선족 시단의 선구자는 단연 리학성(리욱의 필명 중 하나)이다. 이 두 사람의 연구서를 비롯한 그 어떤 자료에서도 그의 대표작으로 거론되지 않은 「가야금」이 교과서에 실려 있는 것이 다소 아쉽다. 교과서 개편 작업이 이뤄진다면 리학성을 비롯하여 연변 조선족 시인들의 좋은 작품과 아울러, 남한과 북한의 문단에서 인정받고 있는 시인들의 수작이 실려야 할 것이다.37)

위의 인용문에 따른다면 중국 조선족의 경우에 있어서도 문단에서 인정받는 시인들의 대표작이 실리지 않은 점이, 교체의 근본 배경이 되었음을 짐작할 수 있게 된다. 그렇다면 최근 개편된 교과서에 있어서는 어떠한가? 초중 『조선어문』의 7편과 고중 『조선어문』 필수의 5편 등 모두 12편 가운데 각 단원의 첫머리에 수록된 작품은 6편뿐이며 나머지 작품들은 단원의 '습작' 또는 '종합성 학습'란과 '표달과 교류'에 실려 있어 소품(小品)으로서의 성격을 지니고 있는 것들이다. 그런데 이 중 필자의 관심을 좀 더 끄는 시는, 초중 『조선어문』에 수록된 석화 시인의 「옥수수 밭에서」와 고중 『조선어문』 필수에 실린 리삼월 시인의 「접목」이라는 작품이다. 그러므로 이들 작품에 대해서는 보다 구체적인 논의를 요하는데, 후자에 대해서는 앞에서 논한 바 있어 전자에 대해 좀 더 상세하게 살펴보자.

---

36) 개편되기 전 초중 『조선어문』에 수록된 조선족 시인의 시에는, 김성휘의 「내가 만약 물방울이라면」·「언덕우에 조용히 서있는 동무」, 김철의 「선생님의 들창가 지날 때마다」, 김해룡의 「가는 길 천리란들」, 박화의 「산향의 샘물」, 이상각의 「보노라 못잊어 가다 또 한번」, 이욱의 「가야금」, 이태갑의 「청산소나무」, 조룡남의 「어머니」 등 모두 9편이 있다.

37) 이승하, 앞의 논문, 40쪽.

옥수수밭머리에 멈추어섰다/시골길 가다가//
하나씩/둘씩/서너씩//
등에/그리고 가슴에/아기를 업고 또 안고있는/내 엄마같은 옥수수여//
큰절이라도/드리고싶다/달구지바퀴에 깊숙이 패인/길 한복판에/그대로 넙적 엎
드려/절하고 싶다//
남들에게는/너무나도 화사했던/그 한시절도/있었던 듯 없었던 듯…//
눈에 띄우는/꽃잎 하나 피우지 못한채/벌써 오늘의 계절에/휘여질듯 서있는/옥
수수여//
철없던 시절의 수수께끼가/언제나 가슴을 허빈다//
잠자리 무리지어 날아오르는/이 늦은 여름의 오후/그대의 어느/푸른 잎사귀 한
자락 잡고/빨간 댕기라도 매여드리고 싶다//
내 엄마같은 옥수수여

— 「옥수수밭에서」 전문38)

전체 9연으로 이루어져 있는 이 시에는 어머니를 그리워하는 마음이 잘 나타나 있다. 옥수수의 형상에 빗대어 그것이 조금도 어색하지 않게 표현되어 있는 것이다. 특히 철없던 어린 시절을 보내고 이제는 어느 정도 나이를 먹어 어머니를 기쁘게 해 드리고 싶어하는 시의 화자의 순수한 마음은, 읽는 이로 하여금 감동을 자아내기에 충분하다. 이 시 8연의 "그대의 어느/푸른 잎사귀 한자락 잡고/빨간 댕기라도 매여드리고 싶다"라는 구절에는 이와 같은 마음이 꾸밈없이 제시되어 있는 것이다. 이러한 점에서 이처럼 자연을 관찰하여 그것이 지니는 의미를 찾아내고, 이를 다시 우리가 살아가는 삶의 현실과 관련지어 시로 잘 형상화한 작품은, 학생들이 배우기에 좋은 시라고 생각한다.

이와 관련하여 필자는, 중국 조선족 시인은 아니지만 그의 생애가 윤동주의 그것과 유사하여 그와 같이 자주 언급되는 심연수(沈連洙, 1918. 5. 20~1945. 8. 8)39) 시인의 시가 『조선어문』에 실리는 것도 바람직한 일이라고 생각한다.40)

---

38) 연변교육출판사 조선어문편집실 편저, 『의무교육조선족학교교과서 조선어문』 9학년용(하권), 연변교육출판사, 2007. 5, 24~25쪽.

39) 일제 강점의 암담한 현실 상황 속에서 비극적 삶을 살다 간 심연수의 생애와 문학에 대해서는 필자가 최근, 「심연수의 삶과 문학」(『한국문예비평연구』 제26집, 한국현대문예비평학회,

> 봄은가처웠다./말렀던풀에 새움이돗으리니/너의조상은 농부였다/너의아버지도
> 농부다./전지(田地)는남의것이되였으나/씨앗은너의집에있을게다/가산(家山)은팔
> 렸으나 나무는그대로자라더라/재밀에대장깐집 멀리떠나갔지만/끌풍구는 그대로
> 놓였더구나/화덕에숯놓고불씨붗어/옛소리를 다시내여봐라/너의집이가난해도 그
> 만불은있을게니./서투른대장의땀방울이/무딘연장을 들게한다더라/너는농부의아
> 들/대장의아들은 아니래도……/겨을은가고야만다/계절은순차(順次)를 명심한다/
> 봄이오면해마다생명의환희가/생기로운신비의씨앗을받더라.
>
> — 「소년아 봄은오려니」 전문[41]

심연수의 시들 중에는 그가, 자연 또는 우주의 순환 질서에 대해 나름대로 깊이 있게 관찰하여 여기서 얻게 된 깨달음을 표현한 일련의 작품들이 있는데, 이 시에서도 이러한 특징이 드러나는 점을 파악할 수 있다. 이 시에서는 특히 "겨을은가고야만다/계절은순차(順次)를 명심한다/봄이오면해마다생명의환희가/생기로운신비의씨앗을받더라."와 같이, 자연의 순환 질서에 대한 깨달음에 의거하여 생명력 넘치는 미래가 곧 도래할 것에 대한 확신을 나타내고 있어, 그 설득력을 더해 준다. 현실 세계에 대한 부정적 인식을 밑바탕으로 하고 있음에도 불구하고, 미래에 대한 낙관적 전망을 보여주고 있는 것이다. 이렇게 볼 때 일제 강점의 어두운 시대 상황에서도 이에 굴하거나 타협하기는커녕 새로운 미래가 곧 올 것에 대한 확신을 나타내고 있는 이 시는, 어려운 현실 상황에서도 이를 극복하며 살아나가야 하는 오늘의 우리 청소년들에게도 꼭 필요한 작품이라고 생각한다.

이와 같은 맥락에서 중국 조선족 시인은 아니지만 윤동주 이외에, 일제 강점하에 만주로 이주하였던 우리 민족의 삶을 역사적인 관점에서 형상화한, 김조규나 유치환·이수형·함형수·백석 등의 작품을 『조선어문』 교과서에 수록할 것에

2008, 261~289쪽)이라는 글에서 다시 정리한 바 있다.

40) 이명재, 「민족시인 심연수 문학론」, 『20세기 중국조선족문학사료전집』제1집(심연수 문학편), 중국조선민족 문화예술출판사, 2004, 576쪽. 이와 관련하여 논자의 다음과 같은 주장은 주목할 만하다. "이제 우리는 각종 학교의 국어 교과서에도 심연수의 「국경의 하룻밤」, 「빨래」, 「만주」, 「지평선」, 「우주의 노래」 등 대표시를 실어서 산 교육으로 널리 활용해야 할 것이다."

41) 황규수 편, 『심연수 원본대조 시전집』, 한국학술정보, 2007, 449쪽.

대해 제안한, 한 논자의 견해는 검토해 볼 만한 가치가 있다 하겠다. 왜냐하면 이들의 시는 만주 이주민들이 겪었던 민족적 고통과 역사적 실상을 다양하면서도 입체적으로 재현해 놓음으로써 나름대로의 문학사적 의의를 지닌다고 판단되기 때문이다.42) 이와 관련하여 이용악 시인의 시 「낡은 집」이, 개편 전 고중『조선어문』 교재에는 실려 있었지만 개편된 교과서에는 빠져 있는데, 이는 유감스러운 일이 아닐 수 없다. 왜냐하면 이 시에는 시베리아·만주 등지로 기약 없는 유랑의 길을 떠날 수밖에 없었던 식민지시대 조선 세궁민(細窮民)의 참상이 생생하게 잘 묘파되어 있기 때문이다.43)

3. 나오는 말

지금까지 필자는, 중국 국민이면서도 우리와 같은 민족인 중국 조선족은 한국과 중국에 대한 깊이 있는 이해를 바탕으로 둘 사이를 연결시켜 줄 가교(架橋)의 역할을 하기에 충분한 조건을 이미 갖추고 있다는 전제를 바탕으로, 그들의 시 교육 현황과 함께 그 과제에 대해 살펴보고자 하였다. 중국의 개혁 개방 이후 한류 열풍은 한국과 중국 사이의 관계를 발전시키는 데 중요한 요인의 하나로 작용했던 것으로 판단되지만, 최근 베이징올림픽 개최를 전후하여 한국과 중국 사람들 사이에 이상 기류가 보인 듯한 상황에서 최근 개편된 중국 조선족 초중『조선어문』과 고중『조선어문』 필수 교과서에 수록된 시 작품들을 분류하고, 그 특질을 파악한 후 중국 조선족 시 교육의 역할에 대해서 고찰하고자 한 것이다. 그래서 얻은 결과 중 중요한 내용만을 정리해 보면 다음과 같다.

먼저, 개편된 초중『조선어문』 및 고중『조선어문』 필수 교과서 아홉 권에는 총 55편의 시가 수록되어 있는데, 이전에 비해 전자에 있어서는 한국 작품, 그리

---

42) 이종순, 앞의 논문, 170~172쪽. 여기서 논자는 윤동주의 「별헤는 밤」, 김조규의 「연길역 가는길」, 유치환의 「귀고(歸故)」, 이수형의 「미명」, 「창부의 명령적 해양도」, 함형수의 「귀국」, 백석의 「북방에서」, 「두보나 이백같이」, 「귀농」 등의 시를, 『조선어문』에 수록할 만한 작품으로 꼽았다.

43) 윤영천, 「민족시의 전진과 좌절─이용악론」, 『서정적 진실과 시의 힘』, 창작과비평사, 2002, 106~109쪽.

고 후자에 있어서는 중국 작품 중 특히 조선족 시인의 시가 차지하는 비중이 확대된 점을 파악할 수 있다. 시대 상황의 변화와 함께 초중『조선어문』교재에 실린 작품들에 있어서도 비판적 리얼리즘과 같은 국한된 문학의 사조나 경향에 경도된 특성을 보이던 이전과 달리, 한국 문학에 대한 관심의 폭이 보다 다양하게 넓혀졌다는 사실을 알 수 있는 것이다. 물론 이들 중에는 작품성이 다소 떨어진다거나 교육적인 측면에서 가치가 적다고 하여 비판의 대상이 될 만한 시도 포함되어 있기는 하지만 말이다. 또한 고중『조선어문』필수 교과서에 수록된 작품들 가운데서 중국 조선족 시인의 시가 차지하는 비중이 커진 점도 이와 같은 맥락에서 이해될 수 있는데, 특히「접목」과 같은 시는 주목에 값한다. 왜냐하면 이 시에는 중국 조선족이 자기의 피땀과 지혜로 중화민족의 성원(成員)으로 되기까지의 과정이 잘 형상화되어 있어, 그 연장선상에서 이들이 앞으로 어떠한 삶을 추구하며 살아가야 할지에 대해서도 미리 생각해 볼 수 있게 해 주기 때문이다.

한편 개편된 초중『조선어문』및 고중『조선어문』필수 교과서에는 과거부터 남북한 문학에서 함께 다룬 시인으로 김소월과 이상화의 시들이 여전히 수록되어 있는 것을 볼 수 있다. 그런데 이 중「초혼」및「진달래꽃」등의 시에 있어서는 작품의 해석과 관련하여, 또한「빼앗긴 들에도 봄은 오는가」와 같은 시에 있어서는 원전 확정상에 있어 이견이 제시될 수 있다. 김소월의 시들에 있어서는『조선어문』교과서 및 교수참고서의 작품 내용 설명과 달리 해석될 수 있으며, 이상화의 시에 있어서는 교과서의 인용시와 실제 작품 원전(原典)이 다른 점이 확인되어, 이와 관련된 해결 방안이 모색되어야 할 것으로 판단되는 것이다. 이와 관련하여 여기서 김소월과 이상화를 조선 시인, 윤동주를 조선족 시인으로 분류하는 데에도 이견이 제시될 수 있다. 이들은 모두 광복 전—중화인민공화국과 조선민주주의인민공화국이 설립되기 전에 사망했기 때문이다. 이러한 점에서 이들 시인은 일제 강점기 모국시인(母國詩人)과 재만조선시인(在滿朝鮮詩人) 등으로 일컫는 것이 좀 더 타당하리라고 본다.

이와 함께 고중『조선어문』필수 교재에 수록된 중국 문학 작품 가운데에는 본래 중국어로 쓰인 것들임에도 불구하고 교과서에서는 이들 시의 번역문만을 볼 수 있는데, 이와 같은 작품들에 있어서는 원문(原文)도 같이 싣는 것이 더욱 바람직하다 하겠다. 왜냐하면 모국어만이 아니라 자국어도 함께 습득해야 하는 중국 조선족 학생들에게는, 원문과 번역문을 대비해서 살펴볼 수 있는 기회를 제공해 주는 것이 오히려 더 유익할 수 있다고 생각되기 때문이다.

그리고 중국 조선족 시인은 아니지만 윤동주 이외에, 일제 강점 하에 만주로 이주하였던 우리 민족의 삶을 역사적인 관점에서 형상화한, 심연수를 비롯하여 이용악이나 김조규·유치환·이수형·함형수·백석 등의 작품을 『조선어문』 교과서에 수록하는 것에 대해서도 검토해 볼 만한 가치가 있다 하겠다. 왜냐하면 이들의 시에는 만주 이주민들이 겪었던 민족적 고통과 역사적 실상이 시로 잘 표현되어 있어, 이들 작품은 어려운 현실 상황에서도 이를 극복하며 꿋꿋하게 살아나가야 하는 오늘의 우리 청소년들에게도 희망과 용기를 가져다 줄 수 있기 때문이다.

이렇게 볼 때 시대 상황의 변화와 함께 최근 개편된 초중 『조선어문』 및 고중 『조선어문』 필수 교과서에 수록된 시들이 지니는 나름대로의 가치는 이전에 비해 크게 증대된 것으로 이해할 수 있다. 위에서 지적한 바와 같이 그 일부 인용 작품에서 보이는 문제점은 보완되어야 하겠지만, 대체로 여기 실린 시들은 중국 조선족 학생들이 중국 국민이면서도 우리 민족 공동체 구성원의 일원으로 성장해 나가는 데에 있어 여러모로 도움이 될 것으로 기대되는 것이다. 그러므로 다른 교포들보다 우리 민족 문학과 교육을 잘 유지·발전시켜 나가고 있는 중국 조선족의 이와 같은 성과가, 앞으로 자신들뿐만 아니라 한국과 중국, 양국의 관계 증진을 위해서도 더욱 잘 활용될 수 있기를 또한 고대한다.

참고문헌

김경훈, 「조선족 초중 『조선어문』 교재 연구—소설과 시 교육을 중심으로」, 연변대학교 조선언어문학학과 편, <조선-한국언어문학연구>3, 북경: 민족출판사, 2006, 247~260쪽.

김재홍, 『한국현대시인연구』, 일지사, 1986.

김해응, 『심연수 시문학 연구』, 한국학술정보, 2006.

김호웅, 『재만조선인문학연구』, 국학자료원, 1998.

량선옥, 「지식 정보화시대에 대비한 조선어문 교재의 연구와 개발」, 인터넷 '문화산맥', 중국연변조선족문화발전추진회, http://koreancc.com., 2004. 4. 18.

문무영 · 김태훈, 「개편된 북한 교과서의 체제와 내용」, <어문연구> 111호, 한국어문교육연구회, 2001, 260~283쪽.

박경애, 「중국 조선족의『조선어문』연구 —초급중학교를 중심으로—」, 충북대학교 교육대학원 석사학위 논문, 2006. 2.

엄창섭, 『민족시인 심연수의 문학과 삶』, 홍익출판사, 2003.

우상렬, 『농업문화로부터 본 Korea 문학』, 한국학술정보, 2006.

윤여탁, 『외국어로서의 한국 문학교육』, 한국 문화사, 2007.

윤영천, 「중국조선족 초 · 고중학교 시교육에 대하여」, <어문연구> 제30권 제4호, 한국어문교육연구회, 2002, 277~297쪽.

———, 『서정적 진실과 시의 힘』, 창작과비평사, 2002.

윤해연, 「중국에서의 한국어문학 교육의 문제점과 그 해법」, 인하대학교 BK한국학사업단 엮음, 『동아시아한국학입문』, 역락, 2008, 237~255쪽.

이명재, 「민족시인 심연수 문학론」, 『20세기 중국조선족문학사료전집』제1집(심연수 문학편), 중국조선민족 문화예술출판사, 2004, 532~576쪽.

이승하, 『한국 시문학의 빈터를 찾아서』, 푸른사상사, 2006.

이종순, 「중국 조선족 문학교육 연구—중 · 고등학교 조선어문과목을 중심으로—」, 서울대학교 대학원 박사학위논문, 2002. 2.

임향란, 『조선족문학에 나타난 삶의 현장과 의식 변화』, 한국학술정보, 2008.

정혜경 외, 『한류의 수용과 한국어 교육』, 박이정, 2007.

황규수, 「심연수 시의 원전과 세계 탐구」, 『어문연구』 134호, 한국어문교육연구회, 2007, 299~323쪽.

———, 「심연수의 삶과 문학」, 『한국문예비평연구』 제26집, 한국현대문예비평학회, 2008, 261~289쪽.

———, 『심연수 시의 원전 비평』, 한국학술정보, 2008.

연변교육출판사조선어문편집실편저, 『의무교육조선족학교교과서 조선어문』 7학년 상권, 연변교육출판사, 2004. 7.

연변교육출판사조선어문편집실편저, 『의무교육조선족학교교과서 조선어문』 7학년 하권, 연변교육출판사, 2005. 2.

연변교육출판사조선어문편집실편저, 『의무교육조선족학교교과서 조선어문』 8학년 상권, 연변교육출판사, 2005. 8.

연변교육출판사조선어문편집실편저, 『의무교육조선족학교교과서 조선어문』 8학년 하권, 연변
　　교육출판사, 2006. 1.

연변교육출판사조선어문편집실편저, 『의무교육조선족학교교과서 조선어문』 9학년용(상권·하
　　권), 연변교육출판사, 2007. 5.

연변교육출판사조선어문편집실·동북조선문교재연구개발센터 편저, 『조선족고급중학교교과
　　서 조선어문』(필수) ①, 연변교육출판사, 2007.

연변교육출판사조선어문편집실·동북조선문교재연구개발센터 편저, 『조선족고급중학교교과
　　서 조선어문』(필수) ②, 연변교육출판사, 2007.

연변교육출판사조선어문편집실·동북조선문교재연구개발센터 편저, 『조선족고급중학교교과
　　서 조선어문』(필수) ③, 연변교육출판사, 2007.

연변교육출판사조선어문편집실·동북조선문교재연구개발센터 편저, 『조선족고급중학교교과
　　서 조선어문』(필수) ④, 연변교육출판사, 2008.

현대조선문학선집 편찬위원회, 『현대조선문학선집(시집)』 2, 조선작가동맹출판사, 1957.

중국의 韓流 열풍과 미래 한 · 중 IT산업의 협력 방안

김경배*

1. 서 론

1992년 8월 한국과 중국 간의 수교가 정식으로 회복된 이후 약 16년의 기간 동안 한국과 중국은 정치적 경제적 교류뿐만 아니라 사회 문화적인 교류가 활발히 진행되었다. 한국과 중국 간의 이러한 교류는 중국 사회에 "한류(韓流, Korean Wave)"라는 신조어를 파생시켰고, 이는 중국에서 일시적인 현상이 아닌 하나의 문화 현상으로 점점 자리를 잡아가고 있다. 중국에서 한국 문화에 대한 관심이 나타난 것은 1997년 중국 CCTV에서 매주 방영된 한국 TV 드라마 <사랑이 뭐길래>가 외국 드라마 사상 최고의 시청률을 기록하면서 한국 문화에 대한 관심이 급증하였고,[1] 이후 한국 대중가수들에 의한 한국 음악의 중국 진출로 이어지면서 중국 내에 한류의 붐을 일으키게 하였다. 이제 중국의 젊은이들은 한국의 드라마를 즐겨 보고, 한국의 가요를 따라 부르고, 한국 스타들의 패션을 모방하고, 한국 풍의 옷을 입으며, 한국 음식을 즐기고, 한국 스타일의 노래방에서 노래를 부르고 즐긴다.[2]

---

* 한국 서원대학교 컴퓨터공학과 교수

1) 경제사화연구회, 『한류의 경제적 효과 극대화 방안』, 2005, 62쪽.
2) 이민자, 「중국 개혁시 청소년 문화분석: '한류'를 중심으로」, 『동아연구』, 2002, 36쪽.

1) 한류 열풍에 대한 분석

한류가 인기를 끄는 것에 대한 다양한 분석이 연구되었다. 그 중 하나가 중국과 한국은 지리적으로 인접해 있을 뿐만 아니라 우호적인 전통관계를 유지하였고 문화적인 직접 충돌이 없었으며, 한·중 양국은 모두 동일한 한자문화권과 유교 문화권에 속하여 양국 국민들은 공동으로 찬란한 동아시아문명을 창조하였다. 때문에 양국 문화의 심층에는 많은 공통적인 부분과 비슷한 문화적 배포가 깃들어 있다. 그러므로 서방의 성숙과 한국 요소가 융합된 한국 문화가 중국인들의 문화적 정서에 맞는다는 분석이다.3) 또 다른 분석은 한국 대중문화의 우수성과 함께 한류 수용국의 과도기적 경제, 문화 및 정치적인 상황에 기인한다4)는 것이다. 이는 수용국의 급속한 경제적인 성장에 비해, 그에 맞는 적절한 대중문화가 존재하지 않고, 이러한 빈 공간을 한국의 대중문화가 채우게 되었다. 이러한 상황론 또는 대체문화 부재론은 미국이 중심이 되는 서구문화나 일본 문화는 자국의 발전 수준에 맞지 않고, 서구 문화에 대한 거부감 등으로 인해 같은 아시안 문화권으로 거부감이 적으면서 비슷한 문화적 성격을 지니고 진부하지 않으면서 참신성을 갖춘 한국의 대중문화가 그 인기를 끄는 것이다. 이 두 가지 분석 모두 한국과 중국의 문화적인 동일성과 한국이 서구의 문명을 동양적인 특성을 반영하여 한국적 요소로 발전시켰다는 장점을 한류의 원동력으로 들고 있는 것이다.

2) 한류의 열풍과 정보통신 기술

한류의 영향은 중국 사회의 변화에 다양한 영향을 끼쳐왔고, 문화에서 시작한 한류는 이제 한국 대표적인 경제 분야인 정보통신기술(Information Technology: IT) 분야까지 확대되어 가고 있다. 삼성, LG, 현대 등의 한국 기업들이 생산하여 판매하는 한국의 IT 상품인 휴대전화, PDP, LCD 등이 한류의 열풍과 함께 중국으로 퍼져나가고 있다.

---

3) 박광해, 「중국에서의 '한류'열풍 및 그 전파 원인」, 한국학논집, 제31집, 2004, 210~211쪽.
4) 신윤환, 「동아시아의 '한류' 현상 : 비교분석과 평가」, 『동아연구』, 2002, 5~34쪽.

　　IT는 인간의 생활을 편리하고 안전하게 만들어 가기 위한 기반 기술이며, 이는 그 나라의 문화 및 국민적인 특성과도 밀접한 관련을 지니고 있다. 즉, IT를 통해서 사용자들에게 제공되는 서비스는 사용자의 지역적 문화적인 특성을 강하게 반영하고 있다. [그림 1]의 자료에서 보는 바와 같이 미국에서 시장 점유율이 가장 높은 웹 포털 서비스인 구글(www.google.com)과 야후(www.yahoo.com)가 한국에서는 네이버(www.naver.com)나 다음(www.daum.net)에 그 자리를 내주고 있는 현상이나5), 마이크로소프트사의 MS-Word보다 한글과 컴퓨터사의 한글 워드프로세서를 많이 사용하는 이유는 제품이 지니는 기능의 편리성과 우수성뿐만 아니라 한국의 국민들이 지니고 있는 문화적인 특성에 기인한다고 할 수 있다. 즉, IT는 그 나라의 문화와 기술이 결합해야 성공할 수 있는 종합 기술이며, 한류의 열풍으로 확인된 한국과 중국의 문화적인 발전이 이제는 IT산업 분야로 이어져서 양국의 국가 발전을 이끌어야 할 것이다.

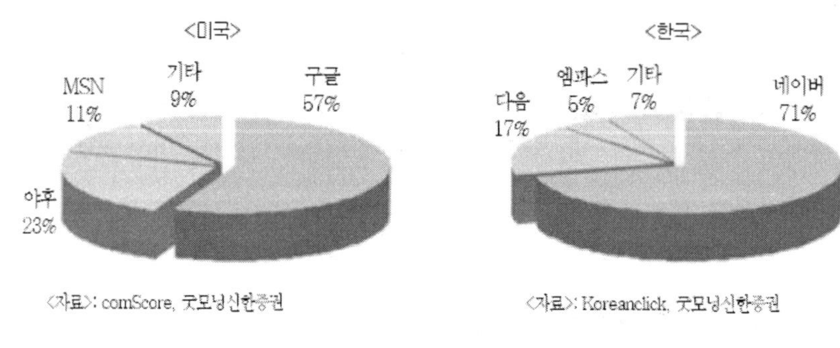

그림 1　미국과 한국의 검색시장 점유율 비교

　　현재 한국은 최고의 초고속 인터넷 환경을 기반으로 전 세계에서 IT 분야의 강국으로 발전하고 있으며, 이러한 한국의 IT는 한국 사회의 다양한 발전과 변화를 이끌어 가고 있다. 본고에서는 한국의 고유문화를 기반으로 한 대중문화인 한류가 중국의 문화 발전에 기여한 것과 같이 한국 문화와 결합된 한국의 IT가 한국과

---

5) 정한미·김평·서원경, 「국내포털 검색 시장 및 특허동향」, 주간기술동향 1341호, 2008. 04.

중국의 발전에 서로 기여하면서 상호 윈-윈(win-win)할 수 있는 방안을 모색해 보고자 한다.

2. 한류와 IT

1) 한국과 중국의 경제 교류와 한류의 경제적인 효과

한국과 중국의 경제적인 교류는 지리적인 근접성을 배경으로 양국의 경제력의 성장으로 인해 급격히 증가하였다. [그림 2]는 중국의 주요 교역국에 대한 2007년도와 2008년도의 수출 증가 비율을 비교한 자료이다. 미국에서 출발된 금융 불안의 영향에 따른 국제경제의 침체로 인해 유럽 및 미국 등을 포함한 대부분의 국가와의 수출이 감소한 반면, 아시아의 핵심 경제 국가인 한국과 일본 간의 교역은 증가하였다. 특히, 한국에 대한 수출은 2007년도(1월~9월)의 26.3%에서 2008년도(1월~9월) 41.8%로 2배 가까운 증가율을 보여 주고 있다. 이제 양국은 한류의 열풍으로 가까워진 거리만큼 경제적으로도 가장 가까운 나라가 되었다.

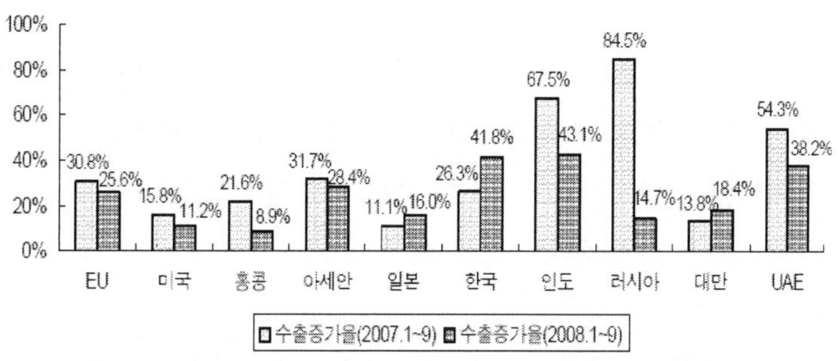

중국의 주요교역국에 대한 수출증가율 비교
(2007년 대비 2008년)- 자료 : 중국상무부, 세관 자료 참조

한류의 문화적인 파급효과는 직접적인 경제효과를 발생시켰다. [그림 3]에서

보는 바와 같이 한국 드라마의 인기 급등에 따라 2005년도에 한국 방송프로그램의 수출액이 2004년에 비해 73% 증가하면서 방송 프로그램 수출 시장의 흑자폭을 크게 늘렸다.6) 이는 한류의 직접적인 영향에 따른 경제적인 파급 효과를 보여주는 예이다.

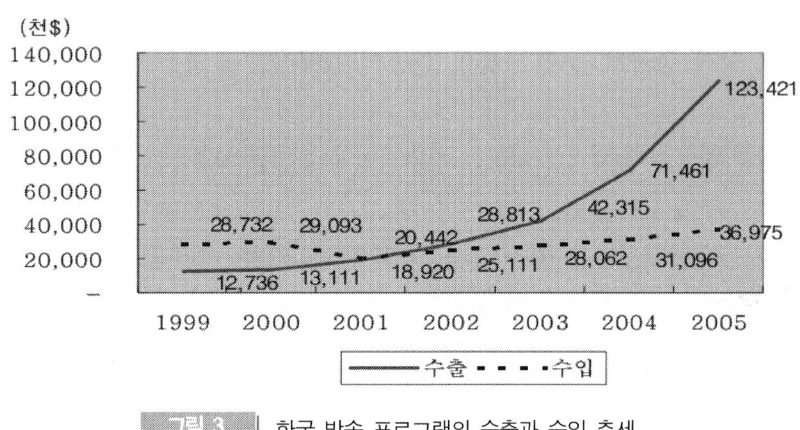

그림 3 한국 방송 프로그램의 수출과 수입 추세
자료 : 한국방송영상방송진흥원 2006. 3

2) 한국과 중국의 IT 수준

한국의 IT산업은 이동통신, 초고속인터넷, 디지털방송 등 다양한 IT분야에서 성공적으로 시장을 개척해내며 눈부신 성장세를 기록하여 세계의 주목을 받고 있다. 특히, IT산업은 한국의 GDP 성장의 핵심 동력으로 2005년 기준 IT산업의 실질 GDP 성장 기여율은 46.5%로 전체 실질 GDP 성장률의 절반 가량을 차지하고 있다.7)

한국은 최고의 인터넷 환경을 기반으로 전 세계에서 정보통신 분야의 강국으로 발전하고 있다. 2006년도 한국의 소프트웨어 수출액은 약 13억 4,000만 달러로

---

6) 한지숙, 「방송프로그램 수출 1억 달러 돌파」, 『디지털타임즈』, 2006. 3. 14.

7) 한국은행, KIDSI, 2005.

2005년 대비 13% 증가하였다. 주요 SW분야별로 수출액을 살펴보면 패키지 SW
는 2.4%, IT서비스는 27.6%, 디지털콘텐츠는 3.3% 증가한 것으로 집계됐다. 패
키지 SW 및 디지털콘텐츠 부문은 2005년과 비슷한 수준으로 2006년에는 각각
1억 1천 7백만 달러, 6억 1천 5백만 달러의 수출액을 기록했다. 특히, IT 서비스
부문은 SI 대기업의 수출 증가로 2005년 대비 27.6%의 높은 성장률을 기록했다.
[그림 4]는 지역별 소프트웨어 수출 비중을 보여주는 것으로 한국의 SW수출액은
중화권이 4억 1천 45만 2천 달러로 가장 높았으며, 일본권 3억 6천 468만 2천
달러로 2위, 북미권이 2억 8천 519만 8천 달러의 수출액으로 3위를 기록했다.[8]
특히, 한국의 IT 수출 기여도는 세계 최고 수준으로 평가되고 있으며, IT 수출이
전체 수출에 차지하는 비율이 2004년 기준으로 전체 34%를 차지해 OECD회원국
중에서 전체 1위를 차지하고 있다(OECD, 2006).[9]

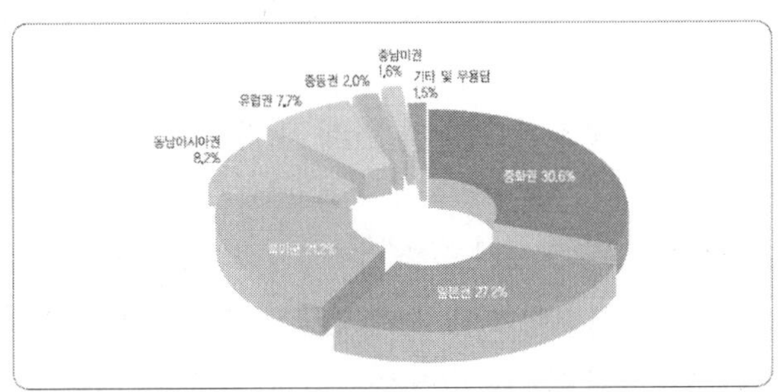

그림 4 2006년도 한국의 지역별 소프트웨어 수출 비중
자료 : 소프트웨어진흥원 2007. 5

　　중국은 자주혁신 및 조화로운 사회건설을 위한 방안으로 과학 기술의 자주혁신
전략을 추진하고 있다. 이를 위해 막대한 연구개발비를 투자하고 선진국의 R&D
센터를 유치하여 기술을 소화, 흡수, 재혁신을 통하여 자주혁신단계로 진입을 하
고 있으나, 현재 중국은 [그림 5]에서 보는 바와 같이 미국 등의 세계 최고 수준기
술과 비교하여 주요과제 분야에서 90% 정도가 5년 정도 기술 선진국에 비해 뒤지

---

8) 한국소프트웨어진흥원(KIPA), 2007년 5월 자료.
9) 정보통신연구진흥원, 「국내정보통신산업의 수출 경쟁력」, 주간기술동향 1340호, 2008. 4, 41쪽.

고 있는 것으로 알려져 있다.10)

▌표 1▌ 중국과 선진국의 기술연구개발 수준 비교

구분	우위	동등	5년 낙후	6~10년 낙후	비고
정보통신	1	5	66	3	75
생명과학 바이오기술		7	76		83
신재료		6	49	9	64
합계	1	18	191	12	222

자료: 해외 IT R&D Policy 동향, IITA, 2008. 5.

이를 극복하기 위해 중국은 정보통신 분야의 발전 계획도 제11차 5개년 계획의 원년인 2006년부터 <"중국 국가 중장기과학기술발전계획 요강", 2006년~2020년>을 핵심으로 정보통신 분야의 세부적인 연구 항목을 정하고 미래에 기술수준에 대비할 수 있는 과제를 선정하여 실천에 옮기고 있다.

3) 한국과 중국의 정보통신 기술의 한계 및 원인

주요 OECD 국가의 IT분야 세계 수출 점유율과 2002~2005년까지의 4년간의 변화를 비교, 분석해보면 [그림 6]과 같이 한국과 중국이 세계 IT시장의 수출에 있어 두드러진 경쟁력을 확보하고 있는 것을 볼 수 있다.11) 특히, 중국은 타 국가들보다 IT 수출 성장률 및 점유율에 있어서 압도적인 우위를 보이며 세계 IT 수출 성장의 엔진 역할을 수행하고 있다.

---

10) 박종원, 「한,중,일에서 수행한 중국의 기술수준에 대한 국제 비교」, 주간기술동향, 1368호.

11) 정보통신연구진흥원, 「국내정보통신산업의 수출 경쟁력」, 주간기술동향 1340호, 2008. 4, 42 ~43쪽.

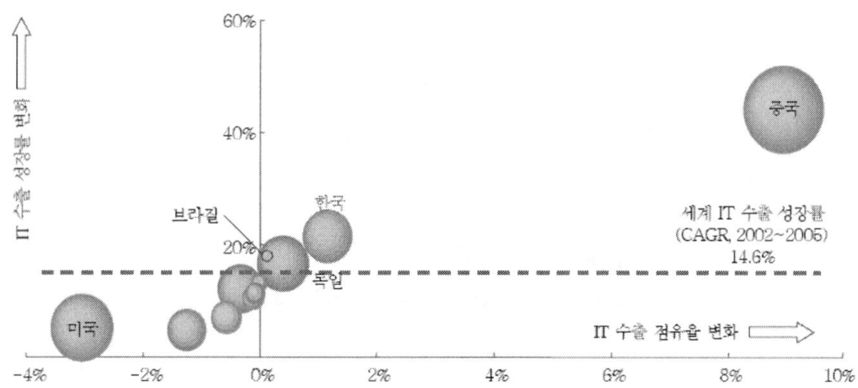

주) 세계 IT 수출점유율 변화는 2005년과 2002년의 수출점유율 차이로 산정

그림 5   GDP Top10 국가의 수출점유율 및 성장률 변화

한국과 중국의 IT 분야의 성장과 발전이 두드러진 반면, IT분야가 차지하는 비중을 자세하게 분석을 해보면 다른 OECD 국가와 많은 차이가 있다. [그림 7]은 IT산업의 핵심 분야 중의 하나인 세계 소프트웨어시장과 국가별 국내 시장을 비교한 IDC의 2007년 자료이다. 한국과 중국은 각각 국내 총 산업 생산액의 1.1%와 1.4%를 차지하고 있으며, 다른 OECD 선진국에 비해 상당히 낮은 수준이다.12) 이러한 결과는 선진 OECD 국가들이 미국을 중심으로 세계 SW 시장을 주도하고 있음을 보여주고 있다. 한국이 이동통신 및 초고속 인터넷 등을 비롯한 일부 정보통신 분야에서는 많은 발전을 이루었지만, 아직도 그 한계점을 지니고 있다. 이는 장기적인 노력과 시행착오를 통해 발전하는 소프트웨어 산업의 특성으로 인해 발생한 것이며, 한국과 중국의 두 국가가 선진국으로 도약하기 위해서는 결국 소프트웨어산업에 대한 개발과 투자를 통한 성장이 필요하다는 것을 보여주고 있다.

---

12) 2007년도 「소프트웨어 산업 백서」, 한국 소프트웨어진흥원 분석 내용임.

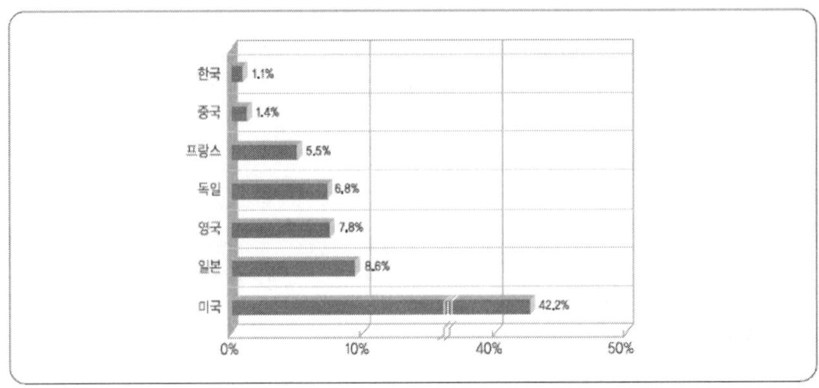

그림 6 세계 소프트웨어 시장 대비 국가별 국내시장 비율-IDC 2007년 자료

3. 미래 한 · 중 IT 산업의 협력 방안 제시

1) 소프트웨어 산업의 특성

앞장에서 살펴본 바와 같이 한국과 중국이 OECD 선진국으로 도약하기 위해서는 IT 산업의 핵심인 소프트웨어 분야의 육성이 필수적이다. 이제 소프트웨어는 고유의 컴퓨터 분야뿐만 아니라 자동차, 조선, 가전제품, 건축 등 모든 분야에서 핵심 기술이 되었다. 그러나 IT산업의 핵심인 소프트웨어 제품은 사용자의 다양한 문화적인 특성을 반영하는 것과 함께 다른 기존의 상품과는 다른 특징을 지니고 있다.

첫째, 소프트웨어 제품은 사라지지 않는 반영구적인 제품이다. 우리가 상점에서 사는 음식이나 기타 제품들은 시간이 지나거나 써버리면 없어지는 특징이 있지만 컴퓨터에 설치되어 작동되는 프로그램은 설치된 컴퓨터를 사용하지 않거나 해당 프로그램을 강제로 지우기 전까지는 반영구적으로 없어지지 않는다.

둘째, 소프트웨어는 종속성이 강하다. 즉, 한번 익숙해진 사용자들은 새로운 프로그램으로 바꾸려는 것을 원하지 않는다. 예를 들면, 한국에서 한번 한글 워드프로세서에 익숙해진 사용자들은 동일한 기능의 MS-WORD로 바꾸려고 하지 않는다. 이는 새로운 워드프로세서를 익히려면 많은 시간과 노력이 필요하게 되므로 이를 사용자들이 원하지 않기 때문이다. 리눅스 운영체제가 무료이면서 강력한 기능을 지니고 있지만, 일반 사용자들은 돈을 지불해야 하는 마이크로소프트사의 윈도우즈를 사용하는 것과 같은 이유일 것이다.

셋째로, 소프트웨어가 상품으로 성공을 하려면 많은 시간과 시험이 필요하다. 소프트웨어는 공장에서 기계로 만들어내는 제품이 아니라 인간의 지적인 노력을 통해서 만들어내는 제품으로 기능적인 면, 성능적인 면 그리고 안정적인 면을 보장해야 한다. 소프트웨어는 사용자들의 업무의 특성을 분석하여 문화적인 면 등을 포함한 우수한 기능과 성능을 지녀야 한다. 다른 소프트웨어에 비해서 기능이 모자라거나 성능이 떨어진다면 사용자들은 해당 소프트웨어를 사용하지 않을 것이다. 소프트웨어의 개발에 있어서 가장 어려운 부분이 안정성이다. 이는 장기적인 시험과정을 거쳐서 이루어지는 것이다. 현재 개인용 컴퓨터에서 가장 많이 사용되는 마이크로소프트사의 윈도우 운영체제의 경우도 초기 윈도우시스템에서 출발하여 WINDOWS95, WINDOWS98, WINDOWS2000, WINDOWS-XP, WINDOWS-Vista로 발전하면서 기능과 안정성 등을 보강하여 왔으며, 기능 및 안정성에서 문제가 되는 부분을 계속적인 패치(patches)와 서비스팩(service pack) 등을 제공하면서 보강을 해나가고 있다.

이러한 특성으로 소프트웨어 산업은 고 부가가치의 산업이면서 가장 개발하기 어려운 IT산업의 핵심 분야이다.

2) 한국과 중국 간의 IT 협력의 중요성

한국이 OECD 국가에 편입되면서 미국으로부터 집중적으로 개방 및 보호 요청을 받은 분야 중에 하나가 지적재산권보호 분야이며 핵심이 소프트웨어이다. 중국도 경제적인 규모의 확대와 개방화로 인해 이에 대한 미국의 거센 요구가 진행되고 있다. 아래의 글은 미국의 대표적인 IT 소프트웨어 기업인 마이크로소프트사의 CEO의 발언을 다룬 기사로 심각한 중국의 소프트웨어 불법 복제에 대한 언급과 그에 대한 단속을 요구하는 인터넷 기사이다.

마이크로소프트사의 CEO 스티브 발머(Steve Ballmer)는 "중국 정부는 중국 내 MS 불법 복제품을 전혀 단속하지 않고 단속의 중요성을 못 느낀다"며 "중국이 조만간 세계 최대의 컴퓨터 시장으로 성장한다고는 하지만 불법 소프트웨어가 존재하는 한 MS에게는 의미가 없다"고 밝혔다. 그는 또한 "중국의 지적재산권 침해와 불법 소프트웨어 사용이 심각한데, 이 문제를 해결해야만 마이크로소프트에게 의미 있는 시장이 될 것이다"라고 덧붙였다. 세계에서 두 번째로 큰 컴퓨터 시장인 중국에서도 MS는 지난달 21일부터 불법 복제품 사용 여부가 확인되면 컴퓨터 바탕 화면을 까맣게 바꾸는 '블랙 스크린' 조치를 통해 경고를 하고 있다.13)

위의 기사에서 알 수 있듯이 미국은 전 세계에서 두 번째로 큰 컴퓨터 시장인 중국에 지적재산권보호를 통해서 중국 내에서 사용하는 모든 컴퓨터에 정품 소프트웨어의 사용을 요구하고 있다. 불법 복제 등으로 인한 소프트웨어에 대한 지적재산권 문제는 한국에서는 이미 중요한 문제가 되었으며, 향후 중국과 미국 간에도 심각한 사안이 될 것이다. 이러한 문제를 해결하기 위해서는 한국과 중국 간의 긴밀한 협력이 요구된다.

한국이 이동통신, 초고속인터넷, 디지털방송 등 다양한 IT분야에서 성공적인 반면, OECD 선진국으로 도약하기 위한 소프트웨어 분야의 부진은 다음과 같은 이유에서 발생한 것이라 할 수 있다.

첫째, 한국이 많은 우수한 소프트웨어를 개발하여 상품화 하였으나, 소프트웨어가 지니는 특성인 상품화를 위한 지속적인 안정성의 확보를 통한 시장의 확대에서 실패하였다. 소프트웨어 상품이 성공하기 위해서는 개발을 위한 투자와 함께 계속적으로 고객을 확보하고, 고객의 요구사항을 받아서 안정성의 확보와 함께 지속적인 기능의 개선을 수행해야 한다. 미국 등의 제품은 막강한 자국의 시장에서 제품 간의 경쟁을 통해서 기능과 안정성을 확보한 후, 전 세계시장을 대상으로 제품 판매를 하는 반면에 한국의 제품은 비록 기능면에서는 뛰어나지만 안정성을 확보하기 전에 미국 등의 강력한 소프트웨어와 경쟁해야 하므로 이를 극복

---

13) MS, 「불법 복제 심각한 中 시장 의미없다」, 『온바오뉴스』, 2008. 11. 11.

하기 어려운 것이다.

둘째, 한국의 내수 시장의 규모가 너무 작다는 것이다. 컴퓨터 환경은 계속해서 변화하고 소프트웨어를 사용하는 사용자의 요구 또한 계속해서 변하게 된다. 많은 노력 끝에 개발되어 성공한 소프트웨어라도 지속적인 시장의 확대를 통해 수익을 얻고 이를 새로운 컴퓨팅 환경과 사용자의 요구사항을 반영하기 위해 계속적인 투자를 해야 한다. 그러나 한국 시장 규모의 협소성과 한계로 인해서 지속적인 시장의 창출이 어렵게 되고, 기존 개발된 상품을 지속적으로 유지하는 것보다는 새로운 상품을 계속적으로 개발해야 회사가 유지되는 상황이 된다. 만약 새로운 상품 개발에 실패하게 되면 심각한 문제를 야기하게 되는 것이다. 따라서 사용자들은 위험성이 높은 국내 제품보다는 안정성과 보다 나은 유지보수를 지원하는 외국 제품을 선호하는 결과를 낳게 되었고, 한국에서 개발된 많은 우수한 소프트웨어들이 사장되어 가고 있는 실정이다.

이에 비해 중국은 풍부한 시장과 잠재적인 성장의 가능성을 지니고 있지만, 중국 제조업 중심의 산업에 집중하고 있어 선진국에 비해 소프트웨어 산업의 기술 격차는 매우 큰 편으로 미국 등의 세계 최고 수준기술과 비교하여 주요과제 분야에서 90%정도가 5년 정도 기술 선진국에 비해 뒤지고 있는 것으로 알려져 있다.14)

3) 한국과 중국 간의 미래 IT 협력 방안

한국과 중국이 IT분야에서 성공적인 협력관계를 만들기 위해서는 다음과 같은 노력이 필요하다.

첫째, 한국은 기술력을 제공하고 중국은 시장을 제공하는 비즈니스 모델을 개발해야 한다.

한국과 중국은 IT의 분야에서 서로 상호 보완적인 상황에 놓여 있다. 한국은 이동통신과 초고속 인터넷 등의 핵심 IT 분야에서 성공은 IT산업의 핵심인 소프

---

14) 정보통신연구진흥원, 「국내정보통신산업의 수출 경쟁력」, 주간기술동향 1340호, 2008. 4, 41쪽.

트웨어 분야로 확대하고자 하나 내수시장의 협소성으로 인해 많은 기술들이 세계적인 상품으로 발전하지 못하고 있는 반면, 중국은 큰 규모의 내수시장을 지니고 있지만 이를 뒷받침하기 위한 기술력의 부족에 직면해 있다. 예를 들어 중국의 인터넷 사용자에 대한 中國互聯網絡信息中心(CNNIC)의 통계자료에 따르면 2006년에 중국의 인터넷 사용자 총수는 12,300만 명에 달하고, 이는 2005년 보다 약 20%가 증가되었다. 중국의 인터넷 사용자는 급격히 증가를 하고 있으나, 전체 13억 인구의 9.4% 밖에 미치지 못하고 있어 향후 중국 인터넷의 지속적인 발전 가능성이 매우 크다는 것을 의미하며, 만약 지속적으로 성장하고 있는 중국의 인터넷 분야에 이미 기술적으로 검증이 된 한국의 초고속 인터넷 기술을 접목한다면 한국과 중국이 모두 성공할 수 있는 비즈니스 모델을 만들 수 있을 것이다.

한국의 이동통신이 세계 최고의 수준에 도달하기까지 새로운 이동통신 기술을 개발하지 않고, 미국의 퀼컴이라는 벤처회사에서 개발한 CDMA의 원천기술을 한국에 도입하여 상용화를 위한 개발과 노력을 통해 한국에서 CDMA 기술을 실용화함으로써 삼성, 엘지 등의 한국기업이 세계적인 이동통신 기술의 중심이 되었다는 점은 의미하는 바가 크다고 할 수 있다.

둘째, 양국의 기술과 문화가 결합된 IT가 이루어져야 한다.

이미 세계 시장은 수많은 서구 제품들로 시장이 형성되어 있다. 이러한 경쟁에서 살아남기 위해서는 기존의 서구 제품들과 다른 장점을 지녀야 한다. IT 분야의 핵심인 소프트웨어 기술은 단순한 기술적인 문제를 해결해서 성공할 수 있는 것이 아니다. 소프트웨어 분야는 그 나라의 문화 및 국민적인 특성과도 밀접한 관련을 지니고 있어 사용자의 지역적 문화적인 특성을 강하게 반영하고 있다.

[그림 8]은 한국에서 가장 인기가 있는 인터넷 웹 포털인 네이버의 홈페이지와 전 세계적으로 인기가 있는 구글의 홈페이지의 시작 화면을 보여주고 있다. 가장 큰 차이점은 네이버는 사용자를 위해 각종 다양한 뉴스 등의 유용한 정보를 가공해서 보여주는 반면, 구글은 자기가 원하는 정보를 편집해서 구성하여 사용할 수 있는 기능을 제공하고 있다. 네이버와 같은 서비스 형태는 빠르고 신속한 정보를 원하는 한국인들의 문화적인 특성과 밀접한 반면, 구글과 같은 서비스 형태는 미국인들과 같이 개성을 중시하는 문화적 특성을 반영한다고 할 수 있다. 따라서

구글과 같은 형태의 서비스가 서구를 중심으로 인기가 높지만 한국에서는 그 인지도나 시장 점유율이 저조한 이유라고 할 수 있다.

그림 7 네이버와 구글의 시작 메뉴화면 비교

셋째, 한국과 중국 간의 활발한 전문 분야의 인적 교류가 필요하다. 향후 인적 교류 분야에서 중요한 점은 단순히 한국어를 습득하는 것이 아니라 기술적인 인적교류가 더 중요하다. 필자의 경험으로는 한류의 영향으로 인해 한국어를 할 수 있는 중국인, 중국어를 할 수 있는 한국인의 수는 급증하여 단순한 여행안내 등과 같은 통역에는 문제가 없으나, 실제 IT 기술 교류 및 협력을 위한 분야에서는 전공 지식의 부족으로 인해서 의사소통에 많은 어려움을 겪고 있다. 즉, 많은 학생들이 한국어와 중국어만을 목적으로 전공하다 보니 컴퓨터나 통신 분야 등의 실제 IT 분야의 기술적인 부분에 대한 지식이 부족하여 통역을 못하거나 부정확한 번역을 하는 문제가 발생하게 된다. 이를 해결하기 위해 양국의 기술자들이 영어를 이용한 의사소통을 하고 있으나, 양국 기술자들 모두 모국어가 아닌 영어에 능통 못한 경우가 대부분이어서 핵심 기술에 대한 정확한 의사전달에 어려움이 있다. 특히, 중국의 경우 영어를 사용하지 않고 한자로 變換하여 사용하므로 더 많은 어려움이 발생한다. 다행인 점은 최근 한국과 중국에서 유학을 하고 있는 유학생이 증가하였고 다양한 분야에서 공부를 하고 있다는 사실이다. 아래의 표에서 볼 수 있듯이 한국에 유학하고 있는 유학생 중에서 중국 유학생이 가장 많은 비중을 차지하고 있다. 한국 교육인적자원부의 통계자료에 따르면 2008년도 한

국에서 유학하고 있는 총 유학생 수는 40,585명이고, 이를 주요 국가별로 분류를
하면 <표 1>과 같다.15) <표 1>에서 보는 바와 같이 전체 유학생 중의 72%가 중국
유학생이고, 아시아 지역의 유학생들이 86% 가까이 차지하고 있다.

▮표 2▮ 주요 국가별 외국인 유학생 현황 (2008년)

국가	중국	베트남	재중동포	몽골	일본	대만	미국
유학생 수	29,210	1,441	1,369	1,237	1,034	893	499

자료: 교육인적자원부 통계자료

이러한 유학생의 증가는 상호 협력에 긍정적인 효과로 작용을 할 것으로 기대
가 되나, 양국의 협력 규모에 비해서는 더 많은 인력이 요구된다.

4. 결 론

한류의 영향은 중국 사회의 변화에 다양한 영향을 끼쳐왔고, 문화에서 시작한
한류는 이제 한국 대표적인 경제 분야인 IT 분야까지 확대가 되어 가고 있다. 과
거 한·중 양국은 모두 동일한 한자문화권과 유교문화권에 속하여 양국 국민들은
공동으로 찬란한 동아시아문명을 창조하여 왔다. 현재 한국은 최고의 초고속 인
터넷 환경을 기반으로 전 세계에서 IT 분야의 강국으로 발전하고 있으며, 이러한
한국의 IT은 한국 사회의 다양한 발전과 변화를 이끌어 가고 있다.

한국과 중국은 IT의 분야에서 서로 상호 보완적인 관계로 한국이 이동통신과
초고속 인터넷 등의 핵심 IT 분야에서 소프트웨어 분야로 확대하고자 하나, 내수
시장의 협소성으로 인해 많은 기술들이 세계적인 상품으로 발전하지 못하고 있는
반면, 중국은 큰 규모의 내수시장을 지니고 있지만 이를 뒷받침하기 위한 기술력
의 부족에 직면해 있다.

---

15) 교육인적자원부, 「2008년 교육인적자원 통계서비스」 자료, 재적외국인수(국가별).

이를 극복하기 위해서는 한국과 중국이 다양한 인적교류를 기반으로 긴밀한 IT 분야의 협력을 통해서 한국에서 성공적으로 개발이 완료된 기술을 중국에 도입하여 중국의 문화적인 특성에 맞게 이를 개선해가는 협력모델이 필요하다. 이를 기반으로 향후 중국 시장 뿐만 아니라 아시아 문화권 시장에 한국과 중국이 공동으로 진출할 수 있는 협력 모델을 만들어 실질적인 양국의 발전에 기여하게 될 때 한류는 완성될 것으로 기대된다.

참고문헌

문형돈, 「국내정보통신산업의 수출 경쟁력」, 주간기술동향 1340호, 2008.4. 41~45쪽.

박광해, 「중국에서의 '한류'열풍 및 그 선파원인」, 한국학논집, 제31집, 2004. 203~214쪽.

박종원, 「중국의 863 계획 중 정보 기술 분야 연구동향」, 주간기술동향, 1332호, 2008. 12~24쪽.

박종원, 「한·중·일에서 수행한 중국의 기술수준에 대한 국제 비교」, 주간기술동향, 1368호, 2008. 1~15쪽,

신윤환, 「동아시아의 '한류'현상 : 비교분석과 평가」, 『동아연구』, 2002. 제42호,

이민자, 「중국개혁기 청소년 문화 분석: '한류'를 중심으로」, 『동아연구』, 2002. 제42호,

정한미·김평·서원경, 「국내포털 검색 시장 및 특허동향」, 주간기술동향 1341호, 2008. 04. 1~12쪽,

한지숙, 「방송프로그램 수출 1억 달러 돌파」, 『디지털타임즈』, 2006. 3. 14.

홍용락, 「한류의 경제적 효과 극대화 방안」, 경제사회연구회, 2005.

한국소프트웨어진흥원, 「2007년 소프트웨어 산업백서」, 2008.

교육인적자원부, 「교육인적자원 통계서비스」 <http://cesi.kedi.re.kr>

朝流 · 韩流 교향곡

임향란*

1. 전주곡

지난 세기 90년대 말기로부터 한국 드라마를 선도로 한 한국 대중문화가 중국 전역을 휩쓸었다. 이른바 '한류'라는 것이다. 나는 '한류'라는 말을 접하는 순간 '조류'라는 말이 내 머리 속에서 튀어나왔다. 그래 '조류'란 무엇이냐? 지난 세기 70년대에 중국 전역에서 인기를 얻었던 조선 영화를 비롯한 조선흐름(朝流), 나름대로 일단 이렇게 안이하게 정의를 내려 본다.

한류는 삐까번쩍 화려하고 요란하다. 어쩌면 현재진행형이기도 하다. '한 치 보기'의 인간들 그만큼 한류에 흠뻑 빠져 학문적인 연구나 국제성적인 학술회를 진행하기도 했다. 그러나 조류는 어느 새 역사의 뒤안길에 사라진 과거형이 되어 현재 거론조차 되지 않고 있다.[1] 물론 1970년대 당시 조선 영화의 인기와 더불어 그것에 관한 보도와 평론 글은 500여 편을 헤아리게 된다. 그러나 이런 글들은 객관적인 학문적 깊이를 확보했다기보다는 대부분 주관적인 색채를 많이 띤 소개성 차원에 머물고 만 아쉬움이 남는다.

본고는 이런 아쉬움을 미봉하는 차원에서 출발한다. 그 출발의 한 가닥으로 주로 조선 영화와 한국 드라마의 중국에서의 유행 및 원인에 대해 비교문화적 시각에서 살펴보도록 하겠다. 물론 이런 비교문화적 시각은 주로 동일 민족 내 조선 영화와 한국 드라마의 직접적인 비교고찰이 되겠지만 조선 영화와 한국 드라마를

---

* 중국 사천외국어대학교 한국어과 교수
[1] 물론 이것은 현재 북한의 '미운 오리 새끼' 신세와 갈라놓을 수 없다.

하나의 동질적인 문화현상으로 하고 중국이나 다른 나라의 동류 문화현상을 참조
계로 하여 논의를 진행하도록 하겠다.

2. 중국에서의 조선 영화 유행 스케치

중국은 1950년대부터 구소련을 비롯한 조선, 베트남, 루마니아, 알바니아 등
사회주의권 국가의 영화를 많이 수입하였다. 중국에서 최초로 수입한 조선 영화
는 조선에서 최초로 찍은 <나의 고향>[2]으로 파악된다. 이 영화는 1950년 8월 하
순에 중국에서 조선어 버전 그대로 상영되었다. 당시 중국의 <조일만>, <위국보
가> 등 영화와 비슷한 모티프들을 많이 갖고 있은지라 중국어 번역이 없었지만
알아보기 쉬웠고 감동적이었다.[3] <인민일보>와 <대중영화>에 이 영화에 대하여
소개하고 평론하는 글이 발표되었다. 조선의 처녀작 영화지만 주제가 바르고 구
성이 잘 짜였으며 감독의 수법이 소박하면서도 진실하다는 평을 받았다.[4] 이외
에 이 영화는 혁명적 사실주의 창작방법으로 광범한 인민들의 생활, 사상, 감정
과 행동을 잘 반영하였다는 평을 받았다. 1951년 제6회 국제영화제에서 '자유투
쟁상'을 수상한 <소년빨치산>은 '중국어로 번역한 첫 조선 영화 거작'이며 '일정
한 예술수준을 갖춘 신사실주의 작품[5]이였다. 1955년까지 중국에서 상영한 조선
영화로는 <나의 고향>, <소년빨치산>, <또다시 전선으로>, <고향을 보위하자>,
<정찰병>, <비행기 사냥꾼조>, <빨치산처녀>가 있으며 다큐멘터리로는 <정의의
전쟁>, <우정의 노래>, <땅의 주인>이 있다.[6]

1960년 말까지 조선 영화 관람 총 중국 인원수로 3억 4,664만 여명이 '우리의
친밀한 형제 이웃 나라―조선의 영화예술을 감상하였다.[7]

---

2) 쭝짐비, 「조선인민의 첫 영화-'나의 고향'」, 『인민일보』, 1950. 8. 27.

3) 유사모, 「'나의 고향'에 대한 소감」, 『대중영화』, 1950, 제12기.

4) 「조선 영화 '나의 고향' 소개」, 『인민일보』, 1950. 8. 28.

5) 매타, 「평화를 위하여 투쟁하는 조선 소년 영웅들 ("소년빨치산"을 추천)」, 『대중영화』, 1952,
   제3기.

6) 『대중영화』, 1955년, 제15기, 20~23쪽.

조선은 천리마운동시기[8])에 영화제작의 첫 고조기를 맞이한다. 이로부터 1960년대 중기 <녀교사>, <붉은 선동원>, <분계선마을에서>, <돈화의 수림 속에서>, <붉은 꽃>, <백일홍>, <정방공들> 등 많은 영화들이 중국에 수입된다. 통계에 의하면 1963년과 1964년 사이 중국의 주요한 신문, 잡지에 조선 영화와 관련한 글이 93편이나 실렸는데 1950년부터 현재까지의 관련 자료의 1/6이나 차지한다.

중국에서 문화대혁명이 시작된 1966년부터 1968년까지 조선 영화 관련 보도는 하나도 찾아 볼 수 없다. 그러다가 1969년부터 다시 조선 영화에 관한 글들이 나타나기 시작했다. 이를테면 1969년 <흑룡강일보>에 "사회주의 신인의 노래—조선 영화 '붉은 선동원', '녀교사', '시대의 개선가', '공장은 나의 대학'을 보고"라는 글이 발표되었다.[9]) 물론 1969년부터 조선 영화를 비롯한 외국영화 수입 사업이 재개되었다.[10])

사실 조선 영화는 1970년대부터 본격적으로 수입되기 시작하였으며 절정기에 달했다. 1970년에 조선에서 새로 제작한 다큐멘터리인 <형제 중국인민의 사절>이 중국에서 상영되었고 1971년부터 <꽃 파는 처녀>, <금희와 은희의 운명>, <보이지 않는 전선>, <사과 딸 때>, <남강마을의 녀성들>, <꽃피는 마을>, <로동가정>, <피바다>, <한 간호원에 대한 이야기> 등 조선 영화들이 중국 전역에서 연이어 상영되기 시작하였는데 조선 영화붐은 이로부터 일어났다.

이 가운데 <꽃 파는 처녀>, <금희와 은희의 운명>은 중국 전역에서 센세이션을 일으켰다. 그때 <꽃 파는 처녀>는 24시간 다람쥐 쳇바퀴 돌듯 상영하였는데 전 중국을 눈물바다로 만들었으며, 주인공 꽃분이의 이미지는 중국 관중의 마음속에 아름다운 형상으로 길이 남겨졌다.[11]) 이때 <대중영화>, <영화스토리>, <영화평론과 소개>, <영화예술>, <오늘의 조선>, <인민영화> 등 간행물과 <인민일보>,

---

7) 황강, 「전투의 기치를 높이 들고-조선 영화의 특색」, 『대중영화』, 1962, 제7기, 6쪽.

8) 어떤 의미에서 한국의 새마을운동과 비슷하다. 졸고 「천리마운동과 새마을운동 비교고찰」 (중국 연태대학교 한국학연구중심 『한국학연구』 제1집, 2006. 5)을 참조하라.

9) 그런데 여기에서 언급한 영화는 모두 전에 이미 상영된 것들이었다.

10) 한위 · 진효운, 『신중국 영화사화』, 절강대학출판사, 2003. 3, 155쪽.

11) 신지원, 「기억속의 조선 영화-영원히 잊지 못할 <꽃파는 처녀>」, 『영화 평론과 소개』, 2000, 제2기.

<북경일보>, <장강일보>, <길림일보>, <광명일보>, <해방일보>, <문회보> 등 중국의 주요 영화 관련 정기 간행물과 많은 신문들에서는 조선 영화와 관련된 많은 코너를 만들었다. 이런 코너에서는 조선 영화의 제작과 중국에서의 전파에 대한 소개가 주종을 이루고, 일부는 조선 영화에 대한 많은 중국 관중들의 소감을 실었다. 이외에 조선 영화 제작 인원들이 중국에서 발표한 글이나 조선의 영화감독과 배우를 인터뷰한 글도 실었다.

중국에서는 1970년대까지 100여 부의 조선 영화를 수입하였다. 같은 시기에 수입한 기타 사회주의국가의 영화와 비교해 보면 조선 영화의 수입규모가 단연 가장 클 뿐만 아니라 중국 관중의 사랑도 가장 많이 받았다.12)

물론 중국이 개혁개방의 궤도에 들어선 1980년대에도 조선 영화는 계속 수입되었다. <나의 아들>, <계명성>, <도라지꽃>, <돌아오지 않은 밀사> 등은 그 보기가 되겠다. 그러나 전반적으로 볼 때 이 시기 상영한 조선 영화의 양과 횟수는 과거보다 현저히 줄어들었다. 이것은 물론 조선 영화 자체의 발전상황과 관련된다. 조선은 1980년대에 들어서서 정치형세가 긴박하게 돌아감에 따라 1970년대와 같은 조선 영화의 흥성한 발전 국면은 더는 오지 않았다. 그리고 중국 국내의 사정을 볼 때 개혁개방을 시작한 중국은 자체로 일련의 우수한 영화작품을 만들어 내기 시작했을 뿐만 아니라 미국, 일본, 홍콩 등 세계 여러 나라의 영화를 수입하기 시작하였는데 이런 영화는 과거 사회주의권에서 수입한 영화와 전혀 다른 참신한 스타일로 관중에게 다가왔다. 결국 조선 영화로 대표되는 朝流는 日流나 港台风에 밀리고 만다.

3. 중국에서의 한국 드라마 유행 스케치

한류는 뭐니뭐니해도 한국 드라마다. 1997년 <사랑이 뭐길래>의 중국에서의 히트에 이어 <목욕탕 집 남자들>, <겨울연가>, <내 이름은 김삼순> 등 일련의 한

---

12) 한위·진효운, 『신중국 영화사화』, 절강대학출판사, 2003. 3, 154쪽.

국 드라마가 인기 절정리에 방영된다. <사랑이 뭐길래>는 조선의 <꽃 파는 처녀>
가 전 중국을 울음바다로 만든 것 못지않게 중국 중앙 TV황금시간대에 방영되면
서 중국의 거리를 비게 할 정도로 센세이션을 불러일으켰다. 그러다가 좀 잠잠해
지는가 싶더니 2005년 <대장금>의 히트로 한국 드라마의 인기는 최고조에 이르
는 듯하다. 한국 드라마는 중국 관방 측에서도 가장 많이 수입하는 외국드라마가
되었으며 중국 여러 TV매체에서 독점 방영권을 둘러싸고 치열한 경쟁을 벌이는
황금 알을 낳는 거위이기도 하다. 한국 드라마는 일단 적어서 몇 십 부, 많아서
몇 백 부의 스케일로 중국 관객들을 흡인한다. 중국 안방의 드라마 주인노릇을
톡톡히 했다. 물론 한국 드라마의 인기는 현재진행형이다. 지금도 무심코 중국
TV채널을 리모컨 해 보면 한국 드라마와 쉽게 맞닥뜨리게 된다.13)

4. 조선 영화와 한국 드라마의 비교문화적 고찰

조선 영화와 한국 드라마는 중국에서 부동한 시대별로 인기몰이를 하면서 조류
나 한류의 주역을 맡아왔다. 물론 그것은 나름대로의 생성논리를 갖고 있겠지만
같은 민족의 문화가 중국이라는 동일한 문화자장에서 꽃 피어났음을 감안할 때
충분한 비교문화연구의 가능성을 확보하고 있는 줄로 안다. 그럼 아래에 이런 문
화현상에 대해 그 표현양상 및 생성원인 등에 대해 비교문화적 차원에서 고찰해
보도록 하자.

1) 영화시대와 텔레비전시대

영화는 19세기 말에 선을 보여 실생활을 가장 리얼하게 보여주면서 많은 예술
가운데 대중적인 인기를 독점했다. 그래서 적어도 20세기 전반기를 영화의 시대
로 만들어 버렸다. 중국의 경우는 1980년대까지 영화시대가 이어졌다고 볼 수 있

---

13) 중국에서의 한국 드라마의 유행에 대해서는 그것이 현재 진행형이고 많이 알려진만큼 본고에
     서는 상세한 내역을 줄이도록 한다.

다. 조선 영화는 중국의 영화시대의 흐름을 탄 것이다. 전세계적으로 20세기 중반기부터 텔레비전이 보급되면서 점점 텔레비전 시대의 막이 열리기 시작했다. 이로부터 텔레비전이 점점 대중들이 즐기는 가장 인기물이 되었다. 중국은 개혁개방 후인 1980년대에 가서야 텔레비전 시대의 막이 열린다. 한국 드라마는 중국의 텔레비전 시대의 흐름을 탄 것이다. 왜 굳이 조선과 한국의 영화나 드라마라는 부동한 예술매체가 유행을 이루었는가하면 그것은 1차적으로 중국의 특정 영화시대와 텔레비전 시대라는 객관환경의 제약을 받지 않을 수 없었기 때문이다.

2) 파급효과

조선 영화도 좋고 한국 드라마도 좋고 그것의 중국에서의 상영 및 시청은 가히 전방위적이라 할 수 있다. 물론 조선 영화는 당시 중국의 이데올로기 및 체제와 전적으로 맞아떨어져 중국 관방행위로 대대적으로 수입상영 되었다. <춘향전>, <심청전> 등과 같은 고전 제재의 영화로부터 <공중무대>, <우리 처가집 문제>, <꽃 피는 마을>, <사과 딸 때>, <로동가정> 등 일상생활 내용을 담은 영화들이 있는가 하면, <꽃 파는 처녀>, <남강마을의 녀성들>, <피바다>, <한 간호원에 대한 이야기>, <소년빨치산> 등 계급교양 및 혁명전통교양을 위한 영화가 있으며, <보이지 않는 전선>, <숨길 수 없는 정체> 등 방첩 내용을 담은 영화도 있었다. 이외에 <중국인민 우호대표단 조선을 방문>, <형제 중국인민의 사절>, <비류강의 새 전설>, <붉은 산마루>, <전우> 등 다큐멘터리와 전기영화도 있었다. 이런 다양한 조선 영화들은 중국 영화계의 텅 빈 구멍들을 막아주며 중국 관객들의 문화생활을 풍부히 하였다. 특히 방첩영화들은 독특한 제재영역으로서 미스테리적인 슈제트 전개 속에서 중국 관객들의 호기심을 달래기에 족했다. 이외에 1980년대에 들어온 <이름 없는 영웅들> 같은 20부작 조선 영화는 중국의 TV 드라마 연속물제작에 직접적인 영향준 것으로 사료된다.14) 그러나 전반적인 파급효과를 놓고 볼 때 조선 영화는 조선 영화로 끝난 아쉬움이 남는다. 물론 조선 영화의

---

14) 필자는 당시 중국의 <敌后十八年>이라는 TV 연속극 드라마는 적어도 조선의 <이름 없는 영웅들>로부터 힌트를 받거나 영향을 받았다고 생각한다.

일부 테마송이 유행가처럼 불리고 일부 대사가 외워지기도 했으나 그것은 어디까지나 제한된 범위를 벗어나지 못했다. 결과적으로 '윈-윈' 효과 같은 다른 그 어떤 것을 기대할 수 없었다. 그래서 朝流라는 것도 실은 조선 영화로 시작하고 조선 영화로 물러나 앉고 말았던 것이다. 이것은 한국 드라마의 경우와 좋은 대조를 이룬다. 사실 한국 드라마는 구경 중국과 다른 이데올로기 및 체제의 산물인지라 중국 관방에서는 엄한 심사를 거쳐 수입하고 상영한다. 그런데 사실 현 단계는 인터넷 시대라 한국 드라마 유포나 유행을 막을 방법이 없다. 여기에 불법복제는 이를 더 부추긴다. 그래서 한국 드라마의 帅哥靓女들은 어느새 중국의 少男少女 스타족들의 우상이 되고 말았다. 그리고 그것은 어떤 의미에서 중국 관방의 의지와는 관계없이 음악, 무용, 패션, 미용, 요리 등 동시다발적으로 한국 대중문화의 붐을 몰고 온다. 이른바 韓流라는 것이 바로 그것이다. 哈韓族도 생겨났다. 이로부터 상승적인 '윈-윈(win-win)'효과도 상상을 초월한다. 일부에서는 韓流가 1조 4,000억이라는 경제효과를 창출했다는 통계도 나오고 있다. 어떤 의미에서 한국 드라마는 韓流의 기폭제가 된 셈이다.

3) 이념과 탈이념

조선 영화가 중국에서 유행된 시기는 냉전시기로서 이념이 팽배하던 시기이다. 이른바 사회주의권과 자본주의권이 팽팽하게 맞서던 시기이다. 그래서 당시 중국에서 상영된 외국영화는 구소련을 비롯한 사회주의권 영화들뿐이었다.15) 이런 영화들은 사회주의이념을 고취하고 있는 것으로 대중을 사상 교육하는데 한 몫했다. 조선 영화는 아주 효과적으로 중국 관객들을 교육했다. 이로부터 중국 당국의 의식적인 사상교육의 수요에 잘 부응했다. 그것은 '조선 영화는 줄곧 중국 인민의 사랑을 받아 왔다. 그것은 중조 양국 인민이 일본, 미국 제국주의의 침략을 받았으며 어깨 겨루고 싸워 그들을 격파하였기 때문이며, 더욱 중요한 것은 조선민주주의인민공화국의 영화사업은 초창기부터 무산계급문학의 黨性원칙을

---

15) 최빈잠, 「표지속의 기억: 일변도의 신중국 조기 수입 영화」, 『대중영화』, 2005년 제12기.

견지하고 영화사업을 당의 사업의 일부분으로 생각하였으며 선명한 공산주의 기치를 높이 들고 공산주의사상으로 인민을 교양하려고 하였기 때문이다.'16) 중국의 유명한 작가인 巴金도 <'붉은 선동원'을 위하여 만세 부르자>(『대중영화』, 1963년 제4기, 9쪽)라는 글에서 말한다. '조선의 예술가들은 자기의 마음과 주인공의 마음으로 관중의 마음을 바꾸어 관중을 우아하고 아름다운 정신세계로 이끌고 있는데 이는 사회주의교양이며 최고의 예술적 향수가 아닐 수 없다. 이처럼 평범한 젊은이가 얼마나 아름다운 것을 마음 깊이 간직하고 있는가. 이러한 내면의 아름다움이 사람들을 매료하고 격려하며 단합하여 전진하는 길로 유도하고 있다. 나는 이러한 것을 공산주의 사상의 마음의 불꽃이라고 부르고 싶다. 이 불꽃은 사리사욕의 낙후한 감정을 불태워 버렸고, 사람들의 정신양상을 변화시켰으며, 나아가 전반 합작사의 양상을 변화시켰다.' 두말할 것 없이 당시 중국 관객들은 남녀노소 계층을 막론하고 일단 조선 영화가 나타낸 사상 감정에 크게 감명한다. 좀 더 보면, 당시 북경 여자 제1중학교 유호란학급 학생들은 「우리는 '소년 빨치산'을 보았다」(『대중영화』, 1952년 제4기, 30쪽)에서 '이 영화를 보니 우리들이 평화로운 세상에서 살고 있다는 것이 얼마나 행복한 지를 더욱 감축하게 되었습니다. 우리 곁에 있는 모든 것과 조국의 한 치의 땅을 어떻게 사랑해야 하는가를 알게 되었습니다. 우리는 조선 소년 빨치산의 숭고한 애국주의정신으로 자신을 끊임없이 격려하고 교육하며 연마함으로써 조국과 우리의 아름답고도 행복한 생활을 보위하여야 한다고 생각됩니다.'고 한 것이나 杭州 방직기계정비공장의 진재쟁이라는 노동자가 「백일홍찬송－조선 영화 '백일홍' 소감」(『대중영화』, 1965년 제2,3기, 43쪽)에서 '우혁, 당신의 이미지와 정신이 나에게 인생길의 정확한 방향을 가리켜 준 것이 아니겠는가?'라고 한 것이나 상해 국고 제9공장의 여직원 예혜보기 「일심협력히여 인민을 위해 방직하지」(『대중영화』, 1965년 제6기, 16쪽)에서 ' <정방공들> 중의 김옥립 동지는 나에게 따라 배울 귀간으로 되어주었다……. 난 옥림이를 따라 배워 고난을 잊고 영원히 당과 인민에 충성하며 인민을 위해 면사를 짜겠다.'고 한 것은 그 전형적인 보기가 되겠다. 조선 영화의

---

16) 조흠, 「전투적인 조선 영화」, 『영화예술』, 1960년 제8기, 15쪽.

이런 이념적 색채는 당시 <중국인민 우호대표단 조선을 방문>, <형제 중국인민의 사절>, <비류강의 새 전설>, <붉은 산마루>, <전우> 등 중조우의를 노래한 다큐멘터리나 실제 지원군 전사를 원형으로 하여 창작한 전기영화를 전격 수입한데서도 알 수 있다. 한국 드라마는 1990년 후반기부터 중국에 유행하기 시작한 것으로 동서냉전이 종식되고 보다 많이 중국의 탈이념적인 시장경제 시스템의 가동과 맞아떨어진다. 그래서 예술적인 취미성을 많이 추구했다. 조선 영화가 사상내용적인 의의에 비중을 둔 것과 좋은 대조를 이룬다. 한마디로 조선 영화가 당시 사회주의이념이라는 주류담론을 담지한 관방문화였다면 한국 드라마는 탈이념, 이른바 특정이념에서 자유로운 가장 대중성을 띤 대중문화에 다름 아니다. 한국 드라마는 탈이념시기 중국의 대중문화 생활수요에 부응한 것이다.17) 그러나 그것이 한국의 경제력을 비롯한 현대화된 한국이미지의 강력한 안받침의 힘을 업고 중국인들이 새롭게 부상하는 한국을 아는 하나의 창구가 된데 기인함은 더 말할 것도 없다.

4) 행정논리와 시장논리

조선 영화가 주로 행정적인 조직의 힘과 수단에 의했다면 한국 드라마는 주로 시장경제 논리에 의해 전국적으로 배포되고 유행을 이루었다. 당시 조선 영화의 수입 및 번역, 방영은 전적으로 중국 관련 문화부문의 관방행위였다. 중국의 관방 차원에서 '조선 영화주간'을 조직하기도 했다. 이를테면 중국 정부는 조선 해방 혹은 건국을 경축하기 위하여 8월 15일 혹은 9월 9일18)에 조선 영화 주간행사를 자주 진행하였다. 자료에 의하면 1950~1980년대에 걸쳐 북경, 상해, 무한, 천진, 광주, 장춘 등 도시에서 여러 회의 조선 영화 주간행사를 진행하였다. 이러한

---

17) 중국의 탈이념 시기는 조선 영화에 대한 평가에서도 이념시기의 '전투적인 조선 영화를 원망해야만 조국을 사랑할 수 있다', '선명한 계급적 관점으로 차세대를 육성하자' 등 주관적인 색채가 진한 이념시기의 선동적인 언어구사로부터 '도시생활을 묘사한 조선의 새 영화', '생활의 진실에서 느끼지는 미', '당대 조선인민의 생활상' 등 객관적인 차분한 언어구사로 크게 달라진다.

18) 8월 15일은 조선해방 기념일이고, 9월 9일은 조선의 국경절이다.

영화주간행사는 북경, 광주 등 어느 특정 도시에서 단독으로 할 때도 있고 국내의 몇몇 도시에서 함께 진행할 때도 있었다. 심지어 전국의 16개 도시에서 동시에 조선 영화 주간행사를 진행한 적도 있었다.[19] 그러나 상대적으로 놓고 볼 때 그 배포와 유행은 굼뜨다. 이에 반해 한국 드라마의 배포와 유행은 보다 많이 시장경제논리에 따르고 있다. 물론 한국 드라마의 수입은 중국 관련 문화부문의 엄선이라는 관방행위로 진행되겠지만, 그것의 중국 내에서의 배포와 유행은 주로 시장경제논리에 의해 많이 좌우지된다. 한국 드라마 방영의 독점권쟁탈 및 인터넷유통, 그리고 CD를 비롯한 불법복제 등은 한국 드라마의 유통을 기하급수적으로 늘어나게 하였다. 사실 한국 드라마 제작 메커니즘을 볼 때 그때그때 관중의 반응에 특별히 신경을 쓰며 어떻게 해서든 시청률을 높이는데 모를 박는 것은 시장경제논리에 따르는 것에 다름 아니다. 물론 중국 관방 차원에서 조직한 '한국 문화주간' 행사도 그 배포와 유행을 如虎添翼격으로 부추겼음은 더 말할 것도 없다. 한마디로 말하여 한국 드라마의 유통은 이윤추구가 받침되고 최신식 유통매체가 동원되어 조선 영화의 유통이 게임이 안 될 정도로 빠른 속도와 범위로 중국 내에서 확산되어 나갔다.

5) 수요와 공급

주지하다시피 중국은 1966년 문화대혁명이 시작되면서 江靑은 '문화기수'의 이미지를 내세우며 <요록>[20]을 작성하여 전 시기 중국 영화를 전면적으로 부정하였다. 이에 여러 제작소는 폐업되었고 많은 제작인원이 농촌으로 쫓겨 가거나 직업을 바꾸었다. 영화자료실, 영화출판사는 철회되었거나 해체되었으며 많은 영상자료와 도서자료는 소각되거나 사실되었다 당시 본보기극 영화가 제반 예술무

---

19) <문화부 전국의 16개 도시에서 조선민주주의인민공화국 영화주간 개최>, 『인민영화』, 1978년 9월 제24기.

20) 1966년 2월, 江青은 林彪와 함께 '군대 문학예술사업 좌담회 요록'을 만들어 신중국 수립된 후 영화를 포함한 문학예술계는 마오쩌둥 사상과 대립되는 반공산당, 반사회주의의 세력에 의해 독재 당하였다고 외치면서 이 시기의 문학예술은 '자산계급사상, 현대수정주의의 문학예술사상 및 30년대의 문학예술의 결합'이라고 비난하였다. (예준, 『중국 영화사』, 중국 영화출판사, 2004. 2, 142쪽)

대를 독점하였다. 문화대혁명시기의 특산이라고 할 수 있는 본보기극은 문화대혁명을 시작한 첫 7년 동안에 상영된 유일한 영화였다. 문화독재주의의 횡포에 1966년 6월부터 1973년까지의 7년 동안 중국 영화계에서는 한 부의 영화도 촬영하지 못했다. 오직 <新聞簡報> 프로와 <갱도전>, <지뢰전>, <10월의 레닌> 등 일부 영화만이 해해년년 반복적으로 상영되었다.21) 한마디로 말하여 당시 중국은 영화의 황무지에 다름 아니었다. 상대적으로 놓고 볼 때 거의 비슷한 시기 조선 영화계는 김정일의 지도로 수준 높은 좋은 영화들을 많이 제작해내였다. 이런 조선 영화의 수입 및 방영은 당시 정신문화 기갈증에 걸려 있는 중국 관객들에게 있어서 감로수에 다름 아니다. 당시 중국 영화에서 금기시 된 사랑제재 조선 영화는 중국 사람들의 눈을 달래주기에 족했다. <춘향전>에서의 춘향과 이몽룡의 사랑, <사과 딸 때>에서의 계옥과 관식 사이의 미묘한 사랑의 감정 표현 등등은 정말 신선한 충격으로 안겨왔다. 그리고 조선 영화에서의 웃음과 유모아를 기껏 살린 <공중무대>나 <사과 딸 때> 같은 경희극 특색의 영화는 정치적 근엄성에 딱딱하게 굳어져 있는 중국 관객들에게 간만의 웃음을 선사했다. 한국 드라마의 경우를 보면, 1990년대에 들어서서 중국이 본격적으로 시장경제시스템을 가동하고 이데올로기적 제약이 많이 풀리면서 텔레비전 방송 채널도 대폭 널어난 상황과 긴밀히 관계된다. 당시 중국은 자체로 제작하는 TV 드라마로는 양적으로나 질적으로 그 수요를 만족시킬 수 없었다. 바로 이 수요에 응해 질 좋고 값 싼 한국 드라마는 거침없이 중국의 안방을 차지할 수 있었던 것이다. 당시 日流, 港台流나 美流에 좀 식상해진 중국 관객들에게 한국 드라마를 비롯한 한류는 일종 '낯설기' 효과도 가미하면서 매력 포인트 만점의 대중문화가 되기에 손색이 없었다. 한마디로 조선 영화도 좋고 한국 드라마도 좋고 그것은 중국 문화수요에 응한 적재적소, 적시의 최상의 문화공급이었다.

6) 전통과 노스텔지아

---

21) 황헌문, 『어제의 별빛-20세기 중국 영화사』, 호남인민출판사, 2002. 8.

주지하다시피 중국의 전통문화는 유교가 대종을 이루고 있다. 그런데 '打倒孔家店'의 '5 · 4'신문화운동에 이어 새 중국이 서서 '破四旧'요, 문화대혁명이요 하면서 실은 전통문화의 뿌리를 송두리째 뽑아버리고 말았다. 조선과 한국의 전통적 뿌리는 같다. 중국의 유교문화를 핵으로 하고 있다. 물론 조선은 혁명, 한국은 근대화하면서 이런 전통문화를 알게 모르게 많이 훼손시켰다. 그러나 조선과 한국은 민족적 성격과도 관계되겠지만 이런 전통문화의 뿌리가 송두리째 뽑힌 것은 아니다. 적어도 그것은 집단무의식으로 많이 남아있다고 볼 수 있다. 조선과 한국은 공히 효를 높게 사며 <심청전>을 영화화하기도 했다. 물론 조선 영화 <심청전>이 중국에서 상영되면서 중국 관객들에게 효의 향연을 베풀었음은 더 말할 것도 없다. 그리고 대가족주의만 놓고 보아도 조선 영화나 한국 드라마에 공히 자주 등장한다. 조선 영화 <로동가정>을 잠깐 보자. 이 영화에는 바로 할아버지, 아버지, 어머니, 세 아들, 두 딸, 두 며느리와 두 아이로 구성된 대가정이 등장한다. 영화는 바로 3세대가 사는 대가정을 혁명화하는 내용을 담고 있다. 그런데 이 대가정은 분명 長幼有序의 유교적 윤리를 잘 체현하고 있다. 이 대가정의 대외적으로 내세우는 세대주(한국의 가장. 필자 주)는 분명 가장인 아버지이다. 할아버지 춘보는 집안일에 별로 신경을 쓰는 것 같지 않다. 그러나 할아버지의 권위는 누구도 넘겨볼 수 없다. 손녀 순옥의 문제로 '시집보냈다고 부모의 사명을 완성한거라 여기지 말거라'하고 그 아버지에게 타이르는 것도 할아버지 춘보다. 할아버지는 아버지한테 또 '넌 위 주택구에 삼일이나 물이 안 나왔다는 걸 알고 있냐? 책임자인 네가 모르면 누가 알겠냐?'라고 핀잔을 하기도 한다. 할아버지는 언제 어디서나 순옥이와 이석이가 인생의 바른 길을 걷도록 인도한다. 보다시피 이 대가정에서 할아버지는 권위적인 존재다. 이밖에 이 영화에서는 할아버지나 아버지가 집안으로 들어오면 온 가족이 일어나 안 체를 한다. 그리고 곳곳에서 할아버지와 부모들에 대한 아들과 며느리를 비롯한 아랫세대들의 손경을 확인할 수 있다. 또 동생인 이석과 삼석은 큰 형 대석을 깍듯이 존경한다. 그래서 당시 중국 관객들은 조선 영화를 보고 한다는 소리 한 마디가 '朝鮮人真有礼貌'였다. 사실 이런 광경은 한국 드라마에서도 얼마든지 볼 수 있다. 중국에서 가장 히트를 친 <사랑이 뭐길래>의 일종 가족주의에 기초한 온정주의, <목욕탕 집 남자들>에서 대가족의 어른으로서 권위주의가 팽배한 대발이 아버지 등은 중국 관객들에게 매우 인상적이다. 사실 한국 드라마에는 이런 것 외에도 단골손님으로 등장하는 고부간의 갈등, 그리고 회사 상사와 아랫사람의 관계, 학교에서의 선배와 후배의 관계에서 아랫사람이나 후배의 무조건 복종 등에서 농후한 유교의 전통적인 냄새를 풍기고 있다.

조선 영화 여주인공들은 대개 전통적인 '外柔内剛'의 특성을 나타낸다. 고전적인 <춘향전>의 춘향은 더 말할 것도 없고 <붉은 꽃>에 나오는 여교사 일복, <붉은 선동원>에 나오는 선자, <14번째 겨울>에 나오는 유경이 등은 모두 상냥하고 친절한 속에 이악스럽고 끈질긴 추구와 고투가 있다. 이런 여성인물들은 중국 관객들에게 조선 전통미인상에 자아 희생적이고 한없이 부드럽기만 한 조선여성의 이미지를 심어주었다. 그래서 당시 중국 남자들, 다들 한다는 얘기가 "조선남자들은 못 생긴데다 대남자주의 등 별로인데 조선여자들은 정말 괜찮아!"이다. 그래서 꿩 대신 닭이라고 대리만족을 찾아 조선족 처녀한테 장가드는 汉族총각들도 심심찮게 보았다. 그런데 '内柔'가 부각되지 못하고 '외유'만 부각된 데는 당시 중국 남자들의 중국 여성들의 '外剛内柔'에 대한 일종 안티테제적인 기제가 작동된 것으로 볼 수 있다. 물론 한국 드라마에서는 여주인공에 있어서 전통적인 조용하고 부드러운 면도 매력적이겠지만 현대적인 톡톡 튀는 맛이 더 매력 포인트로 안겨왔을 것이다.

중국 관객들은 조선 영화나 한국 드라마의 이런 유교적인 전통문화 요소에 일종의 노스텔지아적인 향수를 느끼며 자기도 모르게 빠져 들어간다.

7) 승부—예술성

조선 영화가 중국에 유행될 당시 각 나라별 영화에 대해 중국 일반대중들의 유행어가 음미할 만 했다. 당시 중국 영화에 대해 '新闻简报', 베트남 영화에 대해 '飞机大炮', 알바니아 영화에 대해 '勇敢的人', 조선 영화에 대해 '又哭又笑'이였다. 중국 영화는 온통 뉴스 교육거리고 베트남 영화는 그저 찢고 빻고 싸우는 것이고 알바니아 영화는 심히 과장적이고 허풍친다는 것이다. 그런데 유독 조선 영화만은 사람들을 울리기도 하고 웃기기도 한다는 것이다. 예술로서의 영화의 본

령을 가장 잘 짚어 이야기한 것이 조선 영화에 대한 개괄이라고 볼 수 있다. 실로 마오쩌둥의 말처럼 '群众的眼睛是雪亮'한 법.

상대적으로 놓고 볼 때 조선 영화는 예술적으로 실로 뛰어나다. 그때 사회주의권 영화가 이데올로기 설교에 급급해 개념화, 메카폰화에 많이 떨어지고 말았을 때, 조선 영화는 감정 축적과 폭발이라는 예술변증법의 장치로 관객을 '又哭又笑'하게 하고 있다. <꽃파는 처녀>를 예로 들어보자. 꽃을 팔아 약을 사 어머니에게로 달려가는 꽃분이 자매의 마음은 한량없이 기쁘다. 이때 영화화면도 화창한 날씨에 만발한 꽃들이 하늘거리고 경쾌한 선율이 흐른다. 인간과 자연은 상승적 효과를 가져오며 그 즐거운 감정을 고조로 이끌어간다. 즐거운 감정의 축적이 되는 셈이다. 그런데 바로 이 즐거운 감정이 고도로 고조되고 축적되는 고비에 어머니의 죽음이라는 가장 비참한 현실에 부딪치게 된다. 순간 슬픔의 감정이 폭발하게 된다. 이런 희비의 극에서 극으로의 낙차에서 축적과 폭발은 상승적인 효과를 가져 오며 관객들로 하여금 충격적인 희로애락을 느끼게 한다.

조선 영화는 같은 시기에 나온 중국의 본보기 영화에서처럼 긍정인물을 '高, 大, 全'식으로 '三突出'[22]의 완전무결한 영웅인물로 그린 것이 아니라 긍정적인 면이 주류를 이루되 부정적인 면이 가미되어 살아 숨 쉬는 현실적인 풍부한 인간으로 그렸다. <신혼부부>의 경우 신랑은 분명 선진 인물이지만 이기적이고 남존여비의 후진사상을 지니고 있다. 그는 5년 근속 경력이 있고 기술이 숙련한 선반공 신부더러 사직하고 전직 주부가 되어 주기를 바란다. 그는 사회주의 선진인물이면서 '女主内, 男主外'의 '봉건'적인 전통사상을 고스란히 가지고 있다. 조선 영화는 사상교양 차원에서 선진사상과 후진사상의 충돌 내지 투쟁을 보여주되 그것은 당시 중국 본보기영화의 딱딱하고 근엄한 식이 아니라 희극성을 충분히 살리고 있다.

낭시 조선의 희극적 요소들을 띤 영화나 희극영화는 시종일관 웃음을 동반하면서 희극이 없는 중국 영화계를 무색케 하며 숭국 관객들에게 신선한 희극미를 제공했다. <공중무대>는 전형적인 보기가 되겠다. <공중무대>는 희극 장면의 연발

---

22) 한 작품에서 긍정적인 주인공을 돌출하되 주요 긍정인물을 돌출하고 주요 긍정인물 가운데 가장 핵심적인 인물을 돌출하는 창작패턴.

로 이루어진다. 이 희극장면은 오해와 우연성에 의해 기인한다. 그런데 이러한 오해와 우연성은 또한 인물성격의 필연성에 기인하고 있다. 그래서 생활의 진실성을 확보하고 있다. <공중무대>가 중국에서 상영될 때 관중들의 웃음소리는 그치지 않았으며 영화관은 즐거운 분위기가 흘러 넘쳤다. 이에 대해 당시 <희극의 연상—조선 영화 '공중무대'의 소감>(예군, 『인민영화』, 1978년 제6기)에서 '영화에서 반영된 사회주의 조선의 생활 양상과 조선인민의 정신적 상태는 생기발랄하고 활기에 차 넘쳤다. 이처럼 행복하고 즐거운 정경은 사람들을 크게 감화시켰다.'라고 이야기하고 있다. 이외에 <꽃피는 마을>, <사과 딸 때>에서의 작업반장은 당시 중국 사람들로 하여금 즐거운 웃음 속에서 자기의 후진 사상이나 현상과 작별하게 하는 희극적 형상으로서 마음속에 아로새겨졌다.

조선 영화의 적재적소, 적시에 흘러나오는 백뮤직과 방백(傍白)도 영화의 유기적 조성부분으로 되어 인기 있다. 실로 당시 <꽃 파는 처녀>, <피바다>, <한 간호원에 대한 이야기> 등의 테마송은 사람들이 즐겨 부르는 노래로 되었다. <꽃 파는 처녀>의 테마송은 전 중국에 울려 퍼진 하나의 유행가요가 되었다. 그리고 조선 영화의 많은 대사들이 당시 유행어로 되었다. 예를 들면 <꽃 파는 처녀>에서 나오는 '사람들이 늘 말하기를 정성이 지극하면 돌 위에도 꽃이 핀다고 합니다', <보이지 않는 전선>에서 나오는 간첩의 연락암호인 '손에 쥔 책이 무슨 책입니까? 노래책입니다. 무슨 노래책입니까? 아리랑!' 등 대사는 한 때 크게 유행되었다.

조선 영화는 영화예술로서도 당시 상당히 높은 수준에 올랐다. 중국 관객들은 당시 조선 영화를 통하여 광폭영사막 및 고도의 촬영 기술을 통한 우아하고 깔끔한 화면 처리를 접하기도 했다. 예컨대 <공중무대>의 경우 제재 특성상 공중서커스 공연 장면이 많았는데 촬영이 단단히 한 몫 했다. 촬영감독은 앙각과 부감의 긴 렌즈 전경촬영을 많이 하고 원경과 근경을 유기적으로 배합함으로써 공중서커스 연기자의 고난도의 기예를 아슬아슬하고도 멋지게 보여줄 수 있었다.

한국 드라마도 예술성 면에서 단연 돋보인다. 희극성 하나만 놓고 보아도 사실 한국 드라마도 전문 희극으로 엮으나 희극적 요소를 많이 가미하고 있다. <여우야, 너 뭐하니>, <궁>, <우리가 남인가요> 등은 전형적인 보기가 되겠다. 그러나 이것은 조선 영화처럼 사상교육을 염두에 둔 묵직한 것을 받아 물게 하게 위한 '사탕폭탄'이라기보다는 현대인간들이 심각한 것보다는 가벼운 희극적인 것을 좋아하는 감상취미하고 많이 매치되어 있다. 그래서 그것은 조선 영화보다 훨씬 다양한 양상을 나타내고 있다. 전통적인 과장과 오해, 우연 남발 및 단순히 웃기기 위한 코믹 골인, 현대적인 패러디, 그리고 모더니즘적인 심각한 고민은 없되 흑색유모아적인 표현 등등.

이외에 주지하다시피 한국 드라마는 우선, 내용 면에서 다채롭다. 사랑드라마 하나만 놓고 보아도 이 세상 사랑의 변화무쌍함을 다 놀아나는 듯하다. 그런데 그 다채롭고 변화무쌍한 내용들을 帅哥靓女의 멋진 탤런트들이 거뜬 소화해낸다. 그리고 이들 탤런트들의 섬세한 연기 및 감칠맛 나는 대화들, 그리고 깔끔한 화면 등등은 시청자들을 매료하기에 족하다.

조선 영화와 한국 드라마는 상대적으로 뛰어난 예술성으로 관객들의 호평을 받았음은 더 말할 것도 없다.

5. 朝流·韓流 교향곡

조선 영화는 이미 과거형이 되어버렸다. 상전벽해를 겪은 중국의 오늘의 현실에 있어서 조선 영화는 아득한 먼 옛날의 기억으로만 남아있는 듯하다. 그러나 중국 사람들은 조선 영화를 기억한다. 오늘날 중국 사람들의 글을 잠깐 보도록 하자. <기억속의 조선 영화-영원히 잊지 못할 '꽃파는 처녀'>(신지원, 『영화 평론과 소개』, 2000년 제2기), <조선 영화를 기억한다>(평객, 『신세기주간』, 2006년 11월, 제32기). 그렇다. 조신 영화는 중국의 개혁개방 전 한 시기의 문화생활을 멋지게 장식했다. 그것은 분명 하나의 흐름, 조선의 흐름-朝流를 형성했다고 볼 수 있다. 그래서 그 시대 중국 사람들은 잊지 못한다. 그러나 나는 조선의 腾飞-새로운 조선의 흐름-朝流를 꿈꾸어본다.

한국 드라마-韓流, 현재 진행형이다. 그런데 좀 주춤하는 듯도 하다. 어쩌면 韓流는 정상으로 돌아온 듯도 하다. 그러나 분명 좀 구태의연한 것 같기도 하다.

그래서 중국 사람들도 좀 식상해 하는 것 같다. 韓流의 탈퇴환골이 필요하다. 이 탈퇴환골은 자체의 뼈 깎는 노력도 필요하겠지만 새로운 문화와의 접목에 의해서 보다 손쉽게 이루어질 줄로 안다. 이 새로운 문화는 朝流에서 찾을 수 있을 줄로 사료된다.

朝流는 사회주의조선의 산물, 韓流는 자본주의 한국의 산물, 나름대로 일장일단이 있다. 그러나 朝流도 좋고 韓流도 좋고 그것이 적어도 우리 민족의 문화, 특히 예술적 저력을 보여주고 있음은 더 말할 것도 없다. 그럴진대 取長避短의 새로운 융합, 이로부터 울려나오는 교향곡이야 말로 통일 KOREAN의 역동적인 흐름이 되리!

참고문헌

권연수 외,『겨울연가, 한류인가 일류인가, 문화 미디어로 소통하기』, 2004.

최혜실,『한류 현상의 지속을 위한 작품 내적 연구 - 드라마의 스토리텔링 구조 분석』, 인문콘텐츠학회, 2006.

김은영,『한류의 SWOT분석과 한국영화의 아시아시장 확대 방안 연구』, 한국영화학회(연극, 영화), 2006.

곽수경,『중국의 한국 드라마와 한류스타 현상』, 한국외국어대학교 외국학 종합연구센타 중국연구소, 2006.

신원선,『일본의 한류 열풍 주도 드라마에 관한 연구 - <겨울연가>를 중심으로』, 한민족문화학회, 2006.

허 진,『중국의 한류(韓流) 현상과 한국 TV 드라마 수용에 관한 연구』, 한국방송학회, 2002.

陈桂龙 · 袁玉梅,「韩国影视明星绝对档案」, 中国广播电视出版社, 2004.

万 冰,「韩剧导视」, 广西师范大学出版社, 2006.

里 尔,「韩国映画完全档案」, 浙江文艺出版社, 2006.

李胜利 · 范小青,「中韩电视剧比较研究」, 中国广播电视出版社, 2006.

陈 飞 · 邱军 · 洪银河,「现代影音丛书:韩流」, 现代出版社, 2001.

朴艺丹,「试从韩剧看"韩流"影响及其启示」,『甘肃农业』, 2006, 03期.

韩卫娟,「"韩流"何以席卷年轻女性－以偶象剧暨言情剧为例从传播学角度分析」,『中国电视』, 2006,

    06期.

陈鸿秀, 「透视韩剧的人文内涵」, 『艺术百家』, 2006, 02期.

任天华, 「"韩流"飒飒,切莫等闲看冷暖－韩剧在中国"走红"带来的思考」, 『理论与创作』, 2005, 04
    期.

张智华, 「文化产业政策与韩国电视剧的发展」, 『中国电视』, 2004, 11期.

李家君, 「论中国观众对韩国电视剧接受与审美愉悦性」, 『沈阳农业大学学报(社会科学版)』, 2006,
    02期.

陈 龙, 「韩国影视剧在中国流行的文化心理探析」, 『中国电视』, 2003, 08期.

温朝霞, 「对韩国影视剧在中国流行的思考」, 『岭南学刊』, 2006, 01期.

侯 越, 「从韩流看"影视表象"与"旅游地形象"的构筑」, 『旅游学刊』2006, 21卷2期.

赵春梅·郑美连, 「"韩剧热"原因探析」, 『中国电视』, 2005, 8期.

王 颖, 「2005中国餐饮遭遇"韩流"－透视业界大长今现象」, 『餐饮世界』, 2006, 01期.

沈 雷, 「"韩剧"的审美特性及商业特性分析」, 『视听纵横』, 2005, 05期.

汪 莹·毛永亮, 「浅析"韩流"涌动下的中国影视」, 『甘肃农业』, 2006, 3期.

莫 默, 「韩剧功略」, 『新西部』, 2005, 12期.

周宜一, 「韩剧流行因素的些许思考」, 『中国广播电视学刊』, 2005, 08期.

齐 珂, 「韩剧的诱惑－试析韩剧热播现象」, 『中国电视』, 2005, 06期.

白娟娟, 「"韩流"为何强劲－试析韩国电影的崛起」, 『齐鲁艺苑』, 2005, 01期.

钱有钰, 「影坛"韩流"之启示」, 『中国新闻周刊』, 2004, 46.

刘 原, 「在"韩流"的背后－解读韩国电视剧」, 『当代电视』, 2004, 04期.

吴娅丹, 「从"哈韩剧"看"哈韩"青年」, 『中国青年研究』, 2004, 01期.

朴燕真, 「80年代以后韩国电影的倾向」, 『北京电影学院学报』, 1998, 02期.

王耕野, 「"韩剧现象"对中国电视剧创作的启示」, 『电影评介』, 2006, 15期.

陈笃忱, 「韩国电影初探」, 『电影艺术』, 1994, 02期.

兴 华, 「韩国电影文化之寻」, 『中国经贸』, 2006, 06期.

曹新华, 「充满活力的韩国电影」, 『大众电影』, 1997, 12期.

马妍妍, 「韩剧热播在媒介地理学层面的思考」, 『绍兴文理学院学报(社科版)』, 2006, 02期.

宋乐永·张仁涛, 「在畅想思维中感受电影"韩流"」, 『当代电影』, 2004, 05期.

张艳艳, 「试析电视传媒的经济功能－"韩流"热袭带来的思考」, 『电视研究』, 2004, 10期.

北京大学朝鲜文化研究所, 『朝鲜电影报刊资料汇编』, 2007.

'80후 글쓰기 들여다보기

우상렬*

1. 들어가기

주지하다시피 중국은 지난세기 1980년대 개혁개방을 실시하여 세계가 주목하는 미증유의 발전을 이룩하였다. 1980년대의 중국이 없으면 오늘날의 중국이 없을 정도로 1980년대는 중국의 개혁개방의 현대사에서 너무도 중요한 시대이다. 1980년대가 중요할수록 중국에서 1980년대 출생한 세대들은 개혁개방의 세례를 만끽하면서 독특한 한 세대를 이루고 있다. 이들은 중국에서 '80후[1])라고 지칭되며 새로운 한 세대를 이루며 문학에서 독특한 글쓰기를 선보이고 있다. 그래서 이들 글쓰기를 '청춘습작', '청춘문학', '신청춘문학', '신개념습작' 등 이름으로 지칭되기도 한다. 물론 중국에서의 '80후 글쓰기는 새 세기 2000년대에 들어서 독특한 빛을 발하기 시작했는데, 그것이 하나의 개념으로 널리 알려지기는 2003년부터였다. 이해에 북경開卷图书연구소에서 '青春写作'연구토론회를 소집하고 평론가들에게 '80후에 속하는 작자들의 소설을 소개하였다. 그 중에는 郭敬明의 소설『夢裏花落知多少』,『幻城』, 韓寒의『三重門』, 張悅然의『葵花走失在 1890』등이 포함되었다. 그리고 2004년 11월에 중국当代문학연구회와 북경언어문화대학교에서 연합으로 '走進80后硏討會'를 소집했는데 중국사회과학원의 白燁, 북경대학교 교수 曹文軒, 저명한 작가 梁曉聲 등 학자, 평론가, 작가들이 발언하였다. 그들의 일치한 견해는 '80후 문학은 일부 사람들이 상상하고 있는 것처럼 '小兒科'

---

* 연변대학교 조선 · 한국학학원 교수

1) '90후라는 신조어도 나오고 있으나 '80후의 연장선상에서 이해하면 되겠다.

가 아니라 내용면에서 비교적 엄숙한 추구가 있으며 예술 면에서도 선명한 특징이 있다고 인정하였다. 수도사범대학교 문학원에서 설문조사를 한 적이 있는데 중학생들이 가장 선호하는 현대, 当代 작가들로는 첫째가 金庸, 버금으로 郭敬明, 다음으로 魯迅이었다.

사실 중국에서 '80후 문학현상은 '신개념' 작문경색과 깊은 관련이 있다. 즉 1999년 초에 상해『萌芽』지에서 북경대학교, 복단대학교, 남경대학교 등 7개 중점 대학교와 연합으로 20세 이하 청소년 전국 작문경색을 벌렸는데, 이를 '신 개념' 작문경색이라고 불렀다. 여기에서 1등상과 2등상 수상자들은 입시면제의 혜택을 받아 대학에 진학할 수 있었다. 이것은 문학을 애호하는 학생들에게 큰 유혹이었을 뿐만 아니라 한 갈래 출로를 열어주었다. 몇 해 후 이런 혜택은 취소되었지만 '신개념' 작문경색의 영향은 아주 컸는바 그 가운데 하나가 바로 '80후 문학의 산생을 촉발시켰던 것이다. 사실상 '80후 중견작가들인 韓寒, 郭敬明, 張悅然 등은 모두 '신개념'작문경색의 1등상 수상자들이었다. 이로부터 '신개념'작문경색이 '80후 작가들을 낳았다고 볼 수 있다. '80후 문학은 산생된 후 확충 일로를 걸었는바 평론가 白燁의 추산에 의하면 '80후 문학의 리드격 인물은 대략 110명 정도이고 경상적으로 창작에 종사하는 사람은 1천 명 정도이며 자기들의 중문 홈페이지에 계약을 맺고 작품을 발표하는 사람은 약 2만 명을 넘는다고 한다. 이는 실로 하나의 방대한 창작군체라고 할 수 있다.

'80후 문학의 대표주자의 하나로 韓寒을 꼽을 수 있다. 그는 1982년에 태어났는데 원래 고등학교 학생작가로 데뷔했다. 그런데 그는 '하라는 공부는 잘하지 않고' 줄기차게 중국의 현행 교육문제를 비판하는 글을 썼다가 유급처리를 당하는가하면, 고등학교 2학년 때는 중국 교육계의 부패와 입시위주의 틀에 박힌 교육에 회의를 품고 스스로 자퇴하고 만다. 그가 써낸『三重門』,『零下一度』,『2003通稿』,『韓寒5年文集』등 작품들은 중국 교육계에 대한 불만을 글 속에 여과 없이 녹여내어 인기몰이를 하고 있다. '80후 문학창작은 도서시장에서 그 영향력이 점점 커갔다. 2003~2004년 사이에 도서시장을 조사한 데 의하면 문학류 도서 중에서 中國現當代문학 작품이 10%를 점하고 있는데, '80후 문학작품도 마찬가지로 문학류 도서시장의 10%를 점한다고 한다. 다른 말로 하면 이제 방금 20세 전후에 들어선 몇몇 젊은 창작자들의 작품 발행량이 지난 한 세기 수많은 문학대가들이 창작한 작품 발행량의 총수와 맞먹는다는 말이 된다. 이는 실로 놀랄만한 수자로서 평론가들이 더는 젖내 나는 아이들의 창작이라고 무시할 수 없는 문학현상으로 되었다. 판매부수를 보면 기성세대 중의 실력파 작가들의 작품도 몇 만부씩 팔릴 정도인데 '80후 작자들의 장편소설들은 몇 십만 부 내지 백만 부 이상 팔리고 있다. 韓寒의 대표작 『三重门』은 발표 당시 200만 부의 초특급 판매부수를 기록하며 지난 20년간의 중국 최고의 베스트셀러로 떠올랐으며 작가는 젊은 나이에 거부의 길로 들어서게 되었다. 2006년에는 2억 6,000만 원이라는 엄청난 인세수입을 벌었다. 이로부터 '韓寒현상'을 몰고 오기도 한다. 중국 '80후 작가의 다른 한 대표주자인 郭敬明도 2003년 『포브스』지에서 선정한 중국의 재부명인리스트에 올랐다. 관련 매체의 보도에 의하면 2003년 11월 중국 문학류 베스트셀러 리스트에서 『幻城』은 84만 부나 팔려 세 번째 자리를 차지했으며 2003년 9월에 출판한 두 번째 장편소설 『梦里花落知多少』는 초판인쇄만 30만 책을 찍었다. 2005년에 세계적으로 유명한 미국의 상업성 간행물 『포브스』지에서 중국의 부자 명단에 올린 명인이 4명인데 그 중 韓寒과 郭敬明이 들어 있었다.

　사실 1990년대 말부터 새 세기에 들어서서까지 광대한 중국 대륙에 불어닥친 한류에는 중국의 '80후 글쓰기와 비슷한 글쓰기 양상도 내보였는데 그 규모는 비교가 되지 않지만 대단한 인기를 얻기도 했다. 이른바 중국에서 可爱淘로 통한 귀여니('귀여운 이'를 줄여서 만든 필명, 본명 이윤세)의 글쓰기는 전형적인 한 보기가 되겠다. 귀여니는 1985년 한국 충청북도 제천시에서 태어났다. 그녀는 16살 때부터 『그 놈은 멋있었다』, 『늑대의 유혹』, 『도레미파솔라시도』 등 3권을 연속 출간하여 총 90만부의 판매량을 올려 한국 베스트셀러 권좌에 올랐다. 이를테면 2003년 3월 19일 교보문고 베스트셀러 종합 4위, 소설 2위, 2003년 4월 15일 교보문고 베스트셀러 종합 7위, 소설 2위로 인기를 누렸다. 『늑대의 유혹』, 『그 놈은 멋있었다』 등의 책이 출판되고, 베스트셀러가 되면서 출판사들은 앞 다투어 아류 인터넷 소설들을 내놓았으며, 도서 대여점에서도 인터넷 소설들의 대여 횟수는 나날이 높아지고 있는 실정이었다. 『그 놈은 멋있었다』는 2001년에 중국에서도 베스트셀러가 되었는데, 단 시일에 40만부나 발행되었다. '귀여니류 소설'

로 불리는 그녀의 소설은 현시대의 10대 소녀들의 감수성을 그들이 접할 수 있는 정보로써, 그들의 언어를 사용하여 꾸며진 세계를 펼쳐 보이고 있다.

그리고 이런 작품들은 2001년『엽기적인 그녀』및『동갑내기 과외하기』등 인터넷 소설이 영화로 각색되어 성공하면서 영화화에 속도가 붙기 시작했다. 그녀가 쓴 인터넷 소설 가운데『그 놈은 멋있었다』,『늑대의 유혹』,『내 남자친구에게』,『삼수생의 사랑 이야기』,『내 사랑 싸가지』가 영화로 각색되었다. 앞의 두 편『그 놈은 멋있었다』,『늑대의 유혹』은 한국에서 뿐만 아니라 중국에서도 한류의 흐름을 타고 대성공을 거둔다.2)

주지하다시피 韓寒은 사회주의 국가인 중국에서의 남자고 귀여니는 자본주의 국가인 한국에서의 여자지만 사실 이들은 이념을 뛰어넘은 ’80후라는 공통한 세대 및 문학적 양상을 보이고 있다. ’80후 글쓰기는 어쩌면 중국과 한국은 물론 일본을 포함하고 보다 넓은 범위에서의 범세계적인 글쓰기의 한 양상으로 볼 수 있겠다. 본고는 바로 이런 의미에서 ’80후 글쓰기라는 특정 개념설정을 해본 것이다. 이로부터 범세계적인 범위에서의 비교문학적 연구는 상당히 필요한 시점에 와 있다고 생각된다. 본고는 이런 연구의 한 케이스로 중국과 한국을 아우르는 ’80후 글쓰기 양상을 조명해보도록 한다.3)

---

2) 중국에서의 영화이름은『那小子真帅』,『狼的诱惑』으로 번역되었다. 2004년 ’80후세대에 속하는 중국의 여학생 董曉磊의『我不是聰明女生』이라는 소설이 한국에 번역, 출판되었는데 대번에 인기작이 되어 30만부 발행되었다. 이는 중국의 ’80후 문학도 국문을 나서 세계적인 파문을 일으키기 시작했다는 것을 보여준다.

3) 이들 ’80후 글쓰기에 대해 이미 학계에서 많이 논의된 줄로 안다. 특히 중국 학세에서 많이 논의된 줄로 안다. 컴퓨터 검색창에 ‘80后写作’를 키워드로 하여 검색을 하면 상당히 많은 자료들이 체크된다. 그런데 이들 연구성과들을 보면 중국 ’80후 글쓰기에 대해서만 일방적으로 논하고 한국의 경우와 비교문학적 시각은 나타내지 않고 있다. 비교문학적 시각으로 논한 논문은 단지『梦里花落知多少』与『挪威的森林里的忧伤』이라는 중국 ’80후 작가들인 郭敬明과 村上春樹의 작품을 비교분석한 논문이 한 편 발견될 뿐이다. 한국의 경우를 보더라도 귀여니의 문학을 단지 인터넷문학의 한 케이스나 개별적인 문학의 한 현상으로 보았을 뿐 비교문학적 시각은 나타나지 않고 있다.

2. ’80후 글쓰기 특징

주지하다시피 ’80후 작자들은 주로 중 · 고등학생들이다. 중 · 고등학생들이 자기의 생활을 쓰고 정서를 표현하고 있다. 나름대로의 진실성을 확보하고 있다. 이런 작품들은 자연히 학생들의 수요에 만족을 주고 있다. 여기에 현재 기성세대가 중 · 고등학생들의 문학감상 수요를 만족시키지 못하는 상황 하에서 ’80후 문학작품은 중 · 고등학생들을 가장 충실한 독자군으로 흡인하고 있다. 중국의 중 · 고등학생들은 郭敬明의 소설에 푹 빠져버렸다고 한다. 예를 들면 郭敬明의 소설에 대해 중 · 고등학생들은 가족의 대물림 보물을 알고 있듯이 그 내용을 익숙히 알고 있다. 누가 그 소설의 내용을 모르면 ‘그것도 몰라, 살아서 뭘 해, 죽어라 죽어.’라고 야유한다고 한다. 이것은 ’80후 문학이 궐기할 수 있는 가장 주요한 원인으로 된다.

’80후 문학은 물론 일부 사람들이 상상하고 있는 것처럼 ‘小兒科’가 아니다. 내용 면에서 그들 나름대로의 엄숙한 추구가 있으며 예술 면에서도 선명한 특징이 있다.

1) 내용적인 면

’80후 작가들은 나이가 어리고 경력이 미천함으로 애초에 글쓰기에 상당한 제한을 받을 수밖에 없었다. 그래서 그들은 자기들의 체험된 범위를 벗어날 수 없었다. 그럼 그들의 체험된 범위란 어떤 것을 포함하고 있는가? 물론 그들 나름대로의 풍부한 세계를 상상해볼 수 있겠지만 대개 현행 교육제도를 중심으로 한 현실에 대한 반발과 사춘기 소년소녀들의 순정을 노래한 내용으로 크게 나눠볼 수 있겠다.

좀 구체적으로 보면 ’80후 글쓰기 작가들은 신분상 중 · 고등학교 학생들이다. 그들은 개성을 말살하고 입시위주로 돌아가는 틀에 박힌 현행교육제도에 대해 반발을 나타낸다. 그들은 어쩌면 이런 반발로 자기들의 개성을 살리고 존재를 확인하려 했는지도 모른다. 韓寒의 경우는 고등학교 2학년 때 자퇴를 하여 이런 반발의 퍼포먼스를 보인다. 그는 학교 자체의 불리한 학교교육은 늘 학교교육에 적응

하지 못하는 학생들을 천편일률로 소질이 부족한 학생으로 취급한다고 지적해왔
고, 학교는 늘 매개인의 개성을 몰살하는 동시에 한 사람의 미래를 대학입시의
길로 몰아넣는 것이 일수라고 비판하였다. 그리고 공부를 거의 유일한 평가기준
으로 삼고 성적이 좋지 않으면 관심을 별로 받지 못하는 질 좋지 않은 학생으로
남고, 개성을 몰살하여 학생들의 창의력을 개발한다고 하지만 거의 싹을 잘라버
리는 상황이라는 주장도 해왔다. 그는 이것이 시대적 비극이라고 생각한다고 했
다. 이런 반발을 나타낸 대표작들을 韓寒의 작품들에서 보게 된다. 2000년, 불과
17세의 나이에 韓寒은 첫 장편소설『三重門』을 발표하여 사회에 큰 충격을 준다.
이 소설은 보수주의로 점철된 현대의 중국 교육을 꼬집은 청춘소설이다.『三重門
』은 모순으로 가득 찬 중국의 중·고등학교 교육의 실상을 낱낱이 밝혀내고 있
다. 실력 있는 교사들은 모두 돈 많이 주는 기업들로 진출해서, 교육현장의 질은
나날이 떨어져만 간다. 학부모들의 등골을 휘게 하는 엄청난 사교육비와, 실력이
모자람에도 불구하고 기부금입학과 특기자선발이라는 편법으로 일류학교 진학을
가능케 하는 시스템을 여과 없이 드러내 보이고 있다. 韓寒은 또『三重門』의 ‘穿
着棉襖洗澡’라는 격문에서 이렇게 성토하고 있다. ‘지금의 교육개혁은 아주 괴상
하다. 아마 중국에는 전면발전 인재가 결핍한 모양이다. 이렇게 양성된 인재는
반드시 오늘은 로켓 발명하고 내일은 장편소설을 써서 모순문학상을 수상하고 모
레는 자기절로 그 작품을 8국 언어문자로 번역하여 전 세계에 발행해야 하는 것
같다. 전면 발전의 결과는 전면적인 평범함과 용속함을 초래한다. 학습과 수업,
교육과 교과서는 완전히 다른 두 개 개념이다.’ 여기서는 중국 교육방침의 ‘전면
적 발전’이라는 이념과 모토에 대해 직접 부정하고 있다. 그 중 가장 대표적인 사
람은 韓寒이다. 그래서『三重門』의 주요 인물들은 호화로운 유흥장소를 드나들면
서 먹고 마시고 놀아대는 것을 일상사로 삼고 있다. 주인공 林雨翔은 이과과목을
우습게 알고 낙제점을 받으면서도 전혀 신경을 쓰지 않는다. 韓寒은『2004通稿』
에서도 중학교에서 설치한 학과복을 아무런 쓸모없는 것이라고 질책하면서 현행
교육제도와 학교교사들에 대해 극단적인 반발을 하고 있다. 韓寒은 ‘教師之友’라
는 잡지에 칼럼을 쓸 때『三重門』의 한 단락의 말을 인용하여 과외보충수업을 해
주는 교사들을 기녀보다 못하게 매도하고 있다. ‘비싼 교습비(과외비)는 정말 대

단해서 한 시간에 몇 십 원하는 기녀팁과도 같았다. 돈을 번다는 행위는 같지만 교사들은 기녀들보다 더 고약하다. 그녀들은 상대에게 즐거움을 제공하며 돈을 벌지만 교사들은 상대방에게 고통을 안기며 보란 듯이 돈을 버니 이것이 바로 위대한 고문 아닌가'라며 비웃는다. '80후의 다른 한 작가인 春树의 '北京娃娃'를 보더라고 여기에 등장하는 10대들은 자기들의 청춘을 빈번히 록공연장 같은데 드나들며 찰나적인 짜릿한 감각을 추구하는데 허비하고 있다. 그리고 이런 추구를 위해 서슴없이 육체를 팔기도 한다. 귀여니의 작품들도 보면 공부하는 내용이 아니라 놀고 연애하는 내용이 강점으로 작용하고 있다. 패싸움과 같은 10대 문화, 그리고 '노래방, 오락실, PC방에서 노는 10대들의 일상에 팬들이 좋아한다'고 귀여니는 말한다. 이것은 중·고생학생들의 일탈하고 싶은 욕망을 대리만족 받게 한다. 이 점은 성인만화가들이 그리는 순정 학원물에서 아직도 전교 1등의 만능 수재라는 캐릭터가 빠지지 않고 등장하는 것과 좋은 대조를 이룬다. 귀여니 소설의 10대들은 획일적 교육제도와 이러한 획일화에 반하는 자아정체성 사이에서 스스로가 특별한 존재이고자 하는 욕구를 판타지 세계로 분출하고 있음을 알 수 있다.

'80후 글쓰기 작가들은 신분상 청소년들이다. 아직도 청소한만큼 그들은 청순하다. 그러나 그들은 사춘기의 몸살을 앓고 있다. 귀여니는 중 1때부터 연애를 해 전후로 6명의 남자친구를 사귄 경험도 있다. '80후 작가들은 자기네들의 사춘기 사랑을 선보이고 있다. 이런 사춘기 사랑은 어디까지나 순수하고 지고무구한 것이다. 그래서 이들 작품을 청춘소설이라고도 하는 것이다. 이런 청춘소설들의 대표작들을 귀여니의 작품들에서 보게 된다. 귀여니의 고백을 잠깐 들어보자. '사랑할 때의 설레는 감정이 사랑 이야기를 쓰는 데 도움이 됐다.' 귀여니 청춘소설의 10대의 사랑이야기에는 귀여니의 경험이 녹아있다. 귀여니는 섬세한 필체로 사춘기 소녀의 연애심리를 핍진하게 보여주었다. 『그놈은 멋있었다』에서 남주인공 지은성은 주변에 이름난 싸움꾼이지만 사랑을 위해서는 물불을 가리지 않는다. 그래서 많은 여학생들의 사랑의 눈길을 끈다. 그는 여주인공 한예원만을 위해 태어난 듯 헌신적인 사랑을 하고 한예원은 지은성을 위하여 입학시험조차 포기하는 순정을 잘 보여주고 있다. 『늑대의 유혹』은 타고난 싸움군인 반해원과 순정만화 주인공 같은 얼짱 정태성이 동시에 금방 상경한 ‘시골뜨기’ 정한경을 찍으면서 벌어지는 낭만적인 삼각관계의 순정멜로이다. 자존심과 사랑을 모두 건 반해원과 정태성의 대결은 한 치의 양보도 없는 싸움으로 번지게 된다. 그러나 태성은 한경을 사랑할 수 없는 운명적인 비밀이 있고, 이를 알지 못하는 한경은 둘 다에게 상처를 주지 않는 방법을 찾기 위해 고민에 고민을 거듭한다. 결국 한경 곁을 떠나는 태성, 그리고 뒤늦게 태성의 비밀을 알게 된 한경과 해원, 이로써 근친상간적 모티브는 순애보로 치환된다. 중국의 경우, 韓寒의 『三重門』의 임우상의 짝사랑, 그리고 오해에 괴로워하고 안타까워하며 어리지만 우상을 진정으로 위하는 수잔의 많은 행동들은 감동적이다.

실로 녀석들의 가슴 아프지만 그 순정은 어른들조차 울린다. 아름다운 사랑을 꿈꾸는 10대들은 이런 로맨스의 주인공들인 소녀적 감수성에 기초한 순진녀, 그리고 거침없고 도발적인 순정남에 자기를 동일시하며 카타르시스를 가져온다.

’80후 문학의 주인공들은 어린 티 나는 10대들이다. 그들은 아직 커 가는 과정에 있다. 그들의 작품에는 이 과정이 잘 드러나 있다. 그래서 일종 성장소설로 볼 수 있다. 이들 소설은 이야기가 다를지라도 엇비슷한 성장통을 겪는 주인공들이 등장하고 있다. 『三重門』에서 세상의 모든 것을 하나 둘 알아가는 순진한 소년의 시선도 재미있지만, 郭敬明의 『夢裏花落知多少』를 보면 20여 세밖에 안 되는 林嵐은 파란만장의 인생체험을 하고나서 성숙되어 가는 모습도 귀엽게 다가온다. 귀여니의 ‘늑대의 유혹’을 보면 태성이는 가슴에 눈물을 간직하지만 한없이 밝은 어린아이로 자라나고 정한경은 어리숙하지만 강하고 남을 위해 자신의 감정을 삼킬 줄 아는 괴로움과 안타까움 속에서 자신의 정체성을 찾아가는 사춘기 아이들이 등장하고 있다.

상대적으로 놓고 볼 때 중국의 ’80후 글쓰기의 작품세계가 한국의 경우보다 좀 넓은 경지를 보여주고 있다. 이것은 주로 중국의 경우가 ’80후 작가들이 많고 한국의 경우가 좀 적은 상황과 많이 관계되는 줄로 안다. 韓寒과 귀여니의 작품 세계를 잠깐 비교해 보아도 이 점을 알 수 있다. 韓寒의 『三重門』을 볼 때 그것은 단지 학교문만을 이야기한 것이 아니고 부정입시, 금전만능 등 거짓과 허위, 부정부패로 가득 찬 사회문을 열어젖히기도 한다. 전반 사회를 들여다볼 수 있게 한다. 그러면서 그것은 기성세대에 대해 가하는 매스이고 하나의 도전장이다. 그 표현방식을 놓고 볼 때 수많은 고전의 문구를 끌어들이는 등 좀 어른스러운 맛을 풍긴다. 귀여니의 작품은 중·고등학생들의 세계에만 머문 감을 준다. 그만큼 작품세계도 좀 단순한 감을 준다. 가장 히트를 친 인기작인 『늑대의 유혹』과 『그 놈은 멋있었다』를 보더라도 서로 닮은 데가 많고 별로 새로운 돌파를 가져오지 못한 감을 준다. 귀여니는 이 점에 대해 스스로 잘 알고 있는 듯하다. 기자와의 인터뷰에서 '전 프로가 아니에요_너무 많은걸 바라지 마세요_ㅋㅋ', '이렇게 복잡한 거 세세히 신경 써야 작품성 높은 소설이 나오는 거라면. 전 그냥 유치해도 재밌는 소설 쓰면서 평생 살래요♡'라고 답한 것은 그간의 사정을 얼마간 말해주기도 한다.

2) 예술적인 면

'80후의 기성세대와 가장 다른 점은 이들은 컴퓨터세대이다. 시기적으로 컴퓨터는 이들 세대의 성장과 더불어 보편화되고 발전해왔다고 말할 수 있다. 이들은 어떤 의미에서 컴퓨터 전문가들이다. '80후 글쓰기는 바로 인터넷문학과 긴밀히 연계되어 있다. 중국의 경우를 보면 이들 '80후 글쓰기가 인터넷문학의 주축을 이루고 있다. 이들 '80후들은 '黑锅论坛'과 '苹果树论坛'을 직접 운영하고 있다. '黑锅论坛'에는 小饭, 张悦然, 苏德, 周嘉宁, 卢德坤 등이 좌정하고 있는데, 그들의 작품은 거의 다 최초에 여기에 발표한다. 그 다음 중구난방의 '평론'의 세례를 거친다. '苹果树论坛'은 刘一寒, 张佳玮, 李萌 등이 꾸리는데 역시 그 성세가 대단하다. 이런 '论坛'을 통하여 韓寒, 郭敬明, 张悦然 등 '80후 글쓰기의 대표주자들이 탄생했던 것이다. 이런 '论坛'에서 장편소설이 3분의 1을 점한다고 하는 것은 이전에 상상하지 못한 일이다. 한국의 경우를 보면 인터넷문학은 최초에 1989년 12월 이성주가 '천리안 웹사이트'에 『아타란타의 소나타』을 발표하면서부터 시작되었다고 볼 수 있다. 그러나 인터넷문학이 진정으로 인기를 얻은 것은 귀여니가 2001년 8월부터 DAUM 웹사이트 유머게시판에 101회 『그 놈은 멋있었다』, 120회 『늑대의 유혹』 인터넷 시리즈를 연재하기 시작하면서부터다. 물론 귀여니 전

인 1999년 『엽기적인 그녀』, 2000년 '나의 야만적인 여선생'이 얼마간 인기를 모
았지만 곧바로 사그라지고 말았다. 그런데 유독 귀여니만이 현재까지 열성적인
팬들까지 형성하며 인기 상승리에 있다. 그녀는 '80후 한국의 대표적인 인터넷
소설가로 꼽힌다. 보다시피 인터넷 소설은 중국이나 한국을 막론하고 10대들이
주 소비자층인데 그들에게 하나의 탈출구를 제공해주었음은 더 말할 것도 없다.

'80후 글쓰기 작가들은 어떤 의미에서 선택된 자들이다. 그들은 물질적으로 보
장된 부유한 삶을 누려왔다. 중국의 경우를 보면 그들은 독신자녀 제1세대로서
온 가족의 사랑을 한 몸에 받으며 살아왔다. 여기에 객관적으로 중국의 개혁개방
의 성공은 물질적으로 부족함이 없게 하였다. 그래서 이들은 '中國的小皇帝'[4]가
되는 특수한 '영예'를 지내기도 했다. 물론 '80후의 이러한 문제점들은 어른들,
즉 기성세대들의 지탄을 받았다. 韓寒은 비록 뛰어난 글 솜씨로 고등학교 시절부
터 전국적으로 이름을 날렸지만 성격이 극단적으로 까칠하다는 평을 받았고 '제
멋대로' 살아가는 재수 없는 놈으로 알려졌다. 한국의 경우를 보더라도 '80후는
'7~80년대 경제성장과 더불어 아들딸 두 아이만 낳아서 풍족한 삶을 누리자는
시대적 분위기가 형성되었다. 중국이나 한국 '80후의 이런 삶의 환경은 그들로
하여금 형제자매의 혈연의 정을 맛볼 수 없게 하였고, 인간관계의 폭을 좁게 했으
며, 유아독존적인 자아중심으로 문제를 보고 판단하게 하였다. 그만큼 시야가 좁
고 사고방식의 편협함을 면할 수 없게 하였다. 여기에 도시화의 진척과 더불어
핵가족의 확산 및 인터넷 가상세계로의 몰입 등은 이런 경향에 더 부채질하였다.
이로부터 '80후 작가들은 일반적으로 자신 스스로의 생활에 많이 매몰되고 타인
의 생활에 대한 관심이 적은 지극히 개인화된 글쓰기를 나타내고 있다. 따라서
자연히 1인칭수법이 제격이었고, 자아의 시각에서 자기 내심에 충실한 표현특색
을 나타내고 있다. 그래서 그들의 텍스트에는 '나'가 빈발하고 '나'의 심리세계가
무제한으로 잘 펼쳐진다. 韓寒과 귀여니의 소설은 그 전형적인 보기가 되겠다.
귀여니의 작품을 보면 거의 다 여주인공 '나'라는 1인칭으로 되었는데 남주인공이

---

4) 중국에서 '90년대 '80후의 문제점을 꼬집은 TV다큐멘터리의 제목임. 郭敬明의 장편소설 『梦里
　 花落知多少』가운데 다음과 같은 한 마디 말은 '80후의 성격적 문제점들의 한 단면을 잘 보여
　 주고 있다. '我知道陆叙从小就被父母惯得一身毛病, 含在嘴里怕呼吸不到新鲜空气, 拿出来又怕被
　 沙尘暴吹出雀斑。加之有个很温柔说话大气都不敢出的女朋友, 所以养成和我一样的狗脾气..'

나 기타 인물에 대해서도 여성적인 '나'의 시각에서 서술하고 있다. 심리묘사도 온통 '나'의 느낌이나 판단에 치우치고 있다. 『그놈은 멋있었다』의 한 단락을 보도록 하자. '뚜, 뚜, 뚜…… 뚜……. 바보 병신 같은 게……. 안 되겠어……. 가볼래 은성이한테. 몸을 일으켜 보았다. 생각처럼 쉽진 않았다. 제길, ㅜㅅㅜ어떻게. 기어갈까. =_= 112에 신고를 들어가는 건 아니겠지. 침대에서 내려오는 데만 30분은 소비하는 거 같다. 으윽. ㅜ_ㅜ 내 꼬리뼈. 내 꼬리뼈 죽어나네……. 주저앉아서 양팔로 바닥을 짚고 몸을 질질 끌었다. =_=흡사. 공포괴담에 나오는 독서실 귀신과 다를 바 없었다. -_-이런 꼴로 지은성에게 찾아간다고 설마 때리진 않겠지? -_-소리 지르고 내쫓기는 아니겠지……? -_- 애기야 ,쫌만 기다려라. 누나가 간다. ㅜㅅㅜ 헉……. 헉……. ㅜㅅㅜ헉 ㅜㅅㅜ……. 헉(제1권, 238면) 여기서 '그'의 느낌이나 생각들은 모두 '나'의 추측을 통하여 나타나는데 독자의 시각이 '나'의 시각과 하나로 녹아들게 하였다. 이로부터 독자들로 하여금 작중인물의 내면세계를 보다 핍진하게 이해하게 하며 현장감을 느끼게 한다.

'80후 글쓰기의 이런 1인칭은 단순한 시각이나 수법 차원의 문제만이 아니고 이것은 서사구도나 내용 차원에까지 영향을 주고 있다. 사실 '80후 작가들은 연령이나 경력 및 생활범위를 놓고 볼 때 학교범위를 벗어나지 못하는 것으로 너무나 제한적이다. 그래서 이들 창작은 바로 '나'를 맴돌고 벌어지는 일들을 취급할 수밖에 없다. 『그놈은 멋있었다』의 작품 구도나 내용도 바로 여주인공 '나'를 둘러싸고 전개된다.

'80후 글쓰기는 1인칭 '나'가 주요한 모멘트가 되는 만큼 구어체가 문체의 하나의 주요 특색으로 된다. 물론 이런 구어체적 특색은 그들이 인터넷을 통해 작품을 발표한 인터넷문학 특성과도 관계된다. 인터넷문학은 네티즌들의 댓글을 통하여 직접적인 교류를 진행할 수 있다. 그 문학의 가치도 이런 교류를 통하여 강화된다. 그런데 이런 교류는 얼굴을 맞대고 이야기하는 듯한 구어체가 제격이다. 그래서 '통신어체'라고도 한다. 이런 구어체는 자연히 대량의 대화를 도입하고 있다. 이런 대화체는 작품에서 나타내는 장면에 '현시적'이고 '현장적'인 감을 주어 진실감을 확보하고 있다. 귀여니의 작품들에서는 애초에 에둘러 말하는 것을 모르고 직설적으로 나오는 당돌한 10대들을 그려내고 있다. 그녀의 작품들에서는

10대들의 말을 그대로 쓰고 거친 욕도 여과 없이 쓴다. 완전한 문장을 쓰는 게 아니라 대화체로 치고받는 식의 극적 표현에 팬들의 호기심을 더욱 자극하고 딱딱한 문법이 많이 무시된 쉽고 흥미 있는 대화에 끌리게 한다. 이런 특성은 韓寒의 작품에서도 마찬가지인데 『三重門』은 직설적이고 저돌적인 언어가 많아 일부분은 삭제한 후 출판되었다고 한다.

위에서 보았다시피 ’80후 글쓰기는 인터넷문학으로부터 출발한 만큼 그것의 胎志를 가지고 있다. ’80후 글쓰기는 적어도 문체상에서 이런 胎志적 특성을 나타내고 있다. 이로부터 ’80후 글쓰기에서 인터넷의 이모티콘(Emoticon)을 비롯한 특수부호를 사용한 경우가 비일비재하다. 사실 휴대폰과 이모티콘 중심의 커뮤니케이션이 10대들의 문화다. 이모티콘의 경우, 그것은 Emotion과 Icon 의 합성어로서 키보드 자판을 활용하여 감정을 표시하는 형태를 만들어내는 일련의 기호체계를 말한다. 이모티콘은 BBS 문화에서부터 시작되었으나 그 발달은 인터넷 채팅 문화에서 진행되어, 빠른 전달속도와 함축적 의미전달에 있어서 크게 각광받기 시작하면서 중요한 의사소통 수단이 되었다. 이런 특수부호는 실로 일반문자로는 비교가 되지 않는 표현효과를 나타내고 있다. 가장 간단한 ‘－_－’ 하나만 보아도 사람의 얼굴을 복잡한 문자표현보다 손쉽게 직감적으로 나타내고 있다. 여기에 ‘－_－’에 조금만 변형만 주면 다양한 얼굴 표정모습들을 나타낼 수 있다. 특히 귀여니의 작품에서 이런 특성이 돋보인다. 그녀의 작품에서는 이모티콘이 무제한적으로 사용되고 있다. 위의 『그놈은 멋있었다』에서 보았다시피 주인공의 심리상태를 나타내는데도 컴퓨터나 인터넷의 특수부호들을 사용하여 구체성과 형상성을 기하고 있다. 구체적인 한 예를 보면, ‘왜그래 무슨 일 있어? ㅇㅅㅇ’/‘아, 아냐. 아무일도 없어＾＾;’/‘아닌 것 같은데? 너 숨기고 있는 것 있구나? 뭐야?－_－’/‘아니래두 －0－!’ 여기서 통신체 말투와 매개 구절 끝의 이모티콘의 효과저인 이용은 마치 실시간 채팅피 같은 대회채 같기도 힌데, 10대의 발릴힘을 그대로 보여주고 있다.

’80후 글쓰기에서 이런 문체적 특성에 대해 시비가 없는 것은 아니다. 특히 기성적인 어른의 시각에서 논란이 많다. 귀여니의 경우는 ‘이모티콘이 눈에 거슬린다’, ‘이모티콘으로 인해 묘사가 성의 없이 되고 있다’, ‘문법파괴’, ‘국문교육에

해독’ 등 다양한 비난을 받기도 한다. 사실 이모티콘 즉 컴퓨터에서 좀 더 확실하게 자신의 감정을 표현하기 위한 수단으로 등장한 것이기에 정형화된 국어문법 및 규범을 무시하기 마련이다. 그런데 우리가 짚고 넘어갈 것은 인터넷 용어와 문학언어 사이에 구별은 있어야 하겠지만 이들이 이런 대화체나 인터넷 특수부호를 이용하여 적어도 문학문체의 발랄하고 생동함을 기하고 ‘낯설게’하기에 얼마간 성공하고 있음은 부정할 수 없는 기정사실로 되고 있다는데 있다. 귀여니에게 있어서 유머라기보다는 일종의 된소리를 강조하여 반복한 익살에 넘치는 ‘쏘사 쏘사 맙쏘사’ 등 말장난에 가까운 표현, 그리고 ‘벨레레레 벨레레레레’ 등 전화벨 소리를 나타낸 독특한 의성어 표현은 독자들에게 신선한 충격으로 다가온다.

스토리에서 볼 때 ’80후 문학은 중국의 경우 북경대학교 교수 曹文軒이 지적하다시피 未老先衰의 우울한 분위기를 자아낸다. 曹文軒의 말을 빌면 ’80후 창작자들의 창작에는 ‘秋意太重’. 청소년들의 어린 연령에 걸맞지 않게 애수에 잠기고 우울해하는 것이 불가사의하다는 것이다. 이런 감상적 정서는 ’80후 작가들의 실존적 상황의 한 반영이기도 하다. ’80후 작가들은 물질적으로 남부럽잖게 사는 것 같지만 정신적으로 더 없는 고민 속에 쌓여있기도 하다. 입시를 둘러싼 공부 압력이 그것이다. 중 · 고등학생의 모든 것을 공부 하나로 판단하는 세태가 사람을 죽인다. 중 · 고등학생의 풍부한 세계가 거세되었다. 밖의 세계는 찬란하고 유혹이 많은데 책 더미 속에만 파묻혀 있어야 하는 현실, 우울증이 절로 생겨난다. 한마디로 과도한 심리적 부담으로 하여 ‘蒼老’한 심령을 소유하게 되었다. 그들의 글쓰기는 어쩌면 이 ‘蒼老’한 우울증을 날려버리기 위한 몸부림에 다름 아니다. 이제 그들의 작품을 통해 이 우울의 그늘 스토리를 보도록 하자. 郭敬明의 『幻城』에서 집중적으로 표현되고 있다. 주인공 카소는 태어나서부터 우울한 분위기에 휩싸여 있는 가상의 幻雪왕국에서 살고 있다. 그는 자유를 갈망하면서도 왕위를 계승하는 모순된 심리를 나타내고 있다. 이로부터 주인공의 일생에는 우울한 정서가 시종일관 동반되고 있다. 郭敬明의 다른 한 작품 『夢裏花落知多少』에서는 幻雪왕국의 우울 정서를 현대 대도시에서 재현하고 있다. 郭敬明은 바로 이런 소설을 빌어 ’80후세대가 안고 있는 감상적인 정서를 표현하고 있다. ’80후의 대표적 인물인 장열연도 자신은 ‘憂傷一族’에 속한다고 말하면서 『幻城 · 서문』에서 공개적으로 ‘감상적인 서술은 ’80후세대가 순진성을 영원히 매장한 일종 기념 형식이다.’라고 천명하였다. 상대적으로 놓고 중국의 ’80후 글쓰기에서 주인공들이 우수의 그늘에 많이 매몰된 감을 주는 반면에 한국의 귀여니의 작품에는 이런 우수의 그늘이 있을지라도 그 주인공들은 그것을 딛고 일어서는 밝은 모습을 보여주고 있다. 『늑대의 유혹』에서 이 세상의 불행을 고스란히 안은 듯한 남주인공 정태성이 그래도 자기 나름대로 선택한 인생길을 굳건히 가는 모습은 이것을 잘 보여준다. 그리고 그녀의 작품에는 라이벌이 형성되면서 선남선녀들의 첫눈에 반하는 삼각 연애관계가 형성되어 서로 찢고 빻고 하기도 하지만 결국 서로 이해와 화해로 나아가는 패턴을 형성하기도 한다.

3. 나가는 말

郭敬明은 상해 위성 텔레비전 대담종목에서 공공연히 “80후는 기성세대와 다른 어른이 되고 싶다.”고 선언한다. 그래서 그들은 玩世不恭의 痞子적 기질을 보이기도 한다. 韓寒은 자타가 공인하는 일부 大师에 대해서도 공공연히 ‘문체’가 모자란다고 힐난하며 그 권위성을 전복한다. 사실 중국의 ’80후 작가들 중에서 선두주자들은 모두 엄중하게 偏科, 즉 자기가 하고 좋아하는 과목만 하는 ‘문제학생’들이다. 韓寒의 경우는 7개 과목이나 낙제 점수를 맞았다. 그러나 그들은 스스로의 반성기미는 하나도 보이지 않는다. 그들은 자기네들의 이런 문제를 전적으로 현행교육제도나 체제에 그 원인을 돌린다. 그래서 학업을 그만두는 失學도 정당행위로 취급된다. 반발을 하기 위한 극단적인 반발도 무시로 한다. 그들의 문제점도 바로 여기에 있다. 그런 만큼 그들이 현실의 교육문제와 기성세대에 대한 반감은 과분한감을 주며 사회적으로 부정적 영향을 주고 있음은 더 말할 것도 없다. 이에 북경대학교 曹文軒 교수는 10대, 20대의 많은 나 어린 ’80후 작가들이 ‘한 사람이 불량배로 되는 것은 별 문제없지만 만약 한 민족이 모두 불량배로 된다면 그것은 큰 우려를 자아내게 하는 일이다’라고 지적하면서 우려를 나타내고 있다.

그런데 '80후 글쓰기가 그렇게 요란스럽게 뜬 데는 그 类軍突起의 '새로움'에 상업성이 가미되면서 매스컴이나 출판업계의 인위적인 조작이 없는 것이 아니다. 이런 상업성에 놀아날 때 그들의 문학적 재능도 자유롭게 발휘될 수 없는 것이다. 이렇게 놓고 볼 때 일부 매체와 평론가들이 '80후는 '시장에 들어섰지만 문단에는 들어서지 못했다.'고 지적한 것은 일리가 없는 것이 아니다. 따라서 주류문단에서 그들의 존재를 무시하곤 하였던 것이다.

사실 따지고 보면 '80후 글쓰기는 본격적인 전문문학창작보다는 일시적인 문학애호의 과외창작으로 보는 것이 더 실상에 가깝다고 말 할 수 있다. 그러나 이런 과외창작을 통해 성숙된 전문문학창작으로 나아가기도 한다. 예컨대 張悅然이 최근에 창작한 장편소설『水仙已乘鯉魚去』를 보면 이미 청춘기 습작단계를 벗어나 성숙된 경지에 들어서고 있음을 알 수 있다. 그리고 중국의 많은 '80후 작가들이 대학교에 들어가 배우며 글쓰기를 계속하고 있다. 예컨대 '80후 출신 북경영화학원 학생 彭揚은『天黑了, 我們去哪』같은 소설로 새로운 인기를 모으고 있다. 한국의 귀여니도 현재 성균관대학교에 들어가 새로운 도약을 위한 작가적 충전을 하고 있다. 이로서 '80후 글쓰기는 희망적이기도 하다.

참고문헌

김병활,『'80후 문학현상에 대하여』, 조글로(zoglo.net) 사이트.

김숙이,『한국인터넷문학연구–발생 및 발전 그리고 현황을 중심으로』, 영남대학교 석사학위논문, 2005.

赵春梅,『80后"文学现象研究』, 重庆师范大学硕士毕业论文, 2006.

한국 내 汉流의 현주소

최 향*

1. 들어가며

한·중 수교 십 몇 년 동안 문화교류에서 가장 주목할 만한 사건으로 韓流를 꼽을 수 있다. 보다 신선하고 자본주의화한 대중가요-드라마-영화, 음식-주거문화, 화장법-패션-헤어스타일 등은 사회주의 체계 속에서 살던 중국인들에게 신선한 충격을 주었던 문화코드였다.[1] 이와 대응하여 한국을 휩쓸고 있는 漢流[2]는 그 위력의 근본이 중국의 경제발전에 있다고 하겠다. 중국이 세계무역기구(WTO)에 가입하고 올림픽개최국으로 선정되며 세계박람회를 주최하게 되는 등 중대한 발전을 가져옴에 따라 세계 각국은 눈을 번쩍 뜨고 중국의 진척을 주목하기 시작했다. 그 일례로 중국의 발전을 가장 가까이에서 의식하고 있던 한국에서는 중국의 모든 것을 알고자 하는 漢流가 나타났다는 것이다. 비록 그는 중국에서의 韓流보다 뜨겁고 거세지 못하지만[3] 감화력이 세고 언어와 전통문화, 영화, 음

---

* 한국 고려대학교 국문과 박사과정.

[1] 중국에서 韓流가 유행하게 된 배경에 대한 중국 언론과 학자들의 분석은 크게 두 가지로 요약된다. 하나는 경제 발전 과정에서 새로운 문화에 대한 욕구가 일어났다는 점이고, 다른 하나는 중국인늘은 서구 문화를 직접 받아들이는 것에 거부감이 있는데 韓流는 서구 문화와 아시아 문화를 융합, 개조해 놓고 있다는 점이다. 이욱연, 『두 개의 한류와 한중 문화 교류』, 철학과 현실, 2004, 62쪽.

[2] '漢潮'라고도 하는데, 바로 중국 문화의 시대적 풍모를 숭상하고 중국 내지의 경제발전에 힘입어 한국본토경제를 회복하고 발전시키는 것이다. 李英武, 『"韓流"與 "漢潮"』, 唐都學刊 제20권, 2004.

[3] 2007년 8월부터 12월에 걸쳐 서울, 인천, 부산, 광주, 대전의 대학생을 대상(총 500명)으로 설문조사를 진행하였다. 중국 대중문화의 유형 및 향유정도, 한조에 대한 인식실태, 중국 및 중국 대학생에 대한 관심변화 및 분야별 인식 등에 대하여 설문조사를 한 결과, 일부 대학생

식 등에 있어서 지속적으로 관심 받고 있는 것은 사실이다. 하지만 외부문화에 대한 수용은 해당 국가의 경제발전, 및 그에 대한 경계의식[4])도 수반하고 있기에 漢流의 열도는 시기에 따라 변화할 수밖에 없다. 본고는 바로 이런 입지에서 한국 내 漢流를 이루고 있는 주요 문화코드들을 대상으로 그의 현주소를 살펴보고 앞으로의 추세를 가늠해보고자 한다. 이에 필자는 한국에서 보도되었던 漢流 관련 기사와 학계에서 발표되었던 논문들을 참고로 한국의 문화 및 한국 국민들의 심성과 아울러 분석하였다.

2. 한국 내 汉流의 현주소

사실 한국에는 고대부터 漢流가 있었다. 한자의 유입과 경전학습, 문학예술의 영향이 그러하며 한국 한문학의 발전과 중국어학습의 열풍은 지금까지 그 연장선을 잇고 있다고 할 수 있다.

한중 수교이후 漢流의 정중앙에 자리한 것은 한껏 달아오른 중국어 학습 붐이다. 1999년 7월 서울 종로에 문을 연 중국어학원의 수강생은 2,000여 명에 달했고, 최초 수강생의 절대 다수가 대학생이던 것이 2001년에는 직장인과 초 · 중 · 고생, 퇴직자 등으로 중국어 수학계층이 다변화했다.[5]) 어떤 '한국중국어교육연합'이란 사이트(http://www.kceu.co.kr)에는 한국 전국의 중국어학원이 등록되어 있는가 하면[6]) 중국 연수유학, HSK수평고시, 중국에 관한 정보도 제공하고 있

만이 漢潮를 인식하고 있었고 전혀 인식하지 못하거나 중국 문화에 전혀 관심이 없음을 알 수 있다. 윤경한, 『한 · 중 문화교류의 상호인식에 대한 비교고찰』, 한국외국어대학교 박사논문, 2007.

4) 1990년대 말 『北京靑年報』에 처음으로 '한류(寒流)'라는 용어도 외국의 문화침투를 '경계하라'는 취지에서 선택, 사용되었다.

5) 김진수, 「이제는 '묻지 마, 중국 열풍'」, 『주간동아』 314호, 2001. 12. 20.

6) 서울(강남, 종로, 마포, 서대문, 구로구—15개), 인천경기(과천시—10개), 대전충남(천안, 대전—14개), 충북(청주시, 제천시—13개), 전북(익산, 전주, 군산—14개), 광주전남(광주, 순천시, 여수시, 화순군, 보성군, 고흥군—12개), 대구경북(대구, 구미시, 포항시, 영천시, 김천시, 칠곡군, 경산시—14개), 부산경남(부산, 통영, 마산, 김해—22개), 강원(원주, 동해, 춘천, 강릉, 속초—13개), 제주(서귀포, 제주시—9개). 이는 수많은 중국어 관련 사이트 중의 하나에 불과하

다. '중국 배우기' 열풍은 중국어능력평가시험인 HSK(한어수평고시) 응시자 증가에서도 두드러진다. 1980년부터 한국 각 고등학교에서 중국 언어문학학과를 개설하여 매년 한어능력시험(HSK)을 지원하는 학생 수가 해마다 늘어나고 있으며 현재도 마찬가지다.7) 그리고 2001년부터 한국의 적지 않은 대학에서는 제2외국어를 汉语로 바꾸었고, 개별 고급 중학교에서는 汉语과정을 설치하였다. 2007년의 통계만 보아도 한국에서 30여 만 명에 달하는 국민들이 여러 가지 채널을 통해 중국어를 학습하고 있으며 한국 국내 131개 대학에서 중문 학과를 개설했고, 1,000여개 고등학교에서 중국어를 두 번째 외국어 학과로 채택했다고 한다.8) 그 외에 각 기업에서도 인재를 초빙할 때 중국어능력을 우선으로 고려하는 상황이다. 이처럼 한국에서 중국어는 이미 '유식한 엘리트 되기'와 '부유한 생활 만들기'의 대명사로 되어 중국의 넓은 시장을 겨냥하고 있다.

이런 중국어와 汉学에 대한 학습열조가 마련되자 중국을 주목하고 이해하는 것이 점차 한국 사회의 한 조류로 되기 시작했다. 예를 들면 중국과 관련된 TV 프로그램들이 속속 제작되었는데 2002년 한어 전문 TV 종합 채널인 HAO TV가 한국에서 개국했고 2004년에는 하루 24시간 동안 중국 TV 프로그램을 방송하는 케이블 텔레비전 방송국인 중화 텔레비전 방송국이 창립됐다. 중화 텔레비전 방송국은 중국의 시사, 경제, 문화 프로그램을 특색으로 일부 중국 드라마도 방송하고 있다. 특히 중국 관련 실시간 시사와 함께 매번 큰 행사가 진행될 때면 그와 관련된 전문 다큐멘터리 프로그램을 방송하고 한다. 일례로 2008년 중국 올림픽개최를 앞두고 한국에서는 중국이 걸어온 발전의 길과 중국 부자들의 치부경험을 보도했는가 하면, 사천 대지진이 일어났을 때에도 북경에서 아르바이트하는 사천

며, 등록되지 않은 중국어학원까지 고려한다면 중국어학원의 수는 상상도 못할 것이다.

7) 『网易新闻 广州日报』, 「汉字在韩国日趋走俏 犯人学汉字竟可减刑」, 2009. 1. 25. 신문기사 제목에서 알 수 있디시피 한국에는 한자를 배우는 죄인의 형벌을 감해주는 제도가 나타났다. 이 보도에 따르면 2004년도 한국에서 처음으로 HSK를 시행한 이후 매년 중국에서 HSK를 지원하는 국제 지원자 중 한국인이 가장 많았는데, 2005년에는 전 세계 지원자의 62% 차지했었다고 한다. 그리고 2008년 중국 青岛에서 진행한 HSK에 참가한 유학생 중에서도 한국인이 절반 이상 차지했다고 하니 중국에서나 한국에서나 한국인의 중국어학습열기가 심상치 않음을 알 수 있다. (北方网>青岛新闻网/2008. 11. 24)

8) 「대학생은 양국 관계 발전의 미래 꿈나무」, 『중국의 창』, 2007. 04.

民工들의 고충을 중점 보도하기도 했다. 한편 신문과 뉴스에서는 필자가 중국에 있을 때보다 더 상세하고 즉시적인 보도를 볼 수 있어 가끔 한국에 있다는 것마저 의심하게 만든다.

무엇보다 중국인의 자부심을 부양시킨 漢流는 논어, 맹자, 장자 등 중국의 경전들을 한국인이 더욱 꾸준히 강독하고 있다는 것이다. 한국은 전통문화를 중시하는 나라라는 것은 누구나 인정하는 사실로서 중국의 전통문화를 가장 잘 대표하는 漢學이 인정받지 않을 리가 없다. 마치 그것은 한국 지식인들이 반드시 통과해야 할 의례처럼 말이다. 한국에서의 이런 "한어 붐"과 "중국 문화 붐"이 급격히 상승함에 따라 많은 한국인들은 그들의 안목을 넓혀 중국을 더욱 많이 이해하길 희망했다. 최근에는 백화문으로 된 문학이론서도 대학원 내에서 제본열기를 일으키고 있다.9) 그리고 중국 유명 문인들의 소설이나 특강도 환영을 받고 있는지라 2008년만 해도 50명이 넘는 중국 작가가 한국을 다녀갔다. 예를 들면 2008년 5월 1~5일 열린 제2회 한중작가회의에 시인 · 소설가 20명이 참석하여10) 황동규 · 정현종 · 김주영 · 성석제 · 공지영 · 문태준 등 한국 작가와 함께 '한류(韓流)/ 한류(汉流) 현상과 문학의 위상'이란 주제로 토론회와 낭독회를 열었다. 같은 달 14~18일에는 중국이 서울국제도서전에 主賓國 자격으로 대규모 방문단을 파견했는데『삼국지강의(品三国)』(易中天)과『논어심득(论语心得)』(于丹), 이 두 책은 중국 뿐만 아니라 한국에서도 베스트셀러에 올랐다.11) 또한 왕멍(王蒙), 위화(余华), 천중스(陈忠实), 모엔(莫言), 진용(金庸), 덩요우매이(邓友梅) 등 많은 중국 작가들의 소설도 한국어로 번역되어 출판되고 있다. 이는 중국의 문명대국이라는 이미지가 한국인들에게 박혀 있음을 말해주며, 그 호기심과 학구열이 현대 문인들의 저작과 소설에까지 미친 셈이다.

한국인만큼 자식 교육열이 높은 사람들은 없다고 하겠다. 그만큼 자식에게 모든 것을 바치기에 "망아지를 낳으면 제주도로 보내고, 자식을 낳으면 서울로 보내

---

9) 필자가 공부하고 있는 고려대학교만 해도 대학원생들이 고정사이트를 통해 중국어서적 제본선전을 하면 관심 있는 분들이 줄줄이 리플을 달고 한다.

10) 이중에는 중국 당대 최고의 비평가가 불리는 천쓰허, '몽롱파' 시인 쑤팅, 산둥성 작가협회 주석 장웨이 등이 있다.

11) 손민호,「해외 문단 거장들이 몰려온다」,『중앙일보』, 2008. 04. 22.

라.”라는 말까지 있다. 하지만 언제부턴가 ‘자식을 낳으면 외국유학을 보내라’는 말로 변해버렸다. 그런 와중에 미국이나 일본으로 가던 유학 열풍은 중국으로 가는 것이 큰 흐름이 되었다. 중국 내 한국 유학생의 수는 매년마다 증가하고 있는데 1997년에 1만 3,299명이던 것이 2002년에는 14배로 늘었다.12) 교육부의 통계에 따르면 2005년 말만 해도 중국 내 한국 유학생은 중국을 찾은 유학생 두 명 중 하나인 셈이라고 한다.13) 또한 2007년 말 중국에 등록한 외국 유학생 수는 19만 5,503명으로 이 중 한국 유학생은 6만 4,481명으로 단연 1위를 차지하기도 했다.14) 그리고 처음에는 언어와 중의학 등 소수 전공에 제한되다가 현재는 역사, 철학, 법률, 경제, 무역, 문학예술, 정치, 외교 등 인문사회과학의 여러 영역으로 확장되었다.15) 문제는 중국에 유학가는 대다수의 학생이 ‘묻지 마’ 유학을 간다는 데 있다. 즉 그저 중국 유학만 가면 성공을 담보하는 것처럼 무작정 들이대고 있다는 것이다. 우후죽순처럼 늘어난 유학원들의 말만 믿고, 중국 학교에 대한 대비도 전혀 없이 갔다가 오도 가도 못하고 고통을 대중문화에서 한국인의 주목을 받고 있는 문화코드는 중국 영화이다. 한국 영화와 드라마가 리얼한 감정연기와 유교가족의 생활을 세부적으로 드러냄으로써 중국인의 마음을 사로잡았다면, 중국 영화는 어마어마한 장면과 현란한 무술액션 및 정치한 배경으로 수많은 한국 국민들을 매료시켰다. 예전부터 한국에서 자주 접했던 중국 영화는 홍콩영화였다. <영웅본색>, <패왕별희>, <동방불패>, <와호장룡> 등 홍콩영화들이 그러하며 성룡, 장국영, 주윤발, 임청하, 장만옥 등 스타들도 현재까지 한국 팬들의 마음속에 남아 있다. 한편 대륙영화는 1980년대에 들어서서 장예모, 천카이거 등 제5세대가 국제 영화제에서 상을 타면서 비로소 한국에 잘 알려지기 시작했

---

12) 이정식, 「“华风” 与 “韓流”的和合」, 한중인문학연구 제16호, 2005.

13) 김준봉, 『중국 유학 성공을 위한 13가지 열쇠』, 어문학사, 2007.

14) 최경선, 「중국 내 한국 유학생 줄줄이 휴학」, 『중국 유학/관련 뉴스』, 2008. 09. 09. 한미교육위원단(www.useducation.or.kr)에서 진행한 2007년도 국외 한국인 유학생 통계에서도 중국으로 간 한국 유학생이 2006년에 비해 45% 증가했다고 한다. 하지만 2008년에 들어 원화 가치 하락과 위안화 상승에 따른 여파로 중국 내 한국 교민사회, 무역업계가 급격히 위축되었다. 한국 경기마저 침체되면서 학비 송금에 어려움을 겪는 학부모가 늘어나면서 휴학하는 한국 유학생도 급증하고 있다.

15) 이정식, 「“华风” 与 “韓流”的和合」, 한중인문학연구 제16호, 2005.

다. 이들 5세대 감독들은 문화대혁명 10년이라는 상실의 시대를 극복하기 위해 문화적인 뿌리를 찾았었고, 그러다 외국의 막대한 자본에 힘입어 세계 영화시장에서 중국 열풍을 일으킨 것이다.16) 2004년 장이모우 감독의 <영웅>과 <연인 십면매복>이 해외 시장에서 중국 영화 역사상 가장 높은 매표수입을 기록했으며 그 중 한국이 1.2억 위안이라고 한다.17) 그리고 한국 영화진흥위원회의 영화관입장권통합전산망 집계결과 양조위가 주연한 <색, 계>는 2008년 9일부터 11일 전국 298개 스크린에서 상영돼 22만 6,722명의 관객을 동원했다고 한다.18) 최근 한국에서 상영했던 <적벽대전> 1부에 이어 2부도 몇 달 전부터 기대하는 사람이 많은 것으로 알고 있다. 이처럼 5,000년의 유구한 문명은 동남아를 중심으로 하는 중화문화권이 중국 영화의 글로벌화에 큰 역할을 하도록 하였으며 풍부한 인력자원과 상대적으로 떨어진 소비수준은 중국이 세계영화산업에서 우수성을 확보하도록 하였다.19) 이와 대응하여 TV에서 줄곧 방송되고 있는 역사극이나 홍콩과 대만의 현대드라마는 시청률이 아주 낮으며 중국 대륙스타에 대한 열광도 중국의 韓流스타 팬들에 미치지 못하고 있다. 이는 중국 배우들의 뒤떨어진 연기보다 한류배우처럼 세계화로 나아갈 매력과 파워가 결핍하기 때문이라고 본다. 게다가 최근 중국에서 抗韓流현상이 일어나고 있듯이20) 한국에도 抗漢流현상이 있기 때문이며 한국인들의 똘똘 뭉친 자민족중심주의가 중국인보다 강한 이유도 있다.

중국은 한국과 가까운 위치에 인접하여 있을 뿐만 아니라 자연경관과 역사유적

---

16) 이들이 세계 영화제에서 주목받기 시작한 시기는 1985년 천카이거가 '황토지(黃土地)'로 로카르노 영화제에서 입상하면서부터이다. 세계 영화인들은 이 새로운 영화에 깜짝 놀라며 천카이거라는 감독의 이름을 기억했고, 비로소 중국 영화의 존재를 인식했다. 그들은 '황토지'의 성과가 일회성으로 그칠 것이라고 믿었지만 천 카이거를 비롯한 장이모우, 티엔 주앙주앙 등의 기세는 노도와 같았다. '낡은 우물(老井)'이 동경에서, '대열병(大閱兵)'이 몬트리올에서, '붉은 수수밭'이 베를린에서, '현 위의 인생'이 칸에서, '홍등'이 베니스에서 혁혁한 전과를 올리며 세계 영화계에서 중국의 전성시대가 개막되었다. 이지현, 중국의 영화산업 발전추이에 관한 연구, 한국외국어대학교 석사논문, 2008.

17) 이지현, 「중국의 영화산업 발전추이에 관한 연구」, 한국외국어대학교 석사학위논문, 2008.

18) 이방, 「중국 영화 수출확대 방안에 관한 연구」, 성균관대학교 석사학위논문, 2008.

19) 이지현, 「중국의 영화산업 발전추이에 관한 연구」, 한국외국어대학교 석사학위논문, 2008.

20) 북경지역 한국유학생 설문조사에서 약 70%이상의 한국 학생이 중국 일상생활에서 抗韓流를 체험한 바 있다고 응답했다. 강내영, 「중국의 항한류 현상 연구-드라마와 영화를 중심으로」, 중국학연구 제43권, 2008.

자원이 풍부하여 선택의 폭이 크고 가격 또한 저렴하여 한국 관광객에게 매우 높은 매력을 가지고 있다. 최근 세계 관광시장에서 주목할 만한 변화 중의 하나가 바로 신흥관광국으로서 중국의 부상이다. 한국은 중국 최대의 관광인원 내원국으로 관광목적의 한국인 여행자수가 1999년부터 폭발적인 증가율을 보이고 있다.21) 한국에서 북경과 백두산을 다녀오지 못한 자가 드물며, 그들은 중국 여행지를 환하게 꿰뚫고 있어 재한 중국인들을 궁색하게 할 경우가 많다. 특히 방학 때마다 중국 각지를 단체로 누비고 있는 한국인들을 볼 수 있었는데, 요즘은 경제의 침체와 함께 방중관광객들이 많이 줄어들고 있다. 하지만 중국에는 무한한 관광자원을 소유하고 있기에 어려운 시기만 넘으면 중국 관광열은 계속 달아오를 것이다. 비록 한·중 수교이후 쏟아져 나온 한국인들의 중국 여행기 속에 천한 이미지가 주류를 이루고 있고, 또 지금도 그렇지만 중국으로의 발걸음을 멈추시는 않으리라 짐작된다.

　한국에는 중국인 밀집 지역이 있고 중국요리 전문음식거리도 한국인들에게 잘 알려져 있다. 예를 들면 가리봉, 건대입구와 대림동, 안산지역에는 중국 요리집이 줄지어 있어 중국 음식이 생각나면 언제든지 만끽할 수 있다. 하지만 이런 요리 집은 한국인보다 중국 손님들로 꽉 차 있으며, 한국인들은 거의 전화로 배달해서 먹는 경우가 많다. 2008년의 통계만 해도 114문의전화에서 중국 음식점을 찾는 비율이 가장 높았다는 통계가 나왔다.22) 즉, 한국인들은 중국 음식을 선호하면서도 음식점을 직접 찾지 않고 배달해 먹음으로써 汉流를 부지불식간에 은폐하고 있는 셈이다.

---

21) 1998년의 금융위기를 제외하고 최근 11년간 방중한국인의 비중은 계속 상승세를 보이고 있다. 목적별로 살펴보면 절반 이상이 관광을 우선으로 생각하고 있은 것으로 나타났으며 그 다음으로 상용, 방문 및 시찰 등의 순으로 나타났다. 정육, 「한중 양국의 상호 관광형태에 관한 연구」, 세종대학교 석사학위논문, 2008.

22) SBS 설날특집 '육감대결'이라는 TV프로에서 퀴즈문제로 나왔었다. (2009. 1. 25일 방송)

3. 한국 내 韓流와 汉流의 만남

한국인은 중국에 대해 매우 상반된 이분법적 이미지를 갖고 있다. '대국으로의 중국' 이미지와 '천한 중국'의 이미지가 그것이다. 전자는 문화대국으로서의 중국을 상상한 것으로 이런 이미지는 여전히 남아 있다. 하지만 근대 초기 한국이 중화체제에서 이탈하여 일본 중심의 동아시아 구도에 편입되면서 생긴 천한 중국, 근대문명의 낙오자, 낙후되고 미개한 중국의 이미지가 나타나기 시작했다. 그리하여 이런 이분법적 감정은 한국으로 들어온 중국의 韓流파에게도 미치게 되었다. 즉 한편으로는 한국의 대중문화를 동경하여 찾아든 대문명국의 중국인들을 받들며 汉流의 일분자가 되고, 한편으로는 낙후한 나라―중국에서 온 유학생 및 노동자들의 팽창에 위기감과 시기심을 품는다. 아래 주요한 예를 들어 본다면, 한국은 중국의 주요 유학목적지국가로서 한국에 있는 외국 유학생 중 중국 학생이 가장 많다. 지리적 인접성, 기타 지역보다 상대적으로 저렴한 유학비용, 韓流 열풍으로 인한 한국 문화에 대한 관심 고조, 중국과의 경제교류 확대로 인한 한국 기업의 중국인 고용 증대 등으로 인해 중국 유학생 유치에 있어서 상대적인 이점을 가지고 있기 때문이다. 2000년 한국에 체류하는 중국 유학생이 약 3만 9,000명에 불과하던 것이 2007년에 14만 4,000명으로 증가하였으며 2008년에는 한국의 중국 유학생이 전체 외국인 유학생의 70%를 차지하게 되었다.23) 주목할 바는 이들 중국 유학생은 거의 한국의 스타, 음악, 음식, 패션 등 대중문화와 한국어에 대한 선호로 인해 유학 오는 경우가 많다는 것이다. 때문에 한국인들은 여기에서 자부심을 느끼고 대 중국에서 오는 韓流파 학생들을 적극적으로 받아들였으며 3~4년 전만 해도 한국 명문대에 들어가는 것이 별로 어려운 일이 아니었다.24) 최근에는 한국 드라마, 게임, 오락프로 등의 韓流 열풍이 고조되면서 한국 유학에 대한 선호도에 한몫하고 있다. 하지만 몇 년이 지나도 변하지 않는 것은 한족

---

23) R-Sid 지역통계DB>연구자료 링크, 「지역 내 중국 유학생 유치 확대방안」, 2008년 09월 발간. 2004년 한국정부에서 발표한 '외국인 유학생 유치확대 종합방안(Study Korea Project)'은 대학의 외국인 학생 비율을 2004년의 0.3%에서 2010년 1.0%로 증가시키는 것을 목표로 하고 있음을 밝히고 있는지라 중국 유학생은 더욱 늘어날 것이다.

24) 최근에는 명문대 입학이 점점 엄격해지고 있다.

과 조선족 학생들을 대하는 한국 교수와 한국인들의 태도인 것 같다. 2005년, "한류가 汉流라"25)는 글은 현재 한국에 있는 조선족유학생들의 마음에 여전히 와 닿고 있다. 우리말을 잘하는 조선족은 중국 말을 잘 못할 거고, 우리말을 잘 못하는 汉族(그가 아무리 방언 투성이의 남방 말을 구사하더라도)은 중국어를 잘 할 것이라는 견해에 털이 박혀 汉族 친구에게만 중국어를 배우기. 한국어를 아무리 떠듬거리고 단어 양이 부족해도 한국어를 못하는 나보다는 낫다는 것이다. 그리고 어떤 새로운 견해도 보이지 않는 한족친구의 발표문은 써온 것만 해도 대단한 것, 어릴 적부터 조선어를 사용해온 나의 발표문은 철자부터 관점까지 문제투성이. 그들은 조선족의 어중간한 정체성을 안쓰럽게 봐주면서 은근히 동양문화의 종주국인 중국에서 온 한족친구들을 쳐주며 한국 문화에 열광하는 한족 친구들로부터 자부심을 얻고 汉流에 합류하고 한다. 게다가 한국에 온 한족 친구들은 대부분 중국에서의 韓流파이기에 한국의 거의 모든 것에 빠져 있으며 한국 남자친구를 찾아 한국에 머무는 비율이 조선족 친구들보다 더 높다. 그리고 매년마다 중국과 한국의 가수들이 한자리에 모이는 '中·韓 음악회'에서도 중국의 韓流파 관객들이 주요 응원단을 이루고 있다. 2008년 연말(2008년 12월 18일, 일산 Kintex에서) 한국에서 열린 중국의 '同一首歌' 역시 2,000명 중국 유학생들이 초대되어 열띤 공연장을 꾸며주었다. 때문에 중국에서 온 韓流파는 한국 내 汉流를 자극하는 중요한 요소라고 할 수 있다.

한편 수많은 재한 중국의 노동자26)들은 보다 편리한 생활환경과 많은 노임 때문에 귀국할 생각을 하지 않으며, 행여 중국인의 출입국정책에 변동이 생길까 전전긍긍하고 있다. 특히 조선족 교포들은 언어소통을 걱정할 필요 없는 한국이 좋을 수밖에 없다. 하지만 이들 노동자들은 중국의 韓流파와 달리 보다 향상된 생활을 위해 한국을 찾아들기에 한국인들의 기시를 받기 마련이다. 요컨대 한국에는 중국의 韓流파와 한국의 汉流파가 동시에 존재하며 한국인들의 韓流에 대한 인식 변화에 따라 汉流노 그 흐름을 날리 하고 있는 셈이다.

---

25) http://www.ckywf.com/ybywforum/, 『사회칼럼』, 2005. 12. 20.

26) 재한 중국인 노동자들은 비록 철저한 韓流파라고 할 수 없지만 韓流의 한 요소인 한국의 보다 나은 경제발전에 착안했기에 역시 韓流라고 할 수 있다.

하지만 중국과 일본 사이에 낀 한국은 누구보다도 어떻게 생존을 도모할 것인지에 대해 진지하게 고민을 하는 편이다. 한국인은 집단적 인상에 의해 한국으로 들어온 중국의 韓流를 평가하고 한국 내 汉流의 흐름을 좌지우지한다. 고구려사 문제가 생겼을 때 한국인들이 분노하고 당황했던 것은 한·중 수교 이후 중국에 대해 가지고 있던 신뢰나 기대 등이 일시에 무너지는 일종의 배신감이 작용했기 때문이다. 그리하여 언제부턴가 한국에는 抗汉流 현상이 나타나27) 중국을 바라보는 시선이 달라지기 시작했다. 비록 중국의 전통문화에 대해서는 거부하지 않았지만 중국 유학생과 노동자들을 무지와 몽매의 시선으로 바라보는 것은 사실이다. 작년 올림픽 송화봉송 때만 해도 중국 유학생들이 난동을 부린 즉시 '한국어 실력이 대단하다'고 평가받던 중국 한족친구들은 졸지에 무지몽매하고 부도덕한 이미지로 몰려버렸다. 필자가 타고 다니는 전철에서도 중국인과 한국인이 역사문제와 예의문제 때문에 다투는 일을 한두 번 목격한 것이 아니다. 그렇다면 술에 취해 전철에 누워있는 자국민을 서양 사람들이 볼까봐 너도나도 일으켜주는 한국인들은 어떻게 보아야 할 것인가? 이는 결국 대상 국가의 경제발전에서 비롯된다. 일본 사람이 아무리 독도가 자기 영토라고 고집해도 한국에서 기시당하는 일은 없을 것이 아닌가?

한국인은 이렇게 매번 중국과의 관계가 변화할 때마다 국내 汉流로부터 머리를 돌려 한국 내 중국 韓流파들의 열정에 찬물을 끼얹었으며 양국의 문화교류에 역효과를 일으켰다. 韓流와 汉流의 상호교류와 융합은 21세기 중·한 합작의 촉매제로 작용해 왔고, 이후에도 汉流가 동쪽으로 흘러야만 양국의 문화와 경제교류를 촉진할 수 있다고 본다. 하지만 그것은 언제까지나 한국인의 객관적인 상황파악과 국내 汉流에 대한 적극적인 인식을 전제로 해야만 가능할 것이다.

---

27) 중국에서도 한국의 드라마나 영화 내용에 나타난 중국과 중국인에 대한 왜곡과 비하문제 때문에 抗韓流현상이 존재한다. 예하면 <황산벌>, <태극기 휘날리며> 등의 영화와 얼마 전 한국에서 인기를 끌었던 <주몽>, <대조영>, <연개소문>, <태왕사신기> 등 역사극에서 중국인과 중국 역사에 대한 왜곡이 抗韓流의 원인으로 드러난다. 강내영, 「중국의 항한류 현상 연구: 드라마와 영화를 중심으로」, 중국학연구 제43권, 2008.

4. 잠재력이 있는 汉流

　현대 문화상품의 판매도 汉流의 일종 표상이다. 주지하다시피 汉流와 함께 한국에 들어온 것은 대량의 중국 제품이며 80%의 부속품이 원산지가 중국이다. 하지만 중국의 상품과 식품은 한국에서 강렬하게 거부되고 있다. 농산물로부터 의류에 이르기까지 'made in china'라는 표지가 붙어있다면 홀시와 비난을 받기 마련이다. 한국의 보도매체에서는 거의 매일과 같이 중국 식품이 둔갑해서 한국으로 들어왔다는 뉴스를 보도하고 있다. 하지만 그것의 수입을 주도한 사람은 한국인이 아닌가? 한국인들이 중국 식품을 수입하였지만 비난받는 대상은 중국인이며 이미지 손상도 중국이 감당해야 한다. 현재 한국의 모든 식품에 원산지 표시를 하자는 정책이 나왔음에도 불구하고 중국의 제품과 식품 수입을 막지 못하고 있으니 뉴스와 신문은 이후에도 끊임없이 보도할 수밖에 없다.

　물론 중국의 농산물과 제품의 질량이 한국에 미치지 못함은 사실이다. 국가 이미지의 형상은 제품 구매의사에 정의 영향을 미치게 된다. 일반적으로 경제발전단계가 높은 국가에 대해 우호적인 원산지 효과가 나타나므로 사회・경제적 수준이 아주 낮은 그룹국가인 중국의 경우 한국에 대한 원산지효과가 크게 나타나고 있다.[28] 중국에서 韓流가 원산지효과에 미미하나마 영향을 준 것은 주로 한국에 대한 국가이미지가 나아진 것에 기인한 것이며, 국가이미지 상승에 韓流가 영향을 미친 것으로 볼 수 있다. 韓流 수준이 높은 사람일수록 韓流 전에나 후에나 구매의사가 높았다. 하지만 한국에는 汉流가 그렇게 불었음에도 제품구매에 영향을 주지 못했다. 그 가격이 아무리 저렴해도 말이다. 원인은 한 가지, 제품의 질량이 한국에 미치지 못하기 때문이다. 한편 중국에서는 경제발전수준이 높은 한국에 대한 국가이미지는 개선되었으나 구매의사에서 질문한 한국의 라면이나 가전제품은 모두 고가전략을 쓰는 제품이라 구매의사에 있어 가격이라는 외재적 단서가 더 크게 작용한다.[29]

---

28) 이운영, 「한류의 원산지효과-중국과 일본 한류의 비교」, 무역학회지 제32권, 2007.

29) 중국 소비자들이 국가이미지를 중시한다는 것은 선호국가의 제품이 그들의 사회적 욕구 또는 자아실현 욕구나 자부심 등을 표현하는 수단으로 작용하거나 또는 선호국가의 제품사용이나

문화란 물과 같아서 높은 곳에서 낮은 곳으로 흐르는 법이다. 요컨대 중국의 제조 기술이 발전하여 질량이 제고되는 날에는 한국인들이 가격을 고려하여 너도 나도 중국 제품을 구매할 것이다. 중국은 한국의 제1수출대상국이며 제2대 무역국으로 그의 경제발전은 汉流에 무궁한 잠재력을 소장시키고 있기 때문에.[30]

5. 나오며

중국과 한국에서 韓流에 관한 연구는 왕성하게 이루어지고 있는 반면[31] 汉流에 대한 연구는 미흡한 편이다. 이는 汉流가 韓流처럼 전파되는 문화범위가 넓지 못하고 부분 문화코드만 지속적으로 존재했기 때문이다. 즉 한국에서 중국어와 중국의 전통문화, 여행, 음식은 지속적으로 환영받지만 중국의 대중문화와 문화상품은 汉流의 범위에 들지 못하고 있는 상황이다. 하지만 가장 중요한 요인은 汉流에 대한 한국인들의 인식이 아직 미흡하고, 기복이 큰 한국인들의 단체적 감정이 汉流의 불안정을 초래하기 때문이다.

韓·中 문화교류는 앞으로 양자의 미래관계에 있어 큰 영향을 미칠 것이다. 어느 나라의 지식인들이 더 질 좋은 정보를 더 많이 생산하느냐에 따라 대중문화를 포함한 문화 전반의 역량이 결정된다고 할 수 있다. 다시 말하면, 지식인문화가 대중문화의 기반이 되어 두 문화가 상호작용을 하여야 양쪽의 전반적인 문화역량

소유가 그들의 자아 이미지와 관련이 있다는 것을 보여준다는 것을 의미한다. 이운영, 위의 논문.

30) 비록 한·중 문화교류에서 중국 문화 산품의 수출은 역시 적자상태에 처해있지만 중국 문화 산품과 문화교류 전략이 이미 개방된 내용산업영역에서 한층 변혁된다면 한국의 한류는 더욱 거세게 변할 것이다.

31) 한국에서 한류를 본격 연구하고 있는 강철근은 저서 『한류 이야기』(이채, 2006)를 내면서 한류에 '한류학' 체계를 수립해도 될 가치를 부여하였다. 그에 따르면 한류학은 현재와 미래에 관한 것을 대상으로 하며, 기존의 대단한 학문적 성과나 업적을 별로 염두에 두지 않고 오늘의 대중들이 옳다고 생각하는 것과 그래야 한다고 믿는 것을 대상으로 한다. 구체적인 대상으로서는 우선 문화예술에 관련된 일반적인 문화론이 있으며 문화산업에 관한 분야인 문화경제학이 있고 문화에 관한 경영과 소비자 심리문제를 다루는 문화예술경영학, 그리고 문화교류의 문제를 다루어야 할 것이며 최종적으로는 지적 재산권의 문제를 정면으로 다루어야 할 것이다. 汉流의 연구대상도 한류와 비슷한 면에서 보아도 무방할 것 같다.

을 규정할 수 있다. 요컨대 韓流는 대중문화에 불과한 데 비해 汉流는 지식인들이 생산해내는 인문학 등을 상품으로 하고 있으니, 장기적으로 보면 汉流가 韓流보다 생명력이 더 강하다고 할 수 있다. 왜냐하면 중국의 경제발전이 汉流의 수많은 잠재력을 키워가고 있기 때문이다.

韓国 <엽기적인 그녀>와
中国 <我爱你>의 서사구조 비교

朴雪梅*

1. 서론

전지현이 주연한 한국 영화 <엽기적인 그녀>와 徐静蕾가 주연한 중국 내륙의 영화 <我爱你>는 모두 높은 지명도를 보유한 소설을 영화로 개작한 작품이다. 또한 모두 2002년도에 상영하였으며 폭력적이고 야만적인 여성 이미지를 부각하였다. 한때는 크게 홍보되고 유행되었던 영화들이다. 하여 여성이미지상의 돌파로서의 野蛮적인 여성 이미지를 논의하는 글들이면 대개는 한국의 <엽기적인 그녀>, <조폭마누라>, 홍콩의 <河东狮吼>, 중국 내륙의 <我爱你>등을 의논하고 있다. 이러듯 야만이미지 하면 손꼽히게 되는 영화임에도 불구하고 6년이 지난 지금 인터넷에 <엽기적인 그녀>와 <河东狮吼>를 입력하면 여전히 많은 게시물들이 뜨지만 <我爱你>를 입력하면 그 영화를 검색해내는데도 한참의 시간이 걸린다. 이 뿐만 아니라 기타 내륙영화도 한국, 홍콩 영화에 비해 생명력이 길지 못한 것으로 알려지고 있다. 또한 한국에서 华风이 분다고 하지만, 그 화풍의 내면을 보면 중국을 향한 문화산업수출을 목적으로 한 중국어 학습열이지 중국 문화를 배우기 위한 화풍이 아니다. 조사에 의하면 중국 내륙영화 그리고 탤런트들은 한국인들에게 알려진 숫자가 극히 적으며, 대신 홍콩과 대만의 영화, 드라마, 탤런트들이 많이 알려져 있는 것으로 나오고 있다.1) 그런 즉 이 화풍은 중국 대만과

---

* 중국 연변대학교 조문학부 석사과정
1) 「中韩流行文化调查及对策研究课题组中韩影视文化互为伝播状况及成因调查全国中文核心期刊芸术百家」,

중국, 홍콩에서 불어오는 것이지 중국 내륙이 그 원천이 아니라고 할 수도 있다는 말이다.

중국 내륙의 영화가 한국 시장을 열고 흥행하지 못하는 것은 경제·사회 등 여러 가지 시각에서 찾아 볼 수 있지만, 그 원인을 영화 자체에서도 찾아 볼 수 있지 않을까 싶다. 이제까지 한·중 드라마의 내용 사상 등에 대한 비교는 여러 모로 많이 진행되어 왔었다. 그러나 그것은 한·중 민족차이성과 공통성 등 사상적인 측면에 많이 치우쳤으며, 한·중 양국 영화 서사구조에 대한 비교연구는 적게 진행되고 있다.

마르 쇼러(Mark Shcorer)는 "내용을 말하는 것은 결코 예술을 말하는 것이 될 수 없으며, 고작 경험을 밀하는 것에 불과하다. 따라서 구성된 내용, 즉 그 형식 그리고 예술작품다운 예술작품을 말할 때만이 우리는 비평가로서 존재하는 것이다."라고 서술전략으로서의 '서사구조'의 중요성을 말했다.2) 하여 본고에서는 한류 화풍이 불고 있는 지금 왜 중국 내륙영화는 화풍을 타고 한국 시장에 진입하지 못하나 하는 주제를 다룬 한국의 <엽기적인 그녀>와 중국 내륙의 영화 <我爱你>의 서사구조에서 찾아보고자 한다.

2. 영화와 소설의 서로 다른 서사구조

엽기적인 그녀는 인터넷의 흥행 소설을 곽재용 감독이 2001년에 영화로 올린 작품으로서 한국 내에서 높은 인기를 얻었을 뿐만 아니라 일본, 중국 내륙, 대만, 홍콩, 태국, 호주 등지에 수출되어서 "엽기녀" 광풍을 일으켰다. 이는 소설을 영화로 개작하여 성공한 전형적 사례라 할 수 있다.

<我爱你>는 <过把瘾就死>를 개작한 것이다. 이 소설은 중국의 대가 王朔의 작

---

2) 박은희, 「현대 서사이론 연구」, 광북대학교 13쪽 재인용.
이승엽, 「애니메이션스토리텔링에 있어서의 서사구조 비교분석 연구 – <뮬란>과 <원더풀데이즈>서사구조를 중심으로」, 홍익대학교 석사학위논문, 2007.

품으로서, 그 소설이 히트를 쳤을 뿐만 아니라 이 작품을 드라마로 개작한 过把瘾 역시 90년대 중국을 휩쓸었던 흥행작이다. 그러나 이런 작품에 중국 내륙에서 상당한 인기를 누리고 있는 佟大为와 徐静蕾가 출연하고 상당한 호소력이 있는 감독 张元이 제작하였음에도 불구하고 인지도가 이렇게 높지 못하다는 것은 이야기의 주제보다는 소설을 영화로 개작할 때 그 스토리텔링에서 찾아보아야 하지 않을까 싶다. 그럼 아래 두 영화의 이야기 구조부터 알아보도록 하자.

1) 〈엽기적인 그녀〉와 〈我愛你〉의 이야기 구조

① 〈엽기적인 그녀〉의 이야기 구조

씬	장소	내용
1	소나무 아래	주인공 견우가 소나무 아래 서서 누군가를 기다리고 있다고 고백을 한다.
2	사진관	견우가 사진관에서 사진을 찍는데 고모로부터 놀러오라는 전화를 받는다. 뒤이어 사진에 얽힌 여장을 했었던 어린 시절 회상 장면이 나온다.
3	주막집	제대를 축하하여 견우가 친구들과 술 마신다. 어머니가 너랑 많이 닮았던 고모의 아들이 작년에 죽어 고모가 외로워하는데 가서 만나 뵙고 오라고 한다.
4	전철	그녀가 술에 취하여 위험한 전철선 끝에 서있는 것을 구해준다.
5	전철안	그녀는 노인에게 자리를 내주지 않는 청년을 혼내주어 노인을 자기 앞에 앉힌다. 술을 많이 마셔서 노인의 머리 위에 오바이트를 하고 견우를 향해 '자기야'하고 부르고는 쓰러진다.
6	전철역	그녀를 버리고 가려다 차마 그러지 못하고 다시 돌아서서 업고 전철역을 나선다.
7	여관방	여관을 겨우 찾아서 그녀를 눕히고 샤워만 하고 떠나려다, 그녀의 핸드폰을 받고 주소를 가르쳐 준다. 강간범으로 오인 받아 경찰서에 붙잡혀 간다.
8	유치장	유치장에 하루 밤 갇힌다.

9	집	고모 집에 안 갔다고 어머니한테 혼쭐이 난다. 그러다 잠이 들고 자신의 공부성적에 대하여 고백을 한다. 그녀의 호출로 잠을 깨고 지정 지점을 향한다.
10	부평역	그녀를 만난다.
11	카페	그녀로부터 어제 어떻게 된 거냐고 질문을 받는다.
12	음식점	술 마시러 견우를 데리고 갔다가 원조교제하는 옆 사람을 혼내고는 술에 취해 쓰러진다.
13	여관	술 먹고 취한 그녀에게 약을 먹여 준다.
14	교실	그녀가 견우의 교실로 찾아가 꾀로 견우를 교실 밖에 끌어낸다.
15	오락장	그녀는 견우에게 자신이 쓴 시나리오를 보여준다.
16	시나리오	시나리오의 내용(그녀가 자신의 남자친구를 구하기 위하여 시간기계를 타고 현대에 와서 액션하는 장면)을 코믹하게 보여준다.
17	오락장	시나리오를 토론하다 한국인에게 무한한 감동을 주었던 소나기를 이야기한다.
18	강변	그녀가 결말을 고친 소나기를 코믹하게 연기한다.
19	강변	그녀는 전 남자친구를 잊지 못하겠다고 고백하며 장난으로 견우를 강에 밀어 넣는다.
20	주막집	견우가 친구랑 술을 마신다. 창밖에서 스쳐지나가는 여인을 보고 반해 따라 나가니 다름 아닌 그녀이다. 그녀를 피해 줄행랑을 친다.
21	전철	술 취해 지갑을 다 털리고, 겨우 동전을 구해 그녀에게 데리러 나오라고 전화를 한다.
22	유치장	유치장에 다시 갇히게 되고 그녀가 데리러 온다.
23	음식점	그녀에게 얻어터지고 그녀랑 같이 밥 한 끼를 먹는다.
24	집	그녀로부터 모레가 생일이라는 메일을 받는다.
25	놀이공원	놀이공원에서 이벤트 할 것을 계획하고 밤중에 그녀와 놀이공원으로 향한다. 재수 없게 탈영병에게 잡혀 위협을 받는다.
26	가면방	가면방에 갇혀 탈영병의 하소연을 듣게 되며 그녀를 놓아주지 않으면 나라도 놓아달라는 견우의 나약한 소행에 탈영병이 그녀를 놓아주고 견우와 같이 죽자고 한다.

27	회전목마앞	친구에게 약속한 이벤트 약속 때문에 도망가려던 행적이 들통나서 그녀의 설득아래 탈영병이 투항을 한다.
28	카페	그녀가 말해준 그와의 이야기를 회상하며 그녀의 치유 받지 못한 아픔을 생각한다. 그녀가 건네 준 시나리오를 읽는다.
29	시나리오	무사로 출현한 그녀, 시간기계를 타고 옛날로 돌아가 현상수배 범인을 잡고 나중에는 국왕이 된다.
30	영화공사	그녀의 협박을 못 이겨 그녀의 시나리오를 영화공사에 주고 온다.
31	전철	전철에 앉아 장난을 하다가 한판 붙자고 한다.
32	체육관	정구시합과 검도에서 견우는 모두 그녀에게 진다.
33	학교정문	하이힐을 견우에게 신기고 장난을 한다.
34	그녀 집앞	견우의 웃옷을 쓰고 비를 피해 그녀 집 앞에 온다
35	그녀 집	그녀의 가방을 돌려주러 왔다가 그녀의 아버지를 만난다.
36	그녀 집밖	그녀의 어머니가 저런 사람과 다시 만나지 말라고 하자, 그녀는 집을 뛰쳐나온다.
37	자습실	그녀로부터 100날 되는 날에 고등학교 교복을 입고 장미꽃 들고 그녀가 수업하는 교실에 오라는 전화를 받는다
38	집	짜장면 배달부로 가장하고 장미꽃을 짜장면 통에 넣는다.
39	여자대학	그녀는 견우가 제일 좋아하는 곡을 피아노로 연주하고 있다.
40	나이트 클럽	고등학교 교복을 입고 나이트클럽에 가서 술 마시고 춤을 춘다.
41	길거리	술에 취한 그녀를 업고 가던 중 콘돔을 발행하는 사람으로부터 자신도 모르게 콘돔을 받는다.
42	택시 안	그녀가 견우의 어깨에 기대 잠을 잔다. 그녀의 상처가 치료되면 그녀가 견우를 떠나게 되지 않을까 근심을 한다.
43	그녀의 집	그녀의 아버지는 견우의 호주머니에서 콘돔을 발견한다. 다시 딸과 만나지 말라고 한다.
44	길거리	다시 보지 못했다고 고백을 한다.
45	술집	여자와 술을 마시다 그녀의 호출을 받는다.
46	화장실	같이 술을 마신 여인이 남자임을 발견한다.

47	카페	그녀가 호출한 카페로 간다. 그녀가 맞선보는 대상과 셋이 만난다.
48	길거리	맞선대상자의 말을 듣고 견우를 쫓아 나서나 번번이 스쳐 지난다.
49	전철방송실	전철방송으로 견우를 부른다. 다시 만난다
50	그녀 집 앞	점점 그녀에게 끌리는 자신을 발견하며 키스를 하려다 실패한다.
51	견우집	그녀의 요구대로 편지를 쓴다.
52	야외	서로의 편지를 묻어두고 2년 후에 다시 만나자고 약속한다.
53	전철	견우를 먼저 전철에 보내다가 뒤이어 생각을 바꾸고 견우가 차에서 내리나 그녀 역시 그를 찾아 차에 오른다. 둘은 다시 스쳐 지난다.
54	견우의 방	그녀의 이야기를 인터넷에 올린다.
55	체육관	자신을 더욱 충실히 하기 위하여 검도, 수영을 열심히 연습한다.
56	영화 제작실	견우의 인터넷 소설을 영화로 찍게 된다.
57	소나무 아래	그녀는 오지 않았다. 견우는 혼자서 편지를 열어 본다.
58	소나무 아래	삼년 뒤, 그녀가 소나무 아래로 오며 그 자리에서 할아버지를 만나 견우가 죽은 소나무를 대신해 새 나무를 심은 이야기를 전해 듣는다
59	그녀 집	견우에게 전화가 걸리지 않는다. 후회의 눈물이 흐른다.
60	전철	전철에서 다시 스쳐 지난 두 사람
61	카페	고모의 소개로 다시 만나게 된 두 사람

전체 이야기는 회상하는 방법으로 주인공 견우가 사랑하는 개성이 강하고 정의감에 넘치며 조금은 야만적의 그녀의 형상을 그리고 있다. 이 영화에서는 견우의 심리묘사를 내레이션의 형식으로 넣음으로써 영화가 인물의 내면심리를 제대로 드러내지 못하는 약점을 극복하였으며, 관객이 주인공의 심리를 이해하고 주인공의 입장에서 문제를 보고 같이 느낄 수 있도록 하였다. 뿐만 아니라 많은 장면은 남성적인 견우의 시각으로 처리함으로써 견우와 함께 이 파격적인 여인을 알고 사랑하게 된다.

② 〈我爱你〉의 이야기 구조

씬	장 소	내 용
1	실내	小枯 (아래 모두 소규로 칭함)와 그의 전 남자친구가 결혼을 약속한다. 소규는 자신의 이름에 콤플렉스가 있다고 고백하나 그 이유는 알려주지 않는다.
2	자동차 연습장	소규의 전 남자친구와 주인공 王毅(아래 모두 왕의라 칭함)가 혼인의 조건을 토론한다.
3	식당	자동차 운전면허증을 딴 일을 축하하여 술자리를 한다.
4	수영장	밤중에 수영장에 들어가 장난하다 사고로 전 남자친구가 사망한다.
5	소규의 숙소	왕의가 그의 친구가 여자친구를 데리고 유산하러 가는 것에 대동하다 소규를 다시 만난다.
6	식당	왕의와 소규가 함께 식사를 하다 소규가 왕의에게 한 침실 친구 가령(贾玲)을 여자 친구로 소개 해주겠다고 한다.
7	왕의의 자동차 안	소규는 가령이 노래방으로 가고 싶다고 전한다. 그러다 두 사람이 갑작스레 키스를 한다.
8	숙소	한밤중에 소규가 복도에서 운다. 가령은 다가가서 위로를 해준다.
9	노래방	소규는 노래방 밖에 피해 있고 왕의는 그런 그녀가 근심스러워 그녀를 동반하여 숙사로 갈려고 한다. 가령은 왕의의 볼에 키스를 하며 소규에게 잘 해 주라고 한다.
10	숙소	소규와 왕의가 사랑을 속삭이다 결혼을 약속한다.(그녀는 자신의 이름에 콤플렉스가 있다는 말을 하지 않는다.)
11	사진관	두 사람은 결혼사진을 찍는다.
12	집	친구들이 결혼 축하를 온다. 왕의의 장난 한마디로 두 사람이 싸운다. 그러나 금방 화해를 한다.
13	백화점	화장품 판매원이 소규에게 신제품을 소개해주며 화장을 하여 준다. 화장을 끝내고 온 소규를 보고 왕의는 기생 같다고 한다. 그 말에 대뜸 싸움이 난다.
14	집	화해를 한다.
15	집	왕의가 집에서 컴퓨터를 가져와 가령과 같이 쓰고 있다. 이 일로 두 사람이 티격태격하다가 소규는 밤중에 집을 뛰쳐나온다.

16	집 앞	왕의는 집을 뛰쳐나온 소규를 쫓아 나오고 잠옷 바람인 소규는 왕의의 차 경보를 울려 놓고 그가 오기를 기다린다.
17	집	소규가 집에 오니 왕의는 이미 잠들어 있다
18	직장	왕의가 직장에 전화를 하여 소규를 찾으나 그녀는 전화를 받지 않는다. 왕의가 소규를 찾아 직장에 온다.
19	단위 밖 의자	한바탕 말싸움을 하다 이혼 이야기까지 나온다.
20	왕의 친구집	아내와 싸우고 자신을 찾아온 왕의를 향해 친구는 설교를 하며 자신의 행복한 결혼 생활을 자랑한다.
21	왕의의 단위	회의실에서 상사로부터 야단을 맞는다.
22	집	왕의가 친구들과 술을 마신다. 이제 그만 마시고 후에 다시 오라고 권하는 아내 말에 왕의는 시비를 걸고 아내에게 손찌검까지 한다.
23	왕의 단위	왕의가 사표를 내고 나선다.
24	집	왕의가 집에 들어와 아내와 이혼을 협의 한다. 소규는 동의하지 않는다며 집에 방화하는 것으로 남편을 만류한다.
25	집	남편에게 술을 사오는 것으로 사죄를 한다. 자다가 악몽에서 깨어나 언제부터 자신을 사랑하지 않았냐고 묻는다.
26	친구집	왕의가 친구 집에 들린다. 자신의 행복한 결혼생활을 자랑하던 친구가 이혼하는 꼴을 목격한다.
27	집	소규와 친구의 이혼 이야기를 했다가 다시 부부싸움이 일어난다.
28	집	퇴근한 소규를 보고 애기하자고 한다. 말이 통하지 않아 왕의가 먼저 잔다.
29	집	밤새 의자에 앉아 생각하던 그녀가 남편을 묶어 놓고 식칼로 "사랑한다"고 말하라고 협박한다.
30	집	협박 중 소규는 병원 일로 불려 나가고 그 틈을 타서 왕의는 유리장을 머리로 깨고 구원을 받는다.
31	병원	소규는 가령과 울며 해명을 한다.
32	병원병실	남편에게 귤을 까주면서 이혼에 동의를 한다.
33	집 앞	차를 몰고 떠나는 남편을 울며 바라본다
34	감옥	감옥 병원에 누워 말도 못하는 그녀의 아버지를 같이 보러 간다.

35	차 안	소규의 아버지는 그녀의 어머니를 살해한 범인이라는 사실을 전해 듣는다.
36	파출소	이혼 등록를 끝내고 왕의는 집에 두고 온 책 가지러 그녀와 함께 집으로 간다.
37	집	술을 마시면서 서로 싸운 것에 대하여 검토를 한다.
38	도로	자전거를 타고 자동차 길에서 역행하는 그녀를 자신의 차안에 끌어 들인다.
39	집	소규가 잠에서 깨어난다. 서로 부둥켜안고 울다가 키스를 한다.
40	수영장	왕의의 친구 飄의 여자 친구가 된 가령의 입에서 소규가 임신한 소리를 전해 듣는다.
41	아파트 단지	임신한 소규가 천천히 걷고 있다.

<我爱你>는 사랑을 받고 있다는 확신감을 느끼지 못하는 한 여인의 초조함에서 비롯된 끝없는 부부싸움을 보여주고 있다.

2) 영화적 플롯과 소설적 서술

장구한 예술의 역사 안에서 영화는 매우 짧고 분명한 이력서를 지니고 있다. 서사예술 중에서 유일하게 그 출생 일자를 알 수 있는 장르가 영화이다. 1895년 12월 28일 저녁, 파리의 카퓌신가의 14번지에 있는 그랑 카페의 인디언 살롱에서 영화는 처음으로 대중 앞에 모습을 드러냈다.[3] 그러나 영화가 태어날 때 그의 이름은 예술이 아니라 발명품일 뿐이었다. 신기한 발명품으로 대중의 눈길을 사로잡은 영화가 달고 싶어 했던 날개는 어쩌면 당연하게도 예술이었다. 그래서 영화는 선해한 다른 예술과 스스로를 비교하고 분석함으로써 주제라든가 창작기법 등에서 다양한 방식으로 자신의 미학을 보완해가기 시작했다. 문학, 그 중에서도

---

[3] 첫 번째 상영은 33명 관객을 동원하는 데 그쳤지만 며칠 지나지 않아 상황은 반전했다. 인디언 살롱에는 입장료를 내고 영화를 보려는 사람들로 줄을 이었고, 한낱 깡패들의 거리에 불과했던 카퓌신가는 하루아침에 영화의 거리로 새롭게 태어났다. (방재석, 『소설과 영화의 관계 양상 연구』 중)

소설은 영화가 자신의 서사예술적 가능성을 발견하는 순간부터 미학적 방법론을 차용하는 첫 번째 대상이 되었다.

그러나 소설을 원작으로 하여 영화를 만드는 경우에는 모두가 같은 수준에서 장르의 전환을 이루는 것은 아니다. 원작의 극히 일부 모티브만 활용하는 아이디어 차용의 수준에서부터 원작의 서사적 내용을 충실히 재현하는 수준에 이르기까지 각색은 다양한 차원에서 이루어진다. 원작을 파편적 아이디어 수준에서 활용한 경우와 원작의 서사적 내용을 영화적 형식으로 재현하는 것을 목표로 했던 경우는 장르 전환에 따른 서사 변화의 양상이 전혀 다를 수밖에 없다.

소설이 영화로 전환될 때 동일하게 유지되는 것은 무엇이며, 변용을 강요당하는 것은 무엇인가. 장르의 전환에도 불구하고 동일하게 유지되는 것은 서사적 내용인 스토리이고 변화하는 것은 서사적 형식인 플롯이다. 이는 소설과 영화는 모두 동일한 시각적 속성을 가지고 있는 반면, 서로 다른 표현 도구를 사용하고 있다는데서 비롯된다. 영화는 가시적인 형태의 영상을 수단으로 사용하고, 소설은 감수적인 문자를 수단으로 하고 있다. 서사구조 속에 포함된 스토리는 장르에 관계없이 유지될 수 있지만 양식이 변화하면서 전달의 표현형식은 변화될 수밖에 없다.

소설은 인물의 내면심리를 문자로 드러낼 수 있지만 영화는 인물의 심리상태를 드러내기 위해서 문자가 아닌 다른 방법을 동원한다. 시각화에 성공하지 못하면 영화는 소설 속에 담긴 인물의 내면심리를 제대로 드러낼 수 없다.

① 영화적 서술의 〈엽기적인 그녀〉

이야기란 사건의 연속이기에 사건과 사건 사이의 연관성을 파악하지 않으면 이야기를 이해하는 데 어려움을 겪는다. 특히 영화는 논리적 서술을 길게 가져가는 데에 있어 문자보다 정교하지 못하다. 게다가 매체 수용의 입장에서 볼 때 소설의 독자보다 영화의 관객은 텍스트를 논리적으로 구체적으로 이해하는 데 어려움을 겪는다고 할 수 있다. 그러므로 영화 속에서 개연성은 관객이 영화의 흐름을 아는 데 중요한 역할을 맡고 있다. <엽기적인 그녀>에서는 개연성을 고려한 흔적이 있다. 이야기 진행 중에 서사적 완결구도를 고려한 장치들이 정교하게 구조화된 채 등장하는 것이다. 이 같은 서사적 장치들은 일종의 복선구실을 하기도 하며 극적인 감동을 자아내기 위한 목적에 기여한다. 그 방식은 등장인물과 그들의 대사, 영화 소재 그리고 시 · 공간적 배경에 앞으로 진행될 내용을 투시하거나 암시하는 형태로 진행된다. 그 몇 가지를 들면 아래와 같다.

첫째, 관객의 호기심을 일으키는 첫 장면.

좋은 플롯이란 시나리오의 첫 장면에서 호기심을 자극하여 관객에게 중요하고 궁금한 질문을 유도해야 하며, 클라이맥스를 지나 마지막에 도달하면 이에 대한 답을 주는 형식이다. 이는 작가가 말하고자 하는 이야기의 주제와 동일한 것이다.

이 영화에서 첫 장면은 견우가 소나무 아래에서 그녀를 기다리고 있는 장면에서부터 시작된다. 이는 관객에게 이렇듯 주인공을 기다리게 하는 그녀는 어떤 여인이며, 어찌하여 헤어지게 되고, 다시 만나게 될 수 있겠는가 하는 의문을 품고 영화에 몰입하게 한다.

이 영화 역시 관객의 이런 호기심에 맞추어 그녀의 외모 묘사부터 시작하여 성격을 그려내며 그녀와의 접촉 속에서 저도 모르게 그녀에게 빠져드는 견우의 사랑을 적고 있다. 그리고 맨 나중에 그녀와 견우가 헤어진 이유는 그녀 마음속에 자리 잡고 있는 죽은 그녀의 전 남자친구 때문이며, 그녀가 전 남자친구에 대한 사랑을 정리하기 위하여 2년 뒤 다시 만날 약속을 한 것임을 보여준다. 이렇게 영화는 관객 머릿속에 있는 의문을 하나하나 풀어주고 있다.

둘째, 등장인물을 통해 서사진행의 완결성을 기한 부분이다. 이와 같은 방식은 영화 속에서 세 인물을 통해 실현된다.

가. 견우의 고모; 2회에서 견우가 사진관에서 사진을 찍고 있는데 고모로부터 전화를 받는다. 다음 이어지는 3회에서 친구들과 어울리고 있는 자리에서 어머니의 전화를 받는다. 이 두 전화를 통하여 고모가 견우를 보고 싶어 한다는 것과 견우에게 여자 친구를 소개해주겠다는 사실 그리고 이미 죽은 고모의 아들이 견우와 비슷하게 생겼다는 사실을 관객에게 알려준다. 그 후 영화의 진행 중에 고모의 실체는 등장하지 않는다. 그런데 영화의 종결부에 이르러 '그녀'가 사랑했던 전 남자친구의 어머니가 견우의 고모라는 사실이 밝혀진다. 그리고 견우의 고모

가 죽은 자기 아들을 대신해서 '그녀'에게 견우를 소개시켜 주려고 한 사실도 드러난다. 뿐만 아니라 술에 취한 그녀가 처음 만난 견우를 향해 '자기야'하고 불렀던 일이 해명이 된다. 이는 제58회에서 그녀가 할아버지와 '운명'적 사랑 이야기를 한 것에 미루어 보았을 때, 극적 감동을 위한 서사적 봉합의 사례라고 할 수 있을 것이다.

나. 약속장소의 노인; 5회에서 약 1초간 스치듯 등장하는 노인이 있다. 그는 오바이트 직전의 '그녀'와 '그녀'를 관찰 중인 견우를 모두 바라볼 수 있는 지하철 좌석에 앉아 있다. 여기서 카메라가 노인을 잡은 시간이나 카메라와 노인의 거리를 고려했을 때, 그가 영화에서 중요한 역할을 담당하리란 생각을 하기 어렵다. 그러나 제58회에서 뒤늦게 견우와의 약속장소에 찾아 온 '그녀'에게 노인은 나무의 비밀을 들려주며 '그녀'와 견우를 연결해주는 역할을 한다. 이 노인은 미래에서 온 견우라는 추측을 하게 하는데, 그것은 영화 곳곳에서 '그녀'가 미래에 대한 소망을 밝혔다는 데서 드러난다. 결정적으로 노인과 '그녀'가 약속장소에서 대화를 마치고 '그녀'가 견우의 마음을 확인한 뒤 UFO가 하늘로 사라지는 장면에서 확실해진다.

다. 탈영병; 제20회에서 '그녀'를 만나지 않기 위해 노력하는 견우의 모습이 나온다. 제19회에서 전 남자친구를 잊지 못하는 '그녀'의 모습을 본 그가 '그녀'에게 거리를 두려 하는 것이다. 그런데 견우가 친구들과 어울려 술자리를 갖고 있는 가운데 탈영병에 관한 뉴스 소식이 계속 들린다. 그리고 제25회에 '그녀'의 생일 이벤트를 하려는 견우 앞에 그 탈영병이 나타난다. 이 탈영병을 계기로 견우와 '그녀'는 사랑에 대해 재고하는 기회를 갖게 된다.

셋째, 등장인물의 대사를 통해 미래가 암시되고 결말에 가서 그 대사를 이루는 경우이다. 이는 제27회에서 '그녀'가 탈영병에게 충고를 하는 대목에서 찾아볼 수 있다. '그녀'는 울면서 "정말 사랑한다면, 사랑하는 사람 놓아줄 줄도 알아야 해요. 그렇게 하지 않으면 사랑한 게 아니예요."라는 말을 한다. 이 말은 '그녀'가 전 남자친구를 기억 속에서 놓아주기 위해 노력하고 있다는 것을 보여준다. 또 견우가 소중하지만, 아직 사랑의 준비가 되어 있지 않기에 견우를 놓아줄 수밖에 없는 후반전 막판의 자기 모습과 연결된다. 그래서 '그녀'의 이별체험으로부터 비롯된 이 대사는 '그녀' 자신의 내면적 갈등을 드러냄과 동시에 제59회 중 자기 극복 과정을 예감케 한다.

넷째, 영화 소재를 통해 서사 진행의 방향에 힌트를 부여하는 경우다. 제16회와 29회는 '그녀'가 극중에서 쓴 시나리오 시놉시스를 보여준다. 그런데 <데몰리션 테미네이터>, <비천무림애가>라는 제목을 가진 시나리오 두 편은 모두 미래인이 등장해서 주목된다. 그리고 '그녀'는 종종 미래인이 타임머신을 타고 다닌다는 이유로 그를 만나야 한다는 강박을 드러낸다. 그래서 타임캡슐을 묻는 행위 등도 '그녀'의 발언과 관련지어 생각해 볼 수 있다. 무엇보다 제61회에서 '그녀'가 바라던 운명적인 사랑이 이루어진 순간, "나 미래인 만난 것 같아!"라는 말을 던진 것은 영화 소재로 등장한 시나리오들이 서사적으로 성취된 장면이라 하겠다.

다섯째, 시간적 배경이 일종의 복선 역할을 하면서, 미래를 예견하는 대목이다. 제36, 43회에서 견우는 '그녀'의 부모님으로부터 교제 반대에 부딪힌다. 이때의 시간적 배경은 늦은 밤 어둑해진 시간이다. 특히 36회에서는 비마저 내린다. 이 두 씬의 공통점은 낮에 행복한 데이트를 즐긴 날 밤이라는 점이다. 제50회에서는 서로에 마음이 있다는 것을 확인한 두 사람이 제52회에 이르러 2년간 헤어지기로 약속하는 과정에서도 앞에서 언급된 밤이라는 시간적 배경이 등장한다. 견우가 바래다주러 밤늦게 '그녀'의 집 앞에 이른 순간, '그녀' 아버지 목소리가 들리고 그 후 두 사람은 2년 간 헤어지게 되는 것이다.

여섯째, 똑같은 공간적 배경을 이야기의 초반부와 종반부에 대칭적으로 보여주면서 등장인물의 변화상을 드러낸 경우다. 제2회에서 견우와 '그녀'가 처음 만난 장소는 신도림역 지하철 플랫홈이다. 그 둘은 거기서 같은 지하철을 타고 가면서 서로 관계를 맺기 시작한다. 그런데 제4회에서 제시된 '그녀'의 성격은 비정상적으로 남성성이 몸에 밴 면모를 보인다. 영화 제목의 '엽기' 코드를 그대로 보여주는 것이다. 그런데 60회에서는 같은 지하철역에서 지하철을 탄 '그녀'의 모습이 전혀 다르게 나온다. 곁에 견우는 없고 '그녀'의 표정이나 옷차림은 전혀 상반되며, 제60회 중의 카메라 워킹과 음악은 서정성을 더한다. 이 두 씬을 대조해 보면, <엽기적인 그녀>가 '전반전'에는 코미디 장르의 형태로 진행된 뒤 '후반전' 이후 점점 멜로드라마의 형태로 바뀌고 '연장전'에서는 멜로드라마의 전형적인 모습을 보여준다는 것을 확인할 수 있다.

요컨대 〈엽기적인 그녀〉는 원작소설의 분절적 에피소드를 완결된 서사로 이끌어내기 위한 여러 장치들이 눈에 띈다. 에피소드와 사건을 엮는 방법에 있어서 개연성을 염두에 두고 내러티브의 구조화를 고려한 것이다. 이 때문에 〈엽기적인 그녀〉가 이야기 진행 중 코미디 장르와 멜로드라마 장르의 교체를 꾀하고 소설과 달리 닫힌 결말로의 서사적 완결을 시도했으면서도 흥행에 성공할 수 있었다.

② 소설적 서술의 〈我愛你〉

〈我愛你〉는 멜로드라마라고 보는 것이 합당할 것이다. 그러나 〈我愛你〉에는 〈엽기적인 그녀〉처럼 감성을 자극할만한 서사적 장치들이 이야기 속에 구조화되지 못했다. 오히려 문자적 서술에 가까운 서술 방식을 취하고 있다. 이는 〈엽기적인 그녀〉가 원작소설에 나타나지 않은 인물, 대사, 소재, 시·공간적 배경 등을 드러내 이야기 진행의 완결성을 높인 것과 대조된다.

소설은 문자를 매체로 내용을 전달하고 있으며 영화는 영상을 매체로 내용을 전달한다. 이러한 매체의 차이는 그 수용상황에 영향을 미치게 되는데, 소설은 문자적이어서 독자가 그 문자를 형상화하면서 작품을 소화하게 된다. 뿐만 아니라 소설은 독자가 원하는 대로 사고를 하면서 쉬었다 읽을 수 있어 작은 세부적인 묘사라도 쉽게 기억이 된다. 그러나 영화의 경우, 감독은 독자가 감당해야할 형상화하고 사고하는 부분을 도상의 형식으로 옮기었기에 관객은 가시적으로 주어진 것을 수용하고 수동적이고 정태적인 태도를 가지게 된다. 하여 영화에서는 독자들이 영화가 이미 제시한 부분을 기억하고 그 부분에 근거하여 영화에 아직은 제시되지 않았으나 바야흐로 밝혀질 진실을 사고하게 만드는 플롯의 작용이 특별히 중요하다. 그러나 〈我爱你〉는 소설적인 서사방식을 그대로 답습함으로 하여 그 영화의 질을 떨어뜨리는 결과를 가져왔다.

〈我爱你〉는 두 사람의 결혼생활 중에서 자주 직면하게 되는 부부싸움에 대해서 중점적으로 서술하고 있다. 이런 부부싸움은 우발적인 것으로 싸움과 싸움사이에는 특별한 연관성이 없다. 이러한 상황에서 감독이 순서적 서술로서 이러한 싸움

사건들을 이어주는 실마리를 만들어 주지 않는다면 관객은 쉽게 피로해지며 흥미가 떨어진다. 매체의 특성으로 설명하자면, 영화의 화면은 영화가 시작되는 즉시 계속 흘러가는데다 관객이 영화진행을 끊을 수 있는 것이 아니어서 우발적인 사건들의 난입은 혼란을 초래할 수 있다. 장르적 상황에 주목해 보면, 코미디 장르의 경우 웃음을 유발하는 장면들이 연속될지라도 관객이 장면들 간의 개연성을 요구하지 않을 수 있지만, 멜로드라마는 그렇지 않기 때문이다. 멜로드라마 장르는 주인공이 처한 상황에 대한 관객이 정서적 동의를 구해야 한다. 이 때문에 개연성 있는 화면으로 의미적 축적을 이뤄가지 않으면 목적하는 바를 달성할 수 없다. 이러한 측면에서 <我愛你>는 <엽기적인 그녀>에 비해 구조상 많이 느슨한 감을 준다.

가. 실패한 첫 장면

위에서 말했다시피 영화에서의 좋은 플롯이란 시나리오의 첫 장면에서 호기심을 자극하여 관객에게 중요하며 궁금한 질문을 유도해야 하며, 클라이맥스를 지나 마지막에 도달하면 이에 대한 답을 주는 형식이다.4) <我爱你>에서는 사랑이야기보다는 사랑을 받고 있다는 확신감을 가지지 못하는 여인의 초조함이 가져오는 파괴력을 보여 주었다고 하는 것이 타당할 것이다. 하여 감독은 영화의 첫 장면에 나오는 소규가 이름에 대한 콤플렉스를 사건의 실마리로 이들의 끝없는 부부싸움을 전개하려고 하였다. 그러나 4막에서 나오는 소규의 전 남자친구의 의외의 죽음은 첫 장면에서 시작되는 소규의 잔잔 이름에 대한 콤플렉스의 고백보다 그 진감이 더욱 커 관객은 금방 첫 장면을 망각한다. 그 뒤에 전 남자친구의 죽음을 돌발사건으로 이해하고, 죽은 친구에 대한 그리움 그리고 그 친구의 죽음으로 인하여 이들이 느끼게 되는 내면의 갈등 그리고 이 갈등을 이겨낸 사랑 이야기 혹은 이것과 유사한 이야기를 기대하게 만든다. 즉 사랑하던 남자를 잃은 여인과, 친구를 잃은 남자가 어떻게 다시 만나서 그 친구가 남긴 아픔을 치유하고 행복하게 살아가는가하는 이야기를 기대하게 만든다는 것이다.

---

4) 박수현, 「바람계곡이 나우시카와 원더풀데이즈 플롯 전개방식에 대한 비교분석」, 홍익대학교 산업대학원 애니메이션전공 석사학위논문.

전체 이야기를 끌고 나가게 되는 바람나서 어머니를 살해한 아버지가 그녀에게
남긴 음영인 이름에 얽힌 콤플렉스, 이 중요한 실마리는 뒤이어 나오는 첫 남친의
죽음에 의하여 금방 잊혀지며 관객에게 이야기가 상관없는 방향의 기대를 심어
준다.

나. 명확하지 않은 갈등

갈등을 알려면 그 갈등 세력의 쌍방에 대하여 명확히 하여야 한다.

<엽기적인 그녀>에서는 전도적 수법으로서 미리 관객들에게 전극의 갈등을 전
시해주고 있다. 나는 그녀와 약속한 소나무 아래서 그녀가 오기를 기다리고 있다.
그들은 왜 헤어시었는가? 이는 전 극을 이끌고 있는 주요 갈등이다. 다음 영화는
자아 소개로부터 나의 그녀를 소개함으로써 관객들의 '무엇이' 일어날까 하는 호
기심을 유발한다. 뒤이어 그들 사이 일을 낱낱이 서술함으로써 '어째서' 헤어지게
되었는가를 관객들에게 해석하고 있다.

이에 비해 <我爱你> 중의 갈등은 명확하지 않다. 비록 영화에서 첫 장면, 그녀
가 전남자 친구에게 자신의 이름에 콤플렉스가 있다는 고백으로서 갈등을 이끌어
가려고 하였지만, 뒤이어 나오는 전남친의 죽음으로 금방 관객에게 잊혀지며 갈
등의 방향이 바로 이 전 남친의 죽음으로 얽히게 되는 두 사람 사이에 '무엇이'
발생하는가에 대한 기대로 넘어가게 한다. 그러나 관객의 기대와는 달리 그들은
번개식 결혼을 하게 되며, 뒤이어 밑도 끝도 없는 부부 싸움이 시작된다. 이러한
싸움은 여주인공이 사랑을 받고 있지 않다는 불안감에서 온 것이나, 영화의 첫
시작에 어떠한 제시도 없었기에 관객에게 어안이 벙벙한 느낌을 주게 된다. 이러
한 불안감을 겪어본 사람들은 그 경험에 의하여 공감을 느낄 수 있으나, 영화는
수동적으로 연속적인 장면을 보게 되고 무작정 감독의 설정에 따라 이야기가 흐
르므로 사고의 시간을 가지지 못한 기타 관객들은 영화에서 미리 제시한 실마리
를 기억해 낼 수 없는 상황 하에서 지속적으로 의문상태에 처하게 된다. 관객들은
그 갈등의 원인을 찾을 수 없는 상황에서 남자주인공 왕의와 마찬가지로 막막한
느낌에 잠기게 되며 무언가가 실마리가 되어 이 부부싸움이 끝을 보기를 원한다.
그런데 이러한 관객의 기대와는 달리 갈등은 갈수록 심해져 나중에는 소규가 남

편을 묶어놓고 협박하는데까지 이른다. 만약 여기서 <엽기적인 그녀>처럼 소규의 자그마한 내레이션을 넣었다면 관객의 이해에 큰 도움이 되었을 것이다. 그러나 영화에서는 소규가 친구에게 해명하는 것으로 넘겼으며 결국 관객에게 그녀가 왜 협박하며 우리 그냥 우리 같이 살자가 아니고 사랑한다고 말하라 협박했는지 답을 주지 못하고 있다.

다. 설득력이 없는 클라이맥스

관객에게 궁금증을 일으키게 만드는 것이 플롯의 기본이다. 플롯에서는 궁금한 점이 나오고 클라이맥스에서는 그에 대한 해결책이 나오는 경우가 많다. 클라이맥스에서 더 이상의 갈등은 있을 수 없으며, 새로운 국면이 발생할 여지도 없다. 따라서 작가에게 남은 것은 마무리뿐이다. 이 부분에서는 신속하고 선명하게 끝을 맺되 클라이맥스에서 느꼈던 주제를 관객의 가슴 속에 정착시켜 안정된 마무리를 하거나 여운이 남도록 하여야 하는데, 여기에는 잊지 말아야 할 첫 번째 규칙이 있다. 우선 주인공이 중심적 행동을 하도록 만들어 행동의 중심에 서게 해야 한다. 그리고 사건 자체가 인물을 삼켜 버릴 만큼 인물의 사건에 압도당하게 만들어서는 안 된다.

<엽기적인 그녀>의 경우 두 사람의 성격적 제한성을 넘어서서, 탈영병의 위협을 벗어나, 부모의 반대를 이겨냈음에도 두 사람이 기어이 헤어져야 하는 이유는 그녀의 이미 죽은 전 남자친구의 자리가 크기 때문임을 제시하고 있으며 이러한 해석은 그녀가 그전에 취한 모든 과격한 행동과 시간기계에 대한 집착 그리고 일련의 불가사의한 행실을 합리화하며 관객들을 깊은 감동에 빠지게 한다.

이와 반면 <我爱你> 중 두 사람은 결국 이혼의 길로 나아가며 그녀의 불안에 대한 해석으로 그녀의 살인범 아버지를 등장시킨다. 이는 그들이 이혼까지 나아가는 행실을 보고 부부는 많이 참고 용서하면서 살아야 하는구나 하는 교훈을 주는 영화로 착각하게 만든다. 하여 이 교훈을 섭취하고 서로 달라질 그들을 기대하게 하는데, 아무런 준비도 없이 뛰어든 그녀의 아버지는 관객들로 하여금 이 영화가 제시한 그 어느 부분과도 이어지지 않는 동떨어진 감을 주게 하며, 그녀가 이름에 대한 콤플렉스의 원인이라는 해석도 없기에 첫 장면과도 연결을 이룰 수 없게 한다.

라. 혼란한 감을 주는 결말

시나리오 작가들은 이야기 속의 플롯이 관객이 인지할 정도로 너무나 분명하게 돋보이기를 바라지 않고, 그 시나리오가 이 세상의 자연스러운 한 부분인 것처럼 흘러가기를 바란다, 독자로 하여금 다른 쪽을 보게 만들면서 보아야 할 곳을 보게 만드는데, 이야기 등을 읽어 나가다 보면 독자는 무방비 상태로 마지막 대목까지 읽게 되는데 예상치 못한 결말을 발견하고 놀라게 된다. 그 결말에서 이야기의 중간에 사소하게 보아 왔던 일이 결정적인 역할을 했다는 것을 알게 된다.

<엽기적인 그녀>에서 바로 이런 수법을 사용하고 있다. 견우는 고모의 소개로 그녀와 다시 만나게 된다. 그녀와의 만남은 아들이 죽어서 쓸쓸한 고모 보러 가는 길에서 이루어졌고, 이야기 중에서 자꾸 비치는 견우의 죽은 형님, 그녀의 죽은 전 남자친구는 결말에서 하나로 겹쳐져 관객에게 진실감을 준다.

그러나 <我愛你> 중 결말은 아버지를 만나보고, 이혼 등기를 내고, 그녀가 술을 마시고 차도에서 역행을 하다가 왕의를 다시 만나고, 왕의가 가령한테서 소규의 임신소식을 전해 듣고, 임신한 소규가 천천히 산보를 하는 다섯 부분으로 나뉘어져 있다. 이는 관객이 자각하도록 유도하는 열린 결말에 속하나 그 전 갈등 원인이 명확하지 않고 이 다섯 이야기가 흩어진 듯한 느낌을 준다는 등의 이유로 말미암아 혼란감만 더해주고 있다.

이상 <我愛你>는 멜로드라마로서의 서사적 성취를 이어 줄 수 있는 장치들이 부족했고 이야기가 개연성 있게 구조화되지 못하여 그 감상성이 많이 떨어지고 있다.

3) 서술방식의 차이

① 제3사 시섬과 1인칭을 혼용한 <엽기적인 그녀>

영화에서 이야기 내용을 중개하는 역할을 카메라가 담당한다. 카메라는 곧 서술의 주체가 되는 것이다. 이 때 카메라는 기계 자체의 의미뿐만 아니라 감독을 비롯하여 영화작업에 함께 참여하는 모든 사람들의 관점을 포함하는 개념이 된다. 슈탄젤은 서술 상황 구성요소를 인칭, 방식, 시점으로 나누어 분석했는데 <엽기적인 그녀>의 서술방식을 살펴보기 위해 슈탄젤이 밝힌 서술상황 구성요소를 참고하도록 하겠다.

소설은 1인칭을 사용하고 있다. 소설은 견우의 눈을 통해 '그녀'를 바라보면서 이야기가 진행되어 왔다. 이와 같은 특징은 영화 <엽기적인 그녀>에서도 이어진다. 영화 <엽기적인 그녀>는 영화가 진행되는 가운데 화면 밖 목소리, 곧 내적내재음향이 자주 나온다. 이는 대개 견우의 목소리인데, 카메라가 자세히 드러낼 수 없는 상황에 대해 해석해 준다. 카메라가 가진 한계, 즉 의식전달의 면에서 어려움을 갖는다는 것과 지각에만 의존하여 서술한다는 점을 화면 밖 목소리가 보완하고 있는 것이다. 여기서 회고적 독백이나 상황에 대한 진술이 견우의 목소리를 통해 삽입된다는 점에서 카메라는 곧 견우의 인격을 부여받는다. 그래서 <엽기적인 그녀>는 소설과 마찬가지로 1인칭 서술을 기본으로 진행된다.

<엽기적인 그녀>에서 견우의 내레이션은 견우의 의식변화를 설명하고 관객을 견우의 심리와 긴밀하게 연결시켜 주는 역할만 하는 게 아니라 개연성이 부족한 에피소드를 서로 연관성 있게 설명해주는 기능을 가진다. 그 뿐만 아니라 영상으로 전달하지 못한 견우의 그녀에 대한 연민의 마음을 표현해주면서 관객이 견우의 심정으로 영화를 볼 수 있도록 보조한다.

이렇듯, 견우의 내레이션은 이야기의 진행에 결정적인 역할을 한다. 목소리의 주인공 곧 서술자아와 체험자아를 분리시킴으로써 흘러가는 영상에 대한 외부적 논평을 가능하게 하는 것이다. 다음은 영화가 시작된 이후, 가장 먼저 등장하는 견우의 내레이션이다.

① 2년 전 바로 오늘, 그녀와 저는 이 자리에 타임캡슐을 묻었습니다. 오늘은 우리가 만난 2년 만에 다시 만나는 날이지만 그녀는 아직 나타나지 않았습니다. 전 기다립니다.

② 부모님은 제가 딸이길 원해서 저를 어려서부터 딸처럼 키우셨습니다. 그래서 저는 일곱 살까지 제가 여자인줄로만 알았습니다. 그리고 목욕탕도 엄마

하고만 갔습니다. 저는 나이가 들면 고추가 점점 작아져서 사라지는 줄로만 알았습니다. 근데, 정반대더군요.

위의 내레이션은 아직 '전반전'이라는 자막이 올라가기 전, 영화의 프롤로그 부분에 나온다. 내레이션 ①은 이 영화의 화면 밖 목소리가 영화의 이야기 시간 중 언제의 견우인지를 분명히 해준다. 화면 밖 목소리 즉, 서술자로서의 견우는 타임캡슐을 묻은 지 2년 후의 견우인 것이다. 이 때문에 '전반전', '후반전', '연장전'으로 나뉘어 비교적 순차적으로 진행되는 영화 속에서 내레이션은 '연장전' 마지막 부분을 제외하고는 과거시제로 전달된다. 내레이션 ②도 그것을 입증한다. 카메라가 전달하는 영상이 항상 '현재'이기에 그보다 '미래'의 목소리가 개입할 때는 과거시제가 적합한 것이다. 이는 영상 속의 견우, 즉 체험자와 화면 밖 목소리로서의 견우, 곧 서술자의 분리를 의미한다. 이와 같은 기법을 통해 화면 속 견우의 표정이나 행동, 대사로 드러내지 못한 의미는 화면 밖 목소리를 보완된다.

현재의 견우(체험자)와 미래의 견우(서술자)가 한 화면 안에 함께 존재하는 것은 시각과 청각을 함께 자극하는 영화매체의 기법적 특성에 의해 가능하다. 이때 체험자와 서술자는 각각 이야기의 세계와 담론의 세계에 포함된다. 그런데 담론의 세계에 속한 서술자아가 지속적으로 화면 속 사건들의 상황을 설명해주고 견우(체험자)의 의식을 드러내준다는 점에서 <엽기적인 그녀>는 방식 면에서 반영자-인물 서술방식을 따른다고 할 수 있다.

한편, 영화에서 시점의 문제는 소설처럼 간단하지 않다. 왜냐하면 영화의 시점은 일반적으로 끊임없이 바뀌기 때문이다. 카메라는 상황에 따라 인물 속으로 들어가기도 하고 때로는 인물 바깥에서 세계를 조망하기도 한다. 영화적 서술은 이야기 상황에 가장 적합한 시점을 요구하는 것이다.

결론부터 말하자면 <엽기적인 그녀>는 영화의 이야기 시간전체를 놓고 봤을 때, 시각적인 충분한 활용은 이 영화에서 매우 중요한 역할을 한다. 특히 영화 내내 견우의 내레이션을 통해 보조 서술이 이뤄지는데, 이는 관객에게 내부 시점의 존재를 환기시킨다. 영화 속에는 많은 부분이 카메라가 견우의 눈과 일치하여 시점 숏으로 그녀를 바라보고 있다. 이러한 주관적인 숏들은 이야기를 주도하는 두 주인공 중, 견우의 시점과 관객의 시점을 일치시켜 관객으로 하여금 견우의 입장에 서게 하는 효과를 준다. 이와 같은 인물 시점은 특히 영화 초반부에 많이 등장하는데 이는 아직 뚜렷하게 성격화 되지 않은 '그녀'를 견우의 입장에서 잡아 주기 위해서라고 할 수 있다. 다시말해, 영화 초반부에는 관객이 견우와 동일시 된 상태에서 '그녀'의 캐릭터를 체감할 필요가 있다는 것이다. 영화가 후반으로 가면, 이미 굳어진 남녀 주인공의 역할구도와 거기서 비롯된 갈등이 어떤 해결과 정으로 마무리 되는지가 중요한 문제가 된다. 이때 '후반전' 막판에서 '연장선'으로 이어지는 멜로드라마 이야기 구도는 영화초반부터 축적된 '그녀'에 대한 견우의 미련과 궁금증이 이끌어낸 것이다. 그래서 인물 시점은 관객이 심정적으로 견우의 입장에 서서 영화에 몰입해야 할 필요성이 있는 초반부에 자주 사용될 필요가 있었다. 결과적으로 <엽기적인 그녀>는 인물시점의 적절한 사용으로 장르 교체에 따른 관객의 이질감을 극복하고 관객이 정서적으로 공감할 수 있는 영화적 서술을 가능케 했다고 할 것이다.

② 제3자 시점만 사용한 〈我愛你〉

영화를 보는 관객은 기본적으로 '카메라의 눈'을 통해 영상을 접한다. 이 때 카메라의 눈은 이야기 세계의 바깥에 존재하는 서술자의 눈과 일치할 수도 있고, 등장인물 중 한 명의 시각과 일치할 수도 있다. 논의를 <我愛你>에서 진행시키자면 두 주인공을 함께 잡을 때 사용되고, 후자는 한명의 주인공이 다른 주인공을 관찰할 때, 즉 관객이 한 인물에 자기투영을 한 채 이야기를 전개해나가야 할 필요성이 있을 때 사용된다. 그런데 <我愛你>의 경우 거의 모두 전자의 방식으로 이야기가 서술된다. 이는 두 사람 중 어느 한 인물의 내면과 심리를 드러내면서 그를 초점자로 둘 필요가 없음을 일컫는다. 이런 경우 관객은 객관적인 관찰자가 되어 두 인물의 갈등양상을 제3자의 시각에서 바라 볼 수 있다. 그래서 <我愛你>는 3인칭으로 기술되었으며 시점에 있어서는 외부시점을 견지한다.

한편, <엽기적인 그녀>는 화면 밖 목소리를 통해 서술자의 역할을 부각시켰으며 이는 원작소설과 같은 1인칭 서술을 가능하게 했다. 또 카메라는 자주 견우의 인물 시점이 되어 관객을 견우의 의식과 심리와 긴밀하게 연결시켰다. 그런데 <我愛你>의 경우, 화면 밖 목소리를 통해 서술자와 체험자의 분리 혹은 중첩을 보여주지 않는다. 이는 주인공 왕의와 소규 중 어느 한 인물의 의식을 통해 이야기를 진행하지 않겠다는 의도를 드러낸다. 뿐만 아니라 화면에는 인물시점마저도 거의 나오지 않는다. 여자주인공이 왕의와 억지를 부리거나 싸울 때도 제3자의 시점으로 그녀의 표정을 촬영하였을 뿐이지 왕의 시각으로 보는 그녀를 촬영하지 않았다. 이와 같은 결과는 실제작가가 자신의 메시지를 전해 줄 카메라를 인물 외부에 많이 두면서 객관적인 상황전달에 주력했다는 것을 알 수 있다. 하여 <我愛你>는 제3인칭의 서술상황으로 전개되었다고 할 수 있다.

그리고 <我愛你>는 서술자(카메라)와 등장인물의 시간적인 간극이 느껴지지 않는다. 카메라가 잡아내는 현재의 시간 속에 등장인물도 현재의 모습을 보여주며 흘러가는 것이다. 이는 담론의 세계와 이야기의 세계가 시간적으로 분리되지 않는다는 것을 의미한다. 이 때 서술자는 등장인물의 의식세계에 들어가서 그 심리를 드러내지 않는다. 단지 서술자는 관찰자의 입장에서 두 주인공 간에 벌어지는 갖가지 사건들을 목격하고 그것을 전시한다. <엽기적인 그녀>처럼 서술자를 통해 상황에 대한 논평을 하거나 지나가는 화면에 대한 주관적인 해석을 가하는 경우도 없다. 한 마디로 서술자는 서술대상에 대한 모든 해석의 여지를 관객에게 일임하는 것이다. 그래서 <我愛你>는 두 주인공의 행위와 대화를 주로 외부에서 전시하기에 전달자-인물 방식에 가깝다고 할 수 있겠다.

이처럼 <我愛你>의 서술자(카메라)는 인물의 표정과 행위, 사건과 에피소드, 분위기 등을 간접적으로 전달하는 데 충실하다. 하여 영화에서 주인공의 심리를 이해하기 위해서는 관객 스스로의 노력이 요구되는 것이다. 이는 관객이 감정적으로 몰입하여 주인공과 같이 느끼고 감동하는데 어려움을 초래하였다.

3. 결 론

이상 두 영화의 서사구조에 대하여 비교를 하여 보았다. 소설과 영화의 서로 다른 표현방식은 동일하게 인기를 끌었던 소설임에도 불구하고 영화를 개작함에 있어서 적절하지 못한 서사구조는 그 감상성을 떨어뜨리게 된다.

　　<엽기적인 그녀>는 영화와 소설이 서로 다른 수용방식의 특점을 충분히 고려하여 관객이 영화에서 흥미를 느끼게 하기 위하여 개연성에 충분히 고려하여 주었으며 영화가 인물의 심리를 충분히 표현할 수 없다는 약점을 감안하여 내레이션, 제3자적 시점과 제1자의 시점을 교차하여 관객이 주인공과 함께 느끼고 감동하는데 성공하였다. 이와 반면에 <我愛你>는 소설적인 서술에 머물고 있으며 개연성을 충분히 고려하지 못하였기에 관객이 영화를 이해하고 주인공과 같이 호흡하는 효과에서 많이 떨어지고 있다. 이밖에도 <엽기적인 그녀>가 흥행하고 <我愛你>가 흥행하지 못한 데는 많은 원인들이 있을 수 있겠지만, 지면이 제한되고 시간이 촉박한 이유로 여기서 이만 줄이도록 하겠다.

참고문헌

방재석, 「소설과 영화의 관계양상 연구」, 중앙대학교 박사학위논문, 2002.

안승범, 「사이버 소설과 사이버 소설원작 영화의 서사요구 비교연구 – <엽기적인 그녀>와 <내 사랑 싸가지>를 중심으로」, 경희대학교 석사학위 논문, 2006.

남소영, 「문학과 영화의 서사성 연구 – 이창동 문학과 영화의 '내러티브'비교 분석」, 한남대학교 석사학위논문, 2002.

영화진흥위원회. 「아시아·태평양 지역 한국영화 진출현황연구」, 2003년 7호 연구 보고서.

김주석, 「현대 영화의 서사양식 연구 – 서사 이론을 반영한 <은박접시> 시나리오를 중심으로」, 성균관대학교 석사학위논문, 2004.

김은영, 「매체전환 텍스트에 대한 매체미학적 분석; 만화 <조선여형사 다모>, HDTV 드라마 <다모>, 영화 <형사: Duelist>의 서사를 중심으로」, 이화여자대학교 석사학위논문, 2005.

김소나, 「매체 간의 상호작용에 의한 콘텐츠 OSMU사례 연구 – 뮤지컬 <이>를 원작으로 한 영화 <왕의 남자>, 뮤지컬 <이>를 중심으로」, 단국대학교 석사학위논문, 2006.

박수현, 「바람계곡의 나우시카와 원더풀데이즈 플롯 전개방식에 대한 비교분석」, 홍익대학교 석사학위논문, 2006.

이승엽, 「애니메이션 스토리텔링에 있어서의 서사구조 비교분석연구 – <뮬란>과 <원더풀데이
　　즈>서사구조를 중심으로」, 홍익대학교 석사학위논문, 2007.

이천형, 「한국 갱스터 영화의 서사구조 연구 – <게임의 법칙>, <비트>, <친구>를 중심으로」, 추
　　계예술대학교 석사학위논문, 2003.

김욱준, 「멜로드라마 서사구조의 비동적 특성 연구 – 영화 <Waterloo Bridge>와 <Love
　　Affair>를 중심으로」, 동국대학교 석사학위논문, 1996.

김수연, 「온라인 구전정보가 영화선택에 미치는 영향 – 영화 유형에 따른 기대를 중심으로」, 연
　　세대학교 석사학위논문, 2005.

손현희, 「영화마케팅모형의 정립에 대한 연구 – 통합마케팅적 접근을 중심으로」, 중앙대학교
　　박사학위논문, 2003.

浅析80后文学
－ 以郭敬明与可爱淘的小说为切入点

朴雪梅*

1. 引 言

　　网络时代为文学的发展提供了全新的空间，也使更多地年轻人得以在文学创作领域展露头角，催生了所谓的"80后"作家。如郭敬明、韩寒、张悦然，等等。他们的作品限于年龄和阅历，大多创作所涉及的内容当属于青春文学的范畴。尽管郭敬明的作品被月千川先生严厉斥责为文学的小太监－"写作的血性不足，内容骨质疏松，缺乏健全的骨架，表现出过分的阴柔：自动地放弃个性和表达自我的愿望，并把这种放弃视作理所当然;同时，小太监是一种最容易留于媚俗的动物。"1)但他却凭借着这一媚俗走上了2003年福布斯中国财富名人榜。他的≪幻城≫从2003年月底上市后至 12月,累计销售84万册,据有关媒体报道,在2003年 11月的全国文学类畅销书排行榜上,≪幻城≫名列第三；2003年9月，郭敬明出版了他的第二本长篇小说≪梦里花落知多少≫，据称首印数达到了30万册。

　　无独有偶，与我们相邻的韩国，也有个被誉为毒害国文教育的可爱淘，她的本名是李允世（下面都称作可爱淘），1985年出生于韩国忠北制川市，现就读于成均馆大学，专攻影视创作。可爱淘这一名字对中国读者来说一点都不陌生，可爱淘16岁时，以网络小说≪那小子真帅≫，≪狼的诱惑≫等跃居韩国畅销小说榜首。接着这

---

* 중국 연변대학교 조문학부 석사과정

1）亚人，「郭敬明现象的思考」，『百家论坛』2005(3).

些作品逐一被翻成电影，再创了辉煌，不仅在韩国大卖，还打入了中国市场，掀起了另一股韩流风尚。

尽管他们的小说，遭受着程度不同的抨击，但在图书市场十分卖香，他们是80后的偶像，80后的青春掌门人。这说明，他们的小说在80后那里得到了认可，是80后想看到想读到的文学作品，在某种程度上他们就是80后的代言人。黑格尔说过"一个时代的性格主要是青年人的性格"，这就不禁使我们想到，这一被韩国80后推崇的作家可爱淘和被誉为中国80后青春掌门人的郭敬明的作品到底有什么样的特点，如此吸引着80后，他们的作品又有哪些共性与差异性？是什么使他们如此备受80后的推举。本文试图以郭敬明的代表作"幻城"、"梦里花落知多少"和可爱淘的成名作"那小子真帅"和"狼的诱惑"为切入点进行分析。

1) 先行研究

在中国80后一直是谈论的焦点，因为他们是特殊的一代，具有着时代意义的"独生子女一代"。他们的文学作品也常被论及，截至2008年12月，在同方硕博士数据库中就可以搜索到以"80后写作"为关键词的硕士论文16篇，如果在万方数据库中查询，更是令人目不暇接。但这些论文都局限在中国80后的写作上，很少与韩国80后写作进行了比较研究。作者仅仅发现了一篇将村上春树与郭敬明的忧伤为比较对象进行比较的论文，题为－－"梦里花落知多少"与"挪威的森林"里的忧伤－－的论文。

再则关于可爱淘的论文，可以在韩国国会图书馆中找到几篇，但多以80后写作，或是以网络文学为标题的论文中的一个个案的形式出现，很少见到以她的写作为中心展开的论文。而在中国仅找到了一篇由陈鸿秀写的题为≪现代观念和传统意识的交织－－韩国爱情片 ＜那小子真帅＞与 ＜狼的诱惑＞的文化解读.≫的论文。

至今没有找到对两国80后写作方式上的诸多相似点进行比较研究的论文。下面将以郭敬明的成名作≪幻城≫、≪梦里花落知多少≫和可爱淘的成名作≪那小子真帅≫、≪狼的诱惑≫为例对80后的写作进行分析。

2) 网络时代与80后写作

发端于20世纪80年代的网络技术，在短短的20多年里，已经由最初的军事情报技术很快进入到了无数个人的生活领域中，逐渐成为社会生活中不可或缺的基本的通信工具和传播媒体，对人们生活的各个领域已经产生并将继续产生极其重大而深刻的影响。

网络是一个市场化较早、意识形态控制较少的文化产业部门。网络对传统文学评价机制的影响也是深刻的。网络这种传播机制为文学提供的写作、阅读与批评的空间，对由行政组织、报刊、图书出版以及其他文化商人构成的对文学传播方式的垄断、职业文学批评家们对文学批评话语的垄断形成有力冲击。网络的交互性，可以给予读者更大的发言权，读者将不是被动地接收创作者发送与传播的所有文学作品信息，而是随时可以参与到创作中来，通过及时的反馈（包括他们的评价、体会、批评甚至改写）影响着创作者的创作，文学创造个体与阅读群体的关系由此发生更为直接和广泛的联系。网络也是写作者们了解他们的文学消费者心理期待的场所，符合市场需求的文学产品内容才能为他们带来丰厚的回报。而且各种计算机特有的语言符号也开始进入文学文本之中，成为文学文本表情达意的一种有效方式。

网络的出现与普及使写作从精英文化走入了大众文化，使无数个普通人，不再依靠权威作家的推荐，不再依靠一次权威的作文比赛，或是诸如此类的繁复的成名"程序"，凭借网络平台走入了读者的视野，展露了头角。

韩国的网络文学最早是在1989年12月，李成洙在千里眼论坛登载的≪亚特兰大狂诗曲≫[2]，但网络文学真正引起轰动却是由可爱淘在2001年在DAUM论坛连载的≪那小子真帅≫开始的。尽管之前也有诸如≪野蛮女友≫[3]（99年）的网络文学，但这些作家都如流星般，很快销声匿迹了，只有可爱淘至今保有让人叹为观止的粉丝群。

与韩国网络文学比较，中国网络文学形成了非常雄厚的以80后为首的网络作家

2）　金淑伊，『韩国网络文学研究－以发生及发展现状为中心』，岭南大学　硕士学位论文，2005. 12, p.24.

3）苏文清，「论"80后"写作的亚文化意义」，『湖南科技学院学报』2007(2).

圈。网络为"80后"写作者提供了足够大的创作和交流的舞台。在这一方面我们可以看看网络里的这两个论坛。一个是黑锅论坛。这里集中了"80后"的一大群人。小饭、张悦然、苏德、周嘉宁、卢德坤等等。这是一个同龄人做起来的论坛，他们的短篇小说基本上都是在第一时间发在那里，然后等待各自的击赏或评论。另一个是苹果树论坛。以刘一寒、张佳玮、李萌等人为代表的一群"80后"写作者也把它办得有声有色。

3) 所"欲"而不"遇"的小说世界

写作是一个主观性很强的活动，无论是创作还是阅读都是具有主体性，主题精神的自由度明显高于人们在现实生活中的自由度。但这一自由写作到了80后，成了一种随心所欲的表达，与以往的赋予社会责任感的写作相去深远。写作成为"80后"在语义层面的拼贴之物，他们在写作这一方式上刻写了自身的经验，改变了写作原来意义系统。这种写作意义的转化，使"80后"的写作更趋向于一种欲望写作。

郭敬明与可爱淘的作品能在读者中产生巨大反响，是由于得到了读者的认同，而这一认同更多来自于他们描绘的那个读者所"欲"而不"遇"的小说世界。下面将从人物安排，人物之间的爱情、亲情、友情关系为切入点进行比较分析。

① 人物安排

가. 吸引眼球的外包裝

他们的人物安排都是鲜亮的，华丽的外表，吸引着80后的时尚元素，凄凉的身世或高贵的血统。这时尚因素就包含着诸多社会敏感话题，如教育体制和问题学生还有被边缘化了的一些社会现象。

如中国的韩寒，他的《三重门》是对我国当前的教育体制的公开发难。他在书中勾画了众多肤浅的、好色的、贪婪的、无能的、无耻的以及书呆子似的教育中人的群相。春树在《北京娃娃》中淋漓尽致地享受和挥霍着自己的青春，频繁出没于各种摇滚乐表演现场，除了短暂的幸福感觉外，在更多的时候她必须为生计问题而进行身体交易。李傻傻在≪红×≫中的乱伦部分的描写，诸如此类层出不穷。

再看看韩国网络小说，99年的≪野蛮女友≫讲述的是一位暴躁、美丽的女大学生与平凡乖巧的男大学生的爱情故事，整个故事多以酒吧、慢摇吧之类的娱乐场所为背景，并且充斥着漫画风的暴力场面。2000年的≪我的野蛮女教师≫沿袭了上诉风格，讲述了一个漂亮的女大学生和多金的问题帅哥的的爱情故事，其中也是充斥着暴力打斗场面和一些娱乐场所。之后的网络小说风格大抵如此。下面来看看郭敬明与可爱淘的小说又是如何包装的。

郭敬明的≪幻城≫中主人公卡索是王族，是皇位继承人，有着高贵的血统，他的母亲是掌管命运的神；而在≪梦里花落知多少≫中，主人公清一色都是北京高干子弟，而且还"花容月貌"不是美男子就是美女子。取其中一人物描写如下；

走出美容院，我们四个站在门口长发飘飘的，那老板看着我们，一脸笑容地说，要是你们四个每天跟我这门口站一小会儿，那可比在电视上打广告都好使。

可见作者所要描绘的女主角是何等美丽动人，何等自信，何等自我。无论是≪幻城≫还是≪梦里花落知多少≫郭敬明对人物的安排都比较单一，不是王公贵族就是持有魔法的魔法师，还有来自上层社会的高干子弟。对发生在这样一群人身上的生活，对绝大多数人来说，喜欢只是源于一种渴望罢了，渴望卡索的权力，渴望樱空释的无边法力，渴望林岚的才气，渴望火柴的洒脱，渴望白松的身后背景，渴望顾小北曾经的好运和执着。

可爱淘的作品也是如此，尽管作者写道女主角相貌平平，平淡无奇，甚至有些土气，但男主角都会一见钟情，可见相貌应该不会差到那里。≪那小子真帅≫中智银圣是远近闻名的打架高手，还是使无数个女生为之倾倒的花样美男，对爱情执著，忠贞不二；≪狼的诱惑≫也不过是≪那小子真帅≫的延续，不过是将一个帅哥改成了两位帅哥级的打架高手，对感情专一，至死不渝。尽管与郭敬明的作品比较，可爱淘的人物欠缺了显赫的背景，但她所描绘的生活方式，绝对是大多数中学生可望而不可及的——打架、酗酒、逃学、到娱乐场所消遣、谈轰轰烈烈的恋爱。这一切都是无数人学生时代想做而不敢做的。

　　可见，无论是郭敬明还是可爱淘，他们的人物安排都是符合80后幻想的人物，都有着华丽的外表和80后所追求的时尚因素。尽管主人公的社会身份存在着贵族与平民的差异，却足以吸引80后眼球。

ㄐ. 无处不在的尤伤

　　"80后"作品不约而同地浸透着忧伤的情调。比起前辈作家，他们更多写的是个人化的东西，更多关注的是自身的东西。

　　两个作者的作品中，除了上述人物特点还有另一大共同性，那就是每个作品人物都背负着沉重的包袱，两位作者所叙述的故事都带着浓浓地忧伤气质，如≪那小子真帅≫中男主角智银圣有着不堪回首的往事－－其父亲死于艾滋病，幼年和少年时饱受羞辱和孤独；很早就如父兄般照顾他的海兵大哥在一次意外事故中被淹死，而智银圣只能眼睁睁的望着他一点点沉下去。而在之后的≪狼的诱惑≫中，这种忧伤更为浓烈了。与女主角郑汉景同父异母的弟弟郑泰成从小作为私生子一直生活在阴影中，与其相依为命的母亲、外婆相继去世，后来连爸爸也离开了这个世界，命运让他和姐姐再次相遇，他却无可救药的爱上了自己的亲姐姐，最后他带着伤痛选择了远行，隐瞒了自己病入膏肓的真相把快乐与阳光留个了心爱的姐姐。

　　郭敬明的小说≪幻城≫中的人物几乎个个都是悲惨万状，痛苦不堪。卡索的一生总在矛盾着、渴望着、失望着、得到着、失去着，所以只能痛苦。而可怜的樱空释为了卡索，死了三次。梨落和岚裳前世得不到最爱，今生却又以错位的身份被爱着，渴望卡索自己发现哪个才是真正的她们，却直到最后都只剩她们眼底淡淡的忧伤。星轨与星旧，蝶澈与迟墨兄妹宿命的、绝望的情愫，无不带着一种残忍、极端、妖异的魅惑，令人身心颤栗。而在≪梦里花落知多少≫中老天爷非常眷顾林岚，她总是拥有许多东西，有顾小北对她的爱，有陆叙给她的情，有闻婧、微微、火柴的友谊，但她内心却同时也承受着无尽的伤痛：心中明明有爱，却被命运捉弄了一圈；朋友总在需要的时候适时地出现为她挡住了伤害，但朋友受了伤，她却只能在惊奇里按住伤口不知如何去治愈；面对姚姗姗、李茉莉，她有说不出的恨，但却不知从何恨起。表面上似乎她是受宠的一个，但事实上上天给她的伤害远远大于她所得到的幸福。而顾小北的懦弱、陆叙的短命、闻婧的惨遭蹂躏、微微对火柴的出卖、火柴的牢狱之灾、白松的家破人亡、甚至姚姗姗和李茉莉的原形毕露无一不诉说着一个悲惨！

与郭敬明的小说相比较可爱淘的忧伤，忧而不伤，作品中的人物尽管身穿百孔，背负着太多的伤痛，但那只是作为一种背景，一种铺设，来使读者更为直观的去了解主人公内心想法，不是作品的主旨。≪那小子这帅≫中男主角背负着这些伤痛，勇敢的活了下来，脸上找不到悲伤的过去留下的痕迹，他很酷，很自我，很勇敢。面对翻墙跌入自己怀中的女主角，他产生了一种命运相连的感觉，但却因在乎对方而拒绝千穗打听他的隐私。他对记忆中的伤害和伤痛采取的了一种自我承受和超越态度。

而≪狼的诱惑≫中郑泰成，尽管爱上了不能爱的人，拖着病入膏肓的身体，即将客死他乡，但作品中我们找不到怨恨，我们记住的更多的是，面对生活的种种不幸与伤痛，依旧阳光灿烂、真诚开朗的脸庞；即使他的离别也是勇敢乐观的，他留给自己姐姐的是那不带半点怨恨的，充满浓浓眷恋的嘱托——"下辈子，请你不要做我的姐姐，比我大几轮的大妈也好，长得十分难看也好，就是不要做我的姐姐，那样的话，即使是天涯海角我也会把你找出来，执子之手，与子偕老。"即使面对生活的诸多难堪与不幸，他依旧可以乐观的想到来世。在智银圣和郑泰成身上我们感受到的是韩民族的"恨"的精神。这种恨是朝鲜半岛人民特殊历史造就的具有特殊涵义的概念，它表现着韩国人特殊的内心世界和心理感受。"恨"尽管从字面意义上是对现世的愤恨，怨恨，但在韩民族身上它演绎出了另一种内涵，超越恨与伤痛，使悲愤转换为力量，用一种积极乐观的态度去面对世间苦难与磨练。这就是韩国文化的精髓，悲而不哀，因悲而振的情感。

郭敬明的"忧伤"更多是一种自我压力的书写，一种为寻求共鸣而书写的"忧伤"，小说主人公的忧伤都来自个体无法左右的外界，面对这样的生活变故，主人公只能是默默忍受，毫无办法。如≪幻城≫中，卡索冒着自己和下属的生命危险，不顾所有人的劝告，一心要亲自涉险使他心爱的人——樱空释、梨落和岚裳复活。却又阴错阳差的再次将自己的弟弟杀死，错认了自己的爱人，使自己的妻子和爱妾抱恨终生。≪梦里花落知多少≫中接连的误会与突发事件，原本平静的生活被一些不期而遇的"意外"打破了，一个李茉莉毁了闻婧的一生，使白松家破人亡，但面对这些她能做的就是逃离，逃到深圳通过忙碌的生活使自己遗忘。这里的忧伤是治不愈的伤口，作者能做的就是把头扭过去，假装看不到那伤口。而这"忧伤"却是整篇小说的主流。

这里郭敬明的笔墨，所描绘的不是中国人的什么传统精神，传统文化，而是80后的一种精神状态。80年代人所生活的中国处于社会的转型期，其一大特点就是社会的方方面面，从生活到精神都处于剧烈的变化之中，在这样的"失范年代"，每个人的生存都处于激烈的震荡之中，惶惑、彷徨、无所适从。传统的规范失灵，新的规范尚未建立，精神无所依傍，"行"也随之失范，日益激烈的市场竞争不断加大着80年代人求学的压力，而求学作为小康社会年轻学生最大的生存障碍，它同时也是父母、社会强加给年轻人生存预备期训练的唯一途径。巨大压力所导致的挫折感、压抑感也进一步加剧了年轻人的普遍焦虑和价值观的断裂与分数教育的高压构成了80年代人的双重痛苦。为宣泄这种焦虑感，他们选择了写作，通过笔下人物来放大他们的情感压力。在生存的现实面前，他们只能把压力诉诸于文字，把困惑写成故事，反映他们的真实心情。再加上，二十世纪90年中后期怀旧的社会文化氛围、小资流行文化、韩剧中的悲剧意识都深深地影响他们，使他们接受了忧郁的精神气质。当"酷"在青年当中得到反复指认时，真诚的或做作的"忧伤"表演，从某种角度来说已经成为青年们制造的另一种流行"忧伤"的普遍性、广泛性极大地鼓励了出版商们，凭着灵敏的嗅觉他们已经感到这一种文学格调具有光明的市场前景，从而也反复强化了"80后"对"忧伤的偏爱"。

无论是中国的80后还是韩国的80后都是这样的一代，他们一出生就享有着现代社会带来的富裕的物质、体味着家庭的温情和社会的关注。另一方面又承受着这些关注的目光背后巨大的社会竞争压力。这似乎是永远的二律背反；人们在物质极度贫困的时候，焕发了强大的求生意志，精神上昂扬饱满；而在物质上丰沛到别无他求的时候，精神上却出现了游移与飘忽，于是向更高的几乎不可到达的精神领域跋涉。她们渴望自由与温情，渴望人能按自己的真性情生活，在这个钢筋水泥的现代商业社会注定是不可能得到的东西。他们的痛苦几乎都来源于此。在后现代文化的语境中，他们写着他们灰色的青春，纯净的目光掠过都市的人流与风景，落寞中带着期盼。

这种压力和犹豫溶于文字中，就投射出了无处不在的"忧伤"，不管是韩国的乐观的忧伤，还是中国不知所措的忧伤，这层忧伤都深深地打动着80后的心灵，与之产生了强大的共鸣。

② "80后"文学创作的情感表达方式

爱一直是文学创作的母题，它体现于亲人之间、朋友之间以及恋人之间。80年代的写作者由于尚未完全踏入社会，其他阅历有限，因而他们的作品更是集中突出地表现了爱的主题。80年代人通过对友情、爱情和亲情的抒写，通过对爱的呼唤使作品在本质上充满着明亮和向上的张力，闪烁着一种人性的光芒，体现着一种人文关怀。因而，尽管他们的作品中也充满了死亡、离别、孤独、忧伤、反抗和叛逆，但总让人能感觉到隐藏在无形当中的淡淡的挥之不去的爱的气息。

가. 对爱情的执着

无论是郭敬明的作品，还是可爱淘的作品，深深吸引着读者，打动着读者的就是那执着的爱情。郭敬明作品中的每一个角色都对爱情很执著，甚至达到偏执的地步。

在《幻城》中，卡索深爱着梨落，疼惜着岚裳。他去深海宫接来了新生的人鱼做侧妃，以为她是岚裳，因为她是有着纯粹血统的人鱼和与岚裳前世一模一样的面孔。他等待着他的爱人梨落，直到他找到转世的梨落是一个蓝色头发的小巫师。国王卡索不顾一切的迎娶她做了自己的王妃。岚裳和梨落都痛苦的爱着卡索，因为他们不是前世的岚裳和梨落。梨落死的时候最大的愿望是成为血统纯正的人鱼，这样才能和心爱的男人相依相守，于是来世的她拥有了岚裳的身份，却看着自己心爱的男人叫着别的女人梨落，一心一意的爱护她。岚裳前世的心愿是成为卡索爱的女人，于是来世的她成了梨落，得到了卡索的爱情，承受着卡索对另一个女人的爱却无法开口。

在《梦里花落知多少》中，顾小北对林岚的溺爱、包容，林岚的冲动、任性造成了他们的感情悲剧。但他们即使在因误会分手后也仍然执著于他们之间曾有的爱。

书中自始至终都在隐喻着他们俩人之间千丝万缕的感情纠葛。让我们在为他们惋惜的同时，始终羡慕他们爱的真。而陆叙对林岚的爱情更于细微处给我们震撼。因此对于作者因为有网友猜到他原本计划的结局而改写林岚与陆叙的爱情总让好多人无法释怀。不过也许正是这样的爱情悲剧却更能触动读者心中最脆弱的那根弦吧！

可爱淘的作品中也有类似的情节，《那小子真帅》中，由于种种不幸而紧闭的心灵之门，仅为韩千穗打开，并只为她展颜；那种强烈的唯你不可的独占欲和我的心里只有你的真挚感情，不禁使读者为之动情；而小说中女主角韩千穗为了智银圣竟然放弃入学考试的场景，也不禁让人倒吸一口气。而在《狼的诱惑》中郑泰成对自己姐姐的爱恋，更是让人为之叹息，为之流泪。郑泰成在不知是自己姐姐的情况下，爱上了自己的姐姐郑汉景，后来知道真相后，怎么也收不回给出的真情了。当得知自己得了绝症后，为了成全自己的姐姐，选择了远行，选择了客死他乡，只留下了简短的一段话，述说着自己的衷肠，并约定，下辈子，无论你是什么摸样，我都会娶你，都会爱你生生世世，所以请你无论如何都不要再做我的姐姐。这样有些带着禁忌色彩的爱情故事，让人打动着人们，不禁使人要落下泪来。

4. 游离现实之外的友情

他们的作品除了，对爱情的描写，最大的特色就是那些形形色色忠胆肝肠的好朋友了。

《幻城》中星旧是刃雪城最年轻有为的占星师。他辅佐王卡索登位，是卡索最信任的臣子。当王遇难的危急时刻，星旧作为最优秀的占星师，在前一天就已经占卜出了这一难关，毅然独自一人前往解救自己所效忠的王。然而当他知道和王作对的就是自己的亲生妹妹星轨的时候，他又大义凛然的把妹妹打败，怀着伤心和痛楚永远地离开了刃雪城，只带了自己奄奄一息的妹妹和那把象征着自己的权威的落星杖。月神、皇栎、潮涯、片风，刃雪城中最出色的几个人，明知即将面临的危险，还是义无反顾的跟随他们的王卡索进入幻雪神山。一路上彼此信任，互相扶持，共度难关。更难得的是，当刃雪城面临更大的灾难时，他们还能从隐居的安逸中再次挺身而出，最终为了卡索的幻雪帝国献出他们的生命。也许这一切更近于"忠诚"对君主的"忠诚"，但作为80后作家，他所投射出来的应该更近于肝胆相照的友情。

《梦里花落知多少》中就让我们更直接地从林岚与闻婧、微微、火柴等亲如姐妹的友情中看到了作者对友情的重视。闻婧是一个有情、有义、有个性的女孩。看到做作的女生她会毫不忌讳地骂出来；顾小北生日宴会上面对姚姗姗的刁难她毫不犹豫地帮着林岚挡酒最后自己却吐得天昏地暗；她会对林岚说看到你哭比看你被人操刀砍都难受；男朋友约她出来说分手而对面坐着的却是自己最爱护的好朋友，摔了一巴掌就大大方方的让了出去。等等诸如此类不在少数。

比起郭敬明大肆渲染的为兄弟两肋插刀的，"讲义气"型友情，可爱淘所描绘的友情更丰富一些，有讲义气的也有重色轻友的。讲义气的有如《那小子真帅》中金晓光的女性朋友帮着金晓光奚落韩千穗，或是为了给金晓光出气，并达到威慑韩千穗使之知难而退而在暗地里揍韩千穗，还有一直跟随着智银圣出生入死打架斗殴的兄弟。"重色轻友"的如《那小子真帅》中和韩千穗一起翻墙逃课，却与智银圣装个满怀，执意装"平静"不肯给韩千穗透露风声的希灿；还有《狼的诱惑》中，开头就把占了郑汉景心仪多时的大韩的芷希诸如此类。

无论是郭敬明所要描绘的"讲义气"、"够朋友"的朋友，还是可爱淘所叙述的或讲江湖道义的、或"重色轻友"的朋友，都是现实生活中很难碰到的，被漫画化的形象。

다. 作爲陪襯的亲情

尽管郭敬明在《幻城》中对兄弟，兄妹之情做了大量笔墨的描绘，但在《梦里花落知多少》中却几乎找不到这种手足之情。

在可爱淘的作品中，亲情的分量不是很大，尽管有过《狼的诱惑》中的郑泰齐，但对他的感情更多是有着"乱伦"之嫌的爱情。再则就是《那小子真帅》中对哥哥的描写，他是对主角施加迫害的对象，要他起来做夜宵，还有种种，都不过是只言片语。

综上所述，两位作者都以同龄人之间的关系描写作为重点，这与中国"一对夫妻只生一个子女"的生育制度使80后缺乏兄弟姐妹不无关系，而韩国实行的"一对夫妻只生一对子女"的生育制度也使韩国80后在某种层面上缺少这一方面的亲情。再加上学业比较重，大部分时间都要在学校中度过，难免小说描写中"同龄"描写多于其他的局面。

这样，被千古传唱的爱情主题，就鲜明了起来。而对于友情，因为这种感情在现实生活中比比皆是没有多大新鲜感，于是被作者以漫画风扭曲和夸张了，或以很"三国桃园结义"的精神美化了，陌生化了。使读者对友情多了几分打趣，多了几分向往。

4) 快餐式的叙述形式

① 以自我为中心的叙述模式

应该说，"80后"基本上都接受了正规的学校教育，即使有的中学退学，但也完了初中教育。就他们的年龄而言，阅历和经验不足，所以，他们一般都从自身经历寻求创作题材，由阐释自我开始创作。综观整个"80后"的小说，会发现以第一人称叙事的作品占绝大多数，如果说这只是一种叙事的方式的话，那么，在80后"的文本中，一个出现频率最多的词——"我"，便有了更深刻的含义。以"我"为中心进行对话、思考，"我"的大量的心理活动，在许多80年代人眼中，所有的道德尺度就是自己定义的道德尺度，"自我"被放在突出位置。

郭敬明与可爱淘的小说都是以第一人称，以自我的视角去描绘的。

可爱淘的作品几乎都是以第一人称来完成的，对小说男主人公或是其他人的描写也几乎都是从"我"的视角出发的。处处可见的是主人公充满个性的一厢情愿的心理描写；如≪那小子真帅≫中有如下的一段描写；

嘟，嘟，嘟……嘟…… 这儿大白痴……看来是不行了……

过去看看吧，看看银圣吧。我起了起身，可身体就是不听使唤。

妈的，Ｔ＾Ｔ 怎么办？ 要爬过去么？＝＿＝他该不会向112报警吧. 从床上趴下来就好像花掉了30分钟.啊啊. Ｔ＿Ｔ

我的尾骨,我的尾骨，真是要死翘翘了…… 我瘫坐在了地上用手撑着身子，向前拖着走，＝＿＝简直就是从恐怖电影里爬出来的鬼怪。

用这样的狼狈的样子跑去找银圣，他该不会揍我一顿吧。－＿－应该不会大叫着把我撵出去吧……？ －＿－亲爱的，你就等我一小会儿吧。姐姐就快要到了。Ｔ＾Ｔ

咳…… 咳……ㅜ△ㅜ 咳ㅜ△ㅜ……咳。[4]

　　他的所"思"所"想"都是通过我的猜测来表达了出来。再加上这里一些特殊符号的使用很亲切具体的交代了主人公的心理状况,使读者与作者同视角去理解这个故事。而且无论是≪那小子真帅≫还是之后的≪狼的诱惑≫都采用了这种从作者的视角平铺直述的叙述手法。使读者可以更直观的了解到主人公的所思所想，有种面临现场的真实感。

　　而郭敬明的两部小说也有异曲同工之妙。≪幻城≫中每个人的行为在他自己留下的梦境中都有为之努力甚至牺牲切的理由，尽管曾为这一理由滥杀无辜。郭敬明将那些使人无法理解的行为模式假设成了，以我的立场解释说明的叙述模式，使读者有种"这样在理"，"难怪"之类的情感；而≪梦里落花知多少≫里主人公林岚一直考虑的是自己的内心感受，很少会顾及到他人的感受，直至最后心爱的人意外死去，原本相濡沫的姐妹各奔天涯。现在来看一看≪梦里花落知多少≫中的一段

　　我知道陆叙从小就被父母惯得一身毛病，含在嘴里怕呼吸不到新鲜空气, 拿出来又怕被沙尘暴吹出雀斑。加之有个很温柔说话大气都不敢出的女朋友，所以养成和我一样的狗脾气, 可是如来佛眼睛是雪亮的，一物降一物，栽我手上算他倒霉，我当初和闻婧以暴制暴来争取初中合法地位的时候小样儿你还不知道在哪儿玩儿泥巴呢。

　　有关陆叙的种种是"我"知道的，而对他的评价也是通过和"我"的比较完成的。整篇文章贯穿的都是"我思，我想"都是以我的视角来进行描述和叙述的。除了我之外的其他人，真实的想法，没有被表达出来。

　　如≪幻城≫中如果她们没有托梦，他是永远也不会想到她们的想法，他只会一厢情愿的去相信自己想相信的东西，就因为他忽略了别人的所思所想，他使他们复活

4）뚜, 뚜, 뚜…… 뚜…… 바보 병신 같은 게……. 안 되겠어 …….
가볼래. 은성이한테. 몸을 일으켜 보았다. 생각처럼 쉽진 않았다.
제길, ㅜ△ㅜ어떻게. 기어갈까. =_= 112애 신고를 들어가는 건 아니겠지. 침대에서 내려오는 데만 30분은 소비하는 거 같다. 으윽. ㅜ_ㅜ내 꼬리뼈. 내꼬리뼈 죽어나네 ……주저앉아서 양 팔로 바닥을 짚고 몸을 질질 끌었다. =_=흡사. 공포괴담에 나오는 독서실 귀신과 다를 바 없었다. -_-이런 꼴로 지은성에게 찾아간다고 설마 때리진 않겠지? -_-소리 지르고 내쫓기는건 아니겠지……? -_-애기야, 쫌만 기달려라. 누나가 간다. ㅜ△ㅜ헉……. 헉……. ㅜ△ㅜ헉 ㅜ△ㅜ……헉. 귀여니,『그놈은 멋있었다』, 제1권 238쪽 재인용.

了，却又再次使他们抱恨终身。而在≪梦里花落知多少≫中林岚，她从来没有试着去想顾小北他在想什么，自己的种种行为给他带来了什么样的情绪，会不会让他感到伤心难过。她只是知道一味的逃避，当陆叙随他来到上海的时候，她也只是沉浸在自己的世界里。整篇小说中陆叙没有独立的思考场面，读者看到的"陆叙"，永远都是林岚看到的陆叙。

可爱淘的作品较之于郭敬明的作品，有过之而无不及，她以细腻的笔画描绘了青春期少女恋爱的心情，贯穿全文整部作品中的人物无一不是女主人公"眼中"看到的样子，他们的行为都是按着主人公的理解去理解的。整部作品中没有一个人的行为不是为了"女主角"而做的。如≪那小子真帅≫中金晓光的出场，一次是为了"挖苦"女主角，另一次是为了与女主角争"名分"主动恳请被绑架，第三次是为了让女主角对智银圣知难而退。面对智银圣，金晓光起伏的情感，还有智银圣与她交往的往事被掩盖了下来。智银圣对她恶劣的态度，只是由于金晓光欺负了女主角。如此牵强、自我的理由，在整部作品中竟然可以顺理成章。

在中国80年代人是独身子女的第一代，他们一出生就集所有的宠爱与一身，整个家庭的轴心都围绕他们而旋转。接而随着改革开放中国经济突飞猛进，使得80后成长的物质条件相当富足，基本都是衣来伸手饭来张口。而韩国的经济发展也是自7，80年代，再加上韩国实行的"只生一男一女，两个孩子，过富足的生活"这一口后，使韩国80后，也在一定程度上欠缺着姊妹兄弟的经验。自然而然的少了与同辈交流的经验，也就少了多视角思考的空间。

再加上城市化发展，网络虚拟环境的熏陶，繁重的功课压力，使80后愈发欠缺与同龄人的交流经验。使得他们更习惯于以自我的视角去理解周围的环境，按着自己的想法去活动，不会理会他人的思绪。基于以上种种，80后以第一人称，完全忠于自我内心感受的写作模式就不难理解了。

② 口语化的叙事模式

80后的写作另一大特点就是口语化的叙事模式。由于他们的作品是通过网络论坛发表的，发表出去后很快就会有人跟帖表示自己的想法，如果没有读者帖子就要沉下去，于是作品具有吸引力、易懂就成了关键。于是80后的作品都呈现出了口语化的叙事模式和易于阅读的段与段之间留下大量空白的写作模式。两位作者的小说，都近于口语风格，让人耳目一新，使读者与作者同呼吸，同伤感。

可爱淘的小说，仿佛是对这自己的朋友讲故事一般，让人听着亲切；如

我，今年19岁，即将要离开生活了十八年的工洲，搬到住在安阳的妈妈那儿去。我坐在车上，看着窗外的好朋友们，心中又酸又涩，从没想过透过玻璃窗看别人送你也是一件这么伤心的事。勾构因为舍不得我而一个劲地怦怦掉眼泪，德喜躲在酱缸台后面哭得不敢出来见人。

她的作品对我的描写相当精细，既是很小的一些情感变化也要交待清楚。这样看起来啰嗦的自我描写使读者很容易融入到故事中，仿佛身临其境，感同身受，与主人公同呼吸，共命运。这样的写作模式，可以尽可能的消除读者与作者之间的隔阂，消解作者的"所指"与读者通过"能指"理解到的"所指"之间的延异引起的误解。

她的另一大特色就是大段大段的对话和特殊符号，如

"长得真难看。"小鬼打量我半晌，在嘴里说道。

－_－……－_－……他是说我吗？是说我吗？我的世界霎时变成了灰色，脸色也好不到哪去。

"竹浩，你美术学校的车在等着你呢，你还不快去？"

这种大段大段的对话，使作者所要表达的那个场景呈现出了一种"现时的"、"在场的"模式，有益于读者以自己的思维模式理解故事发展。简单的如"－_－"之类的文字符号，比起繁复的文字描写更容易让人理解。郭敬明的小说也使用了类似的叙述手法，如《幻城》中

我是个孤独的国王，按照幻雪帝国的惯例，每个旧国王退位后都不能再呆在刃雪城，包括皇后，妃子，都要隐居于幻雪神山。所以我总是在偌大的宫殿中听到自己

孤单的脚步声。因为我没有选皇后和嫔妃，因为我忘不了梨落忘不了岚裳，那些善良而深情女孩子。我总是一遍一遍地梦见梨落从独角兽上走下来，跪在我的面前，双手交叉，对我说，王，我带你回家。她的笑容好温暖，让我连风雪都不怕。我总是一遍一遍地梦见岚裳死在樱花树下的样子，蜷缩着身体，眼泪从眼角流下来。

也用了一种以第一人称叙述模式，也是很口语化的仿佛与朋友聊天的故事模式。但他的文章较之于可爱淘的文章少了诸如"－_－"的文字符，取而代之的是很漫画风的描写。如"梨落从独角兽上走下来，跪在我的面前，双手交叉，对我说"，"岚裳死在樱花树下的样子，蜷缩着身体，眼泪从眼角流下来。"尽管他用的都是文字描写，但是伴随着日本漫画长大的80后，对这些场景绝不会感到陌生。这些场景在日本漫画中比比皆是，尽管郭敬明没有进行细致的描写，但读者完全可以通过那些单词联想到日本漫画中的形象，这种联想绝不亚于可爱淘的文字符表情传达给人的"生动感"。

5) 结　论

无论是可爱淘还是郭敬明都以80后所熟悉的口语讲述了80后所幻想的东西。尽管对忧伤的解读和叙述上有一些细微的差异，但在全球化语境下，无论是韩国的还是中国的80后都面临着相似的困境与迷茫，这种相似的迷惘使得他们所热衷的80文学呈现出了诸多相似之处。

而这些80后的相似的向往与感受，浓浓的浸透到了他们的文学作品里，打动着80后，使80后为之感慨，为之感动。

如白烨先生在《"80后"的现状与未来》中所说80后的"现象值得关注。但主流文坛、传统文坛并没有真正而切实地关注过他们，但在实际的书业市场上，他们的影响却越来越大。"不得不令我们深思。他们的作品充斥着商业因素，充满了对传统文学准则的反叛，他们的作品也以网络这一新媒介传入到了无数个读者手中。这一在全球语境内掀起轩然大波的以网络文学为特征的80后文学打破了握在少数精英层手的话语权，写作权。也使我们思考，这一写作模式是不是可取，面对新形势我们要如何写作的问题。

　　这篇文章不是妄图要总结出什么结论，只是试图以红透中国大陆的郭敬明与风靡韩国网络文学的可爱淘为例，探讨了中韩两国80后写作的一些现象，希望能丰富对中韩两国80后文学的认识。

参考文献

赵春梅,「"80后"文学现象研究」, 重庆师范大学 硕士毕业论文, 2006.

张 靓,「"80后"文学创造剖析———以郭敬明小说创作为个案」, 吉林大学硕士毕业论文, 2006.

林 明,「论"80后"小说创作」, 东北师范大学硕士毕业论文, 2006.

陈鸿秀,「现代观念和传统意识的交织—韩国爱情片≪那小子真帅≫与≪狼的诱惑≫的文化解读」,『当代韩国』, 2005(冬季号)

金淑伊,「韩国网络文学研究—以发生及发展现状为中心」, 岭南大学 硕士学位论文, 2005. 12.

苏文清,「论"80后'写作的亚文化意义」,『湖南科技学院学报』, 2007(2).

亚 人,「郭敬明现象的思考」,『百家论坛』, 2005(3).

刘希云,「后现代时期的青春叙事—兼评郭敬明的小说」,『德州学院学报』, 2006(5).

通过Super　Junior韩庚看"韩流"

崔美玲*

1. 引　言

　　1992年8月，韩国敞开了封闭近半个世纪的大门正式与中国建立外交关系。建交以后，两国经济贸易合作关系也越来越密切。近几年来，中韩经贸方面的合作也迅速发展，中国一跃成为韩国最大的贸易合作伙伴和第一投资对象国，其贸易额已超过了美国、日本等发达国家，可想而知中韩两国贸易关系有多密切。就当时的国际形势来看，20世纪90年代，冷战刚刚结束，经济全球化加快的同时，地区排他主义也开始抬头，美国把一直维系紧密经济合作关系的韩国列入贸易报复的黑名单之内对其施加压力，所以改善和加强同中国的经贸合作关系成为韩国缓解同美国贸易摩擦和实现其经济第二次腾飞的新亮点。韩国自1997年IMF以后，虽然在亚洲率先摆脱了金融危机，但还没有恢复到原来的发展水平。

　　在这种情况下，韩国政府实行文化输出战略，试图以文化为"品牌"改善国内经济状况，政府也开始积极对文化产业加强投入。韩国的文化输出战略在中国得到了热烈的呼应，那么一拍即合的原因又在哪里呢？这是由多种原因促成的。仔细观察，我们会发现一种特殊现象。

　　2005年11月，韩国最大的娱乐公司SM公司重磅策划继成功打造了HOT、东方神起等劲爆组合后向亚洲娱乐市场发起了一轮更大的冲击。新人组合Super　Junior（简称SJ）自此闪亮登场，强大的声势和不凡的实力让他们迅速成为韩国歌谣界的新

---

* 중국 연변대학교 조문학부 석사과정

宠。作为主力成员之一、来自中国的男孩韩庚，更是从一出道便引起了各方关注。

谁都知道韩国出明星，那么韩国最大的造星工厂SM公司为什么要到中国来选秀？难道韩国就找不到像韩庚这样的艺人吗？不是的。韩国方面肯定是别有目的，笔者认为就是想以韩庚为"品牌"打入中国市场。作为中国人的韩庚跟韩国人比起来更容易被中国人所接受。当初他们把韩庚带到韩国的时候没有让韩庚出任何费用，而且到韩国之后所有的一切都由公司来免费为他们提供，公司这样做也是为了自身的利益并不是为了让中国的男孩在韩国走红，公司是想借着韩庚的名义赚更多的钱。所谓的"小投资、大回报"。

本文将对韩庚出道的经过、能在韩国出道且在中国走红的原因进行剖析，使正确把握"韩流"的脉络。

1) 先行研究

韩国在遭遇亚洲金融风暴的袭击之后，开始重新认识文化产业，并将文化产业作为21世纪发展国家经济的战略性支柱产业，积极进行培育。韩国首先瞄准的是中国市场，他们对中国市场发起进攻开始试图打入莫大的中国市场。自从1993年开始，大量的韩剧在中国的各大电视台陆续播放，大街小巷出现带"韩国"两个字的牌匾，接着，韩国的"酷龙"组合以 ＜摆脱城市＞这种无论在内容上还是在演唱风格上都令中国青年耳目一新的韩国流行音乐，成功敲开了北京文化市场的大门。1998年到2001年这短短的3年内，韩国以文化输出战略，用低廉的投资赚取了惊人的回报。从此，滚滚"韩流"一发不可收拾。

所谓"韩流"，是社会学家对韩国文化产品在我国引起中国热的一种统称，是指以流行音乐、偶像影视、网络游戏、膳食医药、化妆整容、服饰打扮等浸透韩国文化气息的产品以及生活方式在我国掀起的一种流行风潮。

近几年，"韩流"风靡全国，关于"韩流"的研究也随着它的推广多了起来，尤其是对韩剧的研究。研究韩剧的论文已经有了无数篇，但是大多数论文没能把关于"韩流"和韩剧的研究没能达到境界。这是因为对"韩流"的研究还不够深、不够透彻，还没有专门研究"韩流"的学者。

陈碧媛在她的硕士学位论文「从＜大长今＞看韩剧的品牌营销之道」中，从理论和实践的角度给中国的电视剧以可操作的理论依据和给中国电视剧营销体系建设提供了可参考的内容和范例。

张晓燕在她的硕士论文「大学生对韩剧的认识与解读」中，结合流行文化网络传播的特点进一步探讨以韩剧为中心的流行文化在我国大众文化传播中的意义。

洪梅在她的硕士论文「韩剧产业探析」中，以传播学角度和文化学角度分析韩剧对中国电视剧产业的优质生产和对外传播提供了启示性思考。

徐珊珊在她的硕士论文「跨文化传播与ㅎ透的新范例」当中，她通过对韩剧和韩国文化发展的思考引出对中国文化发展的建议。

几乎全部作者都提倡只有"民族的"才能是"世界的"。只是他们谈的都是和韩剧联系起来的文化传播，而不是娱乐界的红人。关于类似本文的研究目前尚无一人。既然没有人研究这方面的内容那这方面的研究也是难上加难的。笔者想通过本文给读者一个认清韩流的真相、认清"自己的"文化并自主弘扬本土文化，我们要明白"别人"的不一定是最好的，民族的才是世界的。

2) 韩庚的出道得益于"韩流"

"韩流"最初是指韩国流行文化在中国城市娱乐市场上突然红火的现象，以安在旭、金喜善、全智贤等为代表的韩国演艺人员在中国的青年人中大受欢迎；HOT、Baby VOX、NRG、Finkle、SES和李贞贤等歌手及合唱组也纷纷进军中国歌坛。韩国流行歌手的演出富有青春活力，音乐节奏感强，舞蹈热烈奔放，演出服装色彩强烈，形式奇特，深为低年龄层观众所痴迷，大受追捧。"韩流"席卷中国后，在中国很快就出现了专门播放韩国音乐及介绍韩国文化、风情和传统习俗的广播电视节目。"汉城音乐厅"就是由韩国公演企划公司"midia plus"和中方共同制作的韩国流行音乐节目，这也是在中国播出的惟一的正式由外方制作的节目。中央人民广播电台的"聆听韩国"也从2001年7月22日起向全国播出韩国最新流行音乐节目，不仅播放韩国最新流行音乐，还对韩国著名歌星、韩国十佳流行歌曲排行榜、韩国文化、最新韩国动态等进行了全面的介绍。2002年以来，韩国国立芭蕾舞团、韩国国立舞蹈团、韩国歌剧团以及以通俗演唱为龙头的韩国演出团体，大量进人中国演出市场，对中国观众了解韩国当代歌坛现状、活跃中国文化市场起到了一定作用。[1]

韩庚是第一个在国外出道的中国艺人。去韩国之前他在中国是怎样生活、怎样被韩国最大的造星工厂选上的呢？出生于1984年2月9日的韩庚出生在黑龙江省牡丹江市，1990年到1996年，韩庚就读于黑龙江省牡丹江市光华小学。1996年，韩庚只身前往北京，就读中央民族大学，专攻民族舞蹈，还附加学习了芭蕾、武术。期间拥有出众才华的他多次随团到美国、俄罗斯、香港、台湾、澳门等地演出。2002年，系统学习了56个民族舞蹈的韩庚，从中央民族大学毕业。毕业汇报中他表演了3支舞蹈-- <猎人>、<草色茫茫>、<踏上征途>。2001年，韩庚参加了SM公司在中国举行的选秀活动"H.O.T.China"，凭借其出众的外形、舞技及才华，以3000：1的比例在众多参选者中脱颖而出。2003年3月，年仅19岁的韩庚身无分文前往韩国进入SM公司开始练习生生活，经历了2年多的演唱、舞蹈、演技、声乐、语言等多方面的练习和培训，其间，韩庚以个人身份在韩国参加了多次T台show，以及各类服装杂志拍摄。

2005年11月，SM娱乐公司精心策划了面向亚洲娱乐市场的"Super Junior"组合，其成员是从各个地区选拔的专长演唱、舞蹈、表演、作曲、演奏、T台、MC的12名才艺出众的新人（后增加一名新成员）。这一组合从一开始便引起各方关注，并在短短时间内就迅速走红。而韩庚，作为其中唯一的中国成员并且是第一位正式在韩国出道的中国人，成为组合的亮点。2005年11月6日，SJ在SBS人气歌谣以曲目"TWINS"正式出道，韩庚正式踏上了他的演艺征途。

然而，韩庚的演艺征途却是坎坷的。因为韩国法律对外国艺人的限制和签证问题，韩庚只能上两个电视台，出镜率低，而且出现长达8个月的空窗期，这对一个艺人来说是致命的打击。还有一次他竟带面具和帽子上舞台表演。作为一个艺人，不能把自己的脸给观众漏出来，这是一个多么大的打击和痛苦啊！但是韩庚却以顽强的毅力挺了下来，并且为了组合的整齐和他心爱的舞台，冒着被驱逐出境的危险戴着面具参加了多次演出。

1）郑英武,「"韩流"与"汉潮"，唐都学刊」，2004，第一期，第20卷（总79期）。

终于，在13名成员的共同努力下，SJ的发展越来越好，韩庚亦凭借着他的坚强、隐忍、善良、孝顺的品格以及出众的才华，赢得了越来越多人的认可。而韩庚始终以一个中国人的身份自豪，在排外的韩国，他在每次获奖时都用中文发言，参加各种演艺节目也总强调自己是中国人，并经常表演民族舞和武术以宣传祖国的文化，以自己的努力影响着周围的韩国人。之后，韩庚曾被KBS（韩国三大电视台之一）评为最受欢迎的外国人，并拥有了一批忠实的拥趸，亦赢得了国内不少人的喜爱。

2006年4月24日，韩庚首次以歌手身份回到祖国，得到了数百名歌迷的热情迎接，2006年6月16日，在青岛中韩文化节上，出道以来，韩庚第一次将汗水与热情倾洒在了祖国的大地上。

2007年2月，韩庚首次录制国内访谈类节目 <鲁豫有约>，并在出道后第一次和国内的庚饭（韩庚的歌迷）一起，度过了难忘而又美好的23岁生日。生日期间，由庚饭自主作词、作曲、制作并演唱的 <爱的翅膀>也作为庚饭们对韩庚最好的礼物呈现在了大家面前，柔和轻盈的曲调，真挚感人的歌词将会一直陪伴韩庚和庚饭们的未来之路。

2008年韩庚在中国的主要活动状况如下：

1月21日，参加了奥运会倒计时200天晚会，和张力尹一起用中英韩语演唱了 <Hand in Hand>，完美展现了演唱实力。

3月30日，携super junior的成员参加CCTV-2奥运中国年的节目。

4月8日，携SJ-M在中国正式出道，并于20号发行首张中文专辑 <迷>，当晚他还参加音乐风云榜，并作颁奖表演嘉宾。

4月30日，奥运倒计时100天晚会，演唱 <北京欢迎你>和 <干杯，兄弟>。

5月25日，参加澳门第五届"劲歌王"全球华人乐坛年度总选颁奖典礼暨5.12抗震救灾慈善晚会，获奖。

8月29日，SJ-M作为表演嘉宾在湖南长沙参加第七届金鹰电视艺术节。

11月16日，在北京参加第八届CCTV-MTV音乐盛典，获得"内地年度最佳组合"奖。

12月15日，SJ-M参加腾讯网2008星光大典，获内地年度最佳组合奖。

他跟在国外单打独斗的中国艺人不太一样，他的出道似乎是顺理成章的，因为有个强大的团队--SM公司在后台作后盾，但是另一方面还要必须遵守一些游戏规则。韩国的演艺界是一个运作很完整的严密机制，对外国艺人有着比较严格的要求和规定。由此看来，"韩流"风靡东亚不是没有道理的，他们很"保护"自己的文化，而且还向外扩张，这是值得我们学习的。

总之，没有"韩流"韩庚就不会像今天这样走红，韩国也不会到中国挑选中国的艺人，韩庚也就不可能到韩国出道。无疑，他的出道得益于"韩流"。

3) 在韩国出道´ 在中国走红的原因

① 出道在韓国

가. 韓国政府的文化输出战略

这是韩庚能够在韩国出道的首要的原因。政府对文化产业发展的积极政策对其在中国的市场开拓、并在中国掀起"韩流"起了决定性的作用。在这种形势下的文化产品出口政策成为推动韩国的电脑游戏、电视剧、电影等诸大文化产品在中国市场推广的重要力量。韩国外交通商部制定目标：到2010年，韩国要力争占到中国文化市场10％的份额，可谓雄心勃勃。

1998年，韩国正式提出"文化立国"方针。韩国政府大力推行这类政策是想在中国寻找商机，要给正在陷入困境的韩国经济寻找一条发展经济的道路。韩国文化观光部长南宫镇曾表示：十九世纪是军事征服世界，二十世纪是以经济，到二十一世纪是以文化建构新时代。2)1999年至2001年韩国政府先后制定《文化产业发展5年计划》、《文化产业前景21》和《文化产业发展推进计划》，明确文化产业发展战略和中长期发展计划，推出一系列重大举措，有力地推动了文化产业的发展。3)与欧美流行文化的商业推动力相比，韩国的流行文化在中国的传播和推广得到了韩国政府广泛的支持。例如，去年9月29 日至11月12 日，韩国文化观光部和中国文化部共同在中国北京、上海、重庆和成都4大城市举办"韩国文化之月"活动。其间举办

---

2) 缪其诺，「文化产业的破壁」，2003(4)：35－37，转引自徐鹏，「"韩流"不寒」，『绵阳师范学院学报』，2007. 1，第26卷 第一期。

3) 侯雪静，「360度解读韩剧」，『广州日报』，2005. 2. 2.

中韩论坛，韩国国立舞蹈团巡回演出"韩国千年之舞"，举行韩国电影回顾展和传统工艺特别展，上演韩国音乐剧"地铁1号线"，还举办"韩国流行歌手演唱会"和韩中友好青年文化节，等等。可以说，政府的支持使"韩流"锦上添花。

韩国政府为什么把文化输出的首要对象选择为中国？笔者认为中国和韩国都处在东亚地区同属于汉文化圈，中国大众对韩国文化没有抵触心理，他们的文化比较容易被中国的民众所接受。

ㄴ. 文化产业在韓国经济中的地位

还有一个能使韩庚再韩国出道的原因就是韩国自身的经济效益。据今年5月初韩国文化观光部公布的《2004年韩国文化产业白皮书》，2003年，涵盖了韩国出版、漫画、音乐、游戏、电影、动画片、广播电视、广告、互联网及移动文化信息等10个领域的文化产业的市场销售额为44万亿韩元（按当年汇率，折合370亿美元），占当年韩国ＧＤＰ的6％（世界平均为4％，中国为3％）。

韩流文化产品出口为韩国赚取了大笔外汇。2003年，韩国文化产品出口总额为6.3亿美元，只占文化产业销售额的1.7％。但增长极快，据韩国贸易协会在一份关于"韩流"的经济影响的报告中称，2004年，仅对中国大陆、日本、泰国、中国香港和台湾地区的与"韩流"相关的商品出口，就达9.18亿美元，占韩国对上述5个经济体出口总额的7.2％。

韩流文化出口主打产品为游戏、电视剧、电影。2003年，游戏产品出口额为1.81亿美元（占文化产品出口额29％）；2003年，电视剧3308万美元（占文化产品出口5.2％），2004年为7150万美元，增长116％；2003年电影出口164部，金额为3098万美元（占4.9％），2004年为194部，金额为5828万美元，增长88％。

出口市场分布。按照韩国文化观光部的划分，韩流文化盛行国家和地区是：中国大陆、中国台湾、中国香港、日本、新加坡、越南。显然主要是在汉字文化圈内。据韩国报纸报道，2003年，在中国网络游戏市场上，75％的产品是从韩国引进的；2003年，韩国广播电视节目出口额达4213万美元，73％出口到亚洲国家和地区，其中台湾地区为24.5%、日本为19%、中国大陆为18.6%；2004年，韩国电影出口额为5828万美元，出口到亚洲的有4532万美元（77.8%），而其中日本就占了4040万美元（占69.3%）。

韩国政府把中国大陆看作韩流文化产品最有潜力的市场，正大力推进韩国文化产品进入中国市场。已经尝到甜头的他们到中国选秀把韩庚带到韩国想进一步向中国市场进攻。

值得注意的是：在这样的政治、文化形势之下，韩庚所在的Super Junior组合虽然在韩国很是走红，但他没有在韩国能够以个人的名义"红"起来。（或者没能够像在中国那么红。）这是由多种原因的,笔者认为，第一点就是韩国娱乐界对外国艺人的种种限制，这也是由爱国主义与自我保护意识激起的。第二点是由他们排外心理决定的。这些复杂因素共同起作用的情况下韩庚没能在韩国"红"起来。

② "红"在中国

当韩庚去韩国的时候他是"纯中国的"，而在韩国出道、回到中国的时候，他带来的除了名气还有一些韩国的因素在里面。2007年2月6日播放的 <鲁豫有约>当中陈鲁豫问他出国前和出国后自己有什么变化，韩庚回答说自己除了外表"别的"是没有变化的。那么"别的"指的是什么呢？这里指的肯定就是经过一番精心包装的外表了。通常所说的CT，也就是包装。韩国在CT方面，比中国做得好一些。所以，有些学者和知名人士认为：把韩流和文化市场、高科技结合起来，对韩流的持续会有很大的帮助。[4]韩庚能在中国走"红"的原因除了他是中国人的因素以外，还主要有两方面的因素。所以，在一方面人们在韩国文化中寻找中国因素，以满足民族自豪感。但另一方面，也有在"韩国将中华文化卖给中国人看"的韩国文化输出中，寻找自己文化的失落原因。

가. 儒教文化的同根性

---

4) 郑英武，「"韩流"与"汉潮"」，『唐都学刊』，2004，第一期，第20卷（总79期）.

中韩两国的文化具有同根性，两国的交往自古有之，可谓源远流长。韩国是一个儒教文化影响很深的国家，而中国又是儒教思想的发源地，这使得中韩两国人民在情感表达上、价值观念、思维方式、审美意识等方面都十分贴近，而东方儒教文化在和西方文明融合而成的韩国前沿文化当然容易打动中国人的心了。

历史上，中国曾经是东亚文明的中心。中国用它强大的辐射力量，从汉字、民族服装到姓氏等很多方面都给周边民族和国家很深的影响。历史记载，战国时期中韩两国人民就有互相往来，在这长期漫长的交往当中，作为中国主流文化的儒教文化也对韩国产生了深刻的影响，在韩国社会的各个角落都能找到儒教文化的烙印。现在所奉行的韩国前沿主流文化也都是儒教文化的体现和创新。这种文化已在韩国人民内心深处内化成基本的价值观念。

儒学诞生在中国，是中国传统文化的基础和核心。到战国时代，已经发展为完整的儒学体系，并一度上升到独尊的地步。魏晋南北朝时期，由于经学衰落和玄学化的趋向，儒学进入了"中衰时期"，而这时期儒教已传入朝鲜半岛多年。单一民族、极少的外来文化冲击和相对封闭的统治，使得韩国成为比儒学的诞生地中国更加遵从儒家文化的国家。儒家文化也因此在韩国得到绵长的延续和积淀。著名的经济学家、首尔大学的宋丙洛教授就曾经说过，韩国是世界上第一的儒教国家。

上世纪80年代，每年去孔府朝圣的韩国人比中国人还要多。在韩国现代人的生活当中也处处都是儒教文化的印迹，比如他们的家庭模式、法律、行政管理等等方面。就因为中国文化和韩国文化在很多方面都有着同源同脉，继而产生相似的人生观、价值观、审美观，尽管它不是原封不动的、古时候原汁原味的文化。源于这种原因，当韩国文化袭击到中国大陆的时候，对于中国人来说那不是完全陌生的、也不是我们所熟知的传统的东西，就因为它是东方的、又带有西方的东西，所以轻而易举地在中国这庞大的市场掀起了前所未有的热潮。无须怀疑，肯定是儒教文化给"韩流"提供了"生存土壤"。

所以，当韩国经济崛起，成为中国对外经济贸易的重要伙伴，韩国汽车与电子产品进入中国千家万户的时候，韩国文化也开始受到中国人的关注。而这种关注是复杂的。一方面，人们在韩国文化中寻找中国因素，以满足民族自豪感。但另一方面，也有在"韩国将中华文化卖给中国人看"的韩国文化输出中，寻找自己文化的失落原因。

나. 中国对外来文化的包容性

中国文化可以历经五千年仍然保持原有风貌，保持多民族文化共同发展的模式，这和中国文化的包容性分不开。中国文化对外来文化的包容性是以其强大的同化力为前提的，它用这种强大的同化力去影响和改造外来文化，使之适合自己并成为自己的一个部分。若不能融入其中，则很难在中国广泛传播。

中国传统文化根基深厚且富于包容精神，其结果是不断吸收外来文化，不断同化外来文化。中国文化的包容性是吸收外来文化的重要心理文化基础，没有这样一个基础，不仅不能消化、吸收外来文化，还有可能被外来文化所同化，从而丧失自己民族的文化特色。中国社会强烈的宽容气氛，甚至使得一些独立性很强的外来文化一旦进入中国，便开始了中国化的进程，在不知不觉中融合于中国文化的整体之中。举个很简单的例子，我们所经常能吃到的肯德基、麦当劳，在美国吃不一定像国内那样好吃，因为它不是原封不动来到中国的，而是到中国之后按照中国人的口味调制而成的。

纵观中国百年文化史，总有各国影视掀起的"风潮"。民国时期充斥好莱坞电影，五十年代大兴苏联电影，六、七十年代风行朝、越及东欧国家电影，七、八十年代刮起"日本风"，印度电影甚或墨西哥电视连续剧也曾受中国观众喜爱。近些年来，中国观众突然又迷上了韩国影视。这些都充分说明了中国文化和中国民众对外来文化的包容性。5)

从此得知，"韩流"的成因以及在中国的传播是由多种原因所决定的。一个国家一个民族的文化并不是停滞不前的，而是一个始终追寻新的目标，在追寻中不断变化和发展的。韩国比中国更早地接触到西方现代文化,形成了特有的韩国现代社会文化。中国也会在吸收外来文化的同时，以自己传统文化精髓为本源,创造出具有自己民族特色的现代文化。中国现代文化在其内部因素裂变的同时，在与周边国家和

---

5) 郑小红，「"韩流"成因及对我国青少年的影响」，中国青年研究 2008, 第2期，第97页.

其他民族的文化相互影响的过程中成熟发展起来。

4. 结 论

通过韩国Super Junior组合中的一员韩庚在出道、走"红"的过程当中观察了"韩流"，是我们看到了韩流的真相，从而得知，只有"民族的"才是"世界的"。韩国时尚主流文化为代表的"韩流"开始袭击中国时，中国民众看到的是熟悉的、自己的文化，正合他们的胃口，所以追捧。风靡一时之后，中国民众又看到韩国把"自己的"东西拿出来反倒卖给中国人时，顿时醒悟过来。在摸索中寻找自己独有的发展道路。

韩庚是中国人，却在韩国出道，而且又回到自己的国家中国来谋求发展，这是极其奇怪的现象，这种现象的产生归功于两国的历史文化。中国文化与韩国文化一脉相承，有着很深的渊源关系，且互为依托，互为补充。韩国文化之所以大行其道，政府的政策和经济的因素在起着决定性的作用。据统计，近年来每年来中国的韩国人数就达到100多万，如此庞大的人数对传播韩国文化也起到了非常重要的作用。经济决定着文化，这是一般性规律，什么样的经济结构，就会创造什么样的文化。韩国现代文化的特色，应该是伴随着1988年奥运会、2002年世界杯足球赛，通过韩国经济的崛起而成熟并全球化的。这种幸运同样会伴随申奥成功降临在中国人身上的。6)

特别需要我们注意的是，韩国政府甚至认为，不应该把"韩流"现象看作是单纯的文化传播，而要使之成为亚洲的代表性文化，大有通过韩流文化来与中国争夺儒家文化正统地位的味道。它的目的是要与中国争夺儒家文化主体精神的解释权。

韩国有政府这一强大的后盾和同中国相似的极具魅力的儒教文化，所以，他们的文化在中国得以接受和发展，不过这里重要的原因之一就是经济的发展程度。从中国飞速发展的经济状况来看，韩国的流行文化对中国的影响是暂时的，而中国5000年文化对韩国的影响是长期的。随着中国经济腾飞，数年后两国间的文化热

---

6) 姜燕，「从"韩流"谈文化交融与重构」，『文化时空』，第77页.

潮必将再次是"中国热"的文化风潮在韩国登陆。

参考文献

金民卿, 「文化全球化与中国大众文化」, 人民出版社, 2004.

郑英武, 「"韩流"与"汉朝"」, 『唐都学刊』, 2004, 第一期, 第20卷 (总79期).

徐 鹏, 「"韩流"不寒」, 『绵阳师范学院学报』, 2007. 1, 第26卷 第一期.

孙 逊, 「"韩流"与"汉流"的内涵解读」, 『文汇报』, 2005. 11. 1.

侯雪静, 「360度解读韩剧」, 『广州日报』, 2005. 2. 2.

郑小红, 「"韩流"成因及对我国青少年的影响」, 中国青年研究 2008 第2期, 第97页.

姜 燕, 「从"寒流"谈文化交融与重构」, 文化时空 第77页.

「穿越时空的文化纽带」, 人民网, 2002. 6. 3.

王 凡, 「对"韩流"来袭的文化思考」, 『思想 · 理论 · 教育』, 2004(1).

王宣敬, 「"寒流"与"华风"」, 『当代韩国』, 2002 冬季号.

朴光海, 「"韩流"在中国的波及与影响」, 『当代韩国』, 2003 春夏合刊.

张立宪, 「韩流」, 现代出版社, 2001. 6.

______, 「韩国人在北京」, 『北京青年报』, 2002. 6. 28 第6版.

______, 「亚洲电影发展的后盾」, 『高丽亚那』, 2000.

李路丽, 「对"韩流"现象的文化思考」, 『漳州师范学院学报』(哲学社会科学版), 2007, 第4期, 总第
66期.

대중문예로부터 본 한류 열풍

이 엽*

1. 서 론

1990년대 후반부터 드라마와 가요를 중심으로 중국, 대만, 홍콩을 비롯한 중화권 국가뿐만 아니라 동남아국가와 일본 지어는 미국, 영국, 독일과 같은 나라까지도 '한류'[1]영향권에 들게 되었다.

'한류'는 한국 대중문화의 유행현상을 지칭하는 낱말이기 때문에 '한류'라는 이 개념의 내포는 아주 크다. 즉 패션, 음식, 음악, 무용, 영화, 텔레비전 드라마, 게임, 문학작품에 이르기까지 그 포괄범위는 아주 넓다고 할 수 있다.

'한류' 열풍이 일어나게 한 일등공신은 텔레비전 드라마로 꼽을 수 있다. 한국 드라마 <대장금>[2]을 방영하던 시기에 한국 열풍을 가장 빨리 받아들이는 연변은 물론 중국 여러 채널에서 <대장금>을 방영하였으며 여기저기에서 대장금의 주제곡이 흐르며 심지어 그 주제가를 중국 가수 진혜림(陈惠林)이 중국어로 번역해서 불렀을 정도였다. 뿐만 아니라 DVD 가게들에서도 입구에 어김없이 한국 영화, 한국 드라마, 유명 가수들의 뮤직비디오와 CD들을 진열해 놓았다. 홍콩 또한 중

---

* 중국 연변대학교 비교문학과 석사과정

1) '한류'란 중국을 비롯한 유교문화권에 속한 대만, 홍콩, 베트남 그리고 최근에는 필리핀, 몽골 지어는 미국, 영국, 독일 등 여러 나라와 지역들에서 불고 있는 한국 대중문화의 유행현상을 일컫는 말이다. 이른바 '한류(寒流)'는 중국 언론들에서 만들어낸 낱말로서 중국어의 발음상 동음이어(同音류语)인 '한류(寒流)'에서 기원한 신조어라고 한다. 그런데 바로 이 차가울 한(寒)자가 한국이라는 한(韩)자로 바뀐 것은 축구 탓이라는 것이 정설이다.

2) 한국 MBC방송국에서 제작한 <대장금> 53집: 감독—리병훈, 편집—김영현, 방영시간—2003. 9. 15~2004. 3. 30.

국 못지않았다. 방영시간만 되면 원래 시끌벅적하던 저녁거리도 한산해지고 집집마다 가족들이 모여앉아 <대장금> 시청모드에 빠졌으며 다음날 점심시간이면 삼삼오오 모여앉아 식사를 하면서 어제 본 <대장금>을 얘기했다. 못 본 사람은 대화에 끼어들지도 못 했다고 한다. 미국 또한 한국 드라마의 매력에 빠진 사람들이 적지 않았다. 시카고지역의 중층계급의 직장여성들은 매주 토요일이면 커피숍에 둘러앉아 집체적으로 <대장금>을 시청하였다고 한다.3)

2. 본 론

1) 중국에서의 '한류' 열풍

중국에서는 '한류'라는 명사를 모르는 사람이 없을 정도로 널리 퍼졌고 "합한족(哈韩族)"4)까지 생겼다. 게임, 영화, 드라마, 패션, 음악, 음식 등을 비롯한 '한류' 문화상품은 중국에서 그 시장가치가 아주 높다.

① 중국에서 보여 진 '한류'의 영향력

'한류'문화가 중국 시장에 주는 영향력을 수치적으로 분석하자면 아주 힘들다. 허나 인터넷이라는 도구의 도움으로 간접적으로 목전 중국에서의 각종 경외문화의 비교를 통하여 '한류'문화의 영향력을 알아볼 수 있다. 필자는 "한국 드라마", "본 드라마", "콩 드라마", 미국 드라마", "한국 영화", "일본 영화", "홍콩 영화", "미국 영화"를 주요대상으로 조사를 한 결과, 드라마에서는 일본 드라마, 홍콩 드라마, 미국 드라마에 비해 한국 드라마의 시청률이 제일 높고, 영화에서는 제일 높은 시청률은 자랑하지 못했지만 미국 영화 버금으로 일본 영화와 홍콩 영화를

---

3) 미국의 저명한 일보 『시카고호민』 전자판 보도를 참조.
4) 한국의 유행을 따르는 젊은이들을 일컫는 말.

능가하는 시청률을 자랑하고 있었다. 상세한 수치는 아래 도표를 참조하기 바란다.5)

한국 드라마	일본 드라마	홍콩 드라마	미국 드라마	한국 영화	일본 영화	홍콩 영화	미국 영화
1480	931	276	94	268	119	53	891

'한류' 드라마열풍은 1997년 방송된 <사랑이 뭐길래>6)로부터 그 시작이라고 볼 수 있다. 이 드라마는 중국 연변의 조선족 여류번역가 김련란(金蓮兰) 등에 의해 중국어로 번역·제작되어 CCTV에 첫 방송되었다. 그때 드라마는 일주일에 두 번씩 밤 8시좌우의 황금시간대에 방송되었는데, 그 시간이 되기만 하면 많은 사람들이 안방의 텔레비전 앞에 모여 앉다보니 중국 전역의 많은 도시들에서 길거리가 다 한산할 정도였다고 한다. 예컨대 권인호 씨가 쓴 <브라운관이 단다>는 흥미로운 제목이 붙은 『연변일보』의 기사는 당시 연변에서의 <사랑이 뭐길래>의 인기를 여실하게 보여 주었다. 물론 중국 조선족사회만이 아니라 전 중국 국민들 속에서도 대단히 인기가 있었음을 중국의 3,000여 종의 잡지와 신문들에서도 분명하게 확인할 수 있다. 그 실례를 두 개만 들어보기로 하자.

최근 수년간 한국 문화가 중국에서 대단한 인기를 얻고 있다. 중국 TV들은 한국 드라마를 즐겨 방송하고 극장에서는 한국 영화행사를 자주 가진다. 각종 공연장에서는 한국의 연극, 음악, 무용들이 공연되고 있다. 체육관에도 마찬가지다. 한국의 유명한 미남미녀 연예인들이 자유분방하고 아름다운 목소리로 한국의 대중문화를 전파하고 있다.

관계자들은 이를 韓风, 韓潮, 韓流 등으로 다양하게 부르고 있다. 이는 최근 북경 문화계의 중요한 화제로 자리 잡았다. 중국에서 일기 시작한 한국 문화비람은 대부분 대중문화범주에 속하나 이웃나라 문화의 자랑스러운 성공을 보여준 것

---

5) www.baidu.com 에서 기록한 수치 참조.
6) 1994년 MBC에서 방송.

이라는 점에서는 異論의 여기가 없다.[7]

이는 중국의 최고의 권위를 자랑하는 중국 공산당 기관지『인민일보』에 실린 「한풍(韓風)이 불고 간 뒤」라는 제목의 논평 중의 한 단락이다.

중국에서 '한류'열풍이 일어나게 한 일등공신은 텔레비전 드라마인데 이에 대해 중국의 학자 계청산(桂青山)은 다음과 같이 논평하고 있다.

지난세기 90년대 중기로부터 시작하여 <질투>, <추억>, <영웅신화> 등 일련의 경전 한국 드라마들이 중국의 텔레비전 시장에 밀려들어 중국의 관중들을 사로잡았다. 몇 년 전 CCTV 제2채널에서 방송된 <사랑이 뭐길래>는 무수한 관중들을 정복했고, 琼瑶와 홍콩 드라마들에 대해 이미 흥미를 잃은 중국 사람들은 청신한 바람을 일으키고 있는 한국의 영화나 텔레비전 드라마에 눈길을 모으게 되었다. <가을동화>, <이브의 모든 것>, <목욕탕 집 남자들>, <별은 내 가슴에>, <아름다운 날들>, <황금마차> 등은 전국 각지 텔레비전 방송국들에서 다투어 방송되어 찬사들이 꽃보라처럼 쏟아져 내렸다. 안재욱, 김희선, 송승헌, 송혜교, 장동건 등 일련의 한국 유명한 스타들은 청소년 관중들이 숭배하는 우상으로 되었다. 그리하여 시체의 유행을 따르는 적지 않은 청년들 속에서 "합한(哈韩)"을 모르는 이들은 '출토문물(出土文物)'과 다를 바 없고, 한국 드라마를 본 적이 없는 이들은 전적으로 '하리파인(下里巴人)' 취급을 받는다.[8]

언론 매체들에서만 아니라 중국의 일반 민중들 속에서도 한국의 대중문화에 대한 긍정과 찬양의 목소리들을 도처에서 들을 수 있다. 학생들이 학교책상에나 노트 등에 H.O.T, S.E.S 라고 한 낙서, 그들의 사진으로 된 책받침을 가지고 다니는 점, 자신의 숭배하는 연예인들의 사진을 다이어리에 가지고 다니는 점 등에서 우리는 한류의 영향력을 실감할 수 있다.

이외에 게임, 한국 화장품, 여행지, 성형, 패션, 음식 등 방면에서도 '한류'의 영향력을 보아낼 수 있다.

---

7) 홍순도, 「중국 내 '한류'열풍의 진실」, 『관훈저널』 겨울호, 224쪽.

8) 계청산, 「'한류'현상에 대한 문화적 관찰」, 『影视纵横』, 52쪽; <www.hanliu.com>에서 발췌.

가. 한국 인터넷게임

한국 인터넷 게임상품은 중국전자유희시장을 거의 먹어버리고 있다. 중국 전자산업 발전연구원(CCID)에서 제공한 수치에 따르면 2001년과 2002년에 한국에서 수입한 전자 유희상품은 중국 시장에서 70% 차지하였고, 2003년에는 50%를 차지하였다고 한다.

나. '한류'가 주된 한국 화장품 판매

<겨울연가>가 상영하면서 중국 여성 관중들은 드라마에서의 여주인공인 최지우를 사랑하게 되었다. '아내를 사랑하면 처가 집 말뚝에도 절을 한다'고 최지우에 대한 사랑의 시작으로 중국 여성들은 그가 사용하는 화장품에도 애착을 갖게 되었다. 2003년 한국화장품수출액은 처음으로 1억 달러를 돌파하였다. 그 중 1,695만 달러는 중국에 수출하였는데 한국 화장품 수출국 가운데서 제일 위였다. 2004년에는 4,311.6만 달러로, 2005년에는 6,273.1만 달러로 역시 중국이 일위를 차지하였다.

다. '한류'가 한국 관광업에 한 기여

한국관광공사에서 조사한 ≪한류 여행업 수입 분석 결과≫에 따르면 한국을 찾는 외국인 관광객 수가 늘어남에 따라 여행서비스 수입이 증가세에 접어들었다고 한다. 1998년 69억 1,000만 달러를 정점으로 2003년 53억 4,000만에 이르기까지 지속적 감소세를 보이던 여행서비스 수입은 2004년 들어 1월부터 10월에 이르기까지 47억 6,000만 달러를 기록, 전년도보다 11.3% 증가했다. 한편, 2004년 일본, 중국, 홍콩, 대만으로부터의 관광객은 300만 명을 넘어섰고, 그 수는 전체 관광객의 70%에 다다른다.

라. 한류 열풍이 낳은 중국의 성형붐

중국 및 동남아 각지에서 한류 스타의 인기가 식을 줄 모르는 가운데 중국 여성을 중심으로 한류 스타의 외모 따라가기 성형붐이 일고 있다. 성형붐을 타고 이미 많은 한국의 성형외과들이 중국에 진출하여 고객몰이에 힘쓰고 있으며, 성형대국으로 알려진 한국의 의술이 입소문을 타고 퍼지면서 한국으로 직접 성형 원정을 오는 중국인들도 증가추세다. 20~30대 젊은 여성층을 중심으로 일고 있는 중국의 성형붐은 지난 2004년 시작되었다. 한국 배우 및 가수 등의 외모를 동경하는 부유한 젊은 여성층은 일반인의 몇 달치 봉급에 해당되는 수백만 원의 성형수술 비용을 한국인의 외모로 바꾸는데 과감히 지출하고 있다. 특히 한국인 의사를 통한 성형수술은 부위별로 차이가 있긴 하지만 중국인 의사에 비해 대략 1.5~3배 정도 비싸다. 만만치 않은 성형수술비에 한국인 의사라는 옵션까지 추가되어 재정적인 부담이 크지만 많은 중국 여성들은 아직도 한국의 의술을 신뢰하고 있어 한국 병원을 통한 성형 수술붐은 계속되고 있다.

마. 한국 패션과 음식업

한국 드라마 <대장금>이 중국에서 상영된 뒤 한국의 음식과 의약상품의 판매가 뜨거워 졌다. 인삼과 동충하초의 판매량이 이전에 비해 10%~20%가 상승하였고 한국 유람을 간 유람객들도 한국에서 고려인삼을 대량 구입하였다.

그럼 중국에서는 '한류' 열풍에 대해 무조건적인 찬양인가? 대답은 NO이다. 중국에서 거세게 불고 있는 '한류' 열풍에 대한 중국 사람들, 특히 지식인들의 감정은 복잡하다. 말하자면 '한류' 열풍이 미숙한 아이들을 나쁜 길로 오도할 가봐 전전긍긍하는 노파심, 또는 토끼의 꼬리가 길지 않듯이 반도의 소국 한국에서 불어오는 '한류' 열풍이 별로 오래가지 못하리라는 문화적 자신감 같은 것들이 한데 뒤섞여 있기도 하다. 이를테면 문화현상으로서의 '한류' 열풍의 사회효과는 적극적이 되지 못한다고 인정하거나 중국의 문화위기라거나 자본주의 한국의 상업문화의 범람이라고 인정하는 것들이다.

비록 이러한 부정적인 눈길로 '한류' 열풍을 바라보는 중국 사람들이 있기는 하지만 한·중 수교를 전후로 하여 한국의 대중문화가 날로 중국 대륙에서 폭넓게 전파되고 중국인들이 적극적으로 수용하고 있는 것만은 분명한 사실이다. 한류가 중국 대륙을 휩쓴 시간이 짧고 주로 대중문화 분야에만 국한되기는 했지만 계청산의 말처럼 높은 수위에서 낮은 수위에로의 흐름인 것만은 분명한 것이다.

② '한류' 문화가 중국에 성행하는 몇 가지 특점

가. 그 영향력이 크고 지속기간이 비교적 길다

1949년 중화인민공화국 창립 이래 약 50여 년 동안 전후로 여러 가지 외래문화가 중국에서 유행되었다. 20세기 50, 60년대에는 구소련문화가 성행했는데 당시에는 소련의 노래와 영화가 중국 관중과 독자에 대한 영향이 확실히 컸다. 그러나 그것은 관방의 의식형태의 도구로 인입했다. 1960년대 후반기에 구소련문화가 중국에 대한 영향은 점점 희박해졌다.

지난 1970년대 말 중국에서는 개혁개방을 실시하면서 국문을 열었다. 일본 영화가 중국에 우선 영향을 주었고 홍콩, 대만 영화와 드라마가 그 버금으로 중국에 영향을 주었다. 그러나 1990년대 중기부터 일본 영화, 드라마와 홍콩, 대만의 영화, 드라마가 중국 관중의 시선에서 멀어지고 차차 한류 영화, 드라마로 대체되었다. 물론 구라파 영화문화도 중국 관중에게 영향을 끼쳤고 상대적으로 그 기간이 길다. 하지만 그 어느 것도 한국 문화 산품과 비할 바가 못 되는 것으로 중국에서 "류(流)"와 "조(潮)"를 형성하지 못했다.

다만 드라마로 보더라도 그러하다. 한국 드라마가 중국에서 상영된 양은 아주 많다. 2002~2004년에 각각 67부, 155부, 104부가 상영되었을 뿐만 아니라 어떤 드라마는 여러 채널에서 동시에 상영하였으며 적지 않은 드라마는 중국에서 여러 번 재방송까지 하였다. 그 기간에는 텔레비전을 켜기만 하면 여러 채널에서 모두 다 <보고 또 보고>, <인어공주>, <명성황후>, <여인천하>, <상도> 등과 같은 드라마를 상영하고 있었다. 2005년에는 중국 호남 텔레비전 방송국에서 <대장금>을 상영하였는데, 평균 시청률이 3.5%를 도달하였고 평균 시청분액이 15.3%에 도달하여 당시 전국 동일시간 내에 방영되고 있는 절목에서 시청률 1위를 자랑하였다. 이는 외국드라마가 중국에서의 최고시청률을 돌파하였다. 이로부터 한국 드라마, 한류문화가 중국에서의 열도가 최고봉에 이르렀다.

나. '한류'는 중국에서 각 연령 단계사람들이 거의 다 좋아한다

객관적으로부터 볼 때 '한류' 문화는 중국의 신신인류 즉 도시의 부유층의 일정한 문화소질을 갖추고 있는 청년들의 애착이 제일 깊다. 그들은 몇 백 원씩 하는 값비싼 한국의 유행 옷을 즐겨 입고 한국의 인기가요를 즐겨 들으며 한국 최신드라마나 영화를 보며 한국 청년들의 패션, 머리모양도 따라하고 있다. 그들이 즐기는 한국 드라마는 멋진 연예인들이 연출해내는 사랑이야기다.

가정주부 특히 중·노년 부녀들은 편폭이 비교적 넓은 드라마를 즐겨 본다. 이런 드라마는 주로 가정윤리극이다. 드라마 시청 중 이런 여성 관중들은 눈물을 흘리며 드라마에 빠져든다.

남성 관중, 특히 중·노년 관중들은 한국의 사극과 전쟁편을 즐겨본다. 예를 들면 <명성황후>, <태극기 휘날리며> 등이다. 그들은 드라마나 영화 시청을 통해 한국의 근대역사변화에 대해 이해하려고 한다.

다. 한·중경제발전과 한류문화의 관계

중국에는 "문화를 무대로 삶아 경제를 노래한다"라는 말이 있다. 그 뜻인즉 문화의 영향을 빌어 경제를 발전시킨다는 뜻이다. '한류' 문화는 한·중 양국경제관계를 전면적으로 발전할 수 있도록 이끌었다. '한류'는 한국의 중국에 대한 투자와 무역을 촉진시켰다.

1992년 한·중 교류의 시작으로 한국의 중국에 대한 투자의 속도는 매우 빨랐다. 중국 방면에 통계자료에 의하면 1992년 한국이 중국에 직접 투자액은 1.19억 달러였는데, 2004년에는 무려 62.2억 달러에 도달하였으며 평균 36.78% 증가하였고, 기타 국가에서 중국에 투자한 투자액보다 10.87% 높았다. 특히 근 몇 년래 중국은 한국의 제일 큰 대외투자국으로 되였고 한국자본이 중국 외자지위에서 차지하는 비례가 날마다 상승추세를 보여주고 있다.

1992년 수교 시 한·중 양국무역액은 53억 달러밖에 도달하지 않았지만, 2005년에는 1,119억 달러로 당시의 21배로 년 평균 성장률은 27%에 달했다. 이렇게 빠른 속도는 국제무역사상에서 보기 드문 현상이었다. 중국은 한국 수출상품의 제일 큰 시장으로 한국 수출 총액의 19.1%이다.

③ '한류'가 형성된 원인

부동한 의식형태체계하의 중·한 양국 중국 국민은 왜서 '한류'를 쉽게 접수할 수 있고 '한류' 문화는 어떻게 신속히 성공적으로 중국에 퍼지게 되였는가? 영화예술, 연기자수평 나아가서 시장영업 등 각도로 '한류' 문화현상에 대한 분석이 너무나도 많기에 필자는 역사문화, 경제, 외교관계 등 방면을 통하여 '한류' 문화가 중국에 형성된 원인을 분석하고자 한다.

가. 역사 문화적 측면에서

― 문화 동원설

한·중 양국 간의 내왕 역사는 길뿐만 아니라 두 나라는 비슷한 문화배경을 가지고 있다. 한·중 양국은 동아유교문화권에 속하고 두 나라 국민들은 같은 피부, 머리, 눈 그리고 비슷한 성씨 이름자도 같다. 언어문자나 가치관, 예의, 민속, 건축을 막론하고 한국은 중화민족의 영향을 깊이 받는다. 한국도 중국과 마찬가지로 공자의 유교사상을 믿는다. 하여 한국 사람들은 감정표달, 가치관념과 사유방식 등 방면이 중국 사람과 유사하다. 이는 중국 관중이 한국 드라마를 쉽게 접수하고 '한류'가 순리롭게 중국에 등장하는 원인의 하나가 되겠다.

― 문화 산화석설

지난 세기 중국은 5·4운동과 문화대혁명을 겪었다. 이 두 운동은 공자가 창시한 유교사상을 대표로 한 중국 전통문화에 커다란 영향을 주었다.

반면 한국 드라마가 주된 한류문화 중에서 우리는 전통도덕관념이 한국 국민에 대한 지약능력을 보아냈다. 그늘이 長幼尊卑, 尊帥重教 질서를 제창하고 심지어 三从四德을 제창한 것도 상당한 시장가치가 있었다. 한국 드라마에서는 종종 "인, 의, 례, 지, 심"의 유교사상의 정화를 생동하게 연기해낸다.

우리가 한국으로 시선을 돌렸을 때 우연히 이 비중이 중국보다 더 차지하고 있음을 알게 된다. 유교사상의의상으로 볼 때 지금의 한국 사람은 중국 사람보다 더 중국 사람 같다. 한국 드라마가 바로 중국 문화로 중국 시장을 정복했고 중국 문화로 중국인을 "꺾었으며" 어떤 사람들은 지금의 한국이 고대중국의 산화석이 라고 말한다.

    — 역사문화 자화설

역사상에서 볼 때 중국은 한국에 광범위한 영향을 주었다는 사실을 부정할 수 없다. 그러나 오늘의 한국의 경제발전은 중국을 초월했고 이는 일부 민족주의 정 서가 짙은 청년들의 실망감을 불러왔다. 이런 실망감은 한국 역사드라마를 볼 때 일정한 안위를 받는다.

여러 편의 한국 드라마에서 역사상의 한국 문자, 제도, 예의, 건축 등이 중국의 영향을 받았음을 반영하고 있다. 조선조시기에 매년 사자를 중국 조정에 보내어 조공한 사실, 역대황위계승자가 반드시 중국 조정의 책봉을 받아야 하는 사실, 한국도 중국처럼 과거급제 제도를 실시했다는 등등의 사실에서 보아낼 수 있다.

나. 경제적 측면에서

    — 이색적인 현대화 모식설

새 중국 성립 이래 중국은 현대화건설의 길을 걸어오고 있다. 건국 50~60년대 초, 소련을 모방하여 생산자료 공유제와 계획경제를 실시하였고, 서방사상을 인 입한 현대화 건설은 전통적인 것을 버려야 하는 경지에 이르렀다. 그와 반면 한국 은 다른 현대화 모식의 길을 보여줬으며 공업화를 신속히 실현하는 동시에 자기 민족 역사문화전통을 잘 보류해왔다.

'한류' 문화가 바로 유교문화와 미국 공업화의 대중문화가 결합한 산물이다. 한 국은 문화를 세계화 하는 도중 산생한 세계화와 본토화의 충돌과 조정을 이용하 여 전통윤리와 현대성의 충돌과 동서양 가치관의 충돌을 잘 표현했다. 이는 중국 사람들의 이목을 끌었다.

- 생활수준 참조설

20여년의 개혁개방을 거친 중국은 국력은 성장을 했지만 일인당 GDP로 볼 때 발달한 나라와 거리가 아직도 멀다. 유럽과 미국, 일본 등 국가와 비해볼 때 중국의 생활수평은 아직도 차이가 많다. 그러나 한국 드라마의 시청을 통하여 한국과의 생활수평은 차나지만 그 거리가 멀지 않다는 것을 깨달았다. 특히 중국 동부연해 지대와 북경, 상해, 광주, 심수등 대도시의 근년의 일인당 GDP의 차이는 별로 나지 않는다는 것을 알 수 있다.

- 외교적 측면에서

1992년 한·중 교류 후 두 나라의 관계는 신속히 상승하였으며 국민들 간에도 친절을 표시하였다. 동북아지역의 일부중대한 문제로부터 볼 때 예를 들면 북한-핵무기문제에 대해 두 나라의 입장은 비슷하다. 미국과 일본의 압제하는 방식과 달리 중국은 외교수단으로 일체 문제를 해결하기를 주장하고 있다. 한·중 두 나라의 공통적인 의견은 자기의 이익을 보장하는 전제하에서 건립된 것이다. 첫째로는 두 나라 모두 북한을 궁지에 몰아 붕괴되는 것을 원하지 않는다. 둘째로는 두 나라 모두 일본 침략을 받은 깊은 상처가 있기에 일본에 대한 경계심을 늦추지 않는다.

2) 일본, 대만에서의 '한류' 열풍

일본, 대만에서도 한국 드라마 열풍을 몰아오고 있다.

<겨울연가>가 일본에서 상영하면서 일본의 젊은 여성들은 최지우를 통해 어떻게 살아야 할지에 대해 고민에 빠졌고, 결국은 배용준에 손을 뻗치는 최지우의 순수한 마음으로 자신의 마음을 정리했다. 거기에서 현재의 자신에 대한 '반성'과 '참회'의 싹을 틔웠다.

중년 이상의 여성들은 오랜 기간 육체적, 정신적으로 일종의 초조함을 느끼고 '정서의 공동화' 현상을 느껴 왔다. 젊은 여성들처럼 일본의 인기그룹 '스마프(SMAP)'의 꽃미남들에 빠지기에는 나이가 허락하지 않았다. 이런 상태에서 '욘

사마'를 비롯한 '한류 미남'들이 이상형으로 다가 왔다.

'욘사마'9)는 젊은 여성에겐 연인이고 아줌마들에겐 아들이다. 심리적으로 '동일성(Identification)' 이라는 메커니즘이 작용한다. 또한 무의식 속에 같은 동양인이라고 하는 보편적 심리가 깔려 있다.

대만에서도 드라마 <대장금>이 세 번에 걸쳐 재방송될 정도로 인기를 끌면서 소설 <대장금>(은행나무 펴냄)도 10만부 이상 판매되는 등 열기가 뜨거웠다. 특히 한국 출판계가 지난 '97년 외환위기를 어떻게 극복하고 디자인 · 편집 등이 뛰어난 책을 만들어 내는지, 온라인 서점들이 어떻게 사업을 하고 있는지 등에 대해 배우고 싶어 한다.10)

한국 드라마로 말미암아 한국 여행의 관광객 수는 비교적 고른 증감 추세를 보이고 있지만 지역별 문화상품의 수출실적과 품목별 수출실적을 보면 한류의 양극화가 뚜렷이 드러난다. 2004년 일본, 대만으로부터의 관광객이 300만 명을 넘어 전체 관광객의 70%를 넘어섰다.

상세한 수치는 아래 도표를 참조하기 바란다.

국 가	2000년	2001년	2002년	2003년	2004년
일 본	2,382	2,299	2,245	1,726	2,354
대 만	117	122	129	186	295
2개국 소계	2,499	2,421	2,374	1,912	2,649

3. 결 론

위의 몇 가지 논증을 통하여 우리는 '한류'의 활약상을 다시 한 번 되새겨 보았다. 중국, 일본 등 나라를 비롯한 아세아권 뿐만 아니라 미국, 영국, 독일과 같은

---

9) <겨울연가>주연인 배용준을 일본인들이 부르는 이름.
10) 대만국제도서전시회(TIBE) 조직위원장 郝明義 연설 중의 일부 내용.

유럽까지 모두 휩쓴 '한류'에 대해 필자는 그 지속성에 대해서 깊이 생각해본다.

필자는 '한류'의 지속성을 다음과 같은 두 가지로 생각하고 있다. 첫째로는 일시적인 문화현상일 것이며 둘째로는 '한류'는 무궁토록 지속될 것이라는 것이다. 그러나 지금 한국이나 중국의 '한류' 논자들이나 대중들의 생각을 수렴해보면 전자가 수적으로 더 많다고 할 수 있다. 중국청년정치학원의 조사보고「중국 대학생과 '한류'」의 적요는 비교적 객관적이고도 개괄적으로 중국 대학생들의 '한류'에 대한 태도를 반영하고 있다.

조사의 결과는 다음과 같다. 많은 대학생들이 한국의 유행문화에 대해 더러 섭렵하기는 하지만 혹한 정도는 아니며 여학생들이 한국의 영화나 텔레비전 드라마나 한국음악에 대해 긍정하는 비율이 남학생들에 비해 높다. 젊은 대학생들의 한류현상에 대한 태도는 관용적이고 개방적이다. 즉 창작에서 체현된 그들의 우점은 진심으로 긍정하면서도 날카로운 비판을 하기도 하는바 이는 중국 대학생들이 한국의 영화나 텔레비전 드라마에 대해 맹목적으로 좋아하는 것은 아님을 보여준다. 한국의 유행문화가 그리 심각하지 못하지만 문화교류에서의 성공은 긍정해야 한다고 인정한다.11)

그러나 중국의 젊은 대학생들은 그래도 대부분 중국에서의 '한류'의 적극적인 영향을 긍정하지만 그 장기지속의 가능성에 대해서는 대부분 부인하는 것으로 나타났다. 만일 한국의 대중문예를 포함한 한국의 대중문화가 계속 솟아나는 샘물처럼 마를 줄 모르는 존재로 된다면 중국을 비롯한 여러 나라의 '한류'열풍은 지속적으로 이어지고 아울러 바람직한 방향으로 나아갈 수 있을 것이다. 물론 한 나라의 대중문예가 오랫동안 높은 수준과 생산력을 확보한다는 것은 상당히 어려운 일이다.

설녕 그렇다 하더라도 한국에서는 지속적으로 '한류'를 살려나갈 수 있는 연구와 개발을 멈추시 말아야 할 것이다. 필자는 중국에서 서구의 근·현대문화를 중국의 실정에 맞게 접목하는 구체적인 작업을 게을리 하지 않았나 하는 생각을 해본다. 서방의 대중문화를 빨리 받아들인 다음 이를 제대로 소화해 자기 몸에 딱

---

11) 초위화 외, 「중국 대학생과 '한류'」, 『중국청년정치학원학보』, 2003. 7. 제22권 제4기.

맞도록 개량한 한국의 대중문예의 성공사례는 분명히 중국의 대중문화건설에 있
어서 타산지석이 되는 것이다.

참고문헌

미국의 저명한 일보 『시카고호민』 전자판 보도.

www.baidu.com에서 기록한 수치 참조.

계청산, 「'한류' 현상에 대한 문화적 관찰」, 『影視纵横』, p.52. www.hanliu.com 에서 발췌.

대만국제도서전시회(TIBE) 조직위원장, 호명의(郝明义) 연설 중의 일부 내용.

초위화 외, 「중국 대학생과 '한류'」, 『중국청년정치학원학보』, 2003년 7월 제22권 제4기.

홍순도, 「중국 내 '한류'열 풍의 진실」, 『관훈저널』 겨울호, 224쪽.

<当代韩国>, 2007. 3(총 제52기).

동아일보 <http://china.donga.com>

아젠다넷 <www.agendanet.co.kr>

연합인터넷 <http://chinese.yna.co.kr>

조선일보 <http://chinese.chosun.com>

한국국가통계청 <http://www.nso.go.kr>

한국인터넷 <http://www.hanguo.net.cn>

<www.Naver.com.>

<www.Daum.com.>

한국 드라마가 중화권에서
흥기하게 된 원인 분석

박동철*

1. 서 론

1994년 드라마 <질투>가 북경 TV에서 방영된 이후 1997년 6월 중국 국영방송인 CCTV에서 드라마 <사랑이 뭐길래>가 방영되면서 소위 한국 드라마는 중국인들의 일상에 깊숙이 파고들면서 큰 파장을 일으키기 시작했다. 중화권에서 형성된 한류, 특히 드라마는 타의 추종을 불허하는 위력을 행사하였다. 대만에서는 2001년 2월 대만 TV인 G-TV를 통해 방영된 드라마 <가을동화>가 대만 전체 매체, 전 프로그램을 통틀어 시청률 1위를 기록하였다. 홍콩에서도 <대장금>은 2005년 1월에 방영되어 홍콩 전체 시민의 47%인 305만 5,000여 명이 시청하면서 홍콩 역사상 최고의 시청률을 기록하였다. 대만과 홍콩을 석권한 <대장금>의 위력은 중국 대륙으로 건너가 2005년 9월 호남 위성 TV에서 방송되면서 첫 회 시청률이 8.6%를 기록하였고 연이어 북경, 천진, 상해, 중경 등지에서 평균 10.86%의 시청률을 유지하여 동시간대 시청률 1위를 점하면서 중국 전역을 평정하기에 이르렀다. 한국 드라마가 중화권에 이처럼 바람을 일으키게 된 데는 여러 가지 원인이 있다.

* 중국 연변대학교 조문학부 석사과정

2. 원 인

첫째, 시대배경. 1989, 1990, 1991년 3년 사이에 소련 및 동구사회주의 체제가 개혁개방과 자본주의 시장경제 체제로 전환하는 시기였다. 1986년 한국은 아시안 게임과 1988년 서울 올림픽을 성공적으로 개최하여 한국의 경제력이 현실적으로 증명됨에 따라 중국에서 한국부강의 이미지는 한층 고조되었다. 한·중 교류를 전후하여 한국의 주요 기업체들 및 사업가들이 연이어 중국에 진출하였으며 대학에서도 한국 관련 연구기관이 설립되었다. 특히 서울 올림픽을 보며 서울의 고도로 발달된 도시가 북경대학교 학생들에게 매우 큰 영향을 일으켰다. 그래서 1989년 제2의 천안문사태라는 혼란을 겪고 사회주의 시장경제에서 중국은 '자본주의'적 정책을 적극 추진하였다. 때문에 중화권에서는 한국이 중국보다 우월하다, 진보했다는 사상이 알게 모르게 자리 잡게 되었던 것이다. 그래서 한국 것이면 무조건 좋다, 한국 것이면 무조건 우수하다는 생각이 한국하면 제일 먼저 떠올랐던 것이다. 이런 가치관이 한국 드라마의 발전에 기초를 마련해주었던 것이다.

둘째, 가족관. <사랑이 뭐길래>, <별은 내 가슴에>, <토마토> 등의 드라마는 국가에 상관없는 가장 일상적이면서도 그 나라 사람들의 특성을 잘 드러내는 것이다. 다시 말하면 일반 국민들의 일상생활을 가장 소박하게 보여주면서 한 나라 한 민족의 가장 원초적이고 가장 기본적이고 가장 보편화된 삶을 보여준다. 하지만 이러한 삶들은 오직 이 나라 이 민족에서만 적응되고 부합되는 것이다. 따라서 이러한 가족관은 한 나라, 한 민족의 가치관이고 특징인 것이다. 한국의 가치관이 중화권에 먹혀들 수 있었던 것은 봉건시대로 거슬러 올라가야 했다. 이성계 시대에 한반도는 중국의 유가사상을 본격적으로 받아들였던 것이다. 따라서 한국에서도 중국과 같은 가족제도가 깊숙이 뿌리박혔는데 한국 드라마에 이러한 가치관이 강렬하게 반영되었던 것이다. 이러한 가치관은 중국 시청자들에게 친근감을 주었고 더 나아가 중화권에 발을 붙이고 붐을 일으킬 수 있는 근본이 되었다. 근대 이후 중국에서는 '가족이 중국 사회를 정체하게 보면 빠져들게 된다. 내가 생각하기로는 이를 매우 생활화된 것과 관계가 있다고 보며 연기하는 것이 보통 백성들의 생활이고 고상하지도 않고 화려하지도 않다. 우리 드라마도 한국을 따라

갔으면 하는 바람이다.'라고 말했다.

한국 드라마가 가족제도 하의 현대생활을 잔잔히 보여주고 있기에 시청동기의 강도측면에서 보면 남성보다는 여성이, 교육수준이 높은 사람보다는 낮은 사람이, 소득이 높은 사람보다는 낮은 사람이 더 강하다. 직업별로 보면 농민, 일반 육체노동자, 서비스업자, 개인 노동자, 무직자 등의 사람들이 많다. 한국에서 주제와 내용을 일반 실생활에 주목하여 평범한 인물과 작은 사건의 묘사에 초점을 두고 소박하고 평범한 생활을 그대로 보여주는 특성이 있다. 일상생활의 소재부분, 즉 가족관이 한국 드라마의 친밀한 소재와 스토리의 구성이 한국 드라마를 선호하게 하는데 영향을 미치고 있다.

셋째, 사랑관. 한국 드라마의 주제는 사랑이지만 친정, 우정, 애정을 포함하고 이를 전체적으로 표현하고 있다. 인간의 본성을 중시하고 인간의 마음에 초점을 맞춘 것이다. 한국 드라마가 다루고 있는 인간애, 가정애, 순수한 애정 등을 다룬 소재와 주제가 언급되었다. 이는 유사문화권에서의 친숙함이 수용자들에게 공감대를 형성하게 하였고 한국 드라마가 쉽게 중화권에 수용될 수 있게 하는 작용을 했다는 것을 말해준다. 중국인들은 한국인의 애정관이 돈, 권력, 같은 세속적 가치로서보다는 순수하고 열정적인 사랑을 중시한다고 이해한다. 이것은 한국 드라마가 애정을 둘러싸고 갈등과 시련의 과정을 겪지만 중국에는 세속적 유혹과 욕망에서 벗어나 자신의 순수한 사랑을 선택하는 것과 밀접히 관련된다. 중국인 역시 순수한 사랑을 중시하지만 개혁개방이후 중국의 생존현실은 갈수록 성공과 출세를 위해 사랑보다 세속적인 욕망을 선택하게 만든다. 중국 드라마에서도 이러한 현실을 반영하여 자신의 성공을 위해 목적적인 결혼을 하거나 혹은 사랑을 포기하고 권력, 돈, 유학과 같은 욕망의 길을 선택했다가 비극적이고 고독한 운명을 맞이하는 이야기들을 많이 그리고 있다. 예를 들면, 중국 영화 <정부>, <애인> 등과 같은 것이 바로 사랑을 세속적으로 소비하는 경향들을 보여주고 있다. 이것은 현세대의 애정관과 맞물려 있다고 할 것이다. 한국의 경우, 드라마의 전체적인 흐름은 자신의 사랑을 실현하기 위한 시련과 도전의 과정이 더욱 강하게 처리되어 있다. 바로, 이러한 한국 드라마의 사랑이야기를 접하면서 중국인들은 한국인이 세속적인 욕망보다는 순수하고 열정적인 사랑을 추구한다고 이해하는 것이다. 이러한 이해는 중화권에 결핍된 것이며 시청자들이 갈망하는 것이었다. 하기에 <가을동화>는 중화권에서 바람을 일으킬 수 있었던 것이다. '사실상 한국 드라마가 보여주는 인물의 개성, 훌륭한 편집구성, 배우들, 연기의 진실성 등은 모두 주목하여 배울 만하다. 한국 드라마 가운데 보편적으로 흐르는 전통문화에 대한 긍정과 인간의 귀중한 품성에 대한 선양은 국산 드라마가 방치했던 것이다. 가장 뚜렷한 증거는 한국 드라마에는 낯 뜨거운 애정장면을 거의 볼 수 없고 심지어 키스 장면도 볼 수 없는데, 이것은 국산 드라마가 극중에 침대 위에서 접촉하는 것도 모자라 하룻밤 정사나 혼외정사를 간접적으로 묵인하는 것과는 근본적인 차이가 존재한다. 한·중 시청자들의 전통문화에 대한 상이한 태도가 시청자들의 묵인하는 것의 차이를 유발한 것이 아닌가?'1), 유소도의 "한국 드라마에서 무엇을 배우는가"에서 이는 한국 드라마가 애정관에서 인간의 원초적인 애정관보다는 고귀한 애정관을 추구한다는 논리를 펴고 있다.

유가사상이 인간의 고상함을 추구해왔기에 한국 드라마의 이러한 순수한 애정관, 고귀한 사랑이야기는 많은 시청자들의 호감을 불러일으킬 수 있었던 것이다.

넷째, 남녀 지위. 한국 드라마가 처음 흥기한 것은 <사랑이 뭐길래>이다. 이 드라마의 주제는 가부장제도의 파괴를 찬성하는 것이다. 주요하게 대남자주의집 가정과 남녀평등의 가정과의 비교이다. 나중에 대남자주의를 견지하던 남자도 결국 남녀평등 사상으로 전변되는 것으로 끝난다. 이러한 드라마는 중국 현실에 부합되고 중국 사람들에게 심원한 영향을 일으키기에 충분하다. 그것은 중국이 개혁개방이후 남여의 경제수입이 날로 평등한 쪽으로 발전되어 간다. 또한 중국은 청나라 구체적으로 말하면 자희태후 시기에 이미 남녀평등사상이 굳어지기 시작했던 것이다. 중국 여자들은 현대에 들어와서 남자에게 많이 기탁하지 않고 많은 면에서 자립하려고 한다. 또한 사회제도나 교육제도도 남녀평등을 강조하고 있는 것이다. 그래서 중국에는 '여자는 중국에서 태어나면 제일 행복하다'는 말이 있는 것이다.

기실 한국과 중국은 비슷한 역사시기에 전통적인 봉건사회로부터 근현대사회

---

1) 「중국청년보」, 2005. 6. 17.

로 이행하는 사회적인 전변기를 맞이했지만 그 과정이 많이 달랐던 것이다. 이를 테면 전통 봉건사회에서 근현대사회의 시기 구분을 중국에서는 1919년에 일어난 5·4운동을, 한국에서는 같은 해에 일어난 3·1운동을 분계선을 삼는다. 그런데 이 두 사회운동의 목적과 성질은 많이 다르다. 전자가 반제, 반봉건운동이라면 후자는 주로 반제운동이었다. 하기에 한국에는 가족제도, 남녀의 지위 등 면에서 봉건적인 잔재가 많이 남아있게 되였다. 그 후에도 중국과 한국은 부동한 역사발 전으로 말미암아 '거대한 문화적 차이'가 생기게 되였는데 이런 '거대한 문화적 차이'가 중국 사람들의 마음을 사로잡았던 것이다. 중국의 적지 않은 관객들은 이 러한 '거대한 문화적 차이'로 하여 거부감을 가지기도 했겠지만 또 일부 사람들은 잃어버린 지 오랜 동양문화의 전통을 <사랑이 뭐길래>를 보면서 다시 확인하거나 혹은 그 어떤 말로 표현할 수 없는 문화적인 향수를 느끼기도 했던 것이다. 이를 테면 중국의 남편들은 땅바닥에 떨어진 부권을 재확인하면서 그 어떤 문화적 향 수를 느낄 수도 있었을 것이고, 시어머니로 된 늙은 노파들은 실추된 자기의 처지 를 돌아보면서 한국 드라마에서 등장하는 당당하고 위엄 있는 시어머니들을 부러 워하고 질서 있고 법도 있는 고부관계를 보면서 역시 그 어떤 문화적인 향수를 느꼈을 수도 있었던 것이다.

<사랑이 뭐길래>에서 사랑 때문에 남녀평등사상을 접수하는 과정, 그리고 그 과 정의 시시콜콜한 가정 내의 이야기는 중국 시청자들의 마음을 사로잡았던 것이다.

다섯째, 문화. 한국 드라마에서 보여주는 아기자기하고 화목한 가족분위기와 정치적인 색채 없이 오락성 문화가 강한 것이 현대 중국 시청자의 심리에 부응한 것으로 보고 있다. 중국 시청자들은 급변하는 자국 내 사회 환경에서 새로운 이념 의 진입이 심화되고 정치에 대한 무관심 또한 증가했다. 새로운 환경에 적응하려 는 대중들은 이러한 압박을 해소하기 위해 오락성 문화가 짙은 프로그램을 더욱 많이 선호하게 되였고 이는 오락성 문화기질은 드라마시청으로 이어졌다. 또한 현대적문화이다. 한국 드라마가 지닌 현대적인 요소들, 즉 출연자들의 세련된 용 모와 패션 그리고 높은 생활수준, 한국의 현대화모습 등은 청소년의 호기심과 동 경을 불러일으켰다. 경제가 급성장하고 있는 중국에서 시청자들의 시야는 넓어지 고 취향이 다양해졌으며 생활 패턴 또한 나날이 변하게 되였다. 이에 따라 외국문

화에 대한 관심이 높아지면서 관중들은 매체를 통해 외국문화를 수용하고 있었다. 여기에 한국 드라마가 보여주는 현대적인 요소는 너무 신선한 충격이었다. 이와 더불어 다른 서구보다 동양의 주변 국가들의 발전 모습에 훨씬 더 관심이 많다. 중국인과 한국인이 문화적으로 차이가 있지만 역사적으로 연결된 많은 고리들이 객관적인 공감요소로 작용하여 개개인의 성격에서도 중국인과 한국인 사이에는 비슷한 면이 있기 때문에 중국 시청자들은 한국 드라마의 현대현실 생활을 쉽게 받아들인다는 점이다. 즉 현대문화의 접수이다.

한국 드라마가 파문 일으킨 또 하나의 원인이 바로 드라마 밑바닥에 깔려 있는 덕이었다. 전형적인 례는 <대장금>이다. <대장금>이 중화권에서 방영되면서 '호감', '학습'의 차원을 넘어서 '교과서화'로 해야 한다는 논의가 제기되기 시작했고 특히 대만과 홍콩 등지에서 형성된 <대장금> 신드롬은 '장금정신'을 도덕교과서로 삼아야 한다고 추앙하게 되였다. 실제로 대만에서는 <대장금>이 2006년 고등학교 역사교과서에 실리게 되였고 국회의원이 <대장금>을 내세워 선거운동을 하기에 이르렀으며, 홍콩에서는 '장금정신'을 4~5학년 교과서에 실어야 한다고 주장하기에 이르렀다. 도덕에서 한국 드라마가 이처럼 인기를 누리는 것은 한국 드라마가 지닌 우수성과 선진성에 있지만 더욱이는 내용성이 지닌 윤리성과 도덕성에 있는 것이다. 중국의 전통문화와 상통하는 의식에서 형성된 도덕의식이었다. <대장금>의 주선율은 향상의 미덕이고, 선량한 심성을 고취했는데 이것은 주인공의 선량하고 강건하고 낙관적이고 현명한 미덕을 통하여 표현되었다. 이는 모두 중국 전통문화의 내용과 부합된다. 즉 유가사상에 부합되는 것이다. 공자가 말한 '내가 원치 않는 바를 남에게 베풀지 말라'는 사상과 서로 신뢰하고 화해하고 사회질서와 애국주의를 강조하고 "사람의 본성은 선하다" 등 유가철학사상을 제대로 발휘한 데 있다. <대장금>에 대한 다양한 접근에서 가장 먼저 대두되는 것은 바로 유교문화에 근간을 둔 양국의 유사성에서 찾아볼 수 있다. <대장금> 선호요인을 보면 대부분 드라마에서 볼 수 있는 익숙함, 문화의 유사성 때문이라고 말할 수 있음은 더 말할 것도 없다.

'<대장금>'을 보면 유교전통문화 박물관에 참관하는 느낌이다. 중국은 한국보다 오랜 역사를 가지고 있고 풍부한 전통문화소재를 가지고 있다. 최근 몇 년간 한국 드라마는 중국에 한류문화를 대표하는 것이었다. 이러한 현상의 중요한 요인은 양국문화의 유사성 때문이다.'2)

'<대장금>에서 보여주는 중국 전고와 고대 궁중의식은 중국 대중들에게 익숙하면서도 새로운 느낌을 주었고, 이것이 <대장금>을 선호하는 주요 요소로 작용되었다. 우리가 한국 문화에 환호하는 것은 이상한 일이 아니다. 중국과 한국은 공통의 아시아문화를 가지고 있다. 그렇기 때문에 중국인이 한국 문화에 친근감을 느끼는 것은 당연하다.'3)

'같은 종류의 문화는 서로 감응한다. 전통유교 사상은 한·중 양국문화의 근원이다. 중국 시청자들이 <대장금>을 좋아하는 이유는 유교문화의 미덕을 표현해내고 있기 때문이다. 중국과 한국은 역사상 분리할 수 없는 관계이고 이는 관중들이 <대장금>을 볼 때 한국의 전통문화특성에 빠져들게 할 뿐 아니라 우리 5천년의 역사 문화향수를 불러일으켰다.'4)

청화대학의 윤홍 교수는 <북경청년보>를 통해 '한·중 양국은 문화적으로 비슷한 특성을 갖고 있으며 아시아 지역은 역사적으로 중화문화의 배경에 생활방식, 가치관념이 서로 통하는 성격을 갖고 있다. 한국 문화는 일본 문화에 비해 온화한 면이 많고 한민족의 강인한 기재에 비해 표현해내는 방식은 중국인의 전통적가치관에 매우 가깝고 문화의 차이로 중국은 서구로부터 문화유행을 직접 받아들일 방법이 없으나 한국의 문화는 서구문화의 융합을 거쳐 개조한 것으로 중국에 들어올 때 비교적 쉽게 받아들여진다.'고 분석하였다.

또한 문화면에서 한국 드라마의 교훈적이고 고무적인 내용이 중국 수용자들로 하여금 한국 드라마를 선호하는 주된 요인으로 작용한다. <대장금>은 인생관, 가치관, 삶의 태도에서 신선한 기운을 중화권에 불어 넣었다. 중국은 지금 사회전환기이기에 사람들이 피할 수 없는 혼돈, 도덕상실, 충돌 등의 사회심리 문제 상에서 고통을 받고 있고 또한 경제의 급속한 발전은 중국 수용자에게 치열한 경쟁의 압박을 가져오고 있다. 이러한 사회 환경은 사람들에게 진정한 인생관과 가치

---

2) 「신민주간」, 2005. 9. 28.

3) 「남경길목」, 2005. 9. 28.

4) 「신랑오락」, 2005. 9. 26.

관을 상실하게 한다. <대장금>에서 보여주는 인생관과 가치관은 수용자들로 하여금 그동안 잃어버렸던 인생관과 가치관을 일깨워주었던 것이다. 어려움 앞에서 굴하지 않고 꿈을 이루기 위해 꾸준히 노력하고 도전하는 장금이의 정신은 현대를 살아가는 사람들에게 감동을 주었고 <대장금>은 수용자들에게 잊고 지냈던 인생의 가치관을 다시 찾을 수 있게 하였다.

'<대장금>의 가치는 인생의 진퇴양난의 상황에 맞닥뜨렸을 때 뒤로 물러나지 않고 실패를 두려워하지 않는 정신에 있다. 그녀는 어려움을 참고 견디며 땀 흘려 노력하여 자신이 원하는 성공을 얻는다. 이러한 인물은 기존의 드라마에 나타나지 않았으며 장금이의 경쟁하의 중국 시청자들의 마음을 위로해주는 약과 같다.'[5]

'<대장금>은 급변하는 중국 사회에 살고 있는 사람들이 갖고 있는 불안과 초조감을 없애주고 열심히 살아간다면 좋은 결과를 맞을 수 있다는 희망을 제시했다.'[6]

절강대학 방송영화 TV연구서의 판지충은 '진선미의 가치를 찬양하였고 역경에서의 주인공의 인품과 정신은 시청자들의 마음속에 공감을 불러일으키며 사람들에게 만족감을 주었다.'고 분석하기도 했다.

장금이의 선량함과 영원히 포기하지 않고 정정당당한 방법으로 성공하고 강인한 인내심과 용감함에 숨어있는 지혜가 시청자들에게 큰 감동을 주었던 것이다. 전통윤리, 가치관이 점차 설자리를 잃고 있는 가운데 <대장금>은 마침 이러한 공백을 메워주었던 것이다.

3. 결 론

한국 드라마가 자국이 아닌 타문화권에 들어가고 수용되어질 때 그 문화권에 사회적 요인이 주요요소로 자리 잡을 수 있기에 드라마를 제작할 때나 드라마를 수출할 때 수용국의 현재 사회적 흐름과 환경 분석이 필요하고 적합한 드라마를 전략적으로 수출할 필요가 있다.

---

5) 「남경길목」, 2005. 9. 28.
6) 「신화왕」, 2005. 10. 20.

참고문헌

김관웅, 「동아시아를 휩쓰는 '한류' 열풍에 대한 문화적 해석」, <http://www.woory.us>

유상철 외, 『한류의 비밀』, 생각의 나무, 2005.

장수현 외, 『중국은 왜 한류를 수용하나』, 학고방, 2004.

조한혜정 외, 『'한류'와 아시아의 대중문화』, 연세대학교출판사, 2003.